OS CÃES LADRAM

Pessoas públicas e lugares privados

TRUMAN CAPOTE

OS CÃES LADRAM

Pessoas públicas e lugares privados

Tradução de Celso Nogueira

www.lpm.com.br

L&PM POCKET

Coleção **L&PM** Pocket, vol. 513

Título original: *The Dogs Bark (Public People and Private Places)*

Tradução: Antonio Celso Nogueira
Capa: Ivan Pinheiro Machado sobre foto de Robert Capa "Filme *Beat the Devil*, de John Huston. O escritor norte-americano, Truman Capote". (Magnun fotos) © ROBERT CAPA © 2001 By Cornell Capa
Revisão: Bianca Pasqualini e Jó Saldanha

ISBN: 85.254.1473-5

C246c Capote, Truman, 1924-1984.
Os cães ladram/ Truman Capote; tradução de Antonio Celso Nogueira. -- Porto Alegre : L&PM, 2006.
368 p. ; 18 cm. -- (Coleção L&PM Pocket)

1.Literatura norte-americana-Antologias. I.Título. II.Série.

CDU 821.111(73)-82

Catalogação elaborada por Izabel A. Merlo, CRB 10/329.

PORTO ALEGRE: Rua Comendador Coruja 314, loja 9 - 90220-180
Floresta - RS / Fone: 51.3225.5777
PEDIDOS & DEPTO. COMERCIAL: vendas@lpm.com.br
FALE CONOSCO: info@lpm.com.br
www.lpm.com.br

Impresso no Brasil
Outono de 2006

SUMÁRIO

Para meus dois guardiões
Joseph M. Fox
e
Alan U. Schwartz

"Os cães ladram e a caravana passa."

PROVÉRBIO ÁRABE

PREFÁCIO

Deve ter sido na primavera de 1950, talvez de 1951, não sei, perdi minhas anotações referentes a esses dois anos. Era um dia quente no final de fevereiro, auge da primavera na Sicília, e eu conversava com um senhor idoso de traços vagamente orientais que usava chapéu Borsalino preto aveludado e uma capa preta grossa, apesar do tempo ameno, do ar perfumado pelas flores da amendoeira.

O velho era André Gide, estávamos sentados numa mureta a beira-mar, lado a lado, observando as ígneas profundezas azuladas de um fugaz mar remoto.

O carteiro passou por ali. Amigo meu, entregou-me diversas cartas; uma delas continha uma crítica literária abertamente hostil a minha pessoa (se fosse favorável, ninguém a teria enviado, claro).

Depois de ouvir durante algum tempo minhas lamúrias por causa do artigo e da natureza perniciosa da crítica em geral, o grande mestre francês recurvou os ombros como um velho e sábio abutre... posso dizer isso?, e proclamou:

– Ah, tudo bem. Lembre-se do provérbio árabe: "Os cães ladram e a caravana passa".

Lembro-me sempre da frase – ocasionalmente de modo sentimental e piegas, e me vejo como viajante planetário, um turista na noite do deserto do Saara a se aproximar das tendas e fogueiras onde nativos perigosos espreitam, ouvindo os latidos de alerta dos cães. Tenho a impressão de que passei muito tempo domesticando ou evitando nativos e cães, e o conteúdo deste livro prova bem isso. Penso neles, nos parágrafos descritivos, nas silhuetas e lembranças de lugares e pessoas, como um mapa em prosa, uma geografia escrita de minha vida durante as três últimas décadas, de 1942 a 1972, aproximadamente.

Tudo que consta aqui é factual, o que não significa que seja a verdade, embora dela se aproxime o quanto pude conseguir. De todo modo, o jornalismo nunca pode ser totalmente puro – e nem a câmera, pois afinal a arte não é água destilada: impressões pessoais, preconceitos e a seletividade subjetiva comprometem a pureza da verdade cristalina.

Os textos mais antigos do presente volume, impressões imaturas de New Orleans, Tânger, Ischia, Hollywood, trens espanhóis, festivais marroquinos etc. foram reunidos em *Local color*, um livrinho publicado em 1951, numa edição limitada há muito fora de catálogo. Aproveitei a oportunidade para reeditar seu conteúdo por duas razões: a primeira é a nostalgia, o registro de uma época em que meu olho era menos restrito e mais lírico; a segunda, por serem essas rápidas impressões os brotos iniciais, a primeira demonstração de interesse pela não-ficção, gênero abordado de maneira mais ambiciosa depois em *As musas são ouvidas*, que também saiu num livro pequeno, separadamente.

As musas são ouvidas é um dos textos que mais apreciei escrever, atividade para mim raramente associada ao prazer. Imaginei-o como curta novela cômica; queria que parecesse bem russa, mas não remetesse à literatura russa e sim a algum objeto czarista, uma imitação de Fabergé, digamos uma de suas caixinhas de música, a vibrar com uma melodia resplandecente, exata, venenosa.

Muitos personagens citados, norte-americanos ou soviéticos, consideraram *As musas são ouvidas* um texto apenas venenoso. Contudo, a julgar pela minha experiência jornalística, jamais descrevi alguém de modo a satisfazer a pessoa; ou, se inicialmente uma pessoa não fica descontente com minhas revelações ou descrições rápidas, amigos e parentes logo instigam o personagem a procurar maldades nas entrelinhas.

De todos os abordados, o mais incomodado foi Marlon Brando, tema de *O duque em seus domínios*. Embora não apontasse imprecisões, ele pelo jeito sentiu que houve uma invasão pouco solidária e até traiçoeira do recanto secreto de sua sensibilidade sofrida e intelectualmente assombrosa. Minha opinião? Foi apenas um relato muito bem feito, e solidário para com um sujeito jovem e magoado que pode ser um gênio, mas não se distingue pela inteligência.

O perfil de Marlon Brando, todavia, me interessa por motivos literários; na verdade, foi por isso que o fiz – pelo desafio e para enfatizar um argumento literário. Minha alegação era que a reportagem poderia ser uma forma de arte tão elaborada e excitante quanto qualquer outra modalidade da prosa – ensaio, conto, novela – uma teoria que poucos defendiam em 1956, ano em que o texto foi impresso, em oposição a hoje, quando sua aceitação tornou-se até algo exagerada. Meu raciocínio: qual é degrau mais baixo da atividade jornalística, a matéria mais difícil de transformar, passando de completo equívoco a obra de arte? A "entrevista" com estrela de cinema, tipo *Silver Screen:* certamente, nada poderia ser mais difícil de melhorar do que isso! Após selecionar Brando como espécime para meu experimento, conferi o equipamento (o principal ingrediente é o talento para registrar mentalmente longas conversas, uma habilidade que desenvolvi com muito esforço durante a pesquisa para escrever *As musas são ouvidas*, pois acredito piamente que tomar notas – e principalmente o uso de um *gravador* – gera interferências e distorce ou destrói qualquer naturalidade que possa existir entre o observador e o observado, entre o nervoso beija-flor e seu predador potencial). Tive de recordar muita coisa, nas longas horas que Brando passou resmungando e divagando, e dediquei a manhã do dia seguinte à "entrevista" a redigir o texto inteiro. Trabalhei um mês, porém, para chegar ao resultado final. O que aprendi com isso foi principalmente a controlar a "estática" da escrita, revelando a personalidade e mantendo o clima sem ajuda de uma linha narrativa – para um escritor, isso equivale à corda e à picareta para um alpinista.

Em *Os cães ladram...* dois textos revelam de modo especial a diferença entre narrativa e escrita "estática". *Um passeio pela Espanha* foi uma brincadeira; embalado por seu caráter anedótico, o texto escorregou pela ponta de um lápis Black Wing em questão de horas. Mas algo no estilo de *Uma casa no alto,* na qual toda a ação depende do próprio texto, o que importa é o modo como a sentença surge, ecoa, vibra e morre; uma obra assim pode ser um inferno, por isso lhe dedico mais afeição do que a *Um passeio pela Espanha*, mesmo sabendo que esta última é melhor, ou pelo menos mais eficaz.

Grande parte do material deste livro saiu em diversas publicações, no decorrer dos anos, mas jamais havia sido reunido num só volume. Uma das histórias, *Lola*, é curiosa. Escrevi-a para exorcizar o fantasma de uma amiga perdida, foi adquirida por uma revista norte-americana, passou anos sem ser publicada porque o editor concluiu que a odiava; ele declarou não saber do que se tratava, e que era também repugnante, sombria. Discordo; mesmo assim, entendo o que ele quis dizer, pois instintivamente ele deve ter os disfarces sentimentais desta história verdadeira e se deu conta, sem perceber claramente, do que realmente tratava: os perigos e a maldição de não perceber e aceitar os limites de sua suposta identidade, das classificações impostas pelos outros – um cachorro acredita que é gato, Van Gogh insiste que é artista, e Emily Dickinson, poeta. Mas, sem esses julgamentos equivocados e sem a fé, os mares dormiriam e as neves eternas jamais derreteriam.

TRUMAN CAPOTE

Uma voz saída das nuvens
(1969)

Other Voices, Other Rooms (título meu, não é citação) foi publicado em janeiro de 1948. Precisei de dois anos para escrever o romance, que não foi o primeiro, e sim o segundo. O primeiro, cujo original se perdeu sem jamais ter sido enviado a editoras, chamava-se *Summer Crossing*. Era um relato conciso, objetivo, ocorrido em Nova York. Razoável, pelo que me lembro: tecnicamente apurado, enredo bem interessante, mas faltavam intensidade e dor, faltavam as características de uma visão pessoal, as ansiedades que então controlavam minha imaginação e minhas emoções. *Other Voices, Other Rooms* foi uma tentativa de exorcizar demônios: uma tentativa inconsciente e toda intuitiva, pois eu não fazia idéia, exceto por esparsos incidentes e descrições, que seguia uma linha predominantemente autobiográfica. Relendo o texto agora, considero esse auto-engano imperdoável.

Com certeza havia razões para essa ignorância desmedida, indubitavelmente protetoras: uma barreira entre o escritor e a verdadeira fonte de seu material. Como perdi o contato com o adolescente perturbado autor do livro, pois só uma sombra tênue do que foi encontra-se hoje dentro de mim, fica difícil reconstruir seu estado de espírito. Contudo, vou tentar.

Na época do lançamento de *Other Voices, Other Rooms*, os críticos, desde o mais simpático até o mais hostil, notaram que obviamente eu fora influenciado por escritores do sul como Faulkner, Welty e McCullers, três autores cuja obra eu conhecia bem e admirava muito. Mesmo assim os críticos estavam compreensivelmente enganados. Os escritores norte-americanos mais importantes para mim foram, sem nenhuma ordem específica, James, Twain, Poe, Cather, Hawthorne, Sara Orne Jewett. Entre os estrangeiros, Flaubert, Jane Austen, Dickens, Proust, Chekhov, Katherine Mansfield, E. M. Forster, Turgenev, Maupassant e Emily Brontë. Um grupo mais ou menos irrelevante para *Other Voices, Other Rooms*, pois, claramente, nenhum desses autores, com a provável exclusão de Poe (que na época já era um indistinto entusiasmo juvenil, como Dickens e Twain), fora um inspirador obrigatório desta obra em particular. Ou melhor, *todos* foram, no sentido de que cada um deles contribuiu para formar minha inteligência literária, por assim dizer. Mas o verdadeiro progenitor foi minha personalidade difícil, subterrânea. O resultado foi tanto uma revelação quanto uma fuga: o livro me libertou, e, como em sua profética frase final, parei ali e fitei o menino que havia deixado para trás.

Filho único, nasci em New Orleans. Meus pais se divorciaram quando eu tinha quatro anos. Foi um divórcio complicado, com muito ressentimento de parte a parte, e isso explica por que passei a maior parte da infância pulando da casa de um parente a outra, em Louisiana, Mississippi e interior do Alabama (irregularmente, freqüentei escolas na cidade de Nova York e em Connecticut). As leituras por conta própria desempenharam um papel mais importante do que a instrução oficial, que foi pura perda de tempo e se encerrou quando completei dezessete anos, idade em que procurei e consegui trabalho na revista *The New Yorker*. O emprego não era grande coisa, pois eu basicamente organizava o arquivo de charges e recortava jornais. Mesmo assim foi sorte consegui-lo, pois eu decidira jamais pôr os pés numa sala de aula de faculdade como aluno. Sentia que era escritor, mas que talvez não fosse, e nenhum corpo docente poderia influenciar o desfecho. Ainda acho que tinha razão, pelo menos no meu caso; contudo, percebo hoje que a maioria dos jovens escritores da atualidade tem mais a ganhar do que a perder se cursar uma faculdade, no mínimo porque professores e colegas formam uma platéia cativa para seu trabalho; não há nada mais solitário do que ser aspirante a artista sem algo que lembre uma platéia.

Fiquei dois anos na *The New Yorker* e durante o período consegui publicar diversos contos em revistas literárias menores. (Muitos foram mostrados a meus patrões, nenhum foi aceito, embora uma história tenha voltado com o seguinte comentário: "Muito bom. Mas romântico, em estilo incompatível com esta revista".) Além disso, escrevi *Summer Crossing*. Na verdade, foi para terminar o livro que tomei coragem, abandonei o emprego, saí de Nova York e fui morar com parentes, uma família de fazendeiros de algodão que residia nos confins do Alabama: campos de algodão, pastagens, pinheirais, estradas de terra, regatos e riachos lentos, gaios, corujas, abutres a voar em círculos no céu amplo, apito distante dos trens – e, a oito quilômetros dali, uma cidadezinha rural: a Noon City deste livro.

Cheguei lá no início do inverno, a atmosfera da casa de fazenda aconchegante, aquecida de alto a baixo por lareiras e fogões a lenha, era adequada a um jovem romancista em busca de isolamento e sossego. O pessoal acordava às quatro e meia, tomava café-da-manhã de luz acesa e, quando o sol aparecia, já estava cuidando da fazenda. Eu ficava sozinho e cada vez mais em pânico. Pois, cada vez mais, *Summer Crossing* me parecia fraco, superficial, insignificante. Uma outra linguagem, uma geografia espiritual secreta, crescia dentro de mim, tomando conta de meus sonhos noturnos, bem como de meus devaneios diurnos.

Numa tarde de dezembro gelada eu estava longe de casa, caminhando na mata que acompanhava a margem de um riacho misterioso, profundo, muito claro, no rumo que conduzia a um local chamado Hatter's Mill. O moinho, por cima do riacho, fora desativado havia muito tempo; ali os fazendeiros levavam o milho para moer e fazer farinha. Quando eu era criança ia lá freqüentemente com meus primos, para nadar e pescar: foi quando explorava o trecho sob o moinho que uma serpente mocassim-d'água me picou – exatamente como aconteceu com Joel Knox. E quando me aproximei do moinho decadente, com suas vigas de madeira acinzentada instáveis, o choque sentido quando da picada da cobra voltou, e com ele outras lembranças – de Idabel, ou melhor, da menina que era a duplicata de Idabel, e de como costumávamos mergulhar e nadar naquela água pura, onde os peixes gordos sarapintados nadavam em poços ensolarados; Idabel sempre esticava a mão e tentava agarrar um deles.

Excitação – uma variante do coma criativo – dominou-me. Na volta para casa eu me perdi, andei em círculos no meio do mato, pois em minha mente o livro inteiro se configurava. Normalmente, quando uma história me ocorre, ela simplesmente chega, ou parece chegar, *in toto*: um longo e demorado raio que obscurece o mundo tangível, chamado de real, e deixa iluminada apenas aquela paisagem súbita pseudo-imaginária na qual a cena vívida inclui pessoas, vozes, quartos, climas, atmosfera. E tudo isso, ao nascer, parece um filhote de tigre bravo, furioso. É preciso acalmar e domesticar o bichinho. Claro, esta é a principal tarefa do artista: domar e dar forma a uma visão criativa em estado bruto.

Estava escuro quando cheguei em casa, e frio, mas eu não sentia frio por causa do fogo que me queimava internamente. Minha tia Lucille disse que se preocupara comigo e mostrou-se desapontada porque eu não pretendia jantar. Ela quis saber se eu estava doente; falei que não. Ela disse:

"Mas você parece doente. Está branco como um defunto." Dei boa-noite, tranquei-me no quarto, joguei o original de *Summer Crossing* no fundo de uma gaveta da escrivaninha, juntei diversos lápis apontados e um bloco novo de papel pautado de amarelo, entrei na cama de roupa e tudo. Com otimismo patético, escrevi: "*Other voices, other rooms* – um romance de Truman Capote". E depois: "Agora um viajante deve tentar chegar a Noon City pelos melhores meios disponíveis...".

É inusitado, mas ocasionalmente acontece com quase todos os escritores, que escrever um relato específico pareça fácil e externo; como se o autor fosse uma secretária a transcrever as palavras de uma voz saída das nuvens. A dificuldade é manter contato com esse espectro que dita. Acabei percebendo que a comunicação flui melhor à noite, como dizem ocorrer com a febre depois que escurece. Portanto, passei a trabalhar a noite inteira e a dormir de dia, uma rotina que incomodou os outros moradores e causava comentários freqüentes de reprovação:

"Mas você está fazendo tudo ao contrário. Vai estragar sua saúde."

Por isso, na primavera daquele ano, agradeci a generosidade de meus parentes exasperados, sua paciência tenaz, comprei passagem para um ônibus Greyhound e fui a New Orleans.

Lá aluguei um quarto no apartamento superlotado de uma família *creole* local, que morava na Royal Street do bairro francês. Era um quarto minúsculo e quente, praticamente todo ocupado pela cama de latão, barulhento feito uma siderúrgica. Os bondes passavam ruidosos debaixo da janela. A algazarra dos turistas em grupos que circulavam pelo bairro francês e os gritos ampliados pelo uísque de soldados e marinheiros garantiam o pandemônio contínuo. Mesmo assim, fiel a minha rotina noturna, eu progredia; no final do outono o livro já estava pela metade.

Eu não precisava ser tão solitário assim. New Orleans era minha cidade natal, contava com muitos amigos ali, mas não desejava manter contato com aquele mundo familiar e preferia o isolamento voluntário no universo que criei, formado por Zoo e por Jesus Fever* e pelo Cloud Hotel. Por isso não procurei nenhum conhecido. Como companhia, contava apenas com a família *créole*, pessoas gentis de classe operária (o pai era estivador e a mãe, costureira) e contatos

* Pessoas conhecidas da juventude do autor, de New Orleans. (N. do E.)

com balconistas de farmácia e a turma do café. Curiosamente, pois New Orleans não é uma cidade tão grande assim, nunca topei com meus conhecidos. Exceto, e por acaso, com meu pai. Momento irônico, considerando que o tema central de *Other voices, other rooms* era minha busca por essa pessoa essencialmente imaginária, embora eu não tivesse consciência disso na época.

Dificilmente como mais de uma vez por dia, em geral quando paro de trabalhar. Ao alvorecer eu percorria as ruas úmidas sob as sacadas, passava pela catedral de Saint Louis e chegava ao Mercado Francês, numa quadra lotada no início da manhã pelos caminhões dos horticultores, pescadores da costa do Golfo, açougueiros e floristas. Sentia cheiro de terra, ervas e exotismos como gengibre. O lugar retumbava, retinia, entupia os ouvidos da gente com os sons animados das transações. Eu adorava.

O principal ponto de encontro do mercado era um café que só servia uma bebida amarga e escura de chicória, substituta do café, e sonhos franceses deliciosamente crocantes, fritos na hora. Descobrira o lugar aos quinze anos e me tornara freguês. O proprietário do café apelidava todos os freqüentadores habituais. Ele me chamava de Jóquei, numa referência a minha altura e constituição física. Todas as manhãs, enquanto eu atacava o café com sonho, ele alertava com uma risadinha sinistra:

"Muito cuidado, Jóquei. Assim você não vai conseguir manter o peso."

Naquele café, cinco anos antes, eu havia conhecido o protótipo do primo Randolph. A bem da verdade, o primo Randolph fora inspirado em duas pessoas. Certa vez, quando eu ainda era muito pequeno, passei algumas semanas do verão numa velha casa em Pass Christian, no Mississippi. Não me lembro de grande coisa, exceto por um senhor idoso que residia no local, um asmático inválido que fumava cigarros medicinais e fazia lindas colchas de retalho. Havia sido capitão de traineira, mas a doença o forçara a viver num quarto escuro. Sua irmã o ensinou a costurar; inesperadamente, ele descobriu em si um talento excepcional para criar padrões para as colchas. Eu costumava visitar seu quarto, quando ele espalhava pelo chão as colchas, elaboradas como tapeçarias, para que eu as admirasse: buquês de rosa, navios com as velas enfunadas, cestos de maçã.

O outro Randolph, ancestral espiritual do personagem, foi o homem que conheci no café, um louro gorducho que estava morrendo de leucemia, diziam. O proprietário o chamava de Pintor, pois sentava-se num canto, sempre sozinho, para fazer retratos da clientela, caminhoneiros e vaqueiros, num bloco grande de folhas soltas. Certa noite percebi claramente ser o modelo; depois de passar algum tempo desenhando, ele se aproximou de minha mesa como quem não quer nada e disse:

"Você é um *wunderkind*, acertei? Percebi pelas suas mãos." Eu desconhecia o significado de *wunderkind*. Pensei que o sujeito estava brincando ou iniciando uma abordagem duvidosa. Mas, quando ele definiu a palavra, fiquei contente: coincidia com minha opinião, eu me considerava mesmo um menino-prodígio. Ficamos amigos; a partir daí eu não o via apenas no café, também caminhávamos preguiçosamente ao longo do molhe. Não conversávamos muito, pois ele era monotemático, obcecado com a morte, paixões traídas e talento injustiçado.

Tudo isso durou um único verão. No outono fui para uma escola no Leste, e quando retornei em junho perguntei ao proprietário onde andava o Pintor. Ele disse:

"Ah, ele morreu. Li uma nota no *Picayune*. Sabe que ele era rico? Pois é. Estava escrito no jornal. Pelo jeito a família dele era dona de metade das terras em volta do lago Pontchartrain. Imagine. Quem diria, né?"

O livro foi terminado num cenário bem diferente daquele em que começou a ser escrito. Perambulei e trabalhei na Carolina do Norte, Saratoga Springs, Nova York e no final aluguei um chalé em Nantucket. Foi ali, numa escrivaninha debaixo da janela, com vista para o céu, areia e ondas quebrando, que redigi as últimas páginas, incapaz de crer, ao terminar, que este momento chegara, um milagre ao mesmo tempo animador e preocupante.

Não sou releitor assíduo de meus próprios livros: o que está feito, está feito. Ademais, temo sempre descobrir que meus detratores mais veementes estão corretos e que a obra não é tão boa quanto eu gostaria que fosse. Até surgir a idéia desta reedição, eu nunca havia realmente examinado *Other voices, other rooms*. Na semana passada, li o livro inteiro.

E aí? Como já mencionei, os subterfúgios simbólicos me surpreenderam. Além disso, há trechos que considero felizes, outros me incomodam. No geral, porém, foi como se eu estivesse lendo o original recente de um completo estranho. Fiquei impressionado com ele. Pois ele capturou o resplendor enigmático de um prisma de cores estranhas posto contra a luz – isso, e uma certa intensidade angustiada, suplicante, como a mensagem de um náufrago numa garrafa atirada ao mar.

A rosa branca

(1970)

Tarde prateada de junho. Tarde de junho em Paris, 23 anos atrás. Estou parado no pátio do Palais Royal, observando as janelas altas e pensando qual delas corresponderia ao apartamento de Colette, a *Grande Mademoiselle* das letras francesas. Consulto seguidamente o relógio, pois às quatro horas tenho um encontro marcado com essa artista legendária, um convite para o chá gentilmente conseguido por Jean Cocteau depois que eu lhe disse, num rompante canhestro, ser Colette a única escritora francesa viva que eu respeitava – e isso *incluía* Gide, Genet, Camus e Montherlant, sem falar no próprio Cocteau. Sem dúvida, sem a generosa intervenção dele eu jamais teria sido convidado a conhecer a grande dama, pois não passava de um jovem escritor norte-americano que publicara um único livro, *Other voices, other rooms*, de que ela jamais ouvira falar.

Quatro horas da tarde, e eu me apressei para chegar na hora, pois haviam pedido para não me atrasar e não ficar muito tempo, pois minha interlocutora era uma senhora idosa parcialmente inválida que raramente saía da cama.

Ela me recebeu no quarto. Fiquei atônito. Ela tinha a exata aparência que Colette deveria ter. Foi realmente uma surpresa. Cabelo avermelhado, crespo, com ar africano; olhos enviesados, de gato vadio, cheios de rímel; rosto finamente talhado, flexível como a água... maçãs do rosto com ruge... lábios finos, tensos como um fio, embora pintados com um tom escandalosamente sapeca de escarlate.

O quarto espelhava o luxo enclausurado de suas obras mais mundanas – por exemplo, *Chéri* e *La fin de Chéri*. Cortinas de veludo protegiam o aposento da luz junina. Notáveis as paredes sedosas. Uma luz suave, aconchegante, provinha de luminárias revestidas de lenços claros, rosados. Um perfume – combinação de rosa, laranja, limão e almíscar – pairava no ar feito uma névoa esbranquiçada.

Ela estava reclinada em vários travesseiros rendados, com olhos líquidos de vida, gentileza, malícia. Um gato de cor cinzenta peculiar aninhara-se entre suas pernas, como se fosse fator adicional de conforto.

No entanto, o elemento mais espantoso do quarto não era o gato, nem sua dona. Timidez, nervosismo, não sei o que foi, mas após um estudo rápido do quarto eu não conseguia mais olhar para Colette, perdi completamente a fala. Em vez de conversar, concentrei-me no que parecia ser um número de mágica, um fragmento de sonho. Era uma coleção de antigos pesos de papel de cristal.

Havia cerca de uma centena de pesos, eles cobriam duas mesas situadas dos dois lados da cama: as esferas de cristal continham lagartixas, salamandras, buquês de *millefiori*, libélulas, uma cesta de pêras, borboletas pousadas em touceiras de samambaia, volutas em rosa e branco e azul e branco, brilhantes como fogos de artifício, serpentes prontas a dar o bote, lindos arranjos de amor-perfeito, poinsétias magníficas.

Finalmente, madame Colette disse: "Vejo que os flocos de neve o interessam".

Entendi o que ela disse: aqueles objetos eram como flocos de neve permanentes, com padrões fascinantes congelados para sempre.

"Sim", respondi. "Lindos. Muito bonitos. Mas o que são?"

Ela explicou que os pesos eram o supremo refinamento da arte do cristal: jóias de vidro elaboradas pelos melhores artesãos das principais fábricas francesas: Baccarat, St. Louis e Clichy. Selecionando um dos pesos ao acaso, uma maravilha que explodia em milhares de tons florais, ela me mostrou a data de fabricação, 1842, escondida na parte interna de um minúsculo botão. "Os pesos mais refinados", explicou, "foram feitos entre 1840 e 1880. Depois disso a arte decaiu e acabou. Comecei a colecioná-los faz quarenta anos. Estavam fora de moda na época, a gente encontrava peças magníficas no mercado das pulgas e pagava muito pouco por elas. Hoje, claro, um peso de primeira classe custa os olhos da cara. Surgiram centenas de colecionadores, e no final das contas apenas três ou quatro mil dos pesos existentes merecem atenção. Este aqui, por exemplo." Ela me passou uma peça de cristal do tamanho aproximado de uma bola de beisebol. "É um peso Baccarat. Chama-se *White Rose**."

Era um peso facetado, de uma pureza maravilhosa, sem uma única bolha, e com um único motivo: uma simples rosa branca com folhas verdes, bem no centro.

"Que lembranças ele provoca em você? Que pensamentos surgem em sua mente?", perguntou madame Colette.

"Não sei bem. Gosto da textura. Frio e sereno."

"Sereno. Isso mesmo, é verdade. Sempre pensei que gostaria de levá-lo comigo no caixão, feito um farao. Mas que *imagens* lhe ocorrem?"

Virei o peso para lá e para cá, contra a luz suave, rosada. "Meninas em seus vestidos domingueiros."

Ela sorriu. "Encantador. Muito perspicaz. Vejo agora que Jean me disse a verdade. Ele falou: 'Não se engane, minha cara. Ele parece um anjinho de dez anos. Mas é intemporal e tem uma mente muito ágil'."

Mas não tão ágil quanto a de minha anfitriã, que tocou o peso ainda em minha mão e disse: "Bem, eu gostaria de dá-lo a você. Como lembrança".

Ao fazer isso ela antecipou um destino financeiramente pernicioso, pois naquele momento tornei-me "colecionador", e no decorrer dos anos realizei buscas minuciosas dos pesos franceses em todos os cantos, das opulentas salas de leilão da Sotheby's aos obscuros antiquários de Copenhague e Hong Kong. Trata-se de um passatempo caro (atualmente o custo desses objetos, dependendo de sua qualidade e raridade, vai de seiscentos a quinze mil dólares), e no período em que me dediquei a adquiri-los deparei-me com apenas duas pechinchas, mas foram golpes de sorte estonteantes que compensaram os inúmeros desapontamentos cruéis.

O primeiro aconteceu numa loja de usados no Brooklyn, enorme e empoeirada. Eu observava uma cole-

---

* Rosa branca. (N. do T.)

ção de quinquilharias num armário com painéis de vidro escuro quando vi uma flor de St. Louis com aplicação de porcelana cor de tomate. Quando procurei o proprietário e perguntei o preço, percebi que ele não fazia a menor idéia de seu valor, cerca de quatro mil dólares. Ele o vendeu para mim por vinte, fazendo com que eu me sentisse meio desonesto, mas que se dane, foi a primeira e última vez em que levei vantagem com um comerciante.

Meu segundo golpe de sorte ocorreu num leilão em East Hampton, em Long Island. Entrei lá meio por acaso, sem esperar muita coisa, e realmente só vi quadros ruins e mobília irrelevante de uma antiga casa à beira-mar em Long Island. Subitamente, porém, perdido no meio das louças e dos pratos decorativos medíocres, vi um espetáculo eletrizante: um peso *millefiori* espetacular no formato de um tinteiro. Percebi que era genuíno, e uma busca cuidadosa revelou o nome do autor, J. C., na parte interna do buquê inferior. Fiz a descoberta por volta das onze da manhã, e o tinteiro só iria a leilão por volta das três horas da tarde. Enquanto esperava, perambulei pelo local num entorpecimento ansioso, imaginando se o leiloeiro ou qualquer um dos presentes fazia alguma idéia do valor e da raridade daquele tinteiro, suficiente para pagar a faculdade de gêmeos siameses. Se o caso soa pouco atraente, como suponho, tenho a dizer apenas que colecionar provoca isso na gente.

De todo modo, o leiloeiro iniciou os lances para o tinteiro em 25 dólares, portanto eu soube imediatamente que *ele* não fazia idéia do que estava vendendo; restava saber se alguém presente fazia. Calculei haver umas trezentas pessoas ali, muitas com olhos sofisticados. Verifiquei que um sujeito tinha noção do valor: o jovem comerciante de Nova York que estava ali para comprar móveis e conhecia muito pouco de pesos de papel, mas foi perspicaz o bastante para intuir que aquele era especial. Quando chegamos aos trezentos dólares a platéia começou a cochichar e arregalar os olhos; não podia imaginar o que tornava um pedaço de vidro tão valioso. Quando batemos nos seiscentos dólares o leiloeiro não escondia sua excitação, e meu rival suava; começava a pensar melhor, já não tinha tanta certeza. Com voz trêmula ele arriscou 650 dólares, falei setecentos e acabei com suas dúvidas. Depois disso ele se aproximou e perguntou se eu achava que o peso valia os setecentos dólares. Respondi: "Não, vale sete mil".

Algumas pessoas, quando viajam, levam consigo fotos dos amigos e familiares ou namoradas; eu também. Mas levo ainda uma maleta que comporta seis pesos, cada um deles embrulhado em flanela, pois os pesos, apesar de sua aparente solidez, são extremamente frágeis, além de parecerem um grupo de irmãos encrenqueiros, inimigos; uma das maneiras mais fáceis de trincar ou lascar um peso é a colisão com outro peso. Então, por que os levo comigo por aí, numa viagem de dois dias a Chicago ou Los Angeles? Porque, quando os instalo, para mim eles transformam o quarto de hotel anônimo mais sinistro num lugar íntimo, aconchegante e seguro. Além disso, se o sono não chega às quinze para as duas, a tranqüilidade chega com a contemplação de uma rosa branca tranqüila, até a rosa se expandir na branquidão do sono.

Ocasionalmente dou um peso de presente a um amigo muito especial, e ele sempre sai dos meus preferidos, pois, como disse Colette naquela tarde distante, quando declarei não poder aceitar como presente algo que ela obviamente adorava: "Meu caro, não há razão para dar de presente algo que a gente não valoriza".

COR LOCAL
(1946-1950)

New Orleans
(1946)

No pátio havia um anjo de pedra preta, e sua cabeça angelical se erguia acima das folhas enormes; os severos olhos angelicais de vidro, claros como os olhos azuis desbotados dos marinheiros, olhavam para cima. O anjo era observado de uma sacada verde intricada – meu terraço, pois eu vivia atrás dele, num apartamento de três aposentos brancos com forro enfeitado que nem bolo de noiva, portas amplas de correr e portas duplas altas de vidro. Nas noites quentes, com as portas do terraço abertas, era agradável conversar ali, e animado, pois o vento soprava no interior feito ventarola agitada por senhoras antigas. E, nessas noites quentes, a cidade se acalma. Só vozes: conversa familiar entrecortada na varanda coberta de hera; mulher descalça a cantarolar enquanto embala um carrinho, estimulando o sono de um bebê do qual cuida publicamente; reclamações em língua estrangeira de uma senhora irritada que, sentada no terraço, depena uma galinha. As penas voando de suas mãos, pairando no ar e iniciando sua preguiçosa descida.

Certa manhã – um domingo frio de dezembro, creio, com seu sol cinza desbotado – atravessei o bairro francês para ir ao mercado velho, onde naquela época do ano se pode adquirir frutas de inverno sensacionais, tangerinas por vinte centavos a dúzia, além de flores invernais como a poinsétia de Natal e a camélia da neve. As ruas de New Orleans têm perspectivas longas, solitárias; nas horas mortas sua atmosfera lembra Chirico*, as coisas ordinariamente inocentes (um rosto atrás da veneziana, iluminado obliquamente, freiras ao longe, em movimento, um braço escuro gordo a pender assimétrico de uma janela qualquer, um rapaz negro sozinho agachado num beco, soprando bolhas de sabão para observá-las tristonho quando sobem e estouram) adquirem nuances violentas. Naquela manhã parei no meio do quarteirão, pois com o canto do olho vislumbrara uma passagem em forma de túnel que dava para um pátio exageradamente ajardinado. Um cão de caça branco com ar amalucado estava parado, rigidamente, sob a luz esverdeada, reflexo das samambaias do pátio, no final do túnel, e compulsivamente segui em sua direção. Lá dentro havia uma fonte; a água escorria delicadamente da boca de uma estátua de bronze que representava um macaco e produzia sons de sininhos débeis nos pedregulhos do laguinho. Ele estava pendurado num salgueiro, era um homem com cara de bandido, usava cabelo platinado excêntrico; pendia imóvel, como o próprio salgueiro. Aquele jardim sufocante e silencioso inspirava terror. Janelas fechadas o observavam, cegas; trilhas das lesmas reluziam prateadas nas begônias, nada se mexia a não ser sua sombra. Balançava um pouco, para trás e para a frente, embora não houvesse vento. Um anel imitando diamante que usava brilhava ao sol, e em seu braço havia um nome tatuado, "Francy". O cachorro baixou a cabeça para beber água na fonte, e eu saí correndo. Francy – teria sido por ela que ele se matou? Não sei, New Orleans é cheia de segredos.

Os olhos vítreos do anjo de pedra eram como relógios de sol, pois informavam as horas de acordo com a quantidade de luz que neles batia: brancos ao meio-dia, escureciam gradualmente, opacos ao entardecer, pretos – olhos noturnos numa cabeça noturna.

---

* Giorgio de Chirico (1888-1978): pintor greco-italiano precursor do surrealismo. Um de seus temas preferidos eram espaços delimitados por muros e paredes. (N. do E.)

Os lábios rasgados de louras douradas excitam, provocantes, nos anúncios desbotados em tapumes na frente das casas: Beba Dr. Nutt, Dr. Pepper, Nehi, Grapeade, 7 Up, Koke, Coca-Cola. New Orleans, como qualquer outra cidade sulista, está coberta de anúncios de refrigerante; as ruas dos bairros populares vivem forradas de tampinhas de Coca-Cola, e após a chuva elas brilham no chão como moedas perdidas. Os cartazes descolam, vão se agüentando até um vento tempestuoso soprá-los para o meio da rua, como capim seco no deserto – e tem quem os considere lindos; há pessoas que forram as paredes com cartazes de Dr. Nutt e Dr. Pepper, com beldades da Coca-Cola, que sorriem em cima das camas nos quartos dos conjuntos habitacionais, feito guardiães durante a noite e anjos pela manhã. Placas por todos os lados, rabiscadas a giz, impressas, pintadas: "Madame Ortega – previsões, poções amorosas, Literatura Mágica, vidência"; "Se não sabe o que fazer, não o faça aqui"; "Você está pronto para encontrar seu Criador?"; "Cuidado, cão feroz"; "Tenha pena dos órfãos carentes"; "Sou surdo-mudo"; "Viúva com dois filhos para sustentar"; "Atenção"; "Blue Wing Singers na igreja esta noite (assinado) O Reverendo".

Vi uma vez o aviso numa porta, no bairro do Irish Channel: "Entre e veja onde Jesus esteve".

"O que é?", disse a mulher que abriu a porta, quando toquei a campainha. "Eu queria ver onde Jesus esteve", expliquei, e por um momento ela pareceu perdida; seu rosto enrugado era branco como marshmallow; não tinha sobrancelhas, nem pestanas, e usava um quimono de algodão fino. "Você também, querido", ela disse, e o riso fácil fez seus seios fartos balançarem. "Mas você é muito pequeno para ver onde Jesus esteve."

No meu bairro havia um café sempre deserto, sem graça portanto, era o café menos freqüentado de New Orleans inteira, divertido como uma funerária. A proprietária, sra. Morris Otto Kunze, porém, não parecia se importar; passava o dia sentada atrás do balcão, a se abanar com uma ventarola de folha de palmeira, e só se movia para espantar as moscas. Colados ao espelho quebrado atrás do balcão havia quadrinhos com frases como:

"Não se preocupe com a vida... você não vai escapar dela vivo mesmo!"

Dia 3 de julho. Recebi um cartão na semana passada, da srta. Y., declarando que "estaria em casa" esta tarde, portanto fui visitá-la. Ela é encantadora, com seus modos arcaicos, e também divertida, embora não seja essa a intenção. Quando nos conhecemos, pensei: Edna May Oliver; e sem sombra de dúvida há certa semelhança. A srta. Y. fala em tom premeditado, mas suas palavras são espontâneas, e os olhos cor de jerez percorrem o ambiente sem parar. Sua postura é militar, ela usa bengala Malacca de ratã, para homens, tendo uma perna mais curta do que a outra, uma condição que a faz andar como um pingüim. "Isto me fazia infeliz quando tinha a sua idade; sim, admito, pois papai tinha de me acompanhar a todos os bailes, e nós nos sentávamos em lindas poltronas douradas. E ficávamos lá sentados. Nenhum dos cavalheiros tirava a srta. Y. para dançar, nunca, até que um rapaz de Baltimore, um tal de sr. Jones, esteve na cidade no inverno, e, que gracinha! – coitado do sr. Jones – caiu da escada, sabe, quebrou o pescoço... morreu na hora."

Meu interesse pela srta. Y. é praticamente clínico, e não sou, confesso constrangido, o amigo que ela crê, pois ninguém consegue se aproximar da srta. Y.: ela parece ter saído de um conto de fadas, alguém real, mas improvável. Ela é como o piano de sua sala de estar – elegante, mas meio desafinado. A casa, velha mesmo para New Orleans, é protegida por uma grade de ferro enferrujada; mora num bairro pobre, cheio de avisos de quartos para alugar, postos de gasolina, cafés com vitrola automática. Contudo, na época em que a família se mudou para lá – claro, faz muito tempo – não havia morada mais chique em New Orleans. A casa, sufocada por árvores inclinadas, era cinzenta por fora; lá dentro, porém, a fantasia herdada pela srta. Y. está visível por toda parte: as batidas da bengala, quando ela desce a escada monumental, fazem tremer os cristais; seu rosto, um coração em seda enrugada, reflete-se esfumaçado nos espelhos do teto; ela se abaixa (noto, quando isso ocorre, o cuidado com que preserva os ossos frágeis) para sentar na poltrona do pai do pai do pai dela, um artefato perversamente sóbrio com cabeças de leão esculpidas nos braços. Ela é linda ali, na penumbra fresca da casa, e está segura. Tem as paredes, a cerca, a mobília de sua infância. "Algumas pessoas nascem para envelhecer; eu, por exemplo, fui uma criança terrível, não exibia nenhuma qualidade. Mas gosto de ser velha. Faz com que eu me sinta mais..." ela fez uma pausa para abranger a sala com um gesto, "mais adequada".

A srta. Y. não acredita no mundo que há para lá de New Orleans. Por vezes seu isolamento provoca comentários ácidos, como hoje. Eu havia mencionado uma viagem a Nova York, e ela ergueu uma sobrancelha para perguntar, gentil: "É mesmo? E como vão as coisas lá no interior?".

1. Eu me pergunto por que todos os motoristas de táxi de New Orleans dão a impressão de que foram importados do Brooklyn?

2. A gente ouve falar muito em comida por aqui, e provavelmente é verdade que restaurantes como Arnaud's e Kolb's sejam os melhores dos Estados Unidos. Esses restaurantes possuem uma ambiente atraente, indolente: ventiladores de teto lentos, mesas enormes sempre vazias, silêncio, garçons descontraídos mas experientes, todos dão a impressão de serem filhos do dono. Um amigo meu, comparando New Orleans a Nova York, certa vez comentou que refeições similares na Costa Leste, além de muito mais caras, vêm à mesa enfeitadas com maneirismos do *chef*, cheias de frescuras e acessórios inúteis. Como a maioria das coisas boas, a qualidade da cozinha de New Orleans deriva, ele acredita, de sua simplicidade essencial.

3. Estou meio cansado da expressão insistente, "charme antigo". É o que se encontra, suponho, na arquitetura daqui, nas lojas de antigüidades (onde deveria mesmo estar), ou na mistura de dialetos que ouvimos no Mercado Francês. Mas New Orleans não é mais charmosa do que outras cidades sulistas – é menos, na verdade, por ser a maior. Grande parte da cidade é uma várzea espiritual, composta de ruas e bairros afastados do eixo turístico.

(De uma carta para R. R.) Chegaram os novos moradores do apartamento de baixo, terceiro inquilino do ano; lugar de passagem, o bairro francês, oi e tchau. Um legítimo salafrário morava lá quando mudei. Era inescrupuloso, sujo e deformado – um tipo de sátiro desregrado. O sr. Buddy, a banda de um homem só. Provavelmente já o viram – não aqui, claro, mas em outra cidade qualquer, pois ele não pára, viaja sempre com o velho banjo, a bateria e a gaita. Eu costumava encontrá-lo na rua, em esquinas diversas, a tocar para um bando de desocupados. Sabia que ele era meu vizinho, e esses encontros sempre me assustavam. A bem da verdade, ele não era um músico ruim – era, de fato, extraordinário, num final de tarde e para seu próprio prazer, quando ele cantava, acompanhado pelo violão, baladas tristes com voz sofrida e rouca de uísque: como a vida era terrível para os apaixonados.

"Ei, rapaz! Você, aí em cima...!" Era comigo, ele nunca soube meu nome, nem mostrou qualquer interesse em descobrir. "Desça aqui para tomar uma."

Seu terraço, menor que o meu, era protegido por uma cortina de glicínias que exalavam um perfume doce; não havia mobília digna do nome, sentávamos na sombra do terraço e tomávamos um gim parecido com álcool para massagem, e ele dedilhava o violão, o gemido melancólico se prolongava, enfatizando o tom grave de sua voz. "Andei muito por aí, por tudo quanto é lado; 65 anos, e se uma mulher ficar comigo, não vai querer mais saber de ninguém;

é isso aí, tive várias mulheres e muitos filhos, mas só Deus sabe o que foi feito deles – por mim, que se danem – a não ser por Rhonda Kay, e olhe lá. Era uma mulher daquelas, doce como mel de abelha, um fogo que só vendo! Vivia acesa, e era casada com um pregador batista, teve quatro filhos – cinco, contando com o meu. Sempre me perguntei o que era – menino ou menina. Era menino, espero. Sempre faço meninos... Bem, isso aconteceu faz muito tempo, em Memphis, no Tennessee. É isso aí, andei muito por aí, cumpri pena na penitenciária, freqüentei casas finas como a do Rockfeller, estive em tudo quanto é lugar."

Ele era capaz de continuar assim até amanhecer, a voz empastada, as palavras entrelaçadas umas nas outras, numa seqüência indistinta.

Seu rosto, manchado e enrugado, revelava uma afabilidade traiçoeira, um brilho juvenil, mas tinha olhos amendoados de oriental, e usava unhas longas, afiadas e lustrosas como as de um chinês. "Boas para coçar e muito úteis numa briga, também."

Ele sempre usava o mesmo tipo de roupa: calça preta, meia soquete, tênis com a ponta cortada para dar mais conforto, casaco leve, um colete verde de veludo que, segundo ele, pertencera a seu antepassado Benjamin Franklin, e uma boina cheia de broches com os dizeres "Vote em Roosevelt". E não há como negar: ele realmente tinha muitas amigas, uma nova a cada semana, e raramente faltava uma mulher para preparar sua comida; nessas ocasiões, quando eu aparecia para visitá-lo, ele dizia invariavelmente, de um modo muito cortês: "Apresento-lhe a senhora Buddy".

Tarde da noite, certa vez, acordei com a sensação de que não estava sozinho; sem dúvida, havia alguém em meu quarto, vi a silhueta pelo espelho, graças ao luar. Era ele, o sr. Buddy, abrindo e fechando gavetas furtivamente, e de repente meu cofrinho se espatifou no chão, as moedas rolaram em todas as direções. Não adiantaria fingir nada, acendi a luz e o sr. Buddy me encarou com firmeza, imperturbável, e abriu um sorriso. "Sabe", disse no tom mais sóbrio que eu já ouvira de sua parte, "preciso ir embora daqui depressa".

Eu não sabia o que dizer, ele olhou para o chão e seu rosto corou ligeiramente. "Vamos lá, seja um bom rapaz. Você tem algum dinheiro aqui?"

Só pude apontar para as moedas espalhadas no assoalho; sem dizer mais nada ele se ajoelhou e as recolheu. Depois, empertigado, saiu pela porta da frente.

Na manhã seguinte ele havia sumido. Três mulheres vieram procurá-lo, mas eu não sabia onde estava. Talvez em Mobile. Se o vir por aí, R., poderia me avisar, por favor?

I want a big fat mama, yes, yes! Os dedos de Shotgun, compridos como bananas, grossos como pepinos em conserva, percutiam as teclas, e seu pé, batendo no chão, sacudia o café. Shotgun! O melhor espetáculo da cidade! Não sabe cantar nada, mas, cara, ele toca piano muito bem – escute: *She's cool in the summer and warm in the fall, she's a four season mama and that ain't all...** E lá vai ele, a boca gorda a se abrir num bocejo, feito boca de crocodilo, a língua vermelha marota a saborear a canção, a fazer amor com ela; manda bala, Shotgun, vai fundo. Vejam como ele ri, a cara preta alucinada marcada pelo chumbinho, reluzindo de suor. Existe algum vício humano que ele desconheça? Uma pena, porém... Dificilmente um branco vê Shotgun, pois este é um café para negros. Os enfeites de Natal empoeirados do ano passado enfeitam as paredes desbotadas, cor de arsênico; tiras de papel cor-de-laranja, verdes e roxas, penduradas em lâmpadas, agitavam-se ao vento de um ventilador cansado; o dono, um mulato claro bem-apessoado de olhos azuis, debruçado no bar, esbraveja: "Ei, acha que isso aqui é alguma instituição de caridade? Passe o quarto de dólar para cá, negro, e depressa".

---

* Ela é fresca no verão e quente no outono, ela é uma mãe para quatro estações, e isto não é tudo. (N. do E.)

Estamos na noite de sábado. A fumaça de cigarro enche o ambiente, misturada com perfume. As mesinhas de madeira ensebada têm duas fileiras de cadeiras, todos se conhecem, por um momento o mundo é aquele salão, aquele salão de jazz terrível, escuro; nosso coração bate no ritmo do pé de Shotgun, todos os componentes agradáveis de nossas vidas se concentram no brilho de seus olhos maliciosos. *I want a big fat mama, yes, yes!* Ele se inclina para a frente, na banqueta, quando ergue o rosto para nos observar, e um grito se eleva no ar, espalhando-se pela noite: *I want a big fat mama with the meat shakin' on her, yes!**

Nova York
(1946)

É um mito, esta cidade, com seus quartos e janelas, ruas fumegantes; para todos, para cada um, mitos diferentes, um ídolo de olhos de semáforo a piscar ternamente verde, cinicamente vermelho. A ilha, flutuando na água do rio feito um *iceberg* de diamante, chama-se Nova York, mas se pode chamá-la como quiser; pouco importa o nome, pois ao penetrá-la, vindo da realidade mais presente de outro lugar, o sujeito busca apenas uma cidade, um esconderijo onde possa se perder ou se encontrar, realizar um sonho onde possa provar que afinal de contas você não é um patinho feio, mas uma pessoa maravilhosa, digna de ser amada, como pensa sentado na sacada, vendo os Fords passarem; como pensa enquanto planeja sua busca por uma cidade.

Vi Garbo duas vezes na semana passada, uma no teatro, onde ela sentou ao meu lado, e num antiquário da Terceira

* Quero uma mãe grande e gorda chacoalhando suas carnes, sim! (N. do E.)

Avenida. Quando menino sofri com uma série de problemas, passando muito tempo de cama, dedicando a maior parte do tempo a escrever uma peça de teatro a ser estrelada pela mulher mais linda do mundo, e era assim que eu descrevia a srta. Garbo na carta que acompanhava o texto. Mas nem a peça nem a carta foram comentadas, e por muito tempo guardei um ressentimento desesperado, que nunca mais passou, até a outra noite quando, num sobressalto do coração, identifiquei a mulher sentada ao meu lado. Foi uma surpresa vê-la tão pequena, tão vividamente colorida: como Loren MacIver disse, com traços assim a gente nem espera que venha cor, também.

Alguém perguntou: "Você acha que ela é inteligente?". Isso me pareceu uma pergunta ultrajante; sério, importa para alguém se ela é inteligente ou não? Sem dúvida basta que um rosto assim exista, embora a própria Garbo possa ter chegado ao ponto de lamentar a trágica responsabilidade de possuí-lo. Não tem graça nenhuma seu desejo de ficar sozinha; claro que deseja isso. Imagino que seja o único momento em que ela não se sente só: se a pessoa percorre um caminho singular, guarda sempre uma certa melancolia, mas não se lamenta em público.

Ontem, no antiquário, ela andava de um lado para outro, observando tudo atentamente, sem se interessar no fundo por nada, e por um momento maluco pensei em falar com ela, só para ouvir sua voz, sabe; o momento passou, graças a Deus, e ela seguiu até a porta e saiu. Aproximei-me da janela e a vi andando apressada pela rua azulada, ao entardecer, com seus passos saltitantes, longos. Na esquina, ela hesitou, como se não soubesse para que lado queria ir. As luzes da rua foram acesas, um reflexo criou subitamente na avenida uma parede branca: com o vento a fustigar seu casaco, e sozinha, Garbo, ainda a mulher mais bonita do mundo, Garbo, o símbolo, caminhou diretamente para ela.

Almocei hoje com M. O que se pode fazer com ela? Ela diz que o dinheiro finalmente acabou, e, a não ser que volte para casa, sua família se recusa firmemente a ajudá-la. Cruel, suponho, mas eu lhe disse que não via alternativa. De certo modo, porém, não creio que lhe seja possível voltar para casa. Ela pertence à seita mais inapelável e rapidamente aprisionada por Nova York, os talentosos sem talento; sensíveis demais para aceitar um ambiente provinciano, embora insuficientemente sensíveis para circular livremente no meio que tanto desejam, eles se arrastam, neuróticos, alimentando-se das sobras da vida nova-iorquina.

So o sucesso, e mesmo assim apenas no auge, pode trazer alívio. Mas, para artistas sem uma arte, é sempre tensão sem alívio, irritação sem a pérola resultante. Talvez ela surgisse, não fosse a pressão pelo sucesso tão intensa. Eles se sentem compelidos a provar algo, pois a classe média norte-americana, da qual a maioria provém, reserva palavras cruéis para seus homens sensíveis, para os jovens inteligentes ousados, que não provam imediatamente que seus dons rendem dinheiro vivo. Mas, quando uma civilização acaba, é dinheiro que os sucessores procuram nas ruínas? Ou é uma estátua, um poema, uma peça?

Isso não quer dizer que o mundo deva algo a M., ou a qualquer outra pessoa; uma pena, mas pelo jeito que as coisas são, no que diz respeito a ela, provavelmente jamais conseguirá fazer um poema, um bom poema, quero dizer; mesmo assim ela é importante, seus valores se baseiam em algo maior que a medida habitual da verdade, ela merece um destino melhor do que passar da adolescência tardia para a meia-idade prematura sem um período intermediário e sem uma obra para mostrar.

Na minha rua, pouco abaixo, há uma loja que conserta rádios. Pertence a um italiano idoso, Joe Vitale. No começo do verão surgiu na frente de sua loja uma placa estranha: *o Viúva-Negra*. E, em letras menores: *Vejam as notícias sobre o Viúva-Negra aqui nesta vitrine*. E o bairro pensou, esperou. Alguns dias depois duas fotografias amareladas foram incluídas no arranjo; tiradas uns vinte anos antes, mostravam o sr. Vitale quando era peludo, usando traje de banho preto até o joelho, gorro e máscara de natação. A legenda datilografada embaixo das fotos explicava que Joe Vitale, a quem todos nós conhecíamos como o sujeito que consertava rádios, meio corcunda, de olhos tristonhos, fora numa encarnação suprema campeão de natação e salva-vidas em Rockaway Beach.

Fomos avisados que deveríamos continuar observando a vitrine. A recompensa veio na semana seguinte: em letras garrafais, o sr. Vitale anunciou que o Viúva-Negra pretendia retomar sua carreira. Havia um poema na janela, e o poema se chamada "O Sonho de Joe Vitale"; falava no quanto ele sonhava em enfrentar as ondas, conquistar os mares.

No dia seguinte surgiu a notícia final; era um convite, imaginem, dizendo que seríamos todos bem-vindos em Rockaway, no dia 20 de agosto, pois naquele dia ele pretendia nadar daquela praia até Jons Beach, uma bela distância. Nos dias de verão que faltavam para o evento o sr. Vitale sentava num banquinho na frente da loja para observar as reações dos transeuntes a suas declarações, e ficava lá, num devaneio distante, balançando a cabeça, sorrindo educadamente quando os vizinhos paravam para lhe desejar boa sorte. Um menino abelhudo perguntou por que ele se intitulava *o* Viúva-Negra, e ele retrucou que existiam aranhas dos dois sexos.

Por um tempo, nada aconteceu. Então, certa manhã, o mundo acordou e riu do sonho de Joe Vitale. Sua história saiu em todos os jornais; os tablóides publicaram sua foto na primeira página. Fotos lamentáveis, pois lá estava ele em seu momento de agonia, e não de triunfo. Ele saiu ladeado por dois policiais, em Rockaway. E, em seus relatos, os jornais em sua maioria seguiram o mesmo esquema: era uma vez um velho maluco que passou graxa no corpo e correu para o mar. Quando os salva-vidas viram que ele estava nadando para longe, pegaram um bote e foram buscá-lo. Ele era teimoso, o cômico velhinho, pois no instante em que lhe deram as costas ele entrou no mar de novo, e os salva-vidas tiveram de pegar o barco outra vez, e o Viúva-Negra foi carregado para a praia como um tubarão moribundo, sem ouvir o canto das sereias, e sim os apitos da polícia, gritos e insultos.

A atitude correta seria procurar Joe Vitale e dizer que sentíamos muito, que ele era um sujeito muito corajoso, e o que mais fosse possível; a morte de um sonho não é menos triste do que a morte e, realmente, exige de quem a sofre um lamento tão profundo quanto. Mas a loja de rádios fechou, está fechada há muito tempo, não há sinal dele em lugar nenhum, seu poema soltou-se da vitrine e caiu onde não se pode vê-lo.

Hilary sugeriu que eu chegasse primeiro, para tomar chá antes da chegada dos outros convidados. Mesmo sofrendo por causa de um resfriado terrível, ele insistiu em manter a data da festa; naturalmente; por que não? Bancar o anfitrião cura tudo. Não importa na casa de quem você esteja, se Hilary estiver lá é a casa dele e você, seu convidado. Alguns acham sua atitude muito invasiva, mas os donos sempre gostam, pois Hilary, com seu porte imenso, espetacular, e monólogos cômicos de rolar de rir confere às reuniões mais pavorosas um encanto esfuziante. Hilary quer que todos sejam charmosos, criaturas de contos de fadas; ele acredita que o sujeito mais obscuro possui um charme reluzente; e tem mais, ele persuade o outro também, e isso explica o carinho com que gente normalmente empedernida se refere a ele.

Outro aspecto atraente é que Hilary nunca muda; sempre faz as pessoas rirem quando elas sentem vontade de chorar; e sobra uma sensação curiosa de que ele vai chorar por você, quando tiver ido embora. Hilary se acomoda com um robe de veludo estendido por cima dos joelhos, telefone numa das mãos, livro na outra, e liga rádio, vitrola, outro telefone e uma caixinha de música, em diversos aposentos.

Quando cheguei para o chá, Hilary estava recostado na cama, de onde pretendia comandar a festa. As paredes do quarto foram cobertas de fotografias, quase todas as pessoas que conheceu: senhoritas, debutantes, secretária de um conhecido, estrelas de cinema, professores de faculdade, coristas, artistas de circo, casais de Westchester, empresários: eles podem ir embora, mas Hilary não pode se dar ao luxo de perder ninguém nem nada. Os livros formam pilhas nos cantos, acumulam-se nas estantes entre trabalhos escolares antigos. Programas de teatro velhos, conchas de vários tipos, discos quebrados, flores secas e lembranças de parques de diversões transformam seu apartamento num sótão dos sonhos.

Talvez chegue o dia em que não haverá mais Hilary; seria fácil destruí-lo – pode ser que alguém faça isso. Poderia ser neste momento a transição da inocência para a sabedoria, quando descobrimos que nem todo mundo nos ama? A maior parte de nós aprende isso muito cedo. Mas Hilary não sabe. Espero que nunca descubra, pois eu odiaria que ele percebesse de repente que estava brincando sozinho no parquinho, dedicando seu amor a um público que não estava lá.

Agosto. Embora o jornal matinal indicasse apenas tempo bom e quente, era evidente ao meio-dia que algo excepcional ocorria, e o pessoal dos escritórios, ao voltar do almoço com a expressão confusa e desolada de uma criança intimidada, começou a telefonar para o serviço meteorológico. No meio da tarde, conforme o calor nos sufocava como a mão assassina sobre a boca da vítima, a cidade se agitou e vibrou, mas seu apelo foi abafado, a pressa arrefeceu, a ambição se foi, e ficou como uma fonte seca, um monumento inútil em coma. As alamedas do Central Park, ladeadas de salgueiros, eram como um campo de batalha no qual muitos pereceram; as fileiras de baixas exaustas permaneciam amassadas nas sombras mortas, enquanto fotógrafos de jornal, documentando o desastre, moviam-se sepucralmente por entre elas. De noite o vento morno abre o crânio da cidade, expondo os miolos brancos e os nervos centrais, que zumbem como o filamento de uma lâmpada elétrica.

Meu trabalho provavelmente renderia muito mais se eu deixasse Nova York. Contudo, é mais do que provável que isso seja falso. Até a pessoa atingir certa idade, o interior é maçante; de todo modo, não gosto da natureza em geral, e sim em particulares. De todo modo, a não ser que o sujeito esteja apaixonado, satisfeito, movido pela ambição, desprovido de curiosidade ou reconciliado (o que parece servir como sinônimo moderno de felicidade), a cidade é que nem uma máquina monumental incansável projetada para a perda de tempo e das ilusões. Após algum tempo, a busca e a exploração podem se tornar sinistramente apressadas, a transpirar ansiedade, numa corrida de obstáculos de Benzedrine e Nembutal. Onde está o que você procura? E, por falar nisso, o que você está procurando? É o fim recusar um convite; as pessoas vivem alegando compromissos, só para aparecerem de surpresa; afinal, é difícil se manter distante quando os mexericos insistentes dão conta de que, ao permanecer afastado, você atirou o amor pela janela, negou sua resposta e perdeu para sempre o que estava procurando: ah, pensar! Tudo o aguarda a meras dez quadras dali: corra, ponha o chapéu, não pegue o ônibus, vá de táxi, agora corra, toque a campainha: alô, bobão, primeiro de abril.

Hoje é meu aniversário, e, como sempre, Selma se lembrou: seu presente costumeiro, uma moedinha caprichosamente embrulhada em papel higiênico, chegou pelo correio esta manhã. Tanto em tempo quanto em idade, Selma é minha amiga mais velha; por 83 anos ela residiu no mesmo lugarejo do Alabama; é uma mulher encurvada, miúda, com pele cinza-escura e olhos fundos, maliciosos, durante 45 anos ela trabalhou como cozinheira na casa das minhas três tias; mas, agora que elas morreram, Selma mudou para a fazenda da filha, como ela diz, para ter sossego e aproveitar a vida. Junto com o presente veio um bilhete, no qual ela avisava para eu me preparar, pois a qualquer momento ela poderia pegar um ônibus Greyhound para ir à "cidade grande". Não quer dizer nada; ela jamais virá; mas desde muito tempo vem ameaçando fazer isso. No verão que antecedeu minha primeira ida a Nova York, há quatorze anos, costumávamos ficar na cozinha conversando, nossas vozes animadas incomodavam o dia preguiçoso. Em geral, falávamos da cidade para onde eu logo iria. Na concepção dela não havia árvores lá, nem flores, e ela ouvira dizer que a maioria das pessoas morava debaixo da terra, ou, se não fosse debaixo da terra, no céu. Além disso, não havia mantimentos nutritivos como favas, feijão-fradinho, quiabo, mandioca e lingüiça, que tanto tínhamos em casa. E faz frio, ela disse, fazumfriodanado, se você for para aquele lugar gélido, quando perceber seu nariz congelou e caiu da cara.

Mas aí a sra. Bobby Lee Kettle trouxe alguns *slides* de Nova York, e depois Selma começou a contar às amigas que ia comigo, quando eu fosse para Nova York. A cidade lhe pareceu subitamente pecaminosa e cruel. Minhas tias compraram passagem de ida e volta para ela, a idéia era que ela me acompanhasse até lá e voltasse correndo. Estava indo tudo muito bem até chegarmos à estação de trem; Selma começou a chorar e disse que não queria ir, que morreria tão longe de casa.

Foi um inverno deprimente, de ponta a ponta. Para uma criança a cidade é um lugar desolador. Mais tarde, quando a pessoa cresce e se apaixona, a dupla visão compartilhada com o companheiro confere à experiência forma e conteúdo. Viajar sozinho é empreender uma jornada por terras devastadas. Se amar o bastante, porém, às vezes você consegue ver por si mesmo, e pelo outro, também. Foi assim que aconteceu com Selma. Eu vi tudo em dobro: a primeira neve, patinadores no parque, os casacos de pele das crianças curiosas do interior, o Chute-the-Chute* em Coney, máquinas de vender chiclete no metrô, o restaurante mágico Automat, as ilhas no rio e o brilho na ponte ao entardecer, uma banda da Paramount a tocar num barco, os sujeitos que entravam no pátio, dia após dia, e entoavam as mesmas canções rudes e roucas, o magnífico conto de fadas de uma loja de dez centavos onde íamos furtar após a aula; eu observava e ouvia, guardando tudo para as horas tranqüilas na cozinha, quando Selma diria, como disse: "Conte história sobre aquele lugar, agora verdadeiras, nada de mentiras". Mas a maioria das que contei eram mentiras; não foi minha culpa, eu não conseguia me lembrar, pois foi como se eu tivesse ido a um desses castelos sobrenaturais visitados por personagens de lendas: assim que se afasta a pessoa se esquece de tudo, só resta o eco vago de um deslumbre atordoante.

Brooklyn
(1946)

Uma igreja abandonada, uma placa de "Aluga-se" a invadir sua fachada barroca, torres escuras e arruinadas na esquina daquela quadra esquecida; pardais fazem seus ninhos entre as flores esculpidas na pedra, acima das portas rabiscadas com giz ("Kilroy esteve aqui", "Seymour ama Betty", "Você fede!"), lá dentro, onde o sol bate nos bancos lascados, bichos da rua de todos os tipos encontraram seu lar: a gente vê gatos pardos a olharem pelas janelas, escuta sons de animais inesperados e das crianças do bairro, que desafiam umas às outras para ver quem entra lá e saem exibindo ossos que juram ser humanos ("é isso aí! estou dizendo,

* Montanha-russa. (N. do T.)

mataram o cara!"). Decisiva em sua feiúra, a igreja simboliza para mim vários elementos do Brooklyn: se uma estrutura similar for destruída, tenho a inquietante premonição de que outra seria imediatamente erguida, igualmente velha e monstruosa, pois para o Brooklyn, este conjunto de cidades unidas pelo nome, não interessa a mudança arquitetônica, ao contrário de Manhattan. Tampouco o Brooklyn é indulgente em relação ao indivíduo: desesperado, o sujeito avista a interminável fileira de chalés idênticos, ornamentação vistosa e arenito marrom, o inevitável terreno baldio deserto e cinza onde os moleques de rua, doces e violentos, juntam galhos e madeira de obra, acendem fogueiras em outubro, correm pelas ruas brilhantes de agosto gritando "Mata o judeu! Mata o italiano! Mata o negro!" – um costume neste país onde a arquitetura mental, como as casas, é imutável.

Amigos de Manhattan, desanimados para enfrentar a desoladora jornada de metrô (Ah, B., tenha dó, juro que não leva mais do que quarenta minutos, sério mesmo, você só precisa fazer três baldeações), agradecem e recusam qualquer convite. Por isso andei sonhando freqüentemente que ia alugar e reformar a igreja: quem resistiria ao convite para conhecer uma residência tão curiosa? No momento tenho dois quartos numa casa marrom igual a outras vinte na mesma quadra; o interior da casa é uma deprimente coleção de lixo vitoriano: damas pálidas de rosto rechonchudo semicobertas por véus gregos apodrecidos empinam-se tribais no papel de parede; no vestíbulo, uma tigela manchada para cartões de visita e uma chapeleira retorcida como um abeto achado na costa da Bretanha são lembranças dos dias mais abastados do Brooklyn; as salas mal acomodam a mobília pesada empoeirada, a história da família em daguerreótipos desfila em cima de um piano velho desafinado, por toda a parte sobrecapas nos móveis são como pequenos estandartes em crochê da Respeitabilidade, e quando o vento sopra nesta sala as continhas das franjas dos abajures tilintam sons orientais.

Contudo, há telefones: dois em cima, três em baixo e 125 no porão, pois é lá que minhas senhorias vivem meio presas à mesa telefônica: a sra. Q., uma senhora de andar gingado, lenta de raciocínio, com o rosto vermelho de buldogue, olhos salientes cor de lavanda e laranja, cabelo inacreditável que, a exemplo de sua filha srta. Q., ela usa desgrenhado e até a cintura, é uma pessoa desconfiada, e sua desconfiança é do tipo que despreza tudo e procura um motivo para isso. A srta. Q., coitada, vive cansada; suave e doce, ela trabalha num regime de semi-escravidão, e por vezes eu me pergunto se ela é mesmo a srta. Q., ou Zasu Pitts*. De todo modo, estabelecemos um relacionamento agradável. Baseia-se principalmente no fato de que somos os dois atormentados por dores de cabeça lancinantes. Ela sobe quase todo dia e, rindo de sua ousadia travessa, pede uma aspirina; sua mãe, devota de Bernard MacFadden**, proíbe aspirina e qualquer outro medicamento, considerados "coisa da caldeira do diabo". A história delas é velha: o sr. Q., "agente funerário bem-sucedido e respeitado", faleceu "sem aviso prévio, enquanto lia o *New York Sun*", deixando esposa e filha "desamparadas, sem meios visíveis de sustento", pois "um estelionatário convenceu papai a investir suas economias numa fábrica de coroas funerárias artificiais". Por isso ela e a mãe montaram um serviço de atendimento telefônico no porão. Dia e noite, por dez anos, elas se revezaram, atendendo ligações para pessoas que não estavam em casa ou na cidade.

"Sabe, é terrível", afirma a srta. Q. com desalento fingido, pois seu papel profissional é a ilusão mais real de sua

* Zasu Pitts (1894-1963): célebre atriz sulista, nascida em Parsons, Kansas. Estreou no cinema mudo e fez grande sucesso com sua tez pálida. Entre seus filmes mais conhecidos estão *The Little Princess* (1917) e *Greed* (1923). (N. do E.)

** Bernard MacFadden (1868-1961): guru norte-americano da saúde que em 1899 fundou o periódico *Physical Culture* e em 1911 publicou a *Encyclopedia of Physical Culture*. (N. do E.)

vida ilusória. "A bem da verdade, meu Deus, nem sei quantos anos se passaram desde que tive minha última hora inteira de descanso. Mamãe ajuda no serviço também, graças a Deus, mas muita gente andou reclamando, sabe, e por isso praticamente tive de prendê-la na cama. De vez em quando, tarde da noite, minha cabeça começa a doer e penso na mesa telefônica, de repente é como se todos aqueles fios fossem braços e dedos a me sufocar até a morte". Em certa ocasião, parece que a sra. Q. visitou um banho turco perto de Borough Hall, mas o isolamento desolado de sua filha é absoluto; a crer em suas palavras, ela só saiu do porão uma vez em oito anos, foi num feriado, quando ela acompanhou a mãe, que desejava ver o sr. MacFadden fazer calistenia no palco do Carnegie Hall.

Apavorado, escuto à noite a sra. Q. subir a escada ofegante, para finalmente se deter em minha porta; ali parada, embrulhada num quimono de cetim encardido, com o cabelo cor de crepúsculo a cair à moda viking, ela me olha com um brilho maligno nos olhos. "Mais dois", informa, e a voz de barítono insinua danação eterna. "Vimos pela janela duas famílias inteiras passando em caminhões de mudança."

Quando ela termina de espremer o limão amargo de seu ressentimento, pergunto: "Que famílias, senhora Q.?" "Africanos", ela anuncia com uma piscada de coruja racista. "O bairro inteiro está se tornando um pesadelo negro; primeiro, os judeus; agora, isso; ladrões e vigaristas, todos eles... me dão um frio na espinha."

Embora eu suspeitasse que a sra. Q. não percebia, aquilo não era uma performance, ela sentia muito medo mesmo: o que ocorria lá fora não correspondia a nada que ela tivesse conhecido; o marido, cuja mente a nutria, falecera, e ela, que só tinha as opiniões emprestadas dele, nunca teve idéias próprias. Instalara em todas as portas uma quantidade anormal de trancas e ferrolhos, algumas janelas são protegidas por barras de ferro, o cão de guarda quando late quase arrebenta meus ouvidos; algum desvalido, alguém sem rosto quer entrar. Cada passo confirma seu peso quando ela desce a escada; abaixo, uma imagem, a dela, surge no espelho: sem reconhecer a sra. Q. ela se detém, ofega ao respirar, pensando em quem a espreita ali. Um arrepio percorre sua espinha: mais dois hoje, outros amanhã, a enchente aumenta, seu Brooklyn é a Atlântida perdida, até seu reflexo no espelho (presente de casamento, lembra? Faz quarenta anos: o que aconteceu, meu Deus, diga-me!), até seu reflexo no espelho é alguém, é alguma coisa. "Boa-noite", diz. As trancas retinem, estridentes, as portas se fecham; 125 telefones tocam na escuridão, as damas gregas dançam nas sombras, a casa suspira, aquieta-se. Lá de fora o vento traz o perfume adocicado dos biscoitos da padaria na esquina; marujos rumam para Sands Street, atravessam a praça iluminada, olham para a carcaça da igreja e se deparam com frios olhos de gato e suas noções amareladas. "Boa-noite, senhora Q."

Escuto um galo cantar. Estranho no início, menos quando se lembra da cidade invisível secreta, do continente de quintais, em nenhum lugar mais viçosos do que aqui: balconistas de armarinho e vendedores de sapato, lavradores da terra: "Rabanetes da nossa horta, veja só". Uma senhora de Flatbush foi detida recentemente por criar porcos no quintal. A inveja, sem dúvida, motivou os vizinhos a dar parte. Ao anoitecer, para quem chega de Manhattan, é enervante ver um céu onde estrelas de verdade cintilam mesmo, perambular por ruas atapetadas de folhas onde os odores defumados do outono se espalham com vigor, e as vozes das crianças que patinam ao crepúsculo quebram o silêncio com alertas domésticos tranqüilizadores: "Olha, Myrtle, a lua: parece uma abóbora do dia das bruxas". Nas profundezas, o metrô ferve; na superfície, o néon retalha a noite, e mesmo assim ouço um galo cantar.

Como grupo, os nativos do Brooklyn formam uma minoria perseguida; a persistência medíocre de rústicos pouco urbanizados tornou qualquer menção a sua terra natal um sinal para gargalhadas monumentais; seu dialeto, aparência e maneiras viraram, por causa da propaganda negativa, sinônimos dos aspectos mais vulgares e ofensivos da vida contemporânea. Tudo isso, que talvez tenha começado como brincadeira inofensiva, pegou o espinhoso caminho do preconceito: um endereço no Brooklyn deixou de ser considerado totalmente respeitável. Uma ironia peculiar, com certeza, pois nessa região desafortunada o homem comum, habitando a fímbria de uma ordem maldita, protege a mediania de com mórbido zelo; na verdade, o que faz é tornar a respeitabilidade uma religião; mesmo assim, a insegurança abre caminho para a hipocrisia, e ele saúda o imenso ridículo com a gargalhada mais estrondosa: "Rá rá rá! O Brooklyn é mesmo uma graça! Mata a gente de rir!" Sim, terrivelmente engraçado, mas o Brooklyn é também triste brutal provinciano solitário humano silencioso imenso escandaloso perdido passional sutil amargurado imaturo inocente perverso terno misterioso, um lugar onde Crane e Whitman encontraram poemas, um domínio mítico contra o qual o mar de Coney Island despeja seu lamento invernal. Ali, raramente alguém pode ensinar o caminho, ninguém sabe onde ficam os lugares, até o motorista de táxi veterano demonstra incerteza; graças a Deus, consegui me diplomar em viagens de metrô, embora aprender a viajar nesses trilhos, que são como veios de uma samambaia fóssil enterrados na pedra, exija uma determinação mais férrea do que um mestrado, sou capaz de apostar. Balançar nesses túneis sem sol e sem estrelas é um sentimento voltado para fora: o trem, disparando por terras improváveis, parece destinado à névoa e garoa, só o passar rápido pelas estações conhecidas revela nossas identidades. Certa vez, quando cruzava o rio atordoado, vi uma moça de uns dezesseis anos, iniciante de alguma irmandade pelo jeito, a carregar um cesto cheio de corações recortados em cartolina vermelha. "Compre um coração solitário" ela dizia, passando pelo vagão. "Compre um coração solitário." Mas os passageiros impassíveis e pálidos não precisavam de um coração e simplesmente continuavam a folhear o *Daily News*.

Eu jantava no Cherokee Hotel várias vezes por semana. É um hotel residencial muito antigo tanto na decoração quanto na clientela: o mais jovem Cherokee, como eles se intitulam, tem 66, e o mais velho, 98; as mulheres predominam, claro, mas há também um limitado sortimento de viúvos. Esporadicamente, estoura a guerra entre os sexos, e é fácil perceber quando isso ocorre, pois o salão de convivência geral fica deserto; há uma sala para os homens e outra para as mulheres, e os beligerantes se retiram para seus respectivos santuários, as mulheres fazendo muxoxo, amuadas, e os homens em sombrio silêncio. As duas salas, além de estátuas medonhas, possuem rádios, e, quando travam uma guerra, as mulheres, que normalmente não se interessam por ele, aumentam o volume até o máximo, tentando abafar o noticiário noturno dos homens. Dá para ouvir o barulho a três quadras de distância, e o sr. Littlelow, o proprietário, que já é um sujeito nervoso, corre de um lado para outro, tentando desligar os rádios, ou, pior ainda, ameaçando chamar os filhos dos insubordinados. De tempos em tempos ele acaba sendo obrigado a recorrer a essa drástica medida; por exemplo, vejam o caso do sr. Gilbert Crocker, que deu tanto trabalho que Littlelow teve de convocar o neto. Juntos, censuraram publicamente o velho. "Um perpétuo semeador da discórdia" acusou Littlelow, apontando para o culpado. "Ele espalhou rumores sobre a administração, alega que lemos sua correspondência, que recebemos comissão da Funerária Cascades, disse à senhora Brockton que o sétimo andar está fechado por ter sido alugado a um fugitivo da polícia (o maníaco do machado, segundo ele), e não por problemas no encanamento. A senhora Brockton ficou assustadíssima, suas palpitações no coração pioraram muito. Deixaríamos passar tudo isso, mas quando ele começou a atirar lâmpadas pela janela, realmente, vimos que tinha ido longe demais!"

"Por que atirou as lâmpadas, vovô?" Perguntou o neto, consultando o relógio ansioso, desejando obviamente que o velho fosse logo encontrar seu Criador.

"Não eram lâmpadas, filho", corrigiu o sr. Crocker, paciente. "Eram bombas." "Claro, vovô. E por que jogou as bombas?"

Os olhos do sr. Crocker percorreram a platéia de companheiros Cherokees; abriu um sorriso maroto e virou a cabeça na direção da sra. Brockton. "Eu queria explodir aquela porca fedorenta. Ela e Cook combinaram nunca me dar cobertura de chocolate, assim a gorda balofa pode comer tudo sozinha."

As senhoras imediatamente se reuniram em torno da vítima, cujas palpitações seriam capazes de dispará-la na direção do teto, naquela altura. Acima do riso debochado, a sra. Allen T. Bonaparte soltou um de seus apartes desconexos: "Assassinar a nossa querida senhora Brockton, imaginem. Já visitaram o museu de cera de Londres? Sabem a qual deles me refiro, não é? Igualzinho, não acha?" Pelo jeito, naquela noite os rádios fariam as janelas tremerem.

Bem, entre os moradores havia uma senhora tão formidável que intimidava até Littlelow. Muito importante é a sra. T. T. Huett-Smith, e quando ela surge no salão de jantar, cintilante em seus diamantes amarelados, só falta a fanfarra anunciar a entrada triunfal: com passos trêmulos ela avança na direção da mesa (a da rosa, a única com uma rosa em cima, embora de papel), aceitando, na passagem, as homenagens dos alpinistas sociais: ela é o derradeiro suvenir que lhes restou dos tempos idos, quando o Brooklyn também abrigava uma alta sociedade. Mas, como a maioria das coisas que foram além de seu desabrochar, a sra. T. T. decaiu, tornando-se um exagero tragicômico: batom e ruge, em quantidades absurdas, parecem rançosos em seu rosto estreito e enrugado, e seus prazeres são perversos: ela gosta, acima de tudo, de fazer revelações sádicas. Quando a sra. Bonaparte se mudou para o hotel, a sra. T. T., ao vê-la entrar no salão de jantar, anunciou venenosa: "Eu me lembro desta criatura, do tempo em que a mãe dela limpava banheiros na sauna mais *sórdida* de Coney Island". As irmãs Webster, tímidas e caladas, são outro alvo: "Aquelas solteironas idiotas, como meu marido sempre as chamou".

Sei de um segredo a respeito da sra. T. T. Ela é ladra. Há anos enche a bolsa bordada com os talheres de metal barato do Cherokee, e certo dia, durante um bloqueio mental qualquer, ela apareceu na recepção e pediu que sua coleção fosse guardada no cofre, por segurança. "Mas, minha cara senhora Huett-Smith", disse Littlelow, erguendo a voz acima de seu espanto, "isso não pode pertencer à senhora; veja bem, não consta seu brasão". A sra. T. T. examinou as facas e garfos com a testa franzida de surpresa: "Claro que não", ela disse, "de jeito nenhum. Em minha casa só entrava o melhor."

Passaram-se semanas desde que eu fui pela última vez ao Cherokee. Tive um sonho, no qual as bombas do sr. Crocker mandam todos pelos ares; a bem da verdade, temo ir até lá conferir.

Dia 28 de dezembro. Dia azul cristalino, precioso demais para o ambiente sufocante da sra. Q., por isso saí para dar um volta por Brooklyn Heights com uma amiga. Apenas Beacon Hill, em Boston, e Charleston, dos lugares que conheço, conseguem transmitir uma sensação do passado comparável (o *vieux carré* de New Orleans não vale, pois sua origem é direta e excessivamente estrangeira); dos três, Brooklyn Heights me parece o menos proposital, seguramente é o menos explorado. Está condenado, claro; no momento já há um túnel passando por lá, e planejam uma rodovia; máquinas de dentes de aço devoram suas paliçadas, muitas mansões antigas aguardam em decadente escuridão as equipes de demolição; a rubra novidade das placas de "Perigo! Homens Trabalhando" brilha na sombra sóbria das ruas dickensianas encolhidas: Cranberry, Pineapple, Willow, Middagh. A poeira da pedra dinamitada enche o ar com sua sentença. Quando escurecia compramos torta de pecã; sentamos num banco e observamos a profusão de luzes das torres do outro lado do rio. O vento batia na água fria, criando pequenas ondas espumantes, zunia pela ponte como se por uma harpa, levava gaivotas ruidosas a fazer manobras no ar. Comendo a minha parte da torta, fiquei olhando para Manhattan e pensando no tipo de ruína que daria: no caso do Brooklyn, arqueólogos de outra civilização, como os motoristas de táxi da nossa, jamais decifrarão o segredo de suas ruas, de seu destino, de seu significado.

Hollywood
(1947)

Aproximar-se de Los Angeles, pelo menos pelo ar, é como cruzar a superfície da lua, imagino: formas pré-históricas a se elevarem em ondulações inclinadas para cima, erodidas, e peixes paleozóicos a nadar nas lagoas sombreadas entre montanhas do deserto: queimadas e congeladas, não há seres vivos lá, só pedra que um dia foi pássaro, ossos que agora são areia, samambaias transformadas em dura pedra. Finalmente, as nuvens dão boas-vindas: nos esgueiramos através de uma passagem de feiticeiros, a neve cobre as montanhas, enquanto flores enchem o plano de cor, um sol de verão se justapõe ao mar invernal de dezembro, e o avião desce, desce, rompendo o ar dourado, fosco, incrível. Ai, gemeu Thelma, não agüento mais, disse, e enfiou um monte de chiclete na boca. Thelma embarcou no avião em Chicago; era uma jovem negra, muito bonita e bem-vestida, e a viagem à Califórnia seria a coisa mais sensacional que aconteceria em sua vida. "Tenho certeza, será maravilhoso. Trabalhei de lanterninha durante três anos no Lola Theatre de State Street só para economizar e comprar a passagem. Minha tia é cartomante, e ela disse, 'Thelma, querida, vá para Hollywood, pois um emprego de secretária particular de uma estrela de cinema espera por você'. No entanto, ela não revelou qual a atriz. Espero que não seja Esther Williams. Odeio nadar."

Mais tarde ela me perguntou se eu trabalhava com cinema, e, como a idéia parecia agradá-la, respondi que sim. No geral ela foi muito incentivadora, garantiu que não me esqueceria, quando estivesse instalada e conseguisse o emprego de secretária particular, o que lhe daria acesso aos ouvidos dos maiorais e permitiria que me ajudasse.

Ajudei-a com a bagagem no aeroporto, acabamos dividindo um táxi. Soube então que ela não tinha destino certo, queria simplesmente que o chofer a deixasse "no centro de Hollywood". A viagem era longa, ela passou o tempo todo sentada na beira do banco, insuportavelmente atenta. Mas não havia tanta coisa para ver, como ela imaginara. "Não estou gostando", ela finalmente admitiu, como se fôssemos vítimas de uma brincadeira de mau gosto, pois naquele trecho passávamos novamente pela superfície da lua, embora disfarçada de mesmice de sempre. De todo modo, considerei apropriado que aqui, no fim do continente, encontrássemos apenas um depósito de lixo para tudo que é mais estereotipado nos Estados Unidos: poços de petróleo a bombar como se fossem o coração do demônio, avenidas de lojas de carros usados, supermercados, motéis, puxa-vida-papai-eu-nunca-vi-um-Chevrolet-puxa-vida-mamãe-que-legal da publicidade, sempre o maior, o mais amplo, o melhor, espalhado e imbativelmente eterizado pelo sol imaculado, pelo som do mar e pela doçura sobrenatural das flores que desabrochavam em dezembro.

Durante o percurso o céu ganhou um tom acinzentado, e quando penetramos no brilho anti-séptico de Wilshire Boulevard, Thelma, tocando protetora em seu chapeuzinho de pluma, resmungou sobre a possibilidade de chuva. Sem chance, retrucou o motorista, é só o vento do deserto soprando poeira. Mal havia pronunciado essas palavras e as palmeiras tremeram com o violento aguaceiro. E Thelma não tinha onde ficar, portanto a deixamos na rua e a chuva arruinou sua roupa. Quando paramos no sinal, na esquina seguinte, ela correu até o táxi e enfiou a cabeça pela janela. "Não se esqueça, gracinha, se estiver com fome ou algum problema, é só me procurar." E depois, com um sorriso formidável: "É isso aí, meu bem. E boa sorte!"

Dia 3 de dezembro. Hoje, graças ao esforço de uma amiga comum, Nora Parker, fui convidado para almoçar pela mítica srta. C. Há uma muralha de castelo em volta de sua morada, no portão de entrada fomos detidos um tanto grosseiramente pelo guarda, que telefonou para informar nossa chegada. Tudo isso foi muito interessante; era bom saber que pelo menos alguém vivia como deveria viver uma atriz famosa. A porta foi aberta por uma menina gorducha de rosto vermelho, com uma fita rosa no cabelo. "Mamãe mandou eu cuidar de vocês até ela descer", disse apaticamente, e depois nos conduziu a uma sala grande que, pensando bem, era espalhafatosa demais. Parecia que um velho rico e safado a decorara pessoalmente para servir de alcova: sofás baixos dissimulados, pilhas de maliciosas almofadas de veludo e luminárias de formas sinuosas, ondulantes. "Querem ver as coisas da mamãe?", a menininha indagou.

Ela exibiu primeiro um armário iluminado cheio de bibelôs. "Isso", disse, apontando para uma peça de porcelana chinesa, "é o vaso antigo pelo qual ela pagou três mil dólares no Gump. E ali está a coqueteleira e as taças de ouro. Esqueci quanto custaram, uma fortuna, uns cinco mil dólares. Estão vendo aquele bule de chá velho? Não acreditariam se eu contasse quanto vale..."

Foi um recital monstruoso, e perto do final Nora, olhando em torno da sala em busca de outro assunto, disse: "Mas que lindas flores. São do seu jardim?".

"Claro que não", disse a menina, em tom de desprezo. "Mamãe encomenda flores todos os dias, da floricultura mais cara de Beverly Hills."

"É mesmo?", disse Nora, desanimada. "E quais são suas flores favoritas?"

"Orquídeas."

"Quem diria. Não acredito que as orquídeas sejam suas flores favoritas. Você ainda é tão menina."

Ela ficou pensativa por um momento. "Para falar a verdade, não são. Mas mamãe disse que são as flores mais caras."

Neste instante ouvimos um farfalhar à porta; a srta. C. entrou na sala, deslizante como uma colegial: seu rosto famoso não estava maquiado; havia grampos de cabelo meio soltos. Usava um vestido de flanela comum, doméstico. "Nora, querida", cumprimentou, de braços estendidos. "Perdoe minha demora. Estava lá em cima, fazendo as camas."

Ontem, voraz, lembrei-me de ter admirado os cestos de frutas do lado de fora de uma mercearia grande, por onde passei algumas vezes. Laranjas monumentais, uvas do tamanho de bolas de pingue-pongue, maçãs empilhadas em pirâmides vermelhas. Há algo de ardiloso nas distâncias aqui, nada é tão perto quanto se imagina, e não raro alguém viaja quinze quilômetros para comprar um maço de cigarro. Andei três quilômetros antes de avistar a placa na mercearia. As bancas enormes eram inclinadas, de longe eu já via as frutas esplêndidas: pêras, maçãs. Cheguei, estendi a mão para pegar uma das maçãs extraordinárias, mas ela parecia colada à banca. A vendedora riu. "São de cera", disse, e eu também ri, talvez um pouco exageradamente, e a segui pelas profundezas da quitanda, onde comprei seis maçãs pequenas, desanimadas, e seis pêras pequenas, desanimadas.

É semana de Natal. Anoiteceu faz tempo. Abaixo da janela, um tapete de lâmpadas eletrifica o vale. Da fantasmagórica inconstância de suas mansões no alto do morro olhos inconstantes as observam, quase a esperar que, de repente, elas possam apagar, como velas quando finalmente acabam.

Hoje, um pouco mais cedo, peguei o ônibus que ia de Beverly Hills até o centro de Los Angeles. As ruas estão enfeitadas com guirlandas, passamos por um trenó motorizado que avançava pela rua, deixando à sua passagem uma nuvem de flocos brancos, nas esquinas homens encapotados suam enquanto badalam sinos debaixo da sombra de árvores artificiais; os alto-falantes despejam canções natalinas melosas no ar gelado, um sol de 24 quilates enfatiza os reflexos dourados dos enfeites pendurados por todos os lados, feito musgo no brejo. Não poderia ser mais Natal, nem menos. Certa vez conheci uma mulher que importou uma casa da Itália, uma *villa*, pedra por pedra, e mandou reconstruí-la num campo modesto de Connecticut: o Natal é tão fora de propósito em Hollywood quanto a *villa* em Connecticut. E o que é o Natal sem as crianças, de quem a festa tanto depende? Na semana passada conheci um sujeito que encerrou uma série de comentários dizendo: "E, como já sabem, claro, esta é a cidade sem crianças".

Por cinco dias venho testando seu comentário, no início aleatoriamente, agora com pavor mórbido; revoltante, sei disso, mas desde que comecei este misterioso projeto vi menos de meia dúzia de crianças. Mas, primeiro, um ponto relevante: a principal queixa aqui é a superpopulação; nativos da velha guarda informam que a região está empestada de elementos "indesejáveis", hordas de ex-soldados, operários que mudaram para cá durante a guerra e bóias-frias espirituais como jovens e desocupados em geral. Contudo, ao caminhar pela cidade, eu tenho a impressão de acordar numa manhã tenebrosa no meio de um mundo silencioso e deserto onde, da noite para o dia, como os marinheiros a bordo do *Maria Celeste*, todas as almas sumiram. Paira um ar domingueiro vazio; aqui onde ninguém anda os carros passam numa seqüência constante, reluzente, silenciosa; minha sombra, descendo a rua ostensivamente branca, é como o único elemento vivo de um Chirico. Não se trata do silêncio confortável sentido nas cidadezinhas norte-americanas, embora a atmosfera física dos acessos, quintais e cercas vivas seja com freqüência a mesma; a diferença é que nas cidades de verdade a gente sabe com certeza qual é o tipo de gente escondida atrás das portas numeradas, mas aqui, onde tudo parece passageiro, efêmero, não há um padrão geral da população e nada é intencional – esta rua, aquela casa, cogumelos brotando ocasionalmente, e uma rachadura na parede, que poderia ter lá seu charme em outro lugar, só ecoa uma nota fúnebre, profetizando a desgraça.

1. Uma professora passou recentemente um teste no qual pediu aos estudantes que dessem o antônimo de *juventude*. Mais da metade da classe respondeu *morte*.

2. Nenhuma mansão chique de Hollywood é considerada perfeita sem obras dos modernos mestres para decorar as paredes. Um produtor possui uma verdadeira galeria de arte; ele se refere às telas apenas como bons investimentos. Sua esposa não é tão modesta: "Claro que conhecemos arte. Estivemos na Grécia, certo? A Califórnia é que nem a Grécia. Exatamente igual. Se você visse, ia levar um susto. Fale com meu marido a respeito de Picasso. Ele sabe de tudo".

No dia em que vi a famosa coleção deles eu estava levando uma obra para emoldurar, uma pequena litogravura colorida de Klee. "Que bonitinho", disse a esposa do produtor, cautelosa. "Foi você mesmo quem pintou?"

Enquanto esperava o ônibus encontrei P., a quem muito admiro. Ela tem o tipo de humor que exclui a malícia e, mais raro ainda, sobreviveu em Hollywood durante trinta anos, com humor e dignidade. Naturalmente, não é muito rica. No momento, mora em cima de uma oficina mecânica. Interessante, pois pelos padrões locais ela é um fracasso, o que é imperdoável, como a idade; mesmo assim, o sucesso lhe garante as homenagens, e seus cafés de domingo são muito bem freqüentados, em cima daquela oficina ela consegue criar em todos uma sensação momentânea de segurança e a impressão de ter raízes. Ela é uma fonte inesgotável também, manipula a seqüência temporal da conversa, que muda, some e volta enquanto ela o encara com seus olhos cor de fubá. E Valentino esbarra de leve em seu braço, Garbo quando jovem encosta na janela, John Gilbert aparece no quintal e fica lá, parado feito estátua ao crepúsculo, Fairbanks, o pai, sobe pelo acesso, com os dois mastins se esgoelando no assento traseiro.

P. ofereceu-se para me levar em casa. Fomos por Santa Monica, para que ela deixasse um presente para A., a senhora triste e agitada que, após o falecimento de seu terceiro marido, atirou um Oscar no mar.

O aspecto que mais me intrigou em A. foi o modo como ela aplicava a maquiagem – um espetáculo brutalmente objetivo, calculista, frio, no qual ela passa cremes e pós como se o rosto pertencesse a outra pessoa, e consegue no processo eliminar tudo que o tempo lhe concedeu.

Quando saíamos a empregada apareceu para dizer que o pai de A. queria nos ver. Nós o encontramos no jardim, de frente para o mar; era um senhor ossudo que tossia, de cabelo branco azulado e pele crestada de sol, esticado debaixo do sol de olhos fechados, sem ruídos que pudessem incomodá-lo, exceto pelo apaziguante vaivém das ondas e o zumbido das abelhas. Os idosos adoram a Califórnia; fecham os olhos e o vento acaricia as flores invernais, sussurrando sono; o barulho do mar sussurra sono, é a pré-estréia do paraíso. Desde o amanhecer até o crepúsculo, o pai de A. acompanha o sol em seu percurso pelo jardim, e nos dias de chuva ele mata o tempo fazendo pulseiras com tampinhas de cerveja. Ele deu a cada um de nós uma pulseira, e numa voz que mal vencia o ar meloso, disse: “Feliz Natal, crianças”.

Haiti
(1948)

Hyppolite pode ser considerado um homem feio, em termos de aparência: magro que nem macaco, rosto encovado, escuro, ele olha (através de óculos prateados de professora primária) e escuta com a mais firme e graciosa precisão, seus olhos ecoam uma compreensão básica e sutil. A gente sente uma certa segurança, com ele; cria-se com ele uma condição das mais incomuns, nenhum senso de isolamento.

Eu soube esta manhã que a filha dele morreu durante a noite, uma menina de oito meses; há outros filhos, ele se casou várias vezes, cinco ou seis; mesmo assim, deve ter sido muito duro, ele não é mais jovem. Ninguém me avisou, fico pensando se há velório. No Haiti eles são extravagantes, esses velórios, excessivamente estilizados: os carpidores, em sua maior parte estranhos, erguem os braços para cima, batem com a cabeça no chão, emitem em uníssono um ganido canino grave. No meio da noite ou de uma estrada vicinal, parece tão discrepante que o coração dispara. Mas logo se percebe que no fundo é tudo representado.

Por ser um dos pintores primitivistas mais populares do Haiti, Hyppolite poderia se dar ao luxo de ter água corrente em casa, camas de verdade, eletricidade; contudo, ele vive à luz de velas ou lamparinas, e todos os vizinhos, das velhas enrugadas cujas cabeças parecem cocos aos formosos jovens marujos e sapateiros encurvados, todos podem ver como vive, assim como ele vê a todos. Certa vez, faz algum tempo, um amigo resolveu alugar outra casa para Hyppolite, um imóvel sólido com piso de concreto e paredes que escondiam as pessoas, mas ele não se sentiu feliz ali, claro, já que não tinha necessidade de conforto ou privacidade. Por isso considero Hyppolite admirável, pois não há nada em sua arte que tenha sido marotamente copiado, ele usa o que vive dentro dele, a história espiritual de seu país, com seus cantos e devoções.

No cômodo onde pinta há uma imensa concha em forma de corneta; rosada, em curvas requintadas, parece uma flor oceânica, uma rosa subaquática, e se a gente sopra lá dentro a concha produz um rugido rústico que lembra o vento: para os marinheiros, é uma corneta mágica que chama o vento, e Hyppolite, que pretende fazer uma viagem de volta ao mundo a bordo de seu barco de velas vermelhas, ensaia regularmente com a concha. Grande parte de sua energia e todo o dinheiro vão para a construção do navio; há em sua dedicação a urgência de quem supervisiona a organização de seu próprio funeral, a construção de seu próprio túmulo. Quando ele zarpar e não mais avistar a terra firme, aposto que nunca mais será visto.

Da varanda onde me instalo pela manhã para ler ou escrever avisto as montanhas azuladas e azuis para lá da baía do porto. Abaixo estende-se Port-au-Prince inteira, cidade cujas cores desbotam e descascam em pastéis históricos após séculos de sol: catedral cinza-celeste, fonte de jacinto, cerca verde-ferrugem. Do lado esquerdo, como uma cidade dentro de outra, há um enorme jardim de pedra barroca; ali situa-se o cemitério, lá enterrarão sua filha, entre reflexos de metal prateado e monumentos semelhantes a gaiolas de pássaros: eles a conduzirão morro acima, uma dúzia de chapéus de palha e ervilhas-de-cheiro negras, pesadas no ar.

1. Expliquem, por que há tantos cães? A quem pertencem, e para que servem? Esquálidos, de olhos sofridos, eles se arrastam pelas ruas em grupos pequenos, feito cristãos perseguidos, todos inócuos durante o dia, mas é só cair a noite e sua vaidade e sua voz se elevam! Primeiro um, depois outro, depois todos, durante horas ouvimos suas ladainhas amarguradas, raivosas, lunares. S. diz que é um despertador invertido, pois assim que os cães começam a latir, o que acontece bem cedo, é hora de ir para a cama. A me-

lhor coisa a fazer, aliás; a cidade fecha antes das dez, a não ser, claro, nos fins de semana de festa, quando os tambores e bêbados abafam os cães. Mas gosto de ouvir a algazarra matinal do canto dos galos; eles iniciam uma enxurrada de reverberações. Por outro lado, existe algo mais irritante do que as buzinas dos carros? Os haitianos que possuem automóveis pelo jeito adoram tocar a buzina; pode haver nessa atividade um fundo político e/ou sexual.

2. Se fosse possível, eu gostaria de rodar um filme aqui; exceto pela música incidental, seria mudo, nada a não ser a câmera a captar brilhante a arquitetura, os objetos. Sobe uma pipa, nessa pipa há um olho desenhado a giz de cera, o olho parece solto, carregado pelo vento, prende numa cerca e nós, o olho, a câmera, vemos uma casa (como a de M. Rigaud). Trata-se de uma estrutura alta, frágil, meio absurda, não representa nenhum período específico, parece pertencer a uma linhagem infinitamente bastarda: influência francesa, sombria aparência inglesa vitoriana; há um toque oriental, também, que insinua luminárias de papel franzido. É uma casa esculpida, as torres e pórticos são adornados com caras de anjos, flocos de neve, corações estilizados: conforme a câmera registra cada um desses elementos ouvimos uma instigante e submusical percussão de varas de bambu. Uma janela, súbita; um merengue de cortinas alvas como açúcar, um olho inchado, depois um rosto, uma mulher que nem uma flor antiga prensada, com uma pedra de azeviche sobre a garganta e outras tantas ornando os pentes no cabelo; passamos por ela, entramos no quarto, dois camaleões verdes correm pelo espelho da penteadeira, onde sua imagem se reflete. Como notas dissonantes de um piano, a câmera se movimenta em trancos rápidos, e percebemos eventos que nossos olhos nunca notam: uma pétala de rosa caindo, um quadro torto na parede. O filme começa.

3. Relativamente poucos turistas visitam o Haiti, e boa parte deles, principalmente os casais norte-americanos médios, fica em seus hotéis exibindo sua esnobe contrariedade.

Uma pena, pois de todo o Caribe o Haiti é sem dúvida o lugar mais interessante. Mesmo assim, quando consideramos o objetivo dessas férias, a atitude desses turistas não chega a ser despropositada: a praia mais próxima fica a três horas de viagem, a vida noturna não impressiona, não há restaurantes cujos cardápios valham realmente a pena. Além dos hotéis, restam poucos locais públicos onde se possa tomar um rum com soda tarde da noite; entre os mais agradáveis destacam-se os prostíbulos enfileirados no meio da vegetação, em Bizonton Road. Todas as casas recebem nomes, em geral egotistas: Paraíso, por exemplo. E elas são absolutamente respeitáveis, os modos na sala são decorosos: as moças, em sua maioria da República Dominicana, sentam-se na varanda e esperam nas cadeiras de balanço, abanando-se com quadros de Jesus em cartolina e conversando de um modo animado, discreto, divertido; é igual a qualquer cena do verão norte-americano. Cerveja, e não uísque ou mesmo champanhe, é considerada a bebida *de rigueur*, e se alguém quer causar boa impressão, deve pedir cerveja. Uma moça que conheço é capaz de tomar trinta garrafas; ela é mais velha que as outras, usa batom lavanda, rebola os quadris e tem língua afiada. Isso tudo a torna uma mulher muito popular, embora ela diga que só se considerará um sucesso quando puder trocar todos os dentes da boca por ouro maciço.

4. O governo Estimé promulgou uma lei que proíbe andar na rua sem sapato: trata-se de uma medida drástica, antieconômica, além de desconfortável, principalmente aos camponeses que levam seus produtos para o mercado a pé. Mas o governo, ansioso para tornar o país mais atraente ao turismo, acha que haitianos descalços podem prejudicar o potencial turístico e que a pobreza do povo deve ser discreta. No geral, porém, os haitianos *são* pobres, embora não haja em sua pobreza a atmosfera violenta e degradante que rodeia a miséria e exige atos para manter as aparências. Sempre me sinto arrasado quando determinada platitude popular se mostra verdadeira; mesmo assim, isso é um fato, suponho,

que os mais generosos entre nós sejam os que menos têm com que exercer sua generosidade. Quase todo haitiano que aparece para visitar traz um presente simples e geralmente curioso: uma lata de sardinha, um rolo de barbante; mas esses mimos são dados com tamanha dignidade e carinho que – ah! – as sardinhas engoliram pérolas e o fio é prata pura.

5. Esta é a história de R. Há poucos dias ele foi para o interior desenhar; de repente, ao chegar ao pé de um morro, viu uma moça maltrapilha, alta, de olhos puxados. Estava amarrada ao tronco de uma árvore, cordas e fios prendiam seus pés. No início, como ela ria, pensou que fosse alguma brincadeira, mas quando tentou soltá-la surgiram várias crianças que passaram a cutucá-lo com varas. Ele perguntou o motivo de a moça ter sido atada à árvore, mas as crianças riram e gritaram, sem responder. Um senhor idoso apareceu e se reuniu a eles; levava uma cabaça cheia de água. Quando R. perguntou novamente a respeito da moça, os olhos do homem se encheram de água e ele disse: "Ela é ruim, *monsieur*, não adianta, ela é muito má". E sacudiu a cabeça. R. começou a subir o morro, mas virou para trás e viu que o homem lhe dava água da cabaça e que a moça, depois de tomar o último gole, cuspiu na cara dele; com paciência complacente, o velho limpou o rosto e seguiu seu caminho.

6. Gosto de Estelle, e devo admitir que passei a me importar menos com S., pois ele não gosta dela: não há gênero de intolerância mais desgastante do que o resultante da condenação de características que você mesmo possui; na opinião de S., Estelle é depravada, vulgar, vigarista; a S., com certeza, não faltam essas características, com exceção da primeira citada. De qualquer maneira, ser inconscientemente vulgar indica uma natureza mais fina do que ser conscientemente virtuoso. Mas, claro, S. se dá bem demais com a colônia norte-americana local, e a visão dos norte-americanos, a não ser por algumas exceções isoladas, é sombria e sempre severa. Estelle não é admirada por nenhum grupo. "Não me importo", ela afirma. "Olha, profes-

sor, não há nada de errado comigo a não ser minha ótima aparência, e quando uma moça tem o dom da beleza, como eu, não permite que um bando de vermes rastejem sobre seu corpo e a devorem, entende?"

Estelle é uma das moças mais altas que já vi, mede mais de um metro e oitenta; seu rosto é forte e ossudo, ao modo sueco; seu cabelo é quase rosado e os olhos felinos, verdes: em torno dela paira uma aura de quem acabou de ser varrida por um furacão. Ela é várias Estelles, na verdade. Uma delas é a heroína de um romance meio duvidoso: está aqui hoje, amanhã some, mundo cruel, a conhecida escola de maneirismos. Outra Estelle é uma moça enorme, simpática, que anseia por amor: ela sempre tem certeza de que as pessoas mais improváveis têm as intençoes mais honradas. Uma terceira Estelle não é tão duvidosa quanto obscura: quem é Estelle? O que ela faz aqui? Quanto tempo pretende ficar? O que a faz levantar de manhã? De quando em quando este terceiro elemento da múltipla senhorita E. se refere a seu "trabalho". Mas a natureza desse trabalho nunca é explicitada. Ela passa a maior parte do tempo sentada num café do Champ de Mars, tomando ponche de rum a dez centavos o copo. O barman está sempre dormindo, sempre que ela quer pedir algo cambaleia até o balcão e bate na cabeça dele como se fosse uma melancia madura. Há um cachorrinho meio maluco de orelhas caídas que a segue por toda parte, e normalmente um acompanhante humano a segue, também. Seu predileto é um homem pálido, afetado, que poderia ser vendedor de Bíblia; na verdade, é um artista itinerante que pula de ilha em ilha com a mala cheia de marionetes e a cabeça cheia de bobagens. Nas noites claras Estelle monta seu quartel-general na calçada, na parte externa do café; muitos moças nativas levam seus problemas amorosos para aquela mesa: em relação ao amor das outras pessoas ela é séria, melancólica. Foi casada uma vez, quando ou com quem não sei, ela faz questão de ser vaga sempre, mas, embora ela tenha apenas 25 anos, deve ter acontecido há muito tempo. Na noite passada estive no café, como sempre ela ocupava sua mesinha na calçada. Mas havia uma diferença. Usava maquiagem, o que raramente ocorre, e um vestido ajeitado, convencional; havia dois cravos cor-de-rosa vistosos em seu cabelo, o tipo de enfeite que eu julgava impossível, no caso. Além disso, eu nunca a vira realmente embriagada antes. "Ei, professor, é você mesmo? É sim, é sim, é sim." Ela bateu em meu peito. "Sabe, menino, eu vou lhe dar uma prova positiva, vou lhe mostrar que é um fato, é um fato que, quando a gente ama alguém essa pessoa pode fazer você comer qualquer coisa. Veja – ela arrancou o cravo no cabelo –, ele é louco por mim", disse, e jogou a flor ao cachorrinho aninhado a seus pés. "Ele vai comer só porque eu quero, aposto."

Mas o cão apenas cheirou a flor.

Os últimos finais de semana foram dedicados às farras que precedem o carnaval, e ao próprio carnaval, que começou ontem e continua por três dias. As festas pré-carnavalescas são prévias em miniatura do carnaval; no sábado, depois do meio-dia, os tambores começam a tocar, primeiro separadamente, um no alto do morro, outro perto do centro, os chamados são repetidos lá e cá, insinuantes, insistentes, até que se estabelece uma vibração abrangente que ilumina a superfície do silêncio, agita ondas concêntricas de calor, e aqui onde estou, na solidão deste quarto cor de arsênico, toda a ação parece derivar do som: tum-tai-tum, veja aqui: a água treme no jarro, uma bola de cristal se move, rola sobre a mesa, cai no chão e se espatifa, o vento levanta a cortina e enrola folhas da Bíblia, espalhando o tum-tai-tum. Ao escurecer a ilha assume a forma ampla de uma bateria. Pequenos grupos de percussão percorrem as ruas da cidade ao entardecer; são formados por famílias ou membros de sociedades secretas, todos cantam músicas diferentes que parecem iguais. O líder de cada banda usa um penacho na cabeça, um terno espalhafatoso de lantejoulas e inevitáveis óculos escuros ordinários; enquanto os outros cantam, dançam e batem os pés no chão, ele gira, ergue os quadris, vira a cabeça para um lado e para outro como um papagaio maluco: todos riem, alguns casais se unem ao grupo, dançando com a cabeça virada para trás e lábios entreabertos, tum-tai-tum, o ritmo faz com que girem as cadeiras, seus olhos são luas cheias, tum-tai-tum.

Na noite passada, R. me levou para o centro do carnaval. Pretendíamos acompanhar a cerimônia de um jovem *houngan*, ou seja, um sacerdote vodu, no caso um rapaz extraordinário cujo nome nunca tinha ouvido antes. Ocorreria num lugar distante do centro, precisamos pegar um ônibus pequeno no qual cabem dez passageiros confortavelmente instalados; havia porém quase o dobro no veículo, alguns fantasiados, inclusive um anão com chapéu de guizos e um velho cuja máscara imitava as asas de um corvo; R. sentou-se ao lado do senhor idoso, que a certa altura disse: "Você compreende o céu? Sei, imaginei que sim, mas fui eu quem fez o céu".

A isso, R. respondeu: "Suponho então que tenha feito a lua, também".

O sujeito fez que sim. "E as estrelas, que são minhas netas."

Uma senhora grosseira bateu palmas e anunciou que o velho era louco. "Mas, minha cara senhora", ele retrucou, "se sou louco, como posso ter feito coisas tão lindas?"

Foi uma longa viagem. O ônibus atolou, uma multidão se formou em volta dele, rostos ocultos por máscaras surgiam na escuridão, a luz arcaica das lamparinas a vela os banhava que nem uma excêntrica chuva amarela.

Quando chegamos ao *houngan*, que fica acima da cidade, num lugar calmo onde só se ouve o ruído dos insetos noturnos, a cerimônia já se iniciara, embora o *houngan* propriamente dito ainda não tivesse aparecido. Em volta do templo, um barracão comprido coberto de sapé, com salas sagradas nas duas extremidades (as portas para essas salas estavam fechadas, pois atrás de uma delas o *houngan* aguardava sua vez de entrar), havia cerca de cem haitianos em solene silêncio. Na parte aberta, entre os dois quartos, sete ou oito moças descalças, todas vestidas de branco, com turbantes brancos na cabeça, moviam-se num círculo irregular, batendo na lateral do corpo enquanto cantavam um ponto, acompanhadas pelos dois atabaques. Uma lamparina de querosene lançava sombras esfumaçadas horizontais das dançarinas, e os batuqueiros, concentrados, parecendo sapos, tremelicavam nas paredes. De repente os tambores pararam, as moças formaram um corredor que conduzia à porta do quarto sagrado. O silêncio era tanto que dava para identificar os diversos tipos de insetos noturnos ruidosos. R. pediu um cigarro, mas eu não dei: alguém fuma na igreja? Afinal de contas, vodu é uma religião de verdade, muito complexa, embora seja vista com desprezo pela burguesia haitiana, que se declara católica quando tem religião. Por isso mesmo, num aparente esforço de conciliação, parte do catolicismo invadiu o vodu: uma imagem da Virgem Maria, por exemplo, ou do Menino Jesus, por vezes representado por um boneco caseiro, enfeita o altar de quase todos os *houngans*. E a função principal do vodu não me parece basicamente diferente da função das outras religiões: invocar certos deuses e símbolos, apaziguar as pressões do mal, o homem é fraco mas Deus o protege, a magia existe no estrangeiro, os deuses a controlam, podem fazer com que a esposa de um sujeito engravide ou com que o sol torre a plantaçao, roubar o sopro de seu corpo mas recompensar a pessoa com uma alma. No vodu, porém, não há fronteiras entre os mundos dos vivos e dos mortos; os mortos se levantam e andam no meio dos vivos.

Os atabaques começaram novamente, as vozes das moças marcam as batidas lentas, dramáticas, e a porta do altar se abriu: três meninos saíram, cada um deles portava uma travessa com uma substância diferente: cinzas, farinha de milho e pólvora, além de velas como as de bolo de aniversário, a queimar no centro desses materiais; equilibrando as travessas sobre uma pedra redonda, os meninos se ajoelharam de frente para a porta. Os tambores tocavam baixo, em seguida começou um som de chocalho frenético, produzido pelo agitar de uma cabaça cheia de vértebras de cobra, e num átimo, como um espírito materializado inesperadamente, o *houngan* deslizou feito um pássaro através da fila das moças e deu a volta no salão; seus pés nem pareciam tocar o chão, os tornozelos tilintavam de tantas manilhas prateadas, e o manto de seda escarlate folgado farfalhava com o movimento. Usava uma touca de veludo vermelho na cabeça, e uma pérola reluzia em sua orelha. Ele parava aqui e ali, feito um beija-flor, e segurava a mão de um dos presentes: tomou as minhas, olhei para seu rosto: um inesperado rosto andrógino, realmente formoso em sua estonteante combinação de pele preto-azulada e traços caucasianos; não deveria ter mais de vinte anos; mesmo assim, vi nele algo de imensuravelmente antigo, dormente, paralisante.

Então, apanhando um punhado de farinha de milho e cinzas, ele passou a desenhar um *verver* no chão; no vodu há centenas de *ververs*, que são desenhos intricados, algo surrealistas, nos quais cada detalhe possui significado específico. Executá-los exige o tipo de memória acadêmica que tem o pianista capaz de tocar uma peça de Bach inteira, por exemplo, além de uma técnica incrivelmente desenvolvida e muito senso artístico. Enquanto a batida dos tambores acelerava explosivamente, ele ia de um lado para outro, concentrado em sua arte, como uma aranha que em vez de soltar o fio da teia criasse um emaranhado de coroas, cruzes, serpentes, formas fálicas, olhos, rabos de peixe. Tendo completado o *verver*, ele retornou à sala do altar e reapareceu usando um traje verde; trazia nas mãos uma enorme bola de ferro, e quando parou a bola pegou fogo, um azul místico a envolvia, como a atmosfera envolve a Terra; sem soltá-la, ele caiu de joelhos, prostrando-se. Levantou-se entre palmas e cantos, mostrando a palma da mão intacta. Um arrepio percorreu seu corpo, como se sentisse um vento imperceptível aos demais, os olhos viraram para dentro, o espírito (deus e demônio) aberto como uma semente que floresceu em seu corpo: sem sexo nem identificação, unindo em seus braços homem e mulher. Com o parceiro, quem quer que fosse, eles rodopiaram por cima das cobras e olhos do *verver*, praticamente sem interferir nos desenhos, um mistério; quando passou para outro, o parceiro dispensado parecia se lançar ao infinito, arranhando o peito, gritando. E o jovem *houngan*, reluzente de suor, com o brinco de pérolas meio solto, correu até bater na porta distante e fechada: cantava, chorava, bateu com as mãos até deixar marcas de sangue. Era como se ele fosse uma mariposa e a porta a imensidão de uma lâmpada incandescente, pois para lá daquele obstáculo, logo depois dele, havia magia: o segredo da verdade, a pura paz. E, se a porta fosse aberta, como nunca acontece, ele teria encontrado o inalcançável? Que ele acreditasse que sim era só o que importava.

Na Europa
(1948)

Se ficar quietinho, você ouve uma harpa. Subimos no muro e do outro lado, entre as flores ardentes molhadas pela chuva, no jardim do castelo, havia quatro figuras misteriosas sentadas: um rapaz que dedilhava uma lira e três senhores encarquilhados, igualmente de preto. Como pareciam sombrios em contraste com a atmosfera jovial da tempestade! Comiam figos, aqueles figos italianos tão suculentos que o sumo lhes escorria pela boca. Para lá da beira do jardim se estendia o Lago di Garda, cujas águas fervilhavam ao vento, e eu percebi que teria sempre medo de nadar ali, pois, como distorções num cristal sofisticado, criaturas góticas deviam nadar nas profundezas daquela água tão sinistramente límpida. Um dos velhos atirou uma casca de figo longe demais, e um trio de cisnes, assustado, perturbou os juncos da margem.

D. saltou do muro e com um gesto convidou-me a acompanhá-lo; mas eu não podia, não naquele momento: pois de repente era verdadeiro, e eu queria que sua veracidade durasse mais um instante – eu nunca mais a sentiria tão absolutamente outra vez, bastava uma folha cair e se perderia para sempre, assim como a tosse arruinaria o agudo de Tourel. E qual era esta verdade? Apenas a verdade da reabilitação: um castelo, cisnes, um rapaz a tocar lira, enfim, o mundo de um conto de fadas infantil – antes que o príncipe chegasse ou que a bruxa proferisse a praga.

Fiz bem de ter ido para a Europa, no mínimo para olhá-la deslumbrado novamente. Depois de certa idade ou certas noções, torna-se muito difícil o deslumbramento; ele funciona melhor na infância; depois, se a pessoa der sorte, encontra uma ponte até a infância e a atravessa. Estar na Europa era assim. Uma ponte para a infância, que conduzia ao outro lado do oceano, através de florestas, até as paisagens primordiais da minha imaginação. De um jeito ou de outro, eu havia ido a muitos lugares, do México ao Maine – e pensar que tive de ir até a Europa para poder voltar a minha cidade natal, minha lareira, meu quarto onde histórias e lendas pareciam sempre extrapolar os limites municipais. Ali moravam as lendas: na lira, no castelo, no farfalhar das asas dos cisnes.

Uma viagem de ônibus delirante nos levou de Veneza a Sirmione, um vilarejo infinitesimal encantador na ponta da península que se projetava no Lago di Garda, o mais azul, triste, silencioso e formoso dos lagos italianos. Não fosse pelo incidente terrível de Lucia, duvido que teríamos saído de Veneza. Lá eu me sentia perfeitamente feliz, exceto, claro, pelo barulho terrível: não era o ruído de uma cidade qualquer, mas um incessante ribombar de vozes humanas, remos em choque, pés apressados. Sugeriram a Oscar Wilde que se afastasse do mundo e se refugiasse lá. "E me transformar num monumento para os turistas?", ele teria perguntado.

Foi um conselho excelente, contudo, e outros que não Oscar o aceitaram: nos *palazzi* ao longo do Grande Canal há gente que não aparece em público há décadas. A mais intrigante dessas pessoas era uma condessa sueca cujos serviçais saíam para comprar frutas numa gôndola negra enfeitada com sininhos prateados; seu tilintar criava uma atmosfera musical, mas macabra. Mesmo assim, Lucia nos incomodou tanto que fomos obrigados a fugir. Moça decidida, excepcionalmente alta para uma italiana, sempre a cheirar a óleos perfumados pavorosos, liderava uma turma de delinqüentes juvenis, adolescentes inquietos que seguiram para o norte por causa da temporada em Veneza. Alguns deles eram sensacionais, embora vendessem cigarros nos quais havia mais palha do que tabaco e o enganassem na hora de trocar dinheiro estrangeiro. O caso com Lucia começou na Piazza San Marco, num dia comum.

Ela se aproximou, pedindo um cigarro; D., cujo coração o impede de ver que nossa situação não é privilegiada, deu-lhe um maço inteiro de Chesterfield. Jamais duas pessoas se entenderam tão bem. No início, foi muito agradável; Lucia nos acompanhava onde quer que fôssemos e nos concedia as vantagens de sua ciência e proteção. Ocorriam, porém, constrangimentos freqüentes; por exemplo, éramos sempre expulsos das lojas mais elegantes, por causa de suas ásperas discussões sobre preços com os proprietários. Além do mais, mostrava-se excessivamente possessiva, tornando impossível a nós manter qualquer contato com outras pessoas: encontramos na *piazza*, por acaso, uma moça respeitável com quem viajáramos no mesmo vagão, de Milão. "Cuidado!" Lucia disse com sua voz rouca inconfundível. "Muito cuidado!" E passou a tentar nos convencer de que a outra era uma mulher de passado infame e futuro criminoso. Em outra ocasião D. deu a um de seus companheiros um relógio de um dólar que muito agradou ao rapaz. Lucia enfureceu-se; quando a encontramos novamente vimos o relógio preso em seu pescoço por um cordão e soubemos que o rapaz fugira para Trieste.

Lucia tinha o hábito de aparecer em nosso hotel a qualquer hora que lhe desse na telha (não morava em lugar nenhum, pelo que entendemos); teria no máximo dezesseis anos, mas sentava-se para tomar uma garrafa de Strega inteira, fumar todos os cigarros que conseguisse arranjar e depois pegar num sono exausto; só quando dormia seu rosto se assemelhava ao de uma criança. Certo dia horrível, porém, o gerente do hotel a deteve no saguão e lhe disse que ela não poderia mais subir até nosso quarto. Era um escândalo inadmissível, declarou. Lucia, acompanhada de mais de uma dúzia de seus brutais companheiros, sitiou o hotel de tal maneira que foi preciso fechar as janelas de ferro e chamar a polícia. Depois do episódio com os *carabinieri* fizemos o possível para evitá-la.

Mas evitar alguém em Veneza equivale a brincar de esconde-esconde num apartamento de um quarto só, pois inexiste cidade mais compacta. Parece um museu com toques carnavalescos, um vasto palácio que não parece ter portas, tudo se conecta, uma coisa leva a outra. Seguidamente, num mesmo dia, os rostos se repetem como preposições numa sentença longa: virávamos a esquina e lá estava Lucia, com o relógio barato pendurado no pescoço. Estava apaixonada por D. Acabou se virando contra nós com a intensidade dos rejeitados; talvez merecêssemos, mas foi insuportável: como enxames de pernilongos, sua gangue nos seguia pela *piazza* gritando insultos; quando nos sentávamos para tomar um drinque, eles se juntavam num canto escuro atrás da mesa e faziam brincadeiras de mau gosto. Na maior parte do tempo não entendíamos o que diziam, mas era óbvio que todos os outros entendiam. Lucia não contribuía pessoalmente com essa perseguição; mantinha-se afastada, dirigindo as operações de longe. Finalmente, resolvemos ir embora de Veneza. Lucia percebeu. Tinha espiões por toda parte. Chovia na manhã em que partimos, assim que nossa gôndola deslizou na água, um rapaz de olhos esbugalhados surgiu do nada e jogou para nós um embrulho feito de jornal. D. rasgou o papel. Dentro encontramos um gato amarelo morto, e em torno de seu pescoço o relógio de um dólar. O tormento parecia interminável. De repente, vimos Lucia; sozinha em cima de uma das pontes sobre o canal, debruçava-se tanto sobre o parapeito que dava a impressão de que cairia. "*Perdonami*" gritou, "*ma t'amo.*" (perdoe-me, mas eu te amo).

Em Londres, um jovem artista me disse: "Como deve ser maravilhoso para um norte-americano viajar para a Europa pela primeira vez; vocês não fazem parte disso, portanto nada sentem da dor, jamais terão de suportá-la. Para vocês, na Europa, só existe a beleza".

Sem compreender o que pretendia dizer, ressenti-me; mais tarde, depois de passar alguns meses na França e na Itália, vi que ele tinha razão: eu não fazia parte da Europa, jamais faria. Seguro, poderia partir quando desejasse, para mim ali havia apenas a doce atmosfera sagrada da beleza. Mas não foi tão maravilhoso quanto o rapaz imaginara; beirava o desespero sentir que a gente não poderia jamais ser parte de momentos tão comoventes, que estaria sempre isolado da paisagem e das pessoas; e então, gradualmente, eu me dei conta de que não precisava fazer parte: tudo aquilo podia fazer parte de mim. O jardim súbito, a noite na ópera, as crianças travessas a furtar flores e correr por uma rua escura, uma coroa de flores para os mortos e as freiras à luz do meio-dia, música na *piazza*, uma pianola e fogos de artifício em Paris na *Grand Nuit*, a surpresa comovente das montanhas e lagos avistados (águas como vinho verde no cone do vulcão, o Mediterrâneo a bruxulear na base dos penhascos), torres longínquas abandonadas ao crepúsculo e velas a iluminar o corpo de S. Zeno de Verona – tudo fazendo parte de mim, elementos para a elaboração de minha própria perspectiva.

Quando saímos de Sirmione D. retornou a Roma, e eu fui a Paris. Fiz uma viagem curiosa. Primeiro, reservei por intermédio de um agente de viagens italiano confuso um *wagonlit* a bordo do Expresso do Oriente, mas quando cheguei a Milão vi que as providências haviam sido pífias e que não existia nenhuma reserva para mim. A bem da verdade, se não tivesse pisado em alguns calos nem teria embarcado, pois estava tudo lotado por causa da temporada. No final, consegui me espremer com mais seis pessoas numa cabina sufocante, sob o calor de agosto. O nome Expresso do Oriente para mim evocava as expectativas mais delirantes: pensava nos eventos extraordinários que ocorreram naquele trem, se acreditarmos nos relatos de Agatha Christie ou Graham Greene. Mas eu não estava preparado para o que realmente aconteceria.

Na cabina havia dois empresários suíços monótonos, um empresário exótico voltando de Istambul, um professor norte-americano e duas senhoras italianas elegantes de cabelos brancos, de olhar arrogante e traços delicados como espinhas de peixe. Vestiam-se como gêmeas, as senhoras; tecido preto vaporoso, bordados que terminavam na garganta, entre ametistas rodeadas de pérolas. Sentadas lado a lado, mãos enluvadas postas no colo, elas nunca se falavam, a não ser quando compartilhavam uma caixa de chocolates finos. Pelo jeito, sua única bagagem era uma imensa gaiola para pássaros; lá dentro, embora a gaiola estivesse parcialmente coberta por um xale de seda, dava para ver um papagaio verde-musgo meio agitado. De vez em quando o papagaio soltava uma gargalhada demente; sempre que isso ocorria, as senhoras trocavam um sorriso. O professor norte-americano perguntou se o papagaio falava, e uma delas, com um meneio mínimo da cabeça, respondeu que sim, embora sua gramática fosse muito rudimentar. Conforme nos aproximamos da fronteira entre a Itália e a Suíça, os agentes aduaneiros e policiais do controle de passaportes iniciaram suas cansativas tarefas burocráticas. Imaginamos que haviam terminado o serviço em nossa cabine, mas eles retornaram após algum tempo, em maior número, e pararam do outro lado da porta envidraçada, olhando para as senhoras aristocráticas. Aparentemente, discutiam a respeito delas, com veemência. Todos na cabine ficaram quietos, exceto o papagaio, que começou a gargalhar de maneira tenebrosa. As senhoras não pareciam se importar com nada. Outros guardas uniformizados se juntaram aos primeiros, no corredor. Uma das senhoras, alisando o broche de ametista, voltou-se para os outros passageiros e disse, primeiro em italiano, depois em alemão e em inglês: "Não fizemos nada de errado".

Naquele momento a porta se abriu e dois policiais entraram. Eles não olharam para as senhoras, foram direto à gaiola do papagaio e removeram o xale. "*Basta, basta!*", gritou o papagaio.

Com um solavanco, o trem parou na escuridão serrana. A parada abrupta fez com que a gaiola tombasse, e o papagaio, subitamente livre, voou gargalhando de uma parede a outra da cabine, enquanto as senhoras também abriam os braços e tentavam agarrá-lo. Os guardas desmontavam a gaiola; no comedor havia uma centena de papelotes de heroína em pacotinhos semelhantes a remédio para dor de cabeça, e na bola de latão do alto, mais alguns. A descoberta não irritou as senhoras idosas; preocupavam-se com a perda do papagaio. Ele aproveitou a confusão para voar para fora, pela janela parcialmente aberta, e as senhoras, desesperadas, o chamavam: "Tóquio, volte, querido! Você vai morrer congelado! Voltei, Tóquio, volte!".

Ele ria no escuro, ao longe. Havia uma fria lua setentrional no céu, e por um instante sua silhueta escura contrastou com ela, chapada. Elas se viraram e olharam para a porta, que já estava cheia de curiosos. Empertigadas, desdenhosas, as senhoras deram um passo à frente para enfrentar os rostos que pareciam não ver e ouvir as vozes que certamente nunca tinham ouvido.

Ischia
(1949)

Esqueci o que me trouxe aqui: Ischia. Era um lugar muito comentado, embora pouca gente a tenha realmente conhecido – exceto, talvez, como sombra azul dentilhada, avistada do alto de sua vizinha famosa, Capri. Várias pessoas falavam mal de Ischia, pelo que me lembro por motivos pavorosos: Sabe que há um vulcão ativo? Ouviu falar no avião? Uma aeronave que realizava um vôo normal entre o Cairo e Roma espatifou-se no alto de uma montanha de Ischia; três pessoas sobreviveram, mas ninguém chegou a vê-las com vida, pois foram mortas a pedradas pelos pastores de cabras que pretendiam saquear os destroços.

Por isso vimos as fachadas alvas de Nápoles sumirem com sentimentos contraditórios. Era um dia clássico, um pouco frio para o sul da Itália em março, mas claro e imponente como uma pipa, e a *Princepessa* singrava a baía como um golfinho travesso. No pequeno barco elegante havia um bar pequeno e passageiros contraditórios: presidiários a caminho da ilha-prisão de Procida e, na outra ponta, jovens a caminho do convento de Ischia. Claro, havia também passageiros menos dramáticos: moradores da ilha de volta das compras em Nápoles; um ou outro estrangeiro – raros, porém: Capri é o chamariz de todos os turistas.

Ilhas são como navios permanentemente ancorados. Pisar numa delas é que nem subir pela escada de acesso a bordo: a mesma sensação de encanto suspenso nos percorre – dá a impressão de que nada vulgar ou desagradável pode acontecer conosco; e, quando o *Princepessa* entrou na baía de Porto d'Ischia, a costa parecia, com seus tons pastéis de sorvete de massa, tão íntima e satisfatória quanto a batida do coração. Na confusão do desembarque deixei cair meu relógio, que quebrou – um momento descaradamente simbólico, óbvio demais: bastava um olhar para ver que Ischia não era lugar para a pressa, ilhas nunca são.

Calculo que se possa dizer que Porto serve de capital a Ischia; seja como for, é a maior cidade, chega a ser badalada. Os visitantes da ilha raramente se afastam de lá, pois há vários hotéis sofisticados, praias excelentes e, debruçado sobre o mar feito uma águia gigante, o castelo renascentista de Vittoria Colonna. As três outras cidades dignas do nome são mais rústicas. Chamam-se: Lacco Ameno, Cassamiciola e, no extremo oposto da ilha, Forio. Planejávamos ficar lá.

Seguimos para Forio em meio a um entardecer esverdeado, sob o céu pontilhado de estrelas prematuras. A estrada subia bastante acima do nível do mar, onde barcos de pesca, iluminados por lanternas, arrastavam-se lá embaixo como aranhas aquáticas cintilantes. Morceguinhos peludos singravam o ar escuro; "*buena séra, buena séra*", entoavam vozes sumidas tardias ao longo do caminho, e os rebanhos de cabras, correndo morro acima, baliam como flautas enferrujadas; a carruagem chegou à praça de um vilarejo – não havia eletricidade, nos cafés a luz trêmula das velas e lamparinas de querosene enfumaçava os rostos masculinos reunidos. Duas crianças nos perseguiram no escuro, para lá da vila. Elas se agarraram ofegantes à traseira, quando iniciamos a subida da ladeira, e o cavalo, ao se aproximar do topo, soltou uma lufada de vapor no ar gelado. O cocheiro usou o chicote, o cavalo sossegou, as crianças apontaram: olhe. Lá estava Forio, distante e clara sob o luar, o mar a tocar sua borda, um som débil dos sinos das vésperas a chegar como uma revoada de pássaros.

"*Molto bella, eh?*", disse o cocheiro. " *Molto bella, eh?*", repetiram as crianças.

Quando alguém relê seu diário, normalmente são os apontamentos menos ambiciosos, as notas mais acidentais e fortuitas que estimulam a memória quando revistas. Por exemplo: "Hoje Gioconda deixou tiras de papel colorido no quarto. Seriam presentes? Por causa do frasco de água-de-colônia que lhe dei? Darão ótimos marcadores de livros". Isso repercute. Primeiro, Gioconda. Uma linda menina, embora sua beleza dependa de seu humor: quando está carrancuda, e quase sempre isso ocorre, parece uma tigela de mingau de aveia frio; tendemos a desconsiderar a exuberância de seu cabelo e a suavidade dos olhos mediterrâneos. Deus é testemunha, ela trabalha demais: ali, na *pensione*, onde ela é arrumadeira e garçonete, levanta antes de amanhecer para correr até meia-noite, com freqüência. A bem da verdade, ela teve sorte, pois conseguiu um emprego, o desemprego é o maior problema da ilha; a maioria das moças ali a substituiriam de bom grado. Considerando a falta de água corrente (e tudo que isso implica), Gioconda nos dá um conforto notável. É a *pensione* mais agradável de Forio, e uma pechincha interessante, também: temos dois quartos enormes que dão para pequenos terraços com vista para o mar; a comida é boa, um exagero – cinco pratos acompanhados de vinho, no almoço e no jantar. Tudo isso junto nos custa cerca de cem dólares por mês. Gioconda não fala inglês, e meu italiano é – bem, deixa para lá. Mesmo assim, somos confidentes. Com mímica e o uso extravagante de um dicionário bilíngue conseguimos dizer muita coisa – por isso os bolos dão sempre errado: nos dias sombrios sentamo-nos na cozinha-pátio, experimentando receitas de massas norte-americana ("Toll House, o que é isso?"), mas os bolos nunca são bem-sucedidos, pois estamos sempre ocupados demais consultando o dicionário para dar muita atenção ao forno. Gioconda: "No ano passado, neste quarto em que você está, havia um homem vindo de Roma. Será que Roma é mesmo como ele disse, maravilhosa? Ele disse que eu podia ir visitá-lo em Roma, sem problemas, era veterano de três guerras. Primeira Guerra Mundial, Segunda e Etiópia. Dá para perceber que ele é muito velho. Sabe, nunca fui a Roma. Tenho amigas que já estiveram lá, elas me mandaram postais. Sabe aquela mulher que trabalha na *posta*? Acredita em mau-olhado, não é? Ela põe mau-olhado na gente. Todo mundo sabe, claro. Por isso minha carta nunca chega da Argentina."

Não receber a carta da Argentina é a verdadeira causa do sofrimento de Gioconda. Um namorado infiel? Não faço idéia; ela se recusa a discutir o caso. Muitos jovens italianos emigraram para a América do Sul em busca de trabalho; algumas viúvas daqui esperaram cinco anos até que os maridos mandassem a passagem. A cada dia, quando chego com a correspondência, Gioconda corre para me encontrar.

Recolher a correspondência foi uma tarefa a que me dispus espontaneamente. É o primeiro momento do dia em que vejo os norte-americanos que moram aqui: são quatro, e nos encontramos no café Maria, na *piazza* (do diário: "Todos sabemos que Maria batiza as bebidas. Mas será que usa água, pelo menos? Minha nossa, estou péssimo!"). O sol aquece a gente, as cortinas de bambu do café da Maria estalam com a brisa, não há lugar mais gostoso para aguardar o carteiro. Maria é uma mulher baixa de rosto cigano e jeito cínico, distante; se a gente quer algo, por ali, de uma casa a um maço de cigarros americano, ela arranja; alguns alegam que ela é a pessoa mais rica de Forio. Nunca há mulheres no café; duvido que ela permita. Conforme o meio-dia se aproxima, o vilarejo converge para a *piazza*: como corvos de capa e tamanco os estudantes andam em bandos pelos becos, cantando, e esquadrões de homens desempregados descansam sob as árvores, rindo rudemente – as mulheres baixam os olhos quando passam por eles. Quando o carteiro chega ele me entrega as cartas destinadas a nossa *pensione*; subo depois a ladeira para enfrentar Gioconda. Por vezes ela me olha como fosse culpa minha a demora da tal carta, como se o autor do mau-olhado tivesse sido eu. Certo dia ela me disse para não voltar de mãos abanando, então eu trouxe um frasco de colônia.

Mas as tiras de papel vistoso que encontrei no quarto não eram um presente de retribuição, como havia pensado. Destinavam-se a serem jogadas do alto, na estátua de Nossa Senhora que chegara à ilha e percorria a maioria dos vilarejos. No dia marcado para a passagem da Virgem Maria todos os terraços estavam enfeitados com as rendas e linhos mais finos – uma colcha antiga, se a família não tivesse nada melhor; flores entrelaçadas adornavam as ruas apinhadas de gente, senhoras idosas vestiam seus xales mais longos, os homens ajeitavam o bigode, alguém providenciou uma camisa limpa para o idiota da cidade, e as crianças, todas vestidas de branco, exibiam asas de anjo feitas de papelão, presas nos ombros. A procissão ia entrar na cidade e passar debaixo do nosso terraço às quatro horas da tarde. Avisados por Gioconda, ocupamos nosso posto na hora marcada, prontos para atirar as tiras de papel e gritar, conforme as instruções: "*Viva la Vergine Immacolata*". Começou a cair uma chuva aborrecida; às seis escureceu, mas a multidão aglomerada na rua seguia esperando, e nós também. Um padre, carrancudo de contrariedade, com a batina negra esvoaçante, partiu numa moto barulhenta – fora enviado para apressar a procissão. Era noite já, e uma trilha de querosene foi preparada ao longo do trajeto da procissão. De repente, contraditório, o *ratata* militar de uma fanfarra soou e, com um estalo macabro, o caminho acendeu, como a saudar a chegada da Virgem: balançando num andor carregado de flores, com o rosto oculto por um véu negro, acompanhada de metade da ilha, ela recebia oferendas de relógios de ouro e prata ao passar, o silêncio imperava na área a seu redor, só se ouvia o barulho encantador e surrealista das oferendas, o tiquetaque dos relógios. Mais tarde, Gioconda ficou furiosa, pois viu que ainda portávamos as tiras de papel que esquecêramos de atirar, de tanta excitação.

"Cinco de abril. Uma caminhada longa, perigosa. Descobrimos uma nova praia." Ischia é uma ilha rochosa que lembra a Grécia ou a costa da África. Há laranjeiras, limoeiros e videiras verde-prata nos terraços das encostas: o vinho de Ischia tem ótima reputação, ali fazem o Lachrima Christi. Quem se afasta da cidade logo atinge os caminhos sombreados que sobem através dos vinhedos, onde parece chover abelha e os lagartos se bronzeiam verdes sobre folhas viçosas. Os camponeses são morenos e ásperos como vasilhas de barro, olham para o horizonte feito marujos. Pois o mar está sempre com eles. O caminho ao longo da costa margeia precipícios vulcânicos verticais; há trechos em que é melhor fechar os olhos: a queda seria brutal, e as rochas no fundo parecem dinossauros dormindo. Certo dia, caminhando pela trilha do abismo, encontramos uma papoula, depois outra; cresciam isoladas entre as pedras lúgubres, como sinos chineses pendurados em um cordão. A trilha de papoulas nos conduziu ao caminho que dava numa praia estranha, escondida. Rodeada pelos penhascos, tinha água tão límpida que podíamos observar anêmonas e a esgrima dos peixes em movimento; não muito longe da costeira as pedras chatas expostas pareciam jangadas, e nadávamos de uma a outra: subíamos na pedra para tomar sol, olhando para trás, além do penhasco, para contemplar os vinhedos verdejantes e uma montanha nevoenta. O mar cavara uma poltrona numa das pedras, o maior prazer era sentar lá e sentir a força das ondas quando a varriam, passando por cima da gente.

Mas não é difícil descobrir uma prainha secreta em Ischia. Conheço pelo menos três onde nunca vai ninguém. A praia da cidade, em Forio, vive cheia de redes de pesca e barcos emborcados. Nessa praia encontrei pela primeira vez a família Mussolini. A viúva do falecido ditador e três filhos vivem aqui, no que suponho seja um exílio voluntário. Há algo de triste neles, de dar dó. A filha é jovem, loura, antiquada, aparentemente espirituosa: os rapazes locais que conversam com ela na praia riem sempre. Como todas as mulheres simples da ilha, a *signora* Mussolini se veste sempre de preto surrado e sobe a ladeira com uma sacola de compras como contrapeso. Sua expressão não muda, mas certa vez a vi sorrir. Um homem passou pela cidade com um papagaio que tirava a sorte de um jarro de vidro, e a *signora* Mussolini parou para consultá-lo, saber o futuro com um beicinho davinciano enigmático.

"5 de junho. A tarde é uma meia-noite branca." Agora que chegou o calor as tardes são como meias-noites brancas; as janelas se fecham, as ruas dormem. As lojas abrem de novo às cinco, uma multidão se aglomerará no porto para receber o *Princepessa*, e mais tarde todos vão passear na *piazza*, onde alguém tocará banjo, harmônica e violão. Mas agora é hora da sesta, há apenas o azul do céu límpido e o canto do galo. Há os dois idiotas da cidade, que são amigos. Um sempre carrega um buquê de flores, e quando encontra o amigo o divide em duas partes iguais. No silêncio das tardes sem sombra eles são vistos sozinhos a andar pela rua. De mãos dadas, levando as flores, andam até chegar à praia, seguindo pela calçada ao lado da mureta de pedra que acompanha o mar. Do meu terraço vejo os dois ali, sentados entre as redes de pesca e barcos balançando lentamente, as cabeças raspadas a reluzir no sol, os olhos claros como o vazio. A meia-noite branca foi feita para eles; naquele momento, a ilha lhes pertence.

Seguimos a primavera. Nos quatros meses transcorridos desde que chegamos, as noites esquentaram, o mar ficou manso: as águas verdes ainda invernais de março deram lugar ao azul junino, e os vinhedos, antes cinzentos e desolados, apenas galhos secos, engordam com os primeiros cachos verdes. Surgem borboletas em bandos, há nas montanhas muitas flores doces para as abelhas; no quintal, depois da chuva, a gente ouve o som sutil dos casulos que arrebentam. Acordamos mais cedo, sinal de verão, e ficamos acordados até tarde, também um sinal. É difícil entrar em casa de noite: a lua se aproxima, cintila na água com um brilho espantoso; no pátio da igreja dos pescadores, que aponta para o mar feito uma proa de navio, os jovens passeiam cochichando, depois seguem para a praça e somem em esconderijos escuros. Gioconda diz que esta foi a mais longa primavera de que se lembra: a mais comprida e a mais adorável.

Tânger
(1950)

Tânger? Fica a dois dias de barco de Marselha, numa viagem encantadora que bordeja a costa espanhola, e se o sujeito está fugindo da polícia, ou meramente fugindo, então venha logo para cá: rodeada de colinas, limitada pelo mar, parece uma capa branca estendida na costa da África. É uma cidade internacional de clima excelente oito meses por ano, mais ou menos de março a novembro. Praias magníficas, trechos realmente extraordinários de areia macia como açúcar e alvas ondas; se a pessoa tem gosto pela coisa, a vida noturna vai do entardecer ao raiar do dia, embora não seja particularmente inocente nem especialmente variada, o que não chega a espantar, considerando que a maioria das pessoas dorme a tarde inteira e que poucos jantam antes das dez ou onze horas da noite. Quase tudo em Tânger, porém, chega a espantar sim, e antes de vir para cá é preciso fazer três coisas: tomar vacina contra tifo, tirar o dinheiro do banco e se despedir dos amigos – só Deus sabe quando os verá outra vez. Esses conselhos são para valer, pois é impressionante o número de viajantes que aportam aqui para férias rápidas e se instalam por anos a fio. Pois Tânger é uma banheira que o prende, um lugar atemporal; os dias passam sem que sejam notados, como a espuma numa cachoeira; assim, imagino, transcorre o tempo num mosteiro, reservadamente e de chinelos. Além disso, as duas instituições – Tânger e o mosteiro – possuem outro denominador comum: o recolhimento. O árabe comum, por exemplo, pensa que a Europa e a América são a mesma coisa e estão no mesmo lugar, qualquer que seja – de todo modo, ele não se importa; os europeus, freqüentemente hipnotizados pelo tilintar de um *oud* e pela agitação que os rodeia, não tardam a concordar.

A gente passa boa parte do tempo no Petit Soko, um bairro lotado de cafés na beira do Casbah. Informal, parece uma versão em miniatura da Galleria de Nápoles, mas sob observação mais atenta adquire uma condição tão individualmente bizarra que não se consegue compará-lo a nenhum outro lugar do mundo. Em nenhum momento do dia ou da noite o Petit Soko não está lotado; Broadway, Piccadilly, todos os locais têm seus momentos de folga, mas no pequeno Soko a agitação não pára. A vinte passos de distância as névoas do Casbah nos engolem; as aparições que saem das brumas para penetrar no clamor das pianolas do Soko dão um show à parte: é uma passarela para prostitutas, um depósito de traficantes de drogas, um centro de espionagem; é também o local onde o povo simples se reúne para o *apéritif* noturno.

O Soko tem suas próprias celebridades, mas trata-se de uma honra precária, há sempre o risco de ser cortado e descartado, pois os freqüentadores do Soko, tendo visto praticamente de tudo, tornaram-se excessivamente volúveis. No momento, porém, adoram Estelle, a linda moça que anda bamboleando feito uma corda quando desenrola. É meio chinesa e meio negra, trabalha num bordel chamado Black Cat. Corre o rumor de que ela já foi modelo em Paris, e que chegou ali de iate particular, pensando, claro, que sairia do mesmo jeito; mas parece que o cavalheiro a quem pertencia o iate partiu certa manhã magnífica, deixando Estelle para trás. Por algum tempo Maumi chegou a concorrer com ela; o Soko apreciava o talento de Maumi, tanto como dançarino de flamenco quanto como boa prosa: onde quer que sentasse ouvíamos estrondosas gargalhadas. Uma pena, mas Mauni, coitado, um jovem exótico dado a abanar o rosto com um leque de renda, foi esfaqueado no bar certa noite e está fora de combate. Menos badalados, mas para mim mais intrigantes, são *Lady* Warbanks e seus dois acompanhantes, um trio curioso que chega todas as manhãs e toma café numa mesinha na calçada: o cardápio não muda – uma tigela de polvo frito e uma garrafa de Pernod. Alguém que supostamente sabe de tudo afirmou que antigamente a hoje *déclassé Lady* Warbanks foi considerada a mulher mais bonita de Londres; provavelmente é verdade, seus traços finos e o porte altivo peculiar o confirmam, apesar dos conjuntos de marinheiro justos com que se veste. Mas sua conduta não é exemplar, e o mesmo pode ser dito dos acompanhantes. Sobre a dupla: um tem rosto insolente, é um jovem agitado cuja língua parece uma concha a remexer o caldeirão do escândalo – sabe de tudo; a outra amiga é uma moça espanhola de cabelo curto liso e olhos cor de couro. Chama-se Sunny, e eu soube que ela, financiada por *Lady* Warbanks, está a ponto de se tornar a única mulher no Marrocos a comandar uma quadrilha de contrabandistas: o contrabando organizado é uma prática importante aqui, emprega centenas de pessoas, e Sunny, ao que tudo indica, possui um barco com tripulação que percorre o estreito de noite, até a Espanha. A natureza exata do relacionamento entre os três não pode ser totalmente divulgada; basta dizer que juntos eles abrangem todos os desvios conhecidos. Isso não interessa ao Soko, claro, pois o Soko está preocupado com outro aspecto: quando *Lady* Warbanks será assassinada, e qual dos dois se encarregará do crime, o rapaz ou Sunny? A inglesa é milionária, e como obviamente a cobiça serve como principal motivação a seus companheiros, aguarda-se um violento desfecho. Todos estão esperando. Enquanto isso, *Lady* Warbanks beberica inocentemente seu Pernot matinal e mordisca as lascas de polvo, sentada no café.

O Soko também serve como uma espécie de centro de moda, campo de provas para as últimas tendências. Uma inovação popularizou-se logo entre os mais exibidos, os sapatos amarrados com fitas que chegam até o joelho. São deselegantes, mas não tão infelizes quanto a paixão pelos óculos escuros entre as mulheres árabes, cujos olhos, espiando acima do véu, sempre foram provocantes. Agora a gente só vê as lentes pretas enormes, que mais parecem dois pedaços de carvão numa bola de pano.

De noite, às sete horas, o Soko alcança o apogeu. É a animada hora do *apéritif*, vinte nacionalidades esfregam os cotovelos nos balcões do quarteirão minúsculo, e o zumbido das vozes parece um coro de mosquitos gigantes. Certa vez, quando estávamos sentados lá, houve um silêncio repentino: uma orquestra árabe, a trombetear alegremente na rua, passava pela frente dos cafés – foi a única música moura alegre que ouvi, todo o resto soa como um lamento triste e fragmentado. Mas a morte, pelo jeito, não é um evento pesaroso entre os árabes, pois a orquestra era a vanguarda de um cortejo fúnebre que se aproximava e passou animada pelo local. Finalmente veio o corpo de um homem semidespido, numa liteira aberta, e uma senhora espalhafatosa se debruçou na mesa para erguer um brinde sentimental com um copo de Tio Pepe: passado um momento, ela já estava rindo para mostrar o dente de ouro, articulando, planejando. Assim era o pequeno Soko.

"Se você pretende escrever algo a respeito de Tânger", disse uma pessoa a quem pedi certas informações, "por favor, deixe de fora a gentalha; há muitas pessoas boas aqui, e para nós é difícil conviver com a péssima reputação da cidade."

Bem, embora eu não saiba se nossas definições coincidem, há pelo menos três pessoas que considero superlativamente boas. Jonny Winner, por exemplo. Moça doce e divertida, a Jonny Winner. Muito jovem, muito norte-americana. Ninguém acredita, vendo seu rosto pensativo e sério, que ela seja capaz de tomar conta de si: a bem da verdade, eu também não. Mesmo assim ela vive aqui há dois anos, viajou pelo Marrocos e pelo Saara sozinha. O motivo para

Jonny Winner querer passar o resto da vida em Tânger, claro, é problema dela; obviamente, apaixonou-se: "Mas você não adora a cidade, também? Acordar e saber que está aqui saber que você pode ser quem é sempre, que nunca precisa ser quem não é? E ter sempre flores, olhar pela janela e ver as montanhas escurecerem, enquanto as luzes se acendem no porto? Você não ama isso também?" Por outro lado, ela e a cidade vivem em guerra permanente; sempre que a encontro uma nova crise aponta: "Já soube? Uma encrenca danada. Um cretino qualquer do Casbah pintou a casa dele de amarelo, e agora todo mundo está fazendo a mesma coisa. Vou ver se dou um jeito de acabar com isso logo".

O Casbah, tradicionalmente azul e branco, como neve ao lusco-fusco, acabaria pintado de amarelo medonho, e eu torcia para que Jonny atingisse seu objetivo – apesar de seu inegável fracasso em impedir que transferissem o Grand Soko, um episódio de partir o coração que a levou a perambular pelas ruas em lágrimas. O Grand Soko é o grande mercado árabe: berberes descem das montanhas com seus cestos e peles de cabra, formam círculos sob as árvores para ouvir os contadores de histórias, flautistas e mágicos; bancas exibem sua abundância de flores e frutos; o aroma de haxixe e *thé Arabe** impregna o ar; especiarias secam ao sol. Tudo isso será instalado em outro lugar, supostamente para dar lugar a um parque, e Jonny esfrega as mãos: "Por que eu não devo me incomodar? Sinto como se Tânger fosse minha casa, e o que você faria se alguém entrasse em sua casa e mudasse a mobília de lugar?".

Por isso ela se dedicou a salvar o Soko em quatro idiomas, francês, espanhol, inglês e árabe; embora os fale muito bem, o mais perto que chegou da solidariedade oficial foi o porteiro do consulado holandês, e seu único apoio emocional real um motorista de táxi árabe, que não a considera nem um pouco louca e a conduz de graça. Certa tarde, há

* Chá árabe. Em francês no original. (N. do E.)

poucos dias, vimos Jonny a percorrer o moribundo Grand Soko que tanto ama; aparentava desânimo total, e levava um gatinho esquelético e sarnento no colo. Jonny tem a capacidade de dizer exatamente o que quer, e falou: "Eu me sentia como se não fosse mais conseguir viver, mas de repente encontrei Monroe. Este é o Monroe", ela acariciou o gatinho, "e ele me fez sentir vergonha: interessa-se tanto pela vida, e se ele pode, por que eu não posso, também?"

Olhando para eles, Jonny e o gatinho, ambos tão magoados e abandonados, a gente percebe que, de algum jeito, eles sobreviverão: se não for por bom senso, será por amor à vida.

Ferida Green tem muito bom senso. Quando Jonny falou com ela sobre a situação do Grand Soko, Ferida disse: "Ora, minha cara, você não precisa se preocupar. Sempre querem acabar com o Soko, mas isso nunca acontece; eu me lembro de quando pretendiam transformar o local em centro baleeiro, em 1906: imagine o odor!".

A srta. Ferida é uma das três grandes damas da família Green de Tânger, que inclui sua prima Jessie e a cunhada Ada Green; juntas, conseguem dar a última palavra em quase tudo, por aqui. As três já passaram dos setenta: a sra. Ada Green é famosa por sua elegância, a srta. Jessie pelo espírito e a srta. Ferida, a mais velha, pela sabedoria. Não visita sua terra natal, a Inglaterra, há mais de cinqüenta anos; mesmo assim, observando o chapéu de palha preso no cabelo e a fita preta na qual pende o *pince-nez*, a gente percebe que ela sai ao sol do meio-dia e que nunca abriu mão do chá das cinco. Em sua vida, todas as sextas-feiras, realiza-se um ritual chamado Manhã da Farinha. Sentada à mesa, na entrada de seu jardim, julgando cada caso que lhe é apresentado, ela distribui farinha aos pedintes árabes, em geral senhoras idosas que, de outro modo, morreriam de fome: com a farinha elas preparam um mingau que precisa durar até a sexta-feira seguinte. Há muitas brincadeiras e risos, pois os árabes adoram a srta. Ferida, e para ela todas aquelas mulheres idosas, que para o resto de nós não passam de anônimas trouxas de roupa, são amigas cuja personalidade ela comenta em sociedade. "Fathma tem péssimo temperamento, mas não é má pessoa", diz de uma delas, e de outra: "Halima é uma boa moça. A gente pode confiar nela".

Suponho que se possa dizer o mesmo da srta. Ferida.

Qualquer um que passe mais de uma noite em Tânger provavelmente ouvirá falar de Nysa: como ela foi tirada da rua aos doze anos por um australiano que, no mais puro estilo Pigmalião, transformou uma menina árabe maltrapilha numa pessoa interessante e extremamente elegante. Nysa, pelo que sei, é o único exemplo de mulher árabe europeizada, uma característica que, curiosamente, ninguém perdoa nela, nem os europeus nem os árabes, que a hostilizam abertamente e, aproveitando-se do fato de ela residir no Casbah, não perdem a chance de fazer maldades: as mulheres mandam os filhos rabiscar obscenidades em sua porta, os homens não hesitam para cuspir nela na rua – pois a seus olhos ela cometeu o mais grave dos pecados: tornou-se cristã. Tal situação deveria gerar um profundo ressentimento, mas Nysa, pelo menos nas aparências, não parece pensar que ocorra algo merecedor de ressentimento. É uma moça calma e encantadora, aos 23 anos; é um divertimento em si sentar silenciosamente e admirar sua beleza, os olhos amendoados e as mãos florais. Ela não vê muita gente; como uma princesa de contos de fadas, permanece atrás do muro, na sombra do pátio, a ler, a brincar com os gatos e uma cacatua enorme que repete tudo que ela diz: às vezes a cacatua avança e a beija nos lábios. O australiano mora com ela; desde que a encontrou, ainda menina, nem por um instante ele se separou dela; se algo acontecer a ele, Nysa não terá a quem recorrer: não poderá voltar a ser árabe novamente, e dificilmente se adaptaria por completo ao mundo europeu. E o australiano envelheceu muito. Um dia, toquei a campainha de Nysa; ninguém atendeu. No alto da porta há uma grade de ferro trabalhado; olhei e a vi através das folhas e galhos da parreira metálica, escondida entre as sombras do pátio. Quando toquei novamente, ela permaneceu no escuro, imóvel como uma estátua. Mais tarde eu soube que o australiano sofrera um derrame durante a noite.

No final de junho, quando se avista a luz, o ramadã se inicia. Para os árabes, ramadã é o mês da abstinência. Assim que anoitece um fio colorido é estendido no ar, e quando o fio fica invisível trompas de búzios avisam aos árabes que eles podem ingerir alimentos e bebidas que durante o dia não podem ser tocados. Esses banquetes noturnos se realizam num ambiente festivo que vai até de madrugada. De torres distantes tocadores de oboé encantam os fiéis; tambores, ocultos mas audíveis, são percutidos atrás de portas fechadas, e as vozes dos homens que entoam o Corão saem das mesquitas e percorrem as ruas estreitas enluaradas. Até no alto da montanha, acima de Tânger, pode-se escutar o lamento do oboé longínquo, na escuridão, uma melodia solene que percorre a África até chegar a Meca e retornar.

Sidi Kacem é uma praia interminável, ao estilo do Saara, ladeada de olivais; no final do ramadã árabes do Marrocos inteiro chegam em caminhões, montados em jumentos ou a pé: por três dias surge ali uma cidade, uma frágil metrópole de sonhos, luzes coloridas e cafés, sob as árvores iluminadas por lamparinas. Fomos até lá, por volta da meia-noite; à primeira vista a cidade parecia um bolo de aniversário a brilhar numa sala escura, e nos provocou o mesmo deslumbramento excitante: sabíamos que não conseguiríamos soprar todas as velas. Logo nos separamos das pessoas com quem chegáramos, no vaivém alucinado era impossível permanecermos juntos, e após um primeiro momento de receio desistimos de procurá-las; a noite tomou conta de nós e nada restava a fazer senão virar mais um rosto mascarado enlevado iluminado pelas lanternas. Conjuntos musicais tocavam por todos os lados. Vozes, doces e excitantes como a fumaça do *kif,* cantavam ao ritmo dos tambores, e não sei onde, perambulando por entre as árvores prateadas esvoaçantes, nos metemos no meio de um grupo de dançarinos. Um grupo de velhos barbudos ditava o ritmo, e os dançarinos, tão concentrados que se poderia espetar um alfinete neles, se moviam como se o vento os conduzisse. De acordo com o calendário árabe, estávamos no ano de 1370; vimos silhuetas através do pano fino de uma tenda, uma família preparava pães de mel num fogo de lenha, e enquanto eu passava por entre os dançarinos percebi que era simples acreditar que estava vivendo em 1370 e que o tempo nunca avançaria.

De vez em quando precisávamos descansar; havia esteiras de palha sob as oliveiras, e quando a gente sentava numa delas surgia um homem para servir um copo de chá quente de hortelã. Foi ali, tomando chá, que vimos passar uma fileira curiosa de homens. Usavam túnicas lindas, e o homem que vinha à frente, velho feito um pedaço de marfim, portava uma tigela de água-de-rosas que espargia para os lados, ao som de gaitas de fole. Resolvemos segui-los, e eles nos conduziram para fora do bosque, até a praia. A areia estava fria como a lua; havia dunas arredondadas arenosas perto do mar, e luzes pipocavam no escuro feito estrelas cadentes. Depois o sacerdote e seus seguidores entraram num templo proibido para nós, por isso saímos a passear pela praia. J. disse: "Olhe, uma estrela cadente." E passamos a contar estrelas cadentes, havia muitas. O vento sibilava na areia, fazendo um som de mar; vultos temíveis se delineavam contra a lua alaranjada, e a praia era fria como um campo nevado, mas J. disse: "Não consigo mais manter os olhos abertos".

Acordamos com uma luz azulada, quase do amanhecer. Estávamos no alto de uma duna, e lá embaixo, a nossos pés, estendidos ao longo da praia, espalhavam-se os celebrantes, suas roupas brilhantes esvoaçavam na brisa matinal. Assim que o sol surgiu no horizonte houve grande comoção, e dois cavaleiros, a cavalgar sem sela, percorreram a praia na beira do mar, borrifando água. Como uma cortina que se abria o sol percorreu a areia em nossa direção, e sentimos um arrepio com sua aproximação, pois quando nos atingisse voltaríamos a nosso século.

Um passeio pela Espanha
(1950)

O trem era inegavelmente velho. Os assentos pareciam bochechas de buldogue, de tão frouxos, faltavam janelas e tiras de fita adesiva mantinham unidas as poucas que restavam; no corredor, um gato curioso dava a impressão de caçar camundongos, e não seria temerário concluir que obteria bons resultados na busca.

Lentamente, como se a locomotiva fosse puxada por cules decrépitos, saímos de Granada. O céu meridional era branco e queimava como o do deserto; avistava-se uma nuvem apenas, que se movia como um oásis ambulante.

Íamos para Algeciras, um porto espanhol voltado para a costa da África. Em nossa cabine viajava um australiano de meia-idade e terno de linho encardido; exibia dentes manchados de tabaco e unhas sujas. Logo nos informou que era médico em navios. Curioso, encontrar nas planícies secas e duras da Espanha alguém ligado ao mar. Havia duas mulheres sentadas a seu lado, mãe e filha. A mãe, uma senhora gorda e cansativa de olhos lentos desaprovadores e buço. O foco de sua desaprovação flutuava; primeiro, ela me encarou com severidade, pois o sol lançava ondas de calor pelas janelas quebradas, e eu havia tirado o paletó – algo que ela talvez considerasse descortês. Mais tarde, ela hostilizou o jovem soldado que também ocupava a cabine. Começou um flerte entre o soldado e a filha nada discreta e muito corpulenta, cujo rosto lembrava o de um boxeador. Sempre que o gato vadio surgia a nossa porta a filha fingia receio, e o soldado galante espantava o gato para o corredor: essa brincadeira lhes oferecia oportunidades constantes de se tocarem.

O jovem soldado era um dos muitos, naquele trem. Com seus quepes de borla inclinados eles perambulavam pelos corredores fumando cigarros de fumaça negra adocicada, enquanto riam discretamente. Pelo jeito divertiam-se, o que provavelmente consideravam errado, pois sempre que surgia um oficial os soldados passavam a olhar fixamente para fora da janela, como se a paisagem de pedras vermelhas, olivais e montanhas de rocha escura os atraísse. Os oficiais pareciam vestidos para uma parada militar, cheios de fitas e dourados; alguns exibiam reluzentes e improváveis espadas presas à cinta. Eles não se misturavam aos soldados, sentavam todos juntos numa cabine da primeira classe, com ar entediado, como se fossem atores desempregados. Foi uma bênção, suponho, ter ocorrido algo que finalmente lhes deu uma chance de desembainhar as espadas.

Na cabine seguinte instalara-se uma família: um homem delicado, debilitado, excepcionalmente elegante, com uma fita preta de luto costurada na manga. Viajavam com ele seis meninas magras, claras, provavelmente suas filhas. Eram todos lindos, pai e filhas, e parecidos: cabelo escuro vistoso, lábios cor de pimentão, olhos de xerez. Os soldados espiavam dentro da cabine e viravam para o outro lado, como se tivessem olhado de frente para o sol.

Sempre que o trem parava as duas filhas mais novas desciam e passeavam um pouco, protegidas por sombrinhas. Tiveram várias oportunidades de passear bastante, pois o trem passou a maior parte do tempo parado. Ninguém demonstrava irritação com isso, só eu. Muitos passageiros tinham amigos nas estações e sentavam-se com eles na beira de uma fonte para conversar longa e preguiçosamente. Uma senhora idosa foi recepcionada por grupinhos diferentes numa dúzia de cidades – entre os encontros ela chorava com tanta disposição que o médico australiano se assustou: tudo bem, ela disse, não era preciso fazer nada, encontrar tantos parentes a comovia, só isso.

A cada parada ciclones de mulheres descalças e crianças praticamente nuas corriam ao lado do trem com moringas de barro a derramar água enquanto gritavam, furiosamente: "*Agua! Agua!*"* Por duas pesetas se podia comprar uma cesta cheia de figos escuros suculentos, e havia tabuleiros de interessantes roscas glaçadas que pareciam próprias para meninas vestidas para a primeira comunhão. Perto do meio-dia, depois de sacar uma garrafa de vinho, um pão, lingüiça e queijo, nos preparávamos para almoçar. Nossos companheiros de viagem também sentiam fome. Abriram embrulhos, desarrolharam vinhos, e por um tempo desfrutamos uma convivência agradável, quase festiva. O soldado dividiu uma romã com a moça, o australiano contou uma história interessante, a mãe de cara amarrada depositou um peixe sobre o papel aberto no colo, entre os seios, e o devorou gulosa.

Depois disso baixou em todos a sonolência; o médico dormiu tão profundamente que uma mosca passeou por sua boca aberta sem ser incomodada. O trem inteiro entrou em modorra; na cabine seguinte as moças bonitas penderam tranqüilas, como seis gerânios exaustos; até o gato parou de circular e se deitou no corredor, em devaneio. Havíamos subido, o trem passava por um platô de trigo amarelo rústico, depois entre paredes de granito de ravinas profundas, onde o vento vindo das montanhas fustigava árvores retorcidas, espinhudas. A certa altura, por um vão nas árvores, avistei algo que gostei de ver, um castelo no alto do morro, parecendo uma coroa.

---

* Em espanhol no original. (N. do E.)

Era um território para bandidos. No início daquele verão, um jovem inglês meu conhecido (ou melhor, de quem ouvira falar) transitava de carro por essa região espanhola quando, numa encosta deserta de montanha, seu carro foi rodeado por uma quadrilha. Eles o roubaram, amarraram numa árvore e encostaram a ponta da faca em sua garganta. Pensava nisso quando, sem aviso prévio, uma rajada de balas quebrou o silêncio sonolento.

Tiros de metralhadora. As balas atingiam as árvores com estalidos de castanhola, e o trem, com um guincho penoso, parou. Por um momento não se ouviu som algum, exceto o ruído da metralhadora. Depois, eu falei em voz alta, preocupado: "Bandidos!"

"*Bandidos!*", repetiu a filha.

"*Bandidos!*", ecoou a mãe, e a terrível palavra se espalhou pelo trem, como uma mensagem por meio de tambores. O resultado foi uma palhaçada desoladora. Deitamos no chão, formando uma pilha apavorada de braços e pernas. Só a mãe manteve a frieza. De pé, passou a esconder sistematicamente seus tesouros. Ocultou um anel no coque da cabeça e, sem o menor constrangimento, levantou a saia e escondeu um pente engastado de madrepérola na roupa de baixo. Como gritos de pássaros ao crepúsculo, da cabine seguinte chegaram os murmúrios de inquietação das lindas moças. No corredor, os oficiais bradavam ordens e tropeçavam uns nos outros.

De repente, silêncio. Lá fora, zumbido do vento e vozes. Quando o peso do corpo do médico já se tornava insuportável para mim, a porta da cabine foi aberta por fora, e vi um rapaz parado ali. Não me pareceu esperto o bastante para ser bandido.

"*Hay um médico en el tren?*", perguntou, sorrindo.

O australiano, aliviando a pressão do cotovelo sobre meu estômago, pôs-se em pé. "Sou médico", admitiu, limpando a poeira da roupa. "Alguém se feriu?"

"*Si, señor*. Um velho. Está ferido na cabeça", disse o espanhol, que não era bandido, e sim apenas outro passageiro. Novamente sentados, ouvimos, impassíveis e constrangidos, o relato do ocorrido. Pelo que constava, nas últimas horas um senhor se pendurara na traseira do trem, para viajar de graça. Ele acabou caindo, e um soldado disparou a metralhadora para alertar o maquinista e parar o trem, quando viu sua queda.

Minha única esperança era que ninguém lembrasse quem havia sido o primeiro a mencionar bandidos. Creio que ninguém lembrou. Depois de pegar uma camisa limpa, das minhas, com a intenção de fazer uma bandagem, o médico foi atender seu paciente. A mãe, agora melindrosa, virou-se de costas para recuperar o pente de madrepérola. A filha e o soldado nos seguiram quando descemos do vagão para passear sob as árvores, onde muitos passageiros se reuniram para comentar o incidente.

Surgiram dois soldados, carregando o velho. Minha camisa fora enrolada na cabeça dele. Encostaram o velho num tronco de árvore, e as mulheres se reuniram em volta dele, disputando quem lhe daria um rosário; alguém trouxe vinho, o que o agradou mais. Parecia feliz, mas gemia muito. As crianças que viajavam no trem corriam em volta dele, rindo.

Estávamos num pequeno bosque que cheirava a laranja. Um caminho sombreado conduzia a uma elevação; dali se podia avistar o outro lado do vale, onde trechos de grama dourada ressequida oscilavam como se a terra tremesse. As seis irmãs admiravam a paisagem do vale e as mudanças repentinas na luz das montanhas distantes, escoltadas pelo elegante pai, sentadas com as sombrinhas abertas como se participassem de uma *fête champêtre*. Os soldados circulavam em torno delas com modos vagos, ambiciosos; não ousavam se aproximar, embora um sujeito audacioso e atrevido tenha ido até a borda do barranco para gritar: "*Yo te quiero mucho*". As palavras retornaram com a entonação vazia de um eco perfeito, e as irmãs, corando, olharam para o fundo do vale, fixamente.

Uma nuvem sombria como as elevações rochosas escondera o sol, e o capim ondulou como o mar antes da tormenta. Alguém disse que ia chover. Mas ninguém queria voltar: nem o homem ferido, que começava a tomar a segunda garrafa de vinho, nem as crianças que, após descobrirem o eco, cantavam alegremente, viradas para o vale. Era como uma festa, e todos nós retornamos ao trem como se cada um pretendesse ser o último a sair. O velho, usando minha camisa como turbante na cabeça, foi levado a um vagão da primeira classe, onde diversas senhoras prestativas passaram a cuidar dele.

Em nossa cabine a mãe sombria e empoeirada continuava sentada onde a deixáramos. Não se unira ao grupo, na parte externa. Olhou para mim longamente, contrariada. "*Bandidos*", disse, com vigor desnecessário.

O trem partiu tão lentamente que as borboletas entravam e saíam pelas janelas.

Fontana Vecchia
(1951)

Fontana Vecchia, a velha fonte. Assim se chama a casa. *Pace*, paz: a palavra foi entalhada no degrau de pedra de acesso. Não há fonte alguma; já houve, imagino, algo semelhante a paz. É uma casa cor-de-rosa com vista para um vale de amendoeiras e oliveiras que desce até o mar. Do outro lado do mar se avista, em dias claros, a ponta da Itália, a península da Calábria. Atrás de nós uma trilha sinuosa de pedrisco, usada principalmente pelos camponeses das fazendas, com seus jumentos e cabras, acompanha a lateral da montanha até chegar na cidade de Taormina. É como estar num avião ou num navio na crista de um vagalhão: há uma sensação de tirar o fôlego sempre que a gente olha pela janela ou sai no terraço, uma impressão de pairar no ar, como as pombas brancas que plainam entre as montanhas, acima do oceano. A vastidão reduz a tamanho infantil particularidades da paisagem – os ciprestes são pequenos como penas verdes; o navio que passa parece caber na palma da mão.

Antes de clarear, quando as estrelas em retirada passam pela janela do quarto, gordas como corujas, o movimento se inicia no caminho íngreme e por vezes perigoso que desce a serra. As famílias dos agricultores seguem para o mercado em Taormina. Pedras soltas rolam sob os cascos desequilibrados dos jumentos sobrecarregados; há ataques de riso, movimento de lanternas: é como se as lanternas fizessem sinais para os pescadores noturnos, lá embaixo, que estão naquele momento puxando a rede. Mais tarde, no mercado, agricultores e pescadores se encontrarão: um povo pequeno, não dessemelhante ao japonês, mas rijo; realmente, há viço em sua dureza esguia de noz. Se a gente questiona a frescura de um peixe ou a condição de um figo, eles se mostram verdadeiros atores. *Si, buono*. E sua cabeça é empurrada para baixo para cheirar o peixe; com um movimento enlevado e ameaçador dos olhos, afirmam que está delicioso. Sinto-me sempre intimidado; isso não acontece com os moradores da vila, que escolhem os tomates reluzentes e nunca hesitam em cheirar um peixe ou bater num melão. Fazer compras e preparar a comida é um problema universal, sei disso. Mas após alguns meses na Sicília até a mais tarimbada dona de casa precisa se prevenir contra armadilhas – não, estou exagerando: as frutas, pelo menos no início da época, são excelentes; o peixe sempre está bom, e o macarrão também. Dizem que se pode arranjar carne comestível; nunca tive a sorte. Além disso, não temos muita escolha em termos de vegetais; no inverno, os ovos são raros. Mas, claro, o problema mesmo é que não sabemos cozinhar; para completar, nossa cozinheira também não. Ela é uma moça esperta, encantadora, meio supersticiosa: a conta de gás, por exemplo, é astronômica, e ela gosta de derreter chumbo em panelas imensas, no fogão, e depois despejar o chumbo em fôrmas de santos. Se ela se restringir aos pratos sicilianos mais simples, bem sicilianos e bem simples, bem, dá para comer.

Mas eu queria falar das galinhas. Não faz muito tempo, Cecil Beaton, em férias na Sicília, veio ficar conosco. Passados alguns dias, ele aparentava fraqueza; percebemos que precisávamos fazer um esforço significativo no sentido de alimentá-lo adequadamente. Encomendamos uma galinha; ela chegou, viva, acompanhada pela cautelosa senhora que reside um pouco acima, na montanha. Vi um pássaro preto enorme – comentei que devia ser muito velho. Não, a mulher retrucou, não é velho, apenas muito grande. O pescoço era enrugado, e G., nossa cozinheira, o pôs para cozinhar. Por volta do meio-dia ela nos procurou para dizer que a galinha ainda estava *troppo duro* – quer dizer, dura feito unha. Nós a orientamos a insistir e nos acomodamos no terraço com as taças de vinho, preparados para esperar. Várias horas e vários vinhos depois, fui até a cozinha e encontrei G. em condição crítica: depois de cozinhar a galinha ela tentou assá-la, depois fritar e agora, desesperada, tentava cozinhar a ave novamente. Embora não tivéssemos mais nada para comer, aquilo não deveria ter sido levado à mesa, pois quando a serviram viramos o rosto: em cima da pilha fumegante jazia a cabeça da pobre ave, os olhos ressequidos nos encaravam, e no topo o topete enegrecido dava o toque final. Naquela noite Cecil nos avisou que precisava retornar com urgência à casa de outros amigos na ilha, subitamente.

Quando alugamos Fontana Vecchia – isso foi na primavera, em abril – o vale estava lotado de trigo, com seus talos verdes como os abundantes lagartos que corriam nos trigais. A primavera siciliana começa em janeiro, numa explosão real florida, num jardim mágico em que tudo floresce: nas margens do regato há hortelã, rosinhas silvestres trepam pelos troncos caídos, até nos cactos brutais surgem brotos macios. Abril, Eliot disse, é o mais cruel dos meses: ali, não. Tudo é claro como a neve no topo do Etna. As crianças sobem a montanha, enchendo sacos de pétalas, nos preparativos para o Dia dos Santos, e os pescadores, passando com cestos cheios de *pesce* de cores perolizadas, enfeitam-se com gerânios atrás da orelha. Maio, e a primavera definha: o sol cresce; a gente é lembrado de que a África está a apenas cento e poucos quilômetros; como uma sombra de bronze, as cores do outono cobrem a paisagem. Em junho o trigo está pronto para ser colhido. Ouvimos com certa melancolia o som das foices a ceifar no campo dourado. Quando o serviço termina, nosso senhorio, a quem pertencem os campos, dá uma festa aos trabalhadores. Havia apenas duas mulheres – uma moça que cuidava de um bebê e uma velha senhora, avó da moça. A velha adorava dançar; descalça, ela rodopiava com todos os homens – ninguém conseguia obrigá-la a descansar um pouco, ela se levantava de repente, no meio de uma música, para agarrar um parceiro. Os homens, que tocavam acordeom em turnos, dançavam todos juntos, um costume da Sicília rural. Era o melhor tipo de festa: dança ininterrupta, vinho demais. Mais tarde, quando fui para a cama exausto, pensei na senhora idosa. Depois de trabalhar o dia inteiro na colheita e dançar até tarde da noite, ela iniciaria a subida dos sete quilômetros morro acima, até sua casa na serra.

A caminhada é longa, até a praia, ou melhor, as praias; há várias, todas pedregosas, e só uma delas, Mazzaro, é quase deserta. A mais bonita, Isola Bella, uma angra protegida de águas claras como cristal, fica a dois quilômetros morro abaixo; voltar é meio complicado. Fomos algumas vezes até Taormina e lá pegamos um ônibus ou táxi. Mas, em geral, vamos a pé. Pode-se nadar de março até o Natal (dizem os otimistas), mas confesso que não me entusiasmei muito até comprar uma máscara submarina. A máscara tinha um vidro redondo para observação e um tubo respirador que se fecha quando a gente mergulha. Ao nadar silenciosamente entre as pedras, parece que descobrimos uma nova dimensão: debaixo d'água um peixe vermelho fosforescente aproxima-se assustadoramente; nossa sombra passa por cima de um campo de capim castanho; bolhas azuis prateadas sobem, saídas de um ser sonolento de longas pernas que descansa numa plataforma coberta de flores marinhas, que se move como se houvesse um vento musical: as flores do mar, os filamentos das águas-vivas arroxeadas. De volta à areia, como o mundo superior parece estático, grosseiro.

Quando não vamos à praia temos apenas um outro motivo para sair de casa: fazer compras em Taormina e tomar um *apéritif* na *piazza*. Taormina, na verdade uma extensão de Naxos, a mais antiga cidade grega da Sicília, existe sem interrupção desde 396 a.C. Goethe a visitou em 1787; e a descreve assim: "Sentado agora no local onde se acomodavam os mais distintos espectadores, admite-se imediatamente que nunca uma platéia, em qualquer outro teatro, teve diante de si um espetáculo como aquele. Do lado direito, sobre as rochas altas, um castelo se ergue no ar; adiante, a cidade se estende a seus pés, e embora todos os edifícios sejam modernos, sem dúvida ocupam o lugar de outros muito antigos. Depois disso os olhos se voltam para a cordilheira do Etna, e em seguida, à esquerda, a vista passeia pela costa, até Catânia e mesmo Siracusa, depois a paisagem ampla e longa é barrada por um vulcão fumegante, mas não a ponto de assustar, pois a atmosfera o atenua, faz com que pareça muito mais distante e tranqüilo do que realmente é". O ponto de observação privilegiado de Goethe era, suponho, o teatro grego, uma ruína magnífica no alto do morro, onde hoje ainda apresentam, esporadicamente, peças e concertos.

Taormina tem mesmo a paisagem deslumbrante descrita por Goethe; além disso, é uma cidade curiosa. Durante a guerra serviu como guartel-general de Kesselring, o comandante alemão; conseqüentemente, candidatou-se ao bombardeio aliado. Os danos foram pequenos. Mesmo assim, a guerra prejudicou a cidade. Até 1940 ela era, com exceção de Capri, o balneário mais badalado do Mediterrâneo, ao sul da Riviera Francesa. Embora os norte-americanos nunca venham para cá, pelo menos em grande número, ela tem reputação considerável entre os ingleses. (Um guia da Sicília, escrito por um inglês e publicado em 1905, nota: "Taormina está lotada de alemães. Em alguns hotéis há mesas separadas para eles, pois as outras nações não gostam de sentar ao lado dos alemães".) Agora, obviamente, os alemães não têm condições de viajar; devido a restrições no câmbio, os ingleses também não. No ano passado o San Domenico, um antigo convento que foi convertido em hotel de luxo no final do século 19, não contabilizou uma ocupação superior a um quarto da lotação; antes da guerra era preciso fazer reserva com um ano de antecedência. Neste inverno, talvez como medida desesperada, a cidade abrirá um cassino, esperando que atraia turistas internacionais. Desejo sorte a eles: é imperativo que alguém venha e compre todos aqueles chapéus e bolsas feitos à mão que superlotam as lojas ao longo do Corso. Por mim, Taormina está ótima assim mesmo; oferece os confortos de uma cidade turística (água corrente, loja de jornais estrangeiros, bar onde se pode tomar um bom martíni) sem os turistas.

Dois portões limitam a cidade, que não é muito grande; perto do primeiro, Porto Messina, há uma pequena quadra com uma fonte e um muro baixo de pedra ao longo do qual os desocupados locais ficam enfileirados como passarinhos num fio elétrico. Em um de meus primeiros passeios por Taormina surpreendi-me ao ver um senhor idoso encostado no muro. Usava calça de veludo e capa negra; seu chapéu de feltro oliva fora modelado em formato triangular bicudo, e a aba lançava uma sombra sobre seu rosto amarelado, largo, algo mongol. Foi uma aparição surpreendente, teatral, só isso, até eu me aproximar e me dar conta de que era André Gide. Eu o via por lá freqüentemente, durante a primavera e início do verão, sentado no muro, passando despercebido, aparentemente era apenas mais um velho, ou passeando em volta da fonte, com a capa enrolada no corpo em estilo shakespeariano, dava a impressão de observar seu reflexo: *si jeunesse savait, si vieillesse pouvait.**

Por baixo do excesso ornamental Taormina é uma cidade comum, seus habitantes têm profissões e ambições normais. Contudo, muitos deles, particularmente os rapazes, possuem o que chamo de mentalidade de criança de hotel, ou seja, de crianças que passaram a vida em hotéis e sabem que todas as coisas são passageiras, que o coração não deve se envolver jamais, pois a amizade dura apenas alguns dias. Esses rapazes vivem, por assim dizer, "fora" da cidade; interessam-se pelos estrangeiros, não tanto pelos possíveis lucros quanto pela distinção que acreditam adquirir ao travar contato com ingleses e norte-americanos; em sua maioria eles dominam os rudimentos de vários idiomas e passam os dias nos cafés das *piazzas*, conversando com viajantes, artificial e educadamente.

É uma bela praça, localizada no centro de uma elevação com vista para o Etna e o mar. Jumentos mirins da Sardenha, atrelados a carrocinhas entalhadas com capricho, passam lentamente, os sinos tilintam, as carrocinhas exibem laranjas e bananas. Nas tardes de domingo, enquanto a banda da cidade toca músicas excêntricas mas atraentes, acontece o grande passeio, e quando estou lá sempre procuro a filha do açougueiro, uma moça corpulenta, forte, que passa a semana a manipular um machado de carne com ferocidade maior que a de qualquer homem; mas no domingo, penteada e perfumada, equilibrada em seus saltos altos, acompanhada do noivo, um rapaz mirrado que não chega no seu ombro, ela transmite uma atmosfera de romance, um ar de triunfo que cala as línguas ferinas: sua postura altiva, a confiança em si, este deve ser o espírito do passeio. Ocasionalmente, surgem artistas ambulantes na *piazza*: pastores de cabras das montanhas que tocam canções terríveis em gaitas de foles cober-

---

* "Se a juventude soubesse e a velhice pudesse..." Em francês no original. (N. do E.)

tas de pêlo; ou, na primavera, um cantor, um menino cuja família vive de levá-lo anualmente a uma excursão pela ilha: seu palco é um galho de árvore, lá ele ergue a cabeça e a garganta treme com as notas agudas de soprano, e ele canta até sua voz se reduzir a um fio desolador.

Quando faço compras, o *tabacchi* é minha derradeira parada antes de voltar para o campo. Na Sicília os donos de tabacaria são sujeitos irritáveis. As lojas vivem cheias, mas poucos consumidores compram mais do que três ou quatros cigarros vagabundos: com solenidade afetada os homens maltrapilhos colocam suas liras amarfanhadas em cima do balcão, depois examinam atentamente os cigarros, os charutos rústicos que receberam – parece ser o momento mais importante de seu dia, a visita ao *tabacchi*; talvez por isso relutem tanto em abandonar seu posto na fila. Deve haver uns vinte jornais na Sicília; várias fileiras deles são penduradas na porta da tabacaria. Certa tarde eu chegava à cidade quando começou a chover. Não foi uma chuva forte; mesmo assim, as ruas estavam desertas, não vi ninguém até me aproximar do *tabacchi* – uma multidão se reunira onde os jornais exibiam manchetes enormes, ignorando a chuva. Meninos de cabeça descoberta mantinham-nas quase encostadas umas nas outras, enquanto um rapazinho, um pouco maior, apontava para a fotografia enorme de um sujeito caído numa poça de sangue, lendo alto para todos: "Giuliano, morto a tiros em Castelvetrano". *Triste, triste*, uma vergonha, uma pena, diziam os mais velhos; os jovens não diziam nada, mas duas moças entraram na loja e saíram com exemplares de *La Sicilia*, um jornal cuja primeira página inteira fora ocupada pela foto gigantesca do bandido morto; protegendo o jornal contra a chuva, as meninas saíram de mãos dadas pela rua reluzente.

Logo chegou agosto; sentíamos o sol antes que ele aparecesse. Curiosamente, ali na serra, os dias eram mais frescos que as noites, pois uma brisa forte soprava do mar; no entardecer o vento virava, soprava para o sul, na direção da Grécia e da África. Foi um mês de folhas silenciosas, estrelas cadentes, luas avermelhadas, uma estação de mariposas magníficas e lagartos sonolentos. Os figos rachavam, as ameixas inchavam, as amêndoas endureciam. Certa manhã acordei ouvindo o ruído de varas de bambu nas amendoeiras. No vale, nos morros, centenas de camponeses, trabalhando em grupos familiares, derrubavam as amêndoas para pegá-las depois no chão; e cantavam uns para os outros, uma voz guiava as outras, vozes mouras, flamencas, cujas canções não tinham começo nem fim, e mesmo assim capturavam o espírito do trabalho, do calor, da colheita. Passaram uma semana colhendo as amêndoas, e a cada dia o canto atingia uma intensidade algo insana. Por causa dela, eu não conseguia pensar, tomado pela sensação avassaladora de transbordamento da vida. No final, durante os alucinados dias derradeiros, as vozes intensas pareciam vir do mar, das raízes das amendoeiras. Era como se estivéssemos perdidos numa caverna de ecos, e quando chegou a noite, com sua calma, mesmo assim continuei ouvindo, quase pegando no sono, o som do canto, e parecia que alguém tentava retomá-lo, a ponto de revelar um caso tenebroso, lamentável, a ponto de compartilhar um segredo terrível.

Não recebemos muitos visitantes em Fontana Vecchia; fica muito longe para alguém aparecer de repente, a pé, e vários dias transcorrem sem que alguém bata à porta, com exceção do menino do gelo. Louro, atrevido, o menino do gelo é uma criança de onze anos de ar compenetrado. Tem uma tia linda, certamente uma das moças mais atraentes que já conheci, e com freqüência falo com ele a respeito da tia. Por que A. não tem namorado, sendo tão bela? Por que está sempre sozinha e nunca vai ao baile nem passear na praça aos domingos? O menino do gelo explica que sua tia não liga para os rapazes locais, que se sente infeliz e sonha em ir para a América. Talvez. Mas minha teoria é que os homens de sua família são tão ciumentos em relação a ela que ninguém ousa se aproximar. Os homens sicilianos decidem sempre o que as mulheres podem fazer ou não; por incrível que pareça, as mulheres parecem gostar. Nossa cozinheira, por exemplo, G., tem dezenove anos e um irmão mais velho. Certa manhã ela apareceu com o lábio partido, um olho roxo e um corte de faca no braço, além de equimoses amarelo-esverdeadas pelo corpo inteiro. Impressionante: ela deveria estar internada num hospital. Sorrindo encabulada, G. disse que o irmão a espancara; os dois discutiram por ele achar que ela ia demais à praia. Claro, pensamos que se tratava de uma objeção indevida: quando ela ia à praia, de noite? Eu disse a ela para não dar importância ao irmão, que ele era um bruto. Sua resposta, quem diria, foi que eu devia cuidar da minha própria vida; disse que o irmão era um bom rapaz. "Ele tem boa aparência e muitos amigos, só é bruto comigo." Mesmo assim, fui falar com o nosso senhorio e avisei que o irmão de G. deveria tomar cuidado, pois não toleraríamos mais que a irmã fosse trabalhar naquelas condições. O senhorio se mostrou intrigado: por que eu culpava o irmão? Afinal de contas, um irmão tem o direito de repreender a irmã. Quando comentei o caso com o menino do gelo ele concordou com o senhorio, declarando com firmeza que espancaria sua irmã também, se ela não obedecesse suas ordens. Certa noite, em agosto, quando as luas são exuberantes, o menino do gelo e eu tivemos um diálogo assustador, apesar de rápido. Ele me perguntou o que eu achava dos lobisomens. Se eu tinha medo de sair depois do escurecer. Acontece que, naquele dia eu ouvira falar no lobisomem: um menino que voltava para casa tarde da noite alegou ter sido perseguido por um animal que uivava, um ser humano que andava nas quatro patas. Mas eu ri. Você não acredita em lobisomem, não é? Claro que sim. "Havia muitos lobisomens em Taormina", ele disse, e seus olhos cinzentos me encararam, firmes. Depois, deu de ombros. "Agora só sobraram uns dois ou três."

E o outono chegou, está aqui no momento, o vento sibila, a névoa se move por entre as árvores amareladas feito um espectro. Foi um bom ano para as uvas; é doce no ar a fragrância das uvas caídas nos montes de folhas das parreiras, no vinho novo. As estrelas despontam às seis; ainda não faz frio a ponto de nos impedir de tomar um coquetel no terraço e observar, sob o brilho das estrelas, as ovelhas com seus rostos de Buster Keaton a retornar do pasto, e as cabras, cujos movimentos sincronizados emitem um ruído semelhante ao arrastar de galhos secos. Ontem os homens nos trouxeram uma carroça de lenha. Por isso não temo a chegada do inverno: o que poderia ser melhor do que sentar à beira da lareira e esperar a chegada da primavera?

Lola
(1964)

Sim, sob todos os aspectos era um presente curioso. Espantoso, realmente. Pois eu já tinha bichos suficientes: dois cães, um buldogue inglês e um *terrier* Kerry. Além disso, nunca fui entusiasmado por pássaros. Na verdade, confesso certa aversão por eles: quando uma gaivota vira e mergulha no mar, por exemplo, minha propensão é entrar em pânico e sair correndo. Certa vez, quando eu tinha cinco ou seis anos, um pardal entrou voando pela janela do meu quarto e ficou preso lá dentro: voou de um lado para o outro até eu quase desmaiar de emoções em que a piedade aparecia, mas o medo predominava. Por isso fiquei meio desanimado ao ganhar o presente de Natal de Graziella: um corvo jovem medonho com a asa cruelmente cortada.

Agora, mais de doze anos se passaram, pois isso aconteceu na manhã de Natal de 1952. Eu morava na Sicília na época, nas montanhas; a casa, situada no meio de um olival prateado, era feita de pedra rosa clara; tinha muitos quartos e um terraço com vista para o Etna e seu cume nevado. Lá embaixo víamos, nos dias ensolarados, o mar azul como um olho de pavão. Era uma linda casa, embora não fosse muito confortável, principalmente no inverno, quando o vento do norte grita e uiva, quando tomamos vinho para esquentar e mesmo assim o toque do piso de pedra é gelado como o beijo de um cadáver. Qualquer que seja o clima, inverno rigoroso ou verão escorchante, a casa não seria habitável sem Graziella, a moça do vilarejo que vem todas as manhãs e fica até depois do jantar. Ela tinha dezessete anos, era uma jovem vigorosa de corpo atarracado e forte: tinha pernas de um lutador japonês – ligeiramente arqueadas, com coxas grossas. Seu rosto, porém, era muito formoso: olhos castanhos e dourados como o *brandy* local; faces rosadas; sobrancelha castanha fina; cabelo preto escovado rente ao crânio, mantido em sua posição graças a um par de pentes espanhóis. Levava uma vida dura, e dela reclamava constantemente, de um jeito divertido, jovial: o pai era o bêbado da aldeia, ou pelo menos um deles; a mãe, uma carola histérica; e Paolo, o irmão mais velho – ela o adorava, embora todas as semanas ele a espancasse e lhe roubasse o salário. Éramos bons amigos, Graziella e eu, e naturalmente trocávamos presentes no Natal. Dei-lhe um suéter e um colar de contas verdes. E ela, como retribuição, trouxe-me o corvo.

Já contei que ele era feio. E como. Um ser simultaneamente temível e patético. Por mais que me arriscasse a ofender Graziella, eu o teria libertado assim que fosse capaz de se virar sozinho. Mas as asas haviam sido cortadas muito fundo, jamais conseguiria voar; só andava, manquitolando, o bico preto aberto como a boca de um idiota, os olhos baços, perdidos. Graziella subira ao alto das encostas vulcânicas acima de Bronte e o capturara na ravina onde os corvos faziam seus ninhos, um vale pedregoso de espinheiros e arbustos retorcidos. "Eu o peguei com uma rede de pesca", contou. "Corri no meio dos pássaros. Quando atirei a rede, dois se emaranharam. Deixei um ir embora. O outro, este aqui, guardei numa caixa de sapato. Levei-o para casa e cortei as asas. Os corvos são muito espertos. Mais do que os papagaios. Ou que os cavalos. Se a gente fende sua língua, eles aprendem a falar." Graziella não era cruel, apenas assumia a indiferença mediterrânea ao sofrimento dos animais. Revoltou-se quando a impedi de mutilar a língua da ave; a bem da verdade, perdeu completamente o interesse pela pobre criatura, cujo bem-estar tornou-se minha penosa tarefa.

Eu o mantinha num quarto vago, sem mobília; ele vivia lá trancado, feito um parente insano. Pensei, bem, as asas vão crescer logo, aí ele poderá ir embora. Mas o Ano Novo chegou e se foi, as semanas passaram e finalmente Graziella explicou que meu presente de Natal só conseguiria subir aos céus novamente em seis meses.

Eu o detestava. Odiava visitá-lo; aquele era o quarto mais frio da casa, e o pássaro uma visão lamentável, impecavelmente triste. Contudo, a consciência de sua solidão me empurrava para lá – embora no início ele desse a impressão de gostar ainda menos do que eu das visitas: ficava quieto num canto, de costas para mim, um prisioneiro silencioso entre a tigela de água e a de comida. Com o tempo, porém, percebi que minha presença não era mais ressentida; ele parou de me evitar, olhava nos meus olhos e, com uma voz rouca e desafinada, emitia ruídos aparentemente amigáveis: cacarejos abafados. Começamos a fase das descobertas mútuas: descobri que ele gostava que lhe coçassem a cabeça, ele entendeu que suas bicadas de brincadeira me divertiam. Logo ele aprendeu a se equilibrar na ponta da minha mão, depois a sentar no meu ombro. Adorava me beijar – de leve, o bico roçava no meu queixo, nas faces, no lóbulo da orelha. Mesmo assim, continuei a sentir uma certa repulsa por ele, creio: a cor fúnebre, a sensação de tocar suas penas, odiosa (para mim) como sentir a pele de um peixe ou o couro de uma cobra.

Certa manhã – era final de janeiro, as amendoeiras estavam floridas, pois a primavera chega cedo na Sicília: uma mistura de perfume e flores cobria a paisagem – descobri que o corvo havia fugido. O quarto em que vivia tinha portas tipo veneziana que davam para um jardim; durante a noite as portas se abriram, sabe-se lá como; talvez por causa do siroco, que soprava na época (trazendo consigo a areia fina do deserto africano). O pássaro desaparecera. Procurei no jardim inteiro; Graziella subiu o morro. A manhã passou, e a tarde. Ao anoitecer, já havíamos procurado "em todos os lugares": no meio dos espinhos do capão dos cactos, entre os túmulos do cemitério vizinho, dentro de uma caverna que cheirava a urina de morcego. Gradualmente, no decorrer de nossa busca, um fato finalmente foi admitido: eu gostava muito de Lola. Lola! O nome surgiu como uma lua cheia no céu, espontâneo e inevitável; até o momento, eu não lhe dera um nome: fazer isso, pensei, seria admitir que ela era uma aquisição permanente.

"Lola?"

Chamei-a da janela. Finalmente, fui para a cama. Claro, não consegui dormir. Tive visões: Lola, seu pescoço entre as presas de um gato; um gato vermelho a correr com ela para realizar seu banquete numa toca manchada de sangue e cheia de penas. Ou Lola, impossibilitada de voar, escondida, até que a fome e a sede a liquidassem.

"Lo-o-o-la-a-a?"

Não havíamos procurado dentro de casa. Talvez nunca tivesse saído, só passado por uma porta e entrado por outra. Acendi uma vela (a eletricidade quase nunca funcionava); fui de quarto em quarto; e, num deles, uma saleta sem uso, a vela iluminou um par de olhos familiares.

"Ah, Lola."

Ela subiu na minha mão; de volta ao quarto, eu a transferi para a guarda da cama de latão. Ela se agarrou com força e enfiou a cabeça cansada debaixo de uma das asas mutiladas. Logo pegou no sono, e eu também, assim como os cães (encolhidos e próximos da lareira ainda rubra do aromático fogo de lenha de eucalipto).

Os cachorros nunca tinham visto Lola, eu estava meio ansioso quando a apresentei a eles na manhã seguinte, pois os dois, e principalmente o Kerry, eram capazes de repentes malucos. Mas se era para ela ficar em casa conosco, isso precisava ser feito. Eu a pus no chão. O buldogue a cheirou com seu nariz achatado, trufado, depois bocejou, mas não de preguiça e sim de constrangimento; todos os cachorros bocejam quando ficam sem graça. Obviamente, não sabia o que ela era. Comida? Brinquedo? O Kerry concluiu que era brinquedo e lhe deu uma patada. Encurralou-a num canto. Ela reagiu, bicou seu focinho; Lola gritava de um modo rude e violento, como se proferisse os piores palavrões. Assustou o buldogue; ele correu para fora do quarto. Até o Kerry recuou – sentou-se e ficou olhando para ela, deslumbrado.

Dali para a frente os cães passaram a respeitar Lola para valer. Mostravam por ela a maior consideração; ela não dava a mínima. Usava a tigela de água deles para tomar banho; na hora das refeições, sempre insatisfeita com seu prato, ela atacava o deles, servindo-se do que lhe agradava. Transformou o buldogue em poleiro particular; em pé nas costas largas do cão, passeava pelo jardim como uma equilibrista de circo em cima do cavalo. De noite, na frente da lareira, ela se aninhava entre os dois, e se eles se mexessem ou fizessem algo que perturbasse seu descanso, levavam uma bicada.

Lola era muito nova quando Graziella a apanhou – não passaria de um filhote. Em junho já havia triplicado de tamanho, crescera feito uma galinha. As asas haviam crescido de volta, ou quase. Mesmo assim ela não voava. A bem da verdade, recusava-se. Preferia andar. Quando os cães saíam a passear, ela ia junto com eles, saltitando. Certo dia me ocorreu que Lola talvez não soubesse que era um pássaro. Vai ver pensava ser um cachorro. Graziella concordou comigo, e nós dois rimos muito; achamos tudo muito divertido, e nenhum dos dois imaginou que o engano de Lola acabaria certamente em tragédia: a maldição que aguarda quem recusa sua própria natureza e insiste em ser algo diferente do que realmente é.

Lola era ladra; se não fosse, jamais teria usado as asas. Contudo, o tipo de artigo que gostava de furtar – coisas brilhantes, uvas, canetas-tinteiro, cigarros – normalmente ficavam em lugares altos; portanto, para chegar ao tampo da mesa ela ocasionalmente dava um (literal) salto voador. Certa vez, pegou um par de dentaduras. Os dentes pertenciam a uma convidada, uma senhora idosa e difícil de lidar. Ela disse que não achava a menor graça e começou a chorar. Para piorar, ignorávamos onde Lola escondia seus tesouros (segundo Graziella, todos os corvos são ladrões e invariavelmente possuem um esconderijo para os bens furtados). O único procedimento sensato seria tentar fazer com que Lola revelasse onde escondera a dentadura. Ela admirava o ouro: um anel de ouro que eu usava às vezes provocava seu olhar de cobiça. Nós (Graziella e eu) montamos uma armadilha com o anel: deixamos a jóia em cima da mesa de almoço, onde Lola comia migalhas, e nos escondemos atrás da porta. No momento em que se julgou sozinha, ela pegou o anel e correu para fora da sala de jantar, percorreu o corredor e entrou na "biblioteca" – uma sala pequena e abafada, cheia de edições baratas dos clássicos, propriedade do inquilino anterior. Ela pulou do chão até uma poltrona, e de lá para a estante; ali, como se fosse uma fenda na montanha que conduzia à caverna de Ali Babá, ela se esgueirou entre dois livros e sumiu atrás deles: evaporou, como Alice através do espelho. A obra completa de Jane Austen ocultava seu tesouro, que encontramos logo. Além da dentadura furtada, ele consistia em um chaveiro com as chaves do meu carro, desaparecido havia algum tempo (não desconfiei de Lola, pensei que o perdera), um monte de dinheiro picado – milhares de liras reduzidas a pedacinhos, como se destinadas a um ninho futuro, cartas antigas, meu melhor par de abotoaduras, elásticos, pedaços de barbante, a primeira página de um conto que eu parara de escrever por não achar a primeira página, uma moeda norte-americana de um centavo, uma rosa seca, um botão de cristal...

No início daquele verão Graziella anunciou seu noivado com um rapaz chamado Luchino, que era garçom, tinha cintura fina, cabelos oleosos encaracolados e perfil de artista de cinema. Falava um pouco de inglês, um pouco de alemão, usava sapatos de camurça verde e possuía uma Vespa. Graziella tinha motivos para considerá-lo um noivo formidável; mesmo assim, não gostei da história. Na minha opinião, ela era comum e saudável, normal demais para um sujeito ladino como Luchino (que tinha reputação de ser gigolô semiprofissional de turistas solitárias: solteironas suecas, viúvas e viúvos alemães), embora tais atividades, a bem da verdade, não fossem incomuns entre os jovens do vilarejo.

Mas o regozijo de Graziella era irresistível. Ela espalhou fotografias de Luchino pela cozinha inteira, em cima do fogão, em cima da pia, na parte interna da porta da geladeira, até no tronco da árvore que crescera na frente da janela da cozinha. A paixão, claro, interferiu no modo como ela cuidava de mim: agora, ao estilo siciliano, ela tinha as meias do namorado para cerzir, sua roupa para lavar (e era uma montanha!), isso sem mencionar as horas que dedicava ao preparo do enxoval de noiva, à roupa de baixo bordada e a experimentar o véu de noiva. Com freqüência, no almoço, ela me servia um prato de espaguete frio e duro, e ovos fritos frios no jantar. Ou absolutamente nada; ela vivia com pressa, correndo para encontrar o namorado na *piazza*, para um passeio ao crepúsculo. Contudo, em retrospecto, sua felicidade não me causa inveja: serviu apenas como prelúdio para um desfecho amargo, infeliz.

Certa noite de agosto seu pai (muito amado, apesar das bebedeiras) recebeu (de um turista norte-americano) uma dose de gim em copo alto, com a sugestão de tomar tudo de um só gole, o que lhe causou um derrame que o deixou paralítico. No dia seguinte, um acontecimento ainda mais terrível: Luchino, percorrendo uma estradinha interiorana na Vespa, fez uma curva e atropelou uma menina de três anos, matando-a instantaneamente. Levei Luchino e Graziella de carro ao enterro da menina; depois, na volta para casa, Luchino se manteve quieto e não chorou, mas Graziella gemia e chorava como se tivessem partido seu coração: presumi que pranteava a criança morta. Mas não, chorava por si, pelas sombrias perspectivas de sua vida: Luchino corria o risco de ser preso, e deveria pagar uma indenização enorme – o casamento não seria realizado em breve, nem nos próximos anos (se é que ocorreria um dia).

A pobre moça ficou desolada. O médico recomendou repouso. Um dia fui visitá-la, para saber como estava passando. Levei Lola comigo, pretendendo animar a enferma. Em vez disso, a visão do pássaro a horrorizou; ela gritou. Disse que Lola era uma bruxa, que Lola tinha o *malocchio*, o mau-olhado, e que a dupla tragédia, o derrame do pai e o acidente de Luchino, haviam sido obra de Lola, castigo por ela ter capturado e cortado as asas do pássaro. Ela afirmou que era verdade: qualquer criança sabe que os corvos são materializações de espíritos malignos e sombrios. E completou: "Nunca mais entrarei em sua casa".

E não voltou, mesmo. Nem qualquer outra empregada. Por conta das acusações de Graziella, criou-se o mito de que a minha casa estava impregnada de mau-olhado. Não era só Lola, eu também possuía um potente *malocchio*. Não se poderia acusar alguém de coisa pior, na Sicília. Para completar, não havia defesa contra tal acusação. No começo eu brincava com isso, embora não houvesse nada de humorístico no episódio. As pessoas faziam o sinal-da-cruz quando encontravam comigo na rua; ou, assim que eu passava, formavam um chifrinho com as mãos, apontado para mim – um gesto da magia negra destinado a anular o poder de meus olhos malignos, enfeitiçados por trás dos óculos de tartaruga.

Acordei certa vez, por volta da meia-noite, e decidi (pronto!) ir embora. Partir antes do amanhecer. Foi uma decisão e tanto, eu vivia ali havia dois anos, e não gostava da idéia de ficar sem um teto, de repente. Desabrigado, com dois cães enormes e um pássaro fora da gaiola. Mesmo assim, pus as coisas no carro: parecia uma cornucópia: sapatos, livros, vara de pescar saindo pela janela; com alguns empurrões, consegui enfiar os cachorros no carro. Mas não havia sobrado lugar para Lola. Ela teve de se empoleirar no meu ombro, o que não estava longe do ideal, pois ela era uma passageira nervosa, a cada virada ou freada brusca ela gritava ou me sujava.

Cruzamos o estreito de Messina e a Calábria, para chegar a Nápoles e a Roma. Uma viagem agradável de recordar: por vezes, quando estou quase pegando no sono, revejo algumas cenas. Um piquenique nas montanhas calabresas: céu azul intenso, rebanho de cabras adiante, os assobios breves e agudos do pastor de cabras, com um apito de bambu. E Lola a devorar pedacinhos de pão embebidos em vinho tinto. Ou Cape Palinuro, uma praia calabresa escondida, na beira do bosque, onde tomávamos o sol ainda quente de outubro quando um porco selvagem saiu do mato e correu em nossa direção como se pretendesse nos atacar. Só eu fui intimidado: corri para o mar. Os cães se prepararam para a defesa, com Lola a seu lado a bater asas e gritar para encorajá-los, com sua voz esganiçada; juntos, conseguiram afugentar o porco de volta para o bosque. Naquela mesma tarde chegamos até as ruínas de Paestum: fim de tarde magnífico, o céu parecia outro mar, a meia-lua era um navio ancorado a balançar no céu de estrelas, e em torno de nós o mármore enluarado, os templos caídos de uma época distante. Dormimos na praia, ao lado das ruínas; ou eles dormiram – Lola e os cães: fui atormentado pelos mosquitos e temores da mortalidade.

Decidimos passar o inverno em Roma, primeiro num hotel (o gerente nos expulsou após cinco dias, e nem chegava a ser um estabelecimento de primeira classe), depois num apartamento no número 33 da Via Margutta, rua estreita freqüentemente retratada por pintores ruins, famosa pelo número de gatos que ali se abrigam, felinos sem dono que vivem nos pátios enormes, dependendo da caridade das velhas meio doidas que todos os dias percorrem os esconderijos dos gatos com sacos de restos de comida.

Nosso apartamento ficava na cobertura: para atingi-lo era preciso subir seis lances de escada escura e íngreme. Tínhamos três cômodos e uma sacada. Aluguei o apartamento por causa do terraço; em oposição à vista vasta de meu terraço na Sicília, a sacada oferecia um cenário tranqüilo em miniatura, perfeito como a luz de velas: vários telhados romanos, cor-de-laranja e ocre esmaecidos, e algumas janelas (por trás das quais alguns momentos de vida familiar podiam ser acompanhados). Lola adorava a sacada. Raramente saía de lá. Gostava de se empoleirar na beirada do parapeito de pedra e observar o tráfego na rua de pedras arredondadas, lá em baixo: as velhas que alimentavam os gatos da Margutta; um músico ambulante que aparecia todas as tardes e tocava gaita de foles até que alguém, sentindo-se chantageado, lhe desse uma moeda; um bem-apessoado afiador de facas que anunciava seus serviços com uma canção entoada no mais feroz barítono (as donas de casa corriam!).

Quando o sol brilhava Lola tomava seu banho no parapeito da sacada. Uma sopeira de prata lhe servia de banheira; depois de uma rápida imersão na água rasa, ela abria e fechava as asas, e como se expulsasse uma capa de cristal, sacudia o corpo, inflava as penas; mais tarde, por longas e prazerosas horas, ela tomava sol com a cabeça virada para trás, o bico entreaberto, os olhos fechados. Observá-la era uma experiência apaziguante.

O *signor* Fioli pensava assim. Sentado à sua janela, que ficava exatamente em frente da sacada, ele acompanhava todos os movimentos de Lola, enquanto ela estivesse visível. O *signor* Fioli me interessava. Dei-me ao trabalho de descobrir seu nome e um pouco de sua história. Ele tinha 93 anos, e aos noventa perdera a capacidade de falar: quando queria atrair a atenção da família (uma neta viúva e cinco bisnetos adultos) ele tocava uma sineta. Fora isso, e embora nunca saísse do quarto, parecia perfeitamente capacitado a cuidar de si. Sua visão era excelente: via tudo que Lola fazia, e se ela cometia um ato que chamasse a atenção pela delicadeza ou estupidez, um sorriso adoçava seu rosto de idoso sério, muito viril. Ele havia sido marceneiro, a empresa que fundara ainda funcionava no térreo do prédio em que residia; três de seus bisnetos trabalhavam lá.

Certa manhã – na semana que antecede o Natal, quase um ano após o dia em que Lola entrou em minha vida – enchi a sopeira de Lola de água mineral (ela preferia tomar banho com água mineral, quanto mais gasosa melhor), levei-a para a sacada e acenei para o *signor* Fioli (que, como de costume, estava sentado na beira da janela, esperando para ver o banho de Lola), depois entrei, sentei-me à escrivaninha e comecei a escrever algumas cartas.

De repente, ouvi o tilintar da sineta do *signor* Fioli: um som já familiar, pois eu o escutava vinte vezes ao dia; mas nunca soara daquele jeito: toques rápidos como a batida de um coração excitado. Eu me perguntei o porquê daquilo e fui espiar: vi Lola, a adoradora do sol, bestificada e encolhida no parapeito – e, atrás dela, um gato amarelado enorme, um gato que se esgueirara pelos telhados e agora se arrastava sobre a barriga no parapeito, com seus olhos verdes a brilhar.

O *signor* Fioli tocou a sineta. Eu gritei. O gato saltou, exibindo as garras. Mas, no último segundo, Lola percebeu o perigo. Ela pulou do parapeito, no espaço vazio. O gato decepcionado, o *signor* Fioli e eu acompanhamos sua extraordinária descida.

"Voa, Lola, voa!"

Suas asas, embora abertas, permaneciam imóveis. Lenta e gravemente, como se estivesse presa a um pára-quedas, ela foi descendo, descendo.

Uma caminhonete passava na rua, lá embaixo. Primeiro pensei que Lola fosse cair na sua frente: seria um perigo terrível. Mas o que aconteceu foi pior, apavorante, terrível: ela pousou em cima dos sacos que estavam sendo transportados na caminhonete. E ficou lá. E a caminhonete seguiu em frente: dobrou a esquina e sumiu da Via Margutta.

"Volte, Lola, volte!"

Corri atrás dela; deslizei pelos seis andares de escada de pedra lisa; caí, ralei o joelho, perdi os óculos (eles saltaram dos meus olhos e bateram na parede). Lá fora, corri até a esquina onde a caminhonete virara. Ao longe, para lá da névoa composta de miopia e lágrimas, vi que a caminhonete parara num sinal de trânsito. Mas, antes que eu pudesse alcançá-la, o sinal abriu e a caminhonete, com Lola a bordo, a levou para longe de mim para sempre, perdendo-se no meio do trânsito que circulava pela Piazza di Spagna.

Poucos minutos transcorreram desde o ataque do gato, uns quatro ou cinco. Contudo, precisei de uma hora para refazer meu percurso, subir a escada, abaixar e pegar os óculos quebrados. Enquanto isso, o *signor* Fioli continuava sentado à janela, esperando com uma expressão consternada, sofrida, surpresa. Quando viu que eu havia retornado ele tocou a sineta e me chamou ao terraço.

Eu lhe disse: "Ela pensava que era outra coisa".

Ele franziu a testa.

"Um cão."

Ele franziu a testa com mais força.

"Ela foi embora."

Ele entendeu. Baixou a cabeça. Eu também.

Uma casa no alto
(1959)

Resido no Brooklyn. Por opção.

Quem ignora seus encantos têm o direito de indagar o motivo. Afinal, vista como um todo, é uma comunidade pouco convidativa. Uma verdadeira estepe espalhafatosa onde até os *noms des quartiers** importunam: Flatbush e Flushing Avenue, Bushwick, Brownsville, Red Hook. Todavia, no cinza-fuligem desprovido de vegetação, ocorrem alguns oásis, esplêndidas contradições, ecos substanciais de dias mais saudáveis. Dessas aparentes miragens o mais puro exemplo é o bairro em que resido, uma área conhecida como Brooklyn Heights. Recebe esse nome por se situar no alto de um morro panorâmico com vista para Manhattan e para a ponte do Brooklyn, para os arranha-céus da parte baixa de Manhattan e para as docas de água escura, para o rio que procria a baía e o oceano, que circundando e se agitando além da posuda senhora Liberdade.

Não tenho muita familiaridade com a história real de Heights. De todo modo, *creio* (mas não confiem em mim, por favor) que a casa mais antiga, a vivenda mais velha sobrevivente e funcional pertence a nossos vizinhos lindeiros, sr. e sra. Philip Broughton. De cor prata-acinzentada, com telhado de madeira colonial, sombreada por árvores frondosas, foi construída em 1790 para um capitão de navio morar. Gravuras da época, datadas de 1830, mostram a área de Heights como um porto movimentado e aconchegante, cheio de velas imensas; realmente, muitas casas excelentes, com destaque para as de estilo Federal, foram construídas para abrigar as famílias dos armadores de navios. Alegremente austeras, elegantes e obsoletas como cartões de visitas formais, essas casas simbolizam um período de serviçais competentes e lareiras sólidas eficazes; de cavalos com arreios tilintantes (estrebarias antigas de tijolo rosado abundam por ali; todas elas, naturalmente, foram transformadas em residências agradáveis, embora afetadas como casinhas de boneca); invocam espectros de pais marujos barbudos e esposas de touca trancadas em casa: pais dedicados de hordas de futuros banqueiros e noivas requintadas. Por um

* Nomes dos bairros. Em francês no original. (N. do E.)

século ou mais deve ter sido assim: época de ruas arborizadas, salgueiros nos quintais, jardins esfuziantes com abelhas a zumbir e perfumes herbáceos em agosto, sirenes de navios no rio, velas ao vento, prados verdejantes a descer a encosta até a margem, vacas pastando, campos cheios de borboletas onde as crianças se esparramavam nas tardes de verão para pegar a brisa e onde os trenós zuniam ao deslizar na neve de dezembro.

Era assim mesmo? Confesso uma visão idílica. Seja assim ou não, minha visão encantada assume o aspecto mais restrito de gravura em metal quando caminhamos de mãos dadas ao lado de Henry Ward Beecher, cuja igreja dominou a vida espiritual de Heights na segunda metade do século 19. A grande Ponte, inaugurada em 1883, balança sobre o rio; e o porto, expandindo-se a cada ano, tornou-se um lugar mais vulgar, mercantil em larga escala, expulsando as crianças dos gramados, reduzidos e eliminados para dar lugar a armazéns enormes como palácios, infestados de tarântulas importadas, fedendo a banana podre.

O bairro incluía ruelas tortas, becos escondidos e ruas que seguiam em linha reta, depois se curvavam e estreitavam, e em 1910 já passara por vicissitudes medonhas. Descendentes dos fiéis de colarinho duro do reverendo Beecher começavam a se mudar para outras plagas; tribos imigrantes, que, no início, restringiam-se às áreas periféricas, infiltraram-se de repente em massa. Sendo assim, a maioria da elite antiga sobrevivente, o sedimento no fundo da garrafa, abandonou suas casas, permitindo que fossem demolidas ou transformadas em cortiços precários.

Tanto que, em 1925, Edmund Wilson dedicou um parágrafo ao que considerava um bairro condenado e moribundo, descrevendo Heights enojado:

"As agradáveis vivendas em tijolo vermelho e rosa ainda representam a valiosa geração de Henry Ward Beecher; mas um domingo eterno desceu sobre elas; parecem reduzidas ao silêncio final. Nas ruas se pode avistar um solitário cavalheiro idoso bem-vestido, passeando ao longe; em geral, porém, os respeitáveis desapareceram e só o vulgo sobrevive. O silêncio vazio é rompido pelos pianos mecânicos incessantes dos prédios de apartamento esquálidos, acompanhados por vozes humanas que soam tão mecânicas quanto seu som. De noite, pelas ruas escuras, fornecem amplo abrigo aos bêbados que se espalham pelas calçadas, saídos das sombras das portas escuras; sei que um cavalo morto ficou abandonado na rua – a duas quadras da sede do correio, perto da prefeitura regional – sem que se fizesse qualquer esforço para removê-lo, por quase três semanas."

Por mais gótico que seja o cenário, a região continua a possuir, além de aluguéis baixos, um certo apelo que brigadas de criativos – artistas, escritores – começam a descobrir. Entre os sufistas de primeira hora estava Hart Crane, cujo olhar poético, a partir da vista de sua janela, produziu *The Bridge*. Mais tarde, após o sucesso de *Look Homeward, Angel*, Thomas Wolfe, conhecido freqüentador das noites do Brooklyn, instalou-se: um apartamento, dotado da geladeira mais comentada do mundo literário, que ele manteve até que sua "carcaça enorme" fosse transportada de volta para casa, os morros californianos. Em determinado período, que abrangeu parte dos anos de 1940, uma única casa singular de Middagh Street abrigou uma lista de residentes notável, que incluía: W. H. Auden, Richard Wright, Carson McCullers, Paul e Jane Bowles, o compositor britânico Benjamin Britten, o produtor teatral e cenógrafo Oliver Smith, a srta. Gypsy Rose Lee, autora de livros de mistério, e um chimpanzé acompanhado de seu treinador. Cada um dos inquilinos daquela república em torre de marfim contribuía para sua manutenção, eletricidade, aquecimento, salário da cozinheira (uma ex-corista do Cotton Club), e todos estavam presentes a convite do dono, um editor muito original, escritor, costumista, *fantaisiste*, sujeito de língua ferina, embora benevolente e compassivo, o falecido e justamente pranteado George Davis.

George se foi, a casa também; as necessidades de um absurdo projeto cívico a puseram no chão durante a guerra. Na verdade, o período de guerra marcou a queda do bairro a seu nadir. Muitas das casas antigas maiores foram requisitadas pelas forças armadas, como alojamento ou cantina, e o pessoal, caipira e bronco, tratou-as como Sherman tratou as mansões sulistas. Não que fizesse diferença, ninguém dava a mínima. Ninguém. Mas, depois da guerra, o Heights começou a atrair uma nova clientela esfuziante, bravos pioneiros armados de esfregão e latas de tinta: casais cosmopolitas ambiciosos, em geral na faixa intermediária da promissora carreira de advogado-médico-corretor-de-Wall Street, ansiosos para restaurar o Heights e suas características abaladas, seu charme circunspecto e confortável.

Para eles, a área muito teria a oferecer: casas amplas, aposentos espaçosos prontos a serem reconvertidos em moradias adequadas a famílias grandes à moda antiga; e famílias assim esses jovens fizeram ou estão fazendo num ritmo galopante. É um bom lugar para criar os filhos, também, graças ao trânsito cauteloso e à claridade do ar, com sua adstringência marinha; dá para brincar no quintal e há varandas para o descanso; e, acima de tudo, os garotos podem patinar na Esplanada (foi proibido, mas os danados ainda o fazem). Embora longe de ser um prado de borboletas, a Esplanada é um caminho largo que dá para o porto e faz o possível para lembrar as pastagens onde brincavam meninas e meninos ancestrais.

Portanto, há cerca de uma década o procedimento para reanimar o Heights vem ocorrendo: chegamos ao ponto em que se sente a tentação de considerar isso *fait accompli*. Os gerânios vicejam nas floreiras debaixo das janelas; conforme a estação, a luz esverdeia por entre as folhas e ilumina a rua, ou folhas secas recolhidas queimam na esquina. Carrocinhas lotadas de flores passam, enquanto o vendedor de flores grita sua ladainha; de madrugada ouve-se ocasionalmente o cantar de um galo, pois uma senhora que tem quintal cria galinhas e um galo. Nas noites de inverno, quando o vento traz nítidas as sirenes dos barcos que partem e leva pelo alto dos telhados a fumaça vespertina das lareiras, há uma sensação, ainda que evanescente, mas autêntica, como um lampejo da lenha, de circularidade temporal, de brilhos meigos de antigamente recapturados.

Embora eu conheça a vizinhança há muito, por conta de visitas espaçadas, minha aproximação aconteceu dois anos atrás, quando um amigo comprou uma casa na Willow Street. Convidou-me para conhecê-la numa tarde amena de maio. Fiquei muito impressionado e morrendo de inveja. Tinha 28 aposentos de teto alto, bem proporcionados, e 28 lareiras operacionais com cornija de mármore. Uma magnífica escada branca conduzia ao andar superior, em curva simples como asa de cisne, banhada pela luz dourada da clarabóia de vidro âmbar. O assoalho era requintado de verdade, pura madeira de lei lustrosa. E as paredes! Em 1820, quando a mansão foi construída, os pedreiros sabiam fazer paredes – robustas como um búfalo, imunes ao frio mais terrível e ao calor mais insuportável.

Portas duplas com persianas conduzem a um espaçoso terraço nos fundos, que lembra a Louisiana. Coberto por trepadeiras, completamente submerso numa espécie de lago de folhas de uma antiga mas admiravelmente vigorosa trepadeira carregada com cachos de glicínia, similares aos de uva. Adiante, um jardim: tulipas, pereira em flor, um pássaro preto e vermelho empoleirado num galho de forsítia exuberante.

Conversamos ao entardecer, meu amigo e eu. Sentados no terraço, tomamos martínis – eu o instiguei a tomar mais um, e outro. Ficou um pouco tarde, e ele entendeu meu argumento: sim, 28 cômodos *era* muito mesmo; e sim, era *justo* que eu ficasse com alguns.

Foi assim que acabei indo morar numa casa de tijolos amarelos, em Willow Street.

Com freqüência passo uma semana sem "ir à cidade" ou "atravessar a ponte", como meus vizinhos chamam uma ida a Manhattan. Amigos surpresos, suspeitando de estagnação provinciana, indagam: "Mas o que você *faz* por lá?". Vale dizer que a vida pode ser muito excitante por aqui. Lembram-se do coronel Rudolf Abel, o agente secreto russo, o espião mais importante já capturado nos Estados Unidos, chefe de todo o esquema? Sabem onde ele foi apanhado? Bem aqui! Flagrante na Fulton Street! Ele caiu na armadilha, ficou encurralado num prédio entre a loja de comidas finas de David Semple e a oficina de conserto de televisão de Frank Gambuzza. Frank saiu na revista *Life*, rindo como se tivesse prendido o sujeito pessoalmente; o mesmo aconteceu com a garçonete do Music Box Bar, local preferido pelo coronel, quando saía para beber. Alguns de nós, revoltados, não entendemos por que nossas fotos não saíram na *Life*, também. Frank, a garçonete do bar – eles não eram as únicas pessoas que conheciam o coronel. Um cavalheiro tão cavalheiresco, quem poderia *imaginar* que...

Confesso, não apanhamos espiões a toda hora. Mas quase todos os dias recebemos estímulos: uma fragata ancora no porto e merece uma averiguação; um pássaro de plumagem exótica se esconde no meio das glicínias; ou, e como é animadora uma nova ocorrência, chegaram de navio as encomendas na Knapp's. Localizada na Fulton, perto de Pineapple Street, a Knapp's é um conjunto de lojas, na verdade um monte de depósitos que mais parecem cavernas, de tão amontoados. O proprietário – uma designação humilde para uma figura tão imponente – o tzar, o Aga Khan daquele empório paradisíaco, é o sr. George Knapp, chamado pelos amigos de Papai.

Papai é um viajante internacional. Recebemos cartões: ele está em Sevilha, depois em Copenhague, Milão, Manchester na semana seguinte, enfim, por toda a parte, sempre com dinheiro de sobra para gastar. Compras: louça azul de um castelo dinamarquês. Vidros rosados de farmácia de uma velha botica londrina. Latão da Inglaterra, luminárias de Barcelona, caixas de Battersea, pesos de papel franceses, bolas de cristal italianas, imagens sacras gregas, amuletos *blackamoor* venezianos, santos espanhóis, armários coreanos. E tranqueiras gloriosas, uma coleção de bonecas de trapo, broches quebrados, um canguru empalhado, um aviário de corujas debaixo de um sino de cristal imenso, peças de jogos obsoletos, cédulas de dinheiro de governos defuntos, um cabo de guarda-chuva de marfim sem o guarda-chuva, urinóis rachados, canecas com bigode, relógios sem chance de conserto, violinos quebrados, um relógio de sol que pesa quase quatrocentos quilos, crânios, vértebras de serpente, patas de elefante, trenós de neve e entalhes esquimós, espadartes empalhados, banquinhos de ordenhar medievais, armas de fogo enferrujadas e espelhos lascados de priscas eras.

E então Papai volta para casa no Brooklyn, rebocando seus tesouros. Desencaixotados, somando-se à confusão perigosa instaurada, os *blackamoors* se pavoneiam na obscuridade maravilhosa, o espadarte desliza na profundidade atlântica da loja. Um dia partirão: antiquários requintados e meros anônimos apreciadores da beleza aparecerão para levá-los embora. Enquanto isso, remexa. Encontrará algo interessante, com certeza; talvez um tesouro. Aquele peso de papéis – o que contém uma libélula Baccarat aprisionada. Se o deseja, leve-o agora: amanhã, ou seguramente no dia seguinte, o verá na 57th Street pelo quíntuplo do preço.

Papai tem uma sócia, sua esposa Florence. Ela é do Panamá, uma mulher alta, corada, elegante o suficiente para vestir as calças compridas que aprecia. Exibe sua postura altiva aos clientes com um laconismo quase excêntrico, um desdém do tipo leve. Contudo, pobre coitada, vive sob a proibição de vender qualquer coisa e mesmo de dizer o preço. Só Papai, com sua memória espantosa e a capacidade de localizar qualquer item imediatamente, naquele labirinto fabuloso, pode fazer isso. Nascido no Brooklyn, criado à beira-mar, sempre usando chapéu e costumando mordiscar um charuto úmido apagado, um sujeito troncudo, baixo, forte, que anda gingando e fala com voz rouca, rude, a contrastar com os olhos nervosos e sensíveis que piscam quando a irritação o faz gaguejar, Papai é um esteta, de todo modo. Um esteta que não gosta de conversa fiada e não discute suas avaliações, dizendo simplesmente: "Larga isso aí!". Ou então, desafia: "Consiga pela metade do preço em Manhattan, e leve este aqui de graça, tá?". Formam um excelente casal, os Knapps. Vasculho seu museu várias vezes por semana e todos os dias a partir de outubro, quando um aquecedor de carvão no formato de chapéu de bruxa aquece o ambiente, enquanto Florence serve sidra acompanhada por um delicioso pão de tâmaras que ela assa em latas vazias de café. Ocasionalmente, nessas tardes festivas, Papai perambula pela loja, olhando tudo com vaga incredulidade, piscando os olhos com força, e depois, como se os objetos romanticamente acumulados o cercassem de modo ameaçador, declara: "Devo estar ficando louco. Pôr o coração num negócio maluco desses. E o *investimento*! O dinheiro parado! Sério mesmo, em sua opinião sincera, não sou maluco?"

Claro que não. Contudo, se a sra. Cornelius Oosthuizen insistisse na pergunta...

Parece improvável que alguém da estatura da sra. Oosthuizen tenha tido a condescendência de me distinguir com sua amizade. Devo isso a meio quilo de carne para cachorro. Aconteceu o seguinte: o rapaz do açougue entregou uma compra em minha casa por engano, o hambúrguer destinava-se à sra. O. Reconheci seu nome na nota e, como já notara sua casa, um palacete cor de granada em Manhattan's Riverside Drive que lembrava o espírito da antiga mansão Schwab, pensei em entregar a compra pessoalmente, sem sequer sonhar em conhecer a fina dama; ambicioso, ansiava no máximo observar por um momento seu recanto inacessível. Dei sorte, pois lá havia mordomo e seis empregados. Não que fosse a única *maison de luxe* no Heights: estamos rodeados de diversos expoentes da vida em limusine – mas, sem dúvida, a sra. O. era *la regina de tutti*.

Ao me aproximar de sua propriedade vi uma pessoa vestida com casaco de pele de carneiro bater na porta com aldraba, muito timidamente. "Puxa vida, Mabel", ela disse à porta; em seguida virou-se para me olhar enquanto eu subia os degraus – uma réplica alta e ameaçadora da frágil e assustadora senhorita Marianne Moore (quem, pelo que já se sabe, também é residente do Brooklyn). Olhos claros sem pestanas, lábios finos de navalha, cabelo grisalho rebelde. "Ah, é *você*. Sei quem é", acusou quando atrás dela a porta se abriu por uma velha irlandesa de avental até a canela. "Suponho que tenha vindo assinar a petição. Muito bem, devo dizer." Resmunguei uma explicação, murmurando frases gentis, e passei o embrulho do açougueiro de minhas mãos para as dela; como se eu lhe tivesse jogado um peixe podre, ela o segurou incerta, até a empregada falar: "Senhora, é a carne de Miss Mary que o gentil rapaz veio entregar".

"Claro. Então não fique aí parada, Mabel. Pegue-a." E, olhando-me com menos assombro do que eu poderia retribuir, disse: "Limpe os pés e entre. Discutiremos a petição. Mabel, peça a Murphy alguns papéis e biscoitos... Ah, foi ao dentista? Eu bem que *avisei* para ele tomar cuidado com aquele dente. Que absurdo incômodo", ela se queixou quando entramos no vestíbulo. "Por que não foi ao hipnotizador, como recomendei? Miss Mary! Miss Mary! Miss Mary!", ela disse quando surgiu um cachorro simpático e brincalhão de cruza cruel: *spaniel* com *chow* e pernas de *dachshund*. "Mabel está com seu almoço. Mabel, leve Miss Mary para a cozinha. Nós esperaremos os biscoitos no salão vermelho."

O salão, que de vermelho discernível possuía apenas uma tigela de rosas de porcelana e uma cesta de morangos de marzipã, exibia cortinas de veludo nas janelas que davam para uma cena de tirar o fôlego: céu, horizonte e uma distante faixa do bosque de Staten Island. Em outros aspectos o salão, uma combinação pesada e sem graça estilo Beidermeier, não atraía. "Este era o quarto de minha mãe; meu pai preferia usá-lo como sala de visitas. Cornelius, o sr. Oosthuizen, faleceu aqui. De repente: enquanto ouvia um discurso de Roosevelt no rádio. Um ataque. Conseqüência de nervosismo e charutos. Espero que não me peça licença para fumar aqui. Sente-se... aí, não. Ali, perto da janela. Muito bem, *deve* estar aqui, em algum lugar, nesta gaveta? Poderia estar lá em cima? Murphy é um sujeito horrível, sempre a mexer em minhas... ah, encontrei: a petição".

O documento descrevia a condenava os planos de uma seita religiosa minoritária que adquirira meio quarteirão de casas no Heights, que pretendia derrubar para a construção de um prédio que serviria de dormitório aos fiéis. Uma dúzia de assinaturas se seguia; as senhoritas Seeley assinaram, assim como o sr. Arthur Veere Vinson, a sra. K. Mackaye Brownlowe – descendentes das crianças do prado, velhos guardiões sobreviventes das *piores* horas do bairro, os poucos e felizes que compareciam regularmente às sóbrias festas a rigor da sra. O. Ela não desperdiçou sua eloqüência ao discorrer sobre o mérito considerável de sua queixa; ordenou apenas: "Assine", como uma Lady Catherine de Bourgh a instruir o sr. Collins.

Chegou o xerez; com ele, um bando de gatos. Viralatas cheio de cicatrizes, com peles leprosas e olhos de bêbados. A sra. O., apontando para o menos respeitável do grupo, um macho vadio, disse: "Este é o gato que você pode levar para sua casa. Está conosco há um mês, já o deixamos em esplêndidas condições, tenho certeza de que cuidará bem dele. Cães? Que *espécie* de cães você possui? Bem, não aprecio animais de raças puras. Qualquer pessoa dá um lar a *eles*. Tirei Miss Mary da rua. E Lovely Louise, Mouse e Sweet William – todos os meus cães e gatos vieram da rua. Veja lá em baixo, no quintal. Sob a árvore celestial. Observe os marcos: são túmulos, alguns antigos, da minha infância. As conchas indicam os peixinhos dourados. O coral amarelo, os canários. A pedra branca é um coelho; a cruz de pedras, minha favorita, a primeira Mary – uma gracinha, apanhou um resfriado fatal quando foi se banhar no rio. Eu costumava brincar com Cornelius, o senhor Oosthuizen, dizer a ele que pretendia colocá-lo sob a árvore, com meus queridinhos. Rá-rá. Ele não achou graça nenhuma, claro. Bem, estou querendo dizer que o fato de você possuir cães não importa: Billy tem um espírito intrépido, sabe se cuidar. Insisto para que o leve. Não posso mantê-lo aqui por muito tempo, é uma influência nefasta; mas, se soltá-lo, ele retornará a sua vida anterior pavorosa, no beco de St. George. Eu não gostaria de ter *isso* na consciência, se fosse você."

Sua tentativa de persuasão falhou; nossa despedida foi fria. Contudo, ela me mandou um cartão de Natal, uma gravura de Cartier da árvore celestial em sua melancólica missão de proteger as ossadas. E, certa vez, ao encontrá-la na padaria, onde ambos comprávamos *brownies*, comentamos a descarada indiferença a seu abaixo-assinado; lamentavelmente, as casas foram demolidas e o prédio estava sendo construído. Na mesma ocasião, ela me informou, acusadora, que o gato Billy, desprovido de seu amparo, retornara realmente à vida pecaminosa no beco de St. George.

O beco de St. George, ao lado de um cinema pequeno, é um santuário sombreado para vagabundos: bêbados que atravessam a ponte, vindos de Chinatown e Bowery, o compartilham com outras criaturas selvagens, desamparadas; há mais gatos que peixinhos num regato, eles se reúnem quando escurece; nesse momento, quando anoitece, mulheres de olhar esquisito, semelhantes às fanáticas enlutadas que assombram as praças de Roma, vão à caça no beco com apelos sibilantes e sacos com salmão desfiado. (Não pretendo insinuar que a sra. O. indulgencia nesse *hobby* algo insalubre: no que se refere aos animais, suas atitudes, embora meio exageradas, são bem-intencionadas e típicas de Heights, onde uma alta porcentagem da população de mascotes foi adotada nas ruas. É impressionante a quantidade de cães e gatos vadios que perambulam pela vizinhança, como se o instinto lhes informasse que ali encontrariam alguém incapaz de suportar ser seguido debaixo de chuva, que os levaria para casa, ofereceriam leite fervido e chamariam o dr. Wasserman, Bernie, nosso jovem veterinário elegante cuja hospital imaculado ecoava a música dos concertos de Bach e o latir das bestas convalescentes.)

Recentemente, em função aqui destas crônicas, eu andava revirando o monte de hieróglifos decompostos a que chamo de meu diário. Rabiscos curiosos, apontamentos estranhos – a maioria deles me ocultava seu sentido. Só Deus sabe a que se refere "Trovão na Cobra Street". Ou "Uma diarréia de banalidades em dezessete línguas". A não ser que eu pretendesse descrever um morador local entediante ao extremo, um terrível lingüista tagarela em diversos idiomas sem ser articulado em nenhum deles. Contudo, "Levei T&G para G&T" faz sentido.

As primeiras letras representam dois amigos, as outras duas um restaurante próximo. Devem ter ouvido falar nele, Gage & Tollner. Como Kolb's e Antoine's em New Orleans, Gage & Tollner é um estabelecimento do século 19 que foi capaz de manter em larga medida sua personalidade original. As lamparinas a gás em trêmulo balé não são contrafações modernas com ares arcaicos; tampouco as mesas simples de tampo de mármore ou a magnífica coleção de espelhos emoldurados em dourado parecem afetações piegas – constituem, isso sim, um testemunho da seriedade dos proprietários, que nos encantam ao manter o local praticamente do mesmo jeito que era na noite de estréia, em 1874. Ninguém nem imagina, pois no ambiente não há nada das bagatelas frívolas associadas a tais aquários; aliás, eles são especializados em frutos do mar. Os melhores. *Chowders* que o mais empertigado ricaço do Leste aprova sem piscar. Lagostas capazes de apaziguar Nero. No meu caso, sou aficionado por siri mole: um prato de siri mole, meio limão, uma garrafa de Chablis gelado – perfeitamente satisfatório. Os garçons, negros dignos de riso fácil que se orgulham da profissão, também contribuem para a excelência do Gage & Tollner. Nas mangas de seus paletós engomados eles exibem galões militares conquistados a cada ano de serviço, e se aquilo fosse um exército, alguns seriam generais.

Existe um outro restaurante ali perto, pouquinha coisa menos distinto, embora similar em antigüidade e praticamente com o mesmo cardápio: Joe's – sendo Joe, vejam só, uma jovem bem atraente. Nos limites de Heights, pouco antes de o Brooklyn se tornar Brooklyn novamente, há uma rua de ciganos, com cafés ciganos (leitura de sorte e tatuagens enquanto se toma baldes de chá mourisco); há também um bairro árabe-armênio, polvilhado de restaurantes saturados de especiarias, onde se pode comprar, direto do forno, uma espécie de panqueca crocante salpicada de gergelim – de vez em quando levo a minha até a beira-mar, para compartilhá-la com as gaivotas; mas, esganado como sou, raramente sobra algo para elas. Numa tarde de verão uma caminhada através da ponte, quando a brisa fresca sibila nos cabos de aço, entre as estrelas e os barcos que se movem em cima e embaixo, pode ser inebriante, principalmente se a cabeça aponta para os aromas de porco grelhado agridoce em Chinatown.

Outra anotação em meu diário afirma: "Finalmente um rosto no hotel fantasma!". Isso quer dizer que, após meses de observação, em qualquer clima ou horário, consegui vislumbrar alguém numa janela de um prédio com cara de mal-assombrado à beira-mar, situado em Water Street, no sopé de Heights. Um hotel solitário que se tornou destino freqüente de minhas andanças: como o considero romântico, em momentos de exasperação imagino-me aposentado ali, pois está mais retirado que o sr. Athos, mais remoto que o cavalheiro Krak nas montanhas inóspitas da Síria. Durante o dia o local, numa pracinha sem saída semelhante à de Chirico de frente para o rio, é pouco freqüentado; de noite, deserto: nem um som, exceto pelas sirenes de neblina e o ronco distante do trânsito na ponte que se ergue monumental, acima dele. Paz, e o brilho trêmulo dos rebocadores e balsas que deslizam.

O hotel tem três andares. Ao sol fragmentos do rio são refletidos nas janelas, imagens de um quebra-cabeças da ponte distorcida. Mas, do lado de lá do vidro, nada se move: os quartos, não obstante pistas contraditórias, como garrafas de leite nos parapeitos, um chapéu no gancho, camas desfeitas e luzes acesas, parecem desocupados: nunca se avista vivalma. Como os marujos do *Marie Celeste*, os hóspedes, ao ouvir baterem, devem abrir a porta a um estranho que os devora inteiros. Pode ser, e talvez *fosse* o próprio estranho quem eu vi? "Finalmente um rosto no hotel fantasma!" Eu o vislumbrei apenas uma vez, certa tarde de abril, dia de céu azul sem nuvens; ele, um sujeito calvo de camiseta, levantou o vidro da janela, flexionou os braços peludos, bocejou imensamente, sorveu imensamente a brisa do rio e sumiu. Não, pensando bem, jamais porei os pés naquele hotel. Não pretendo ser devorado nem quebrar o encantamento. Na infância, somos sensíveis ao mistério: caixas trancadas, sussurros atrás de portas fechadas, algo que se move entre os ramos, no alto da árvore, e o espreita entre um poste e outro da rua; mas, quando crescemos, tudo é explicado e a capacidade de inventar sustos agradáveis definha: que pena, paciência – durante a vida inteira deveríamos crer em hotéis mal-assombrados.

Nas proximidades do hotel há uma rua que acompanha o rio. Quilômetros de depósitos silenciosos com janelas de madeira cerradas, píeres a avançar pela água feito aranhas marinhas. De maio a setembro, *la saison pour la plage*, esses embarcadouros servem de plataforma de mergulho para desocupados fortes – enquanto os gorilas perfumados, potentados do cais que um dia também saltaram do píer, passeiam em carros espalhafatosos de duas cores (banana-tomate). Tratores com guindastes e fardos de algodão e gado apavorado balançam acima dos porões de navios com destino à Bahia, Bremem ou portos cujos nomes são escritos em letras orientais. Desde que se faça amigos no cais é possível subir a bordo dos cargueiros, para beber e tomar sol: talvez receba até um convite para almoçar – e eu, por exemplo, sempre aceitei sem hesitar, constrangido quando a tripulação é escandinava: eles sempre preparam uma mesa superior, a partir de suas despensas cheias de "acepipes" defumados e aquavit gelada. Evito os navios gregos, contudo: cozinha medíocre, nada de bebida, exceto pelo ouzo, um licor muito doce; e pelo menos na opinião deste comensal, o rancho nos cargueiros franceses não está à altura das óbvias expectativas.

Os rebocadores em geral são bons para um café, e no inverno, quando o rio faz ondas, que alegria é o refúgio de uma cabine de rebocador aquecida, onde se pode degelar com uma caneca do Java mais negro. Praias minúsculas despontam aqui e ali, ao longo da costa, e certa vez, na hora do crepúsculo de um domingo calmo, vi numa delas algo que me fez olhar de novo, e mais uma vez: mesmo assim, parecia uma visão. Todos os tipos de marinheiros são comuns por ali, até indianos de sarongue, até mesmo gigantes senegaleses, com seus braços de ônix azulados lustrosos, tatuagens de flores amarelas e tórax atraente grafitados ("Je t'aime", "Boa Sorte", "Mimi Chang", "Adiós Amigo"). Russos fanfarrões também – perambulam em seus conjuntos que parecem pijamas. Mas os marujos descalços na praia, os três que vi sentados lá, perfis contra o sol poente, pareciam míticos como tritões: mais exatamente, sereias – pois seu cabelo albino estriado era comprido como o das mulheres, uma fibra selvagem a cair pelos ombros; nas orelhas, reluziam brincos de ouro. Fossem plenipotenciários do palácio nacarado de Poseidon ou meros marinheiros, vikings do norte gótico a repousar após uma jornada longa sem barbeiro, incluí o trio no armário de curiosidades de minha memória: um objeto a ser virado contra a luz, assim e assado, como os losangos de cristal com esculturas secretas esculpidas em seu interior.

Após alguma consideração, "Trovão na Cobra Street" pôde ser decifrado. Não há Cobra Street em Heights, embora eu conheça uma rua digna do nome, uma ladeira íngreme que conduz a um setor sombrio do cais. Não faz realmente parte de Heights, estende-se como uma serpente em seus portões, na mais distante periferia. Espeluncas imundas, bares fedorentos de cerveja choca, lojas de doces amarguradas se alternam com casas decadentes, abrigos multifamiliares cujo estilo arquitetônico vai do arenito pardo enegrecido aos conceitos grandiosos de privacidade do Mississippi.

Ali, as sarjetas estão cheias de Cobras; quer dizer, uma gangue de delinqüentes juvenis: COBRA, a palavra surge estampada às vezes em camisetas, outras vezes pintada em letras que reluzem numa fosforescência assustadora nas costas das jaquetas de couro. A ladeira faz parte de seu domínio medonho, é um trecho de seu "território", como eles o chamam. Um trecho infinitesimal, pois os Cobras, uma turma poderosa, lança olhares proprietários sobre vastas extensões de áreas urbanas. Não sou bravo – *au contraire**; francamente, esses rapazes, tenham doze ou vinte anos, fazem meu coração disparar como o de um pecador no culto de domingo. Mesmo assim, quando se trata de uma questão de conveniência passar por aquele trecho de seus domínios, forço meus nervos a aceitar o desafio.

Na última aventura, e talvez permaneça sendo a última, eu levava uma bela máquina fotográfica. O sol se escondera atrás de um céu que prenunciava chuva ou trovões. Crianças desleixadas brincavam de pular corda, enquanto debaixo do poste de iluminação um grupo de idosos observava, com olhos baços, abatidos: uma reunião dos Cobras, de calças jeans e botas de cowboy. Seus olhos dormentes, doentios e insolentes fixaram-se em mim quando

* Pelo contrário. Em francês no original. (N. do E.)

subi a ladeira. Cruzei para a outra calçada. Eu *sabia*, sem precisar conferir, que os Cobras serpenteavam atrás de mim. Ouvi seu sibilar, as crianças pararam de pular corda. Alguém – um bandido de máscara que cobria metade de seu rosto marcado de nascença – disse: "Ei, doutor, deixa eu ver essa máquina". Apressar o passo? Fingir que não escutei? Cada opção me parecia explosiva. "Ei, doutor, ei, deixa eu ver, tá?"

O trovão salvou o momento. Trovão que tomou conta da rua como um caminhão descontrolado. Todos olhamos para cima, e um céu pronto para a tempestade nos olhou de volta. Gritei enquanto começava a correr: "Chuva! Chuva!" Corri para Heights, o refúgio seguro, o bastião burguês. Disparei pela Esplanada – onde as jovens mamães corriam com seus carrinhos de bebê para fugir do desastre iminente. Recuperei o fôlego sob os ramos agitados dos olmos, segui adiante: vi o homem da carrocinha de flores a lidar com o cavalo apavorado. Vi, a vinte metros de distância, depois dez, depois nenhum, a casa amarela da Willow Street. Lar! Feliz que assim fosse.

Parágrafos gregos
(1968)

Amigos italianos me convidaram para fazer um cruzeiro pelas ilhas gregas num iate particularmente encantador, faz alguns verões. Partiríamos do Pireu numa manhã de julho. O mar estava calmo, o navio brilhava, o capitão e sua tripulação nos aguardavam de uniformes brancos como as igrejas de Mikonos; e eu estava lá, com certeza. Infelizmente, uma súbita tragédia, morte na família, reteve meus anfitriões; mas, embora impedidos de me encontrar, eles insistiram para que eu realizasse o cruzeiro. Imaginem só! – um iate inteiro à disposição de um único passageiro. Só a pessoa mais rica, excêntrica e egoísta conceberia tal aventura deliberadamente. Todavia, como aconteceu por acidente, não senti nem culpa nem hesitação. *Avanti.*

A seguir, algumas anotações de viagem.

Pêssegos

Não aprecio os vinhos gregos; contudo, há um vinho branco sem resina tão seco e leve quanto os melhores *soaves* italianos. Chama-se Rei Minos, e no momento, sentado sob as estrelas no deque da proa, tomei meia garrafa enquanto saboreava dois pêssegos enormes. Pêssegos do tamanho de melões cantalupe e da cor da polpa dos cantalupes. Pêssegos de textura macia deliciosa, suculentos e doces feito licores. E pensar que são produtos de uma ilha grega, esses pedaços montanhosos de deserto rodeados pelo mar. Ninguém poderia imaginar que seria possível cultivar pêssegos assim, nem no mais luxuriante jardim persa, e quanto mais aqui entre as pedras cauterizadas pelo sol. Mas é verdade, pois o cozinheiro os adquiriu em Santorini, quando lá ancoramos para passar a noite.

A tripulação foi para terra firme: subiu-iu-iu até o vilarejo de Santorini. Uma escalada e tanto por milhares de degraus e vistas desconcertantes. Fiz o trajeto esta tarde, de lado em cima de um jumento frágil, corajoso e atormentado pelas moscas, que seja bendito. Senti vergonha de mim e, como estava com o traseiro assado, voltei a pé.

O céu era uma fogueira de estrelas – inflamado como o céu do Saara. O balouçar dos botes. O balouçar dos botes atracados. Música vinda do café do porto. Um velho cheirando a *ouzo* dançando na frente do café. O Rei Minos gelado aquecia minhas veias, o sabor dos pêssegos permanecia na boca, o perfume das cascas finas dos pêssegos saturava o ar salgado.

Meltemi

Um vento maldito, o meltemi. Ontem fomos apanhados por ele, evento inevitável nos mares do verão grego, pois o miserável sopra insistente entre julho e agosto. Faz alguns anos passei o verão nas Cíclades, na ilha de Paros, que indubitavelmente é o alvo predileto do meltemi: na verdade, ele raramente cessa, parece pairar em torno da ilha a uivar feito vozes espectrais de marinheiros afogados, séculos de náufragos atirados contra a costa bravia.

É um vento *ruim*, fustiga a pele e os nervos. Sem mencionar o estrago causado na economia, na dieta dos ilhéus: quando os pescadores não podem pescar, pois o meltemi está soprando, o cardápio já bastante escasso dos ilhéus é reduzido à metade.

Abril é o melhor mês para passear por ali: campos de flores silvestres, anêmonas e violetas brancas a desabrochar, água verde como brotos de primavera, ainda quente o suficiente para um rápido banho de mar. Abril... ou fim de setembro, quando a água continua quente o suficiente (caso a pessoa não se importe em compartilhar o mar com gansos migratórios que mergulham abruptamente do céu e nadam a seu lado), e o meltemi pára de atormentar.

Mas, até ontem, eu ainda não sentira esse vento em mar aberto. Eu estava embaixo quando ele chegou. Ouvi o ruído de sua aproximação na água – um som de penas alvoroçadas terrível. O navio balançou, adernou, os peixes espiavam pelas escotilhas; parecia que o mastro ia ceder; como chegamos perto do coro de lamentos dos marinheiros naufragados! Ao anoitecer o vento amainou e nós seguimos depressa para uma enseada abrigada.

Uma história terrível

Há iugoslavos na tripulação, além de gregos e muitos italianos. O capitão é italiano. Ele não gosta muito do iate, pois odeia comandar iates de passeio, nem que seja a pérola negra do Egeu, o *Creole* de Niarchos. Ele reconhece que são românticos, mas alega que dão trabalho demais à tripulação. Fala inglês, e bem, é um sujeito ainda jovem com olhos dramáticos e voz sombria; poderia facilmente ter sido ator, e todos os atores mentem. Nunca conheci um que não mentisse. Mas talvez o capitão não seja mentiroso. De todo modo, esta manhã passamos por Delos e não paramos, pois eu já estivera lá em duas ocasiões anteriores. Mas a visão das ruínas de mármore através da névoa lavanda reluzente fez com que ele se lembrasse de uma história. No almoço ele a contou para mim, jurando que era verdade.

"Tudo aconteceu quando eu era um rapaz de dezessete anos, tripulante de um iate que pertencia a um nobre inglês, Lorde Sickle. Com freqüência Lorde Sickle alugava seu iate, e naquele ano, em agosto, quem o alugou foi uma linda dama inglesa: uma viúva, cerca de quarenta anos, muito alta, cintura fina, muito elegante. Tinha um filho, rapaz de dezesseis anos, aproximadamente, também muito formoso e refinado. E deficiente, uma pena: perna atrofiada num aparelho ortopédico, e andava de muletas. Era um gênio, aquele menino. Um estudioso. Foi por sua causa que a mãe empreendeu a viagem à Grécia, para o cruzeiro; ele queria ver os lugares que conhecia tão bem pelos estudos.

"Eles subiram a bordo acompanhados pela criada e pelo mordomo; não veio mais ninguém com eles, e com freqüência penso que isso foi uma pena. Talvez nada tivesse acontecido se houvesse amigos na viagem.

"O rapaz queria visitar uma ilha estranha. Ao norte de Delos. Sim, ao norte. Não sei localizá-la precisamente. Era uma ilha pequena, poucos hectares, completamente desconhecida; mesmo assim, ele sabia de sua existência e falou a respeito de um templo bem preservado que haveria lá.

"Chegamos *après midi*, e por causa da maré baixa precisei ancorar a um quilômetro e meio da praia. O rapaz estava muito excitado. Decidira preparar um lanche e passar a noite na ilha, sozinho com a mãe; queria ver o templo ao luar e dormir na praia. A mãe o adorava. Demais. Riu e ordenou que preparassem o piquenique.

"Fui eu o responsável por remar até lá e conduzi-los a terra firme; fui eu quem retornou de madrugada para buscá-los. O rapaz estava morto, um esqueleto descarnado; a mãe, que encontrei dentro d'água, no raso, estava irreconhecível – terrivelmente mutilada, completamente fora de si.

"Só após vários meses internada num hospital de Atenas ela foi capaz de relatar o ocorrido às autoridades responsáveis pelo inquérito. Ela disse: 'No começo, foi tudo muito tranqüilo e agradável. Passeamos pelo templo ao entardecer, depois abrimos a toalha para o lanche nos degraus; meu filho Eric disse, olhe, teremos lua cheia. Víamos as luzes do iate ao longe – eu teria preferido a presença de um marinheiro na ilha. Pois, assim que a lua surgiu, luminosa, comecei a desconfiar da paisagem. Aos poucos, surgiram sons. Garras. Raspar de unhas miúdas. E um rato marrom enorme, depois outro e mais outro, avançaram em nosso piquenique com os dentes arreganhados. Uma horda de ratos saiu do templo, centenas de animais alucinados ao luar. Eric gritou; tentou correr e caiu, precisei arrastá-lo pelos braços, mas os ratos nos perseguiram, subiram em cima de nós, chegaram a entrar no mar para nos atacar, puxaram Eric de volta para a praia, e ninguém me ouviu, a noite inteira, enquanto eu chorava, gritava e sangrava dentro d'água."

O capitão acendeu o charuto. "Essa senhora ainda vive. Reside em Nice. Eu a vi... sentada numa espreguiçadeira, num terraço. Usa véu inteiro. Soube que nunca fala com ninguém".

Observações

1) Inúmeros gregos instruídos compartilham uma afetação esnobe – obcecados pelas unhas, eles tratam delas incessantemente, deixando crescer as unhas dos dedos mínimos como se fossem de vampiros. Fazem isso para mostrar

à classe baixa que trabalham com a cabeça, não com as mãos. 2) Os empresários gregos também têm um hábito excêntrico: apalpam cordões cheios de contas de marfim ou âmbar, seus dedos nervosos passam de conta a conta, esfregando, computando. Dizem que tal conduta previne úlceras e alivia a pressão dos negócios. 3) A maioria dos gregos, homens ou mulheres, tem em comum as superstições médicas. Até o vilarejo mais humilde tem um vendedor de réplicas minúsculas, estampadas em chapas de metal prateado no formato de mãos, corações, pés, orelhas, olhos. Se, digamos, você estiver enfrentando um problema nas coronárias, tudo bem, basta adquirir um coração de lata, mantê-lo junto ao corpo e, depois de um tempo, o órgão enfermo se recuperará milagrosamente. Os crentes não são apenas camponeses e donas de casa de classe média, entre eles há vários intelectuais. Certa vez, quando eu residia em Paros, mencionei ao professor Calliope, lingüista de renome, que meu pai era praticamente cego e que eu também tinha medo de perder a visão. Ele me comprou um par de olhos minúsculos e insistiu para que subíssemos, varando ondas de calor de agosto, até um convento nas montanhas onde morava uma abadessa famosa pelos poderes sobrenaturais: assim que ela benzesse minhas medalhas, tudo se resolveria. No convento eu me senti como um missionário capturado numa perigosa aldeia hotentote: as freiras, desacostumadas com visitantes, reuniram-se em torno de mim, rindo disfarçadamente, cutucando e beliscando – fui realmente beliscado, como se avaliassem a maciez da carne que pretendiam cozinhar. Mas logo o professor as acalmou e nos serviram água fresca e um doce cristalino que cheirava a rosa e continha uma pétala de rosa em seu interior. Quanto à abadessa, tarde demais: falecera na semana anterior.

Uma enseada azul

O único cenário que me entedia é aquele no qual não consigo imaginar a compra de um pedaço: normalmente, se o local acena com um mínimo de atrativos, considero instantaneamente a possibilidade de construir ou comprar uma casa. Construí centenas de propriedades, mentalmente! Agora, porém, algo de muito sério ocorreu. Passamos os últimos dias do cruzeiro nos arredores de Rodes, dedicando um bom tempo à pequena baía de Lindos. Um norte-americano meu conhecido que tem casa no alto, com vista para Lindos, me levou para ver uma propriedade que eu deveria adquirir, em sua opinião. Eu concordo. É uma pequena casa de fazenda de pedra, situada no fundo de uma pequena enseada em forma de ferradura; a praia é de areia fina, e a água, graças à proteção total, tranqüila como uma safira a faiscar na vitrine de uma joalheria. Ela pode ser minha por três mil dólares: um investimento de mais cinco ou seis poria a casinha em ordem, deliciosamente. A perspectiva atiça a imaginação.

De noite, penso, sim, vou comprá-la amanhã de manhã, mas de manhã eu me lembro – política, a velha mortalidade, envolvimentos emocionais inconvenientes, dificuldades do idioma grego, um trilhão de empecilhos. Mesmo assim, eu deveria ter essa coragem; nunca mais encontrarei algo tão perto do ideal.

Em um café

Saltei do iate em Rodes e esta manhã peguei um avião para Atenas. Agora, quase meia-noite, estou sentado sozinho na parte de fora de um café, em Constitution Square. Não vejo muitos fregueses, embora reconheça uma senhora que vi há anos em Tânger, onde ela era a Rainha do Casbah (versão bela sulista): Eugenia Bankhead, a irmã ainda mais volúvel de Tallulah. Ela discute com seu acompanhante negro.

Pensando bem, muitos dos desocupados internacionais que freqüentavam Tânger agora se agrupam em Atenas. Do outro lado da rua vejo todos os tipos concebíveis de prostitutos, de estivadores musculosos a travestis egípcios gorduchos de peruca loura platinada.

Faz muito calor, e a onipresente poeira branca de Atenas paira no ar, cobre as ruas e o tampo de minha mesa como a camada pálida e áspera de uma língua depravada. Eu me lembro da casa de pedra na enseada azul, mas isso é tudo que farei com ela. Lembrar.

AS MUSAS SÃO OUVIDAS

(1956)

Quando os canhões se calam

(Parte I)

Num sábado, 17 de dezembro de 1955, dia úmido de neblina em Berlim Ocidental, o elenco da produção norte-americana de *Porgy and Bess** e outras pessoas ligadas à companhia teatral, num total de 94 indivíduos, foram convocados para uma reunião no salão usado para os ensaios da companhia, para uma "palestra" a ser proferida pelos senhores Walter N. Walmsley Jr. e Roye L. Lowry, respectivamente conselheiro e segundo-secretário da embaixada dos Estados Unidos em Moscou. O sr. Walmsley e o sr. Lowry tinham viajado de Moscou especialmente para aconselhar e responder dúvidas que os membros da equipe pudessem ter a respeito de suas próximas apresentações em Leningrado e Moscou.

A viagem para a Rússia, pioneira do gênero, em se tratando de um grupo teatral norte-americano, seria o ponto culminante de uma turnê de quatro anos de *Porgy and Bess*. Resultara de vários meses de negociação complicada e em muitos aspectos ainda obscura entre a União Soviética e os

---

**Porgy and Bess*: ópera com música do compositor norte-americano George Gershwin (1898-1937) e texto do irmão deste, Ira Gershwin (1896-1983), e do escritor norte-americano DuBox Heyward (1885-1940), baseado no romance *Porgy* (1924), deste último. A ópera conta a história de Porgy, um homem negro aleijado, que mora num bairro pobre de Charleston, na Carolina do Norte, e suas tentativas de livrar uma garota, Bess, das garras do cafetão Crown. Foi encenada pela primeira vez em 1935, como um musical, mas só a partir dos anos 70 começou a ser aceita como uma ópera de fato. (N. do E.)

produtores da ópera de Gershwin, Robert Breen e Blevins Davis, que atuavam por meio da companhia Everyman Opera, Incorporated.

Embora os russos ainda não tivessem emitido os vistos de entrada, a trupe enorme, formada por 58 atores, sete contra-regras, dois maestros, diversas esposas e funcionários administrativos, seis crianças com sua professora, três jornalistas, dois cães e um psiquiatra, estava prontinha para partir nas próximas 48 horas e viajar de trem de Berlim Oriental até Varsóvia e de lá a Moscou e Leningrado, numa jornada de aproximadamente mil e setecentos quilômetros que, pelo jeito, exigiria um total de três dias e três noites.

A caminho da palestra dos diplomatas dividi o táxi com a sra. Ira Gershwin e um homem musculoso de ombros largos chamado Jerry Laws, ex-boxeador e atualmente cantor. A sra. Gershwin era obviamente a esposa do letrista, que além de ser irmão do compositor é co-autor de *Porgy and Bess*. Periodicamente, nos últimos quatro anos, ela deixa o marido em sua casa de Beverly Hills para acompanhar a ópera em seu périplo mundial: "Ira é um sedentário de carteirinha. Odeia ir do quarto para a sala. Mas eu sou cigana, meu caro. Adoro viajar". Conhecida pelos amigos como Lee, abreviatura de Lenore, ela é uma mulher miúda e frágil, fã de diamantes, que usa aos montes do café-da-manhã ao jantar. Tem cabelos crestados de sol e rosto em forma de coração. Sua conversa fragmentada em frases volúveis sai numa voz infantilizada, em sussurros públicos entrecortados por epítetos carinhosos.

"Meu amor", ela disse, enquanto varávamos a garoa escura, a caminho de Kurfurstendam, "já ouviu falar da árvore de Natal? Os russos vão dar uma árvore de Natal para nós. Em Leningrado. Uma gracinha, da parte deles. Lá não *acreditam* no Natal, não é mesmo, meu bem? De todo modo, o Natal deles é muito depois do nosso. Por causa do calendário diferente. Querido, acha que isso é mesmo verdade?"

"Se eles acreditam no Natal?", perguntou Jerry Laws.

"*Não*, querido", retrucou a sra. Gershwin, impaciente. "Estou falando dos microfones. E das fotografias."

Por vários dias especulava-se na companhia a respeito da privacidade pessoal na Rússia. Isso tudo se originara com o rumor de que as cartas seriam censuradas, os quartos de hotel, entupidos de escutas e as paredes dotadas de câmeras ocultas.

Após um momento de reflexão, Laws disse: "Eu acredito".

"Mas meu querido, é impossível!", a sra. Gershwin protestou. "Não pode ser verdade! Imagine só, *onde* vamos fofocar? Seremos obrigados a nos esconder no banheiro e tocar a descarga sem parar? E quanto às câmeras?"

"Acredito nisso também", Law disse.

A sra. Gershwin recolheu-se num silêncio amuado até chegarmos à rua onde se situava o salão de ensaio. Depois, mais animada, falou: "*Ainda* acho muito gentil a idéia da árvore de Natal".

Estávamos cinco minutos atrasados, foi difícil achar lugar nas cadeiras dobráveis espalhadas num canto do salão espelhado onde ensaiavam. O salão bem aquecido estava lotado; mesmo assim, muitos dos presentes, como se já antecipassem o vento gélido das estepes, apresentaram-se envoltos numa parafernália invernal feita de cachecóis, capotes de lã e outros itens especialmente adquiridos para a viagem à Rússia. O espírito competitivo predominou na aquisição dos equipamentos, e muitos dos presentes ficaram algo semelhantes a esquimós.

Robert Green pediu ordem e iniciou a reunião. Além de co-produtor de *Porgy and Bess*, ele era o diretor da peça. Encarregou-se da apresentação dos representantes da embaixada em Moscou, sr. Walmsley e sr. Lowry, que estavam sentados atrás de uma mesa, de frente para nós. O sr. Walmsley, sujeito de meia-idade, atarracado, com cabelo cortado *à la* Mencken e um jeito de falar seco e arrastado, começou mencionando a "oportunidade única" oferecida pela excursão e cumprimentou antecipadamente a companhia pelo "imenso sucesso" que certamente seria alcançado atrás da cortina de ferro.

"Como nada acontece na União Soviética sem ter sido programado, e uma vez que está *programado* o sucesso de vocês lá, sinto-me perfeitamente à vontade para felicitá-los desde agora."

Como se pressentisse uma falha no suposto elogio do colega, o sr. Lowry, um homem mais jovem com a fachada convencional de um diretor de escola, interferiu para sugerir que, embora o sr. Walmsley tenha dito algo perfeitamente correto, também era verdade que "havia um interesse genuíno na Rússia a respeito das apresentações. Eles conhecem a música de Gershwin. Um russo conhecido meu contou que foi a uma festa certa noite e que três amigos dele cantaram *Bess, You Is My Woman Now* sem parar."

O elenco sorriu, comovido, e o sr. Walmsley prosseguiu. "Claro, existem ótimos russos. É um povo muito bom. Mas eles têm um governo ruim", disse em voz baixa, devagar, para que todos ouvissem bem. "Vocês precisam se lembrar que o sistema de governo deles é basicamente hostil ao nosso. Trata-se de um sistema com muitas regras e regulamentos, coisa que vocês nunca viveram antes. Posso dizer, com minha longa experiência, que jamais encontrei nada parecido."

Um ator alto e corpulento, John Curry, ergueu a mão para formular uma pergunta. McCurry faz o papel do vilão, Crown, e sua aparência é assustadora, adequada ao papel. Ele queria saber o seguinte: "Vamos supor que alguém nos convide para conhecer sua casa? Sabe, na maioria dos lugares onde vamos as pessoas agem assim. Será que podemos ir, sem problemas?".

Os dois diplomatas trocaram olhares surpresos. "Como podem imaginar", disse o sr. Walmsley, "nós nunca tivemos esse problema na embaixada. Nunca somos convidados para *nada*. Só para eventos oficiais. Mas isso não quer dizer que vocês não serão convidados. Caso aconteça, tirem proveito da oportunidade. Pelo que sei, os planos de seus anfitriões incluem uma intensa programação cultural e de lazer. Atividades a todo momento. Acabarão exaustos."

Alguns dos mais jovens estalaram a língua com a possibilidade, mas um deles reclamou. "Não bebo, de jeito nenhum. Nem uma gota. E quando eles fizerem aqueles brindes todos dos quais ouvimos falar, como vou me livrar sem ofender ninguém?"

O sr. Walmsley deu de ombros. "Ninguém é obrigado a beber, se não estiver com vontade."

"Claro, cara", um amigo do ator preocupado completou. "Ninguém precisa beber nada. O que você não quiser, pode passar para mim."

As outras perguntas se sucederam rapidamente. Os pais, por exemplo, temiam pelos filhos. Havia leite pasteurizado? Sim. De todo modo, o sr. Lowry aconselhou que levassem um bom suprimento de Starlac, era isso que dava para seus dois filhos. A água era boa para beber? Perfeitamente segura. O sr. Walmsley costumava beber água da torneira. Como se dirigir a um cidadão soviético? "Bem", respondeu o sr. Walmsley "eu não chamaria ninguém de *camarada*. Senhor e senhora é melhor." E quanto às compras? As coisas eram caras? "Absurdamente caras", foi a resposta. "Mas tanto faz. Não existe praticamente nada à venda." "Faz muito frio?" "A temperatura pode cair a vinte graus abaixo de zero, esporadicamente." "Nesse caso, o aquecimento do hotel dá conta do recado?" "Perfeitamente, o calor é até exagerado."

Quando as questões fundamentais haviam sido respondidas, uma voz lá no fundo se ergueu para dizer: "Temos ouvido muitas histórias por aqui. Disseram que seremos seguidos o tempo inteiro."

"Seguidos?" O sr. Walmsley sorriu. "Talvez. Embora não seja nada do tipo que vocês imaginam. Se eles destacarem alguém para segui-los, será para sua própria proteção. Certamente atrairão a atenção geral, haverá multidões onde quer que apareçam. Não será como caminhar nas ruas de Berlim. Por esse motivo, talvez sejam seguidos."

"Afinal de contas", disse o sr. Lowry, "o ministro da Cultura está tão ansioso pela presença de vocês que provavelmente receberão um tratamento magnífico, sem os aborrecimentos que um visitante estrangeiro normal enfrentaria."

A voz no fundo insistiu, num tom meio desapontado. "Soube que vão nos seguir. E abrir nossas cartas."

"Bem", disse o sr. Walmsley, "esta já é uma outra questão. Podem contar com isso. Eu sempre penso que minhas cartas serão lidas."

O pessoal se mexeu nas cadeiras, os olhos a lançar diversos eu-não-falei? A secretária de Robert Breen, Nancy Ryan, levantou-se. A srta. Ryan (Ratcliffe, 52) trabalhava na companhia teatral havia três meses, procurara o emprego por se interessar pelo teatro. Nova-iorquina, loura, olhos muito azuis, quase um metro e oitenta, é bem parecida com a mãe, uma beldade famosa e muito fotografada, a sra. William Rhinelander Stewart. Ela queria dar uma sugestão.

"Senhor Walmsley, se for verdade que nossas cartas serão censuradas, não seria melhor usar apenas cartões-postais para correspondência? Sabe, se eles não precisarem abrir para ler, isso não evitaria atraso na entrega?"

O sr. Walmsley não pareceu ver muito mérito no plano da srta. Ryan, em termos de evitar atrasos ou aborrecimentos. Enquanto isso, a sra. Gershwin incentivava a manifestação de Jerry Laws. "Vamos, querido. Pergunte a ele sobre os microfones."

Laws atraiu a atenção do diplomata. "Muitos de nós", disse, "estamos preocupados com a possibilidade de gravarem as conversas nos quartos."

O sr. Walmsley balançou a cabeça. "Eu diria que isso é mais que provável. Sugiro presumir que será feito. Claro, ninguém pode *garantir* nada."

Seguiu-se uma pausa silenciosa durante a qual a sra. Gershwin, lidando com seu broche de diamante, dava a impressão de estar esperando que Jerry Laws mencionasse as câmeras ocultas, mas ele não teve chance, pois McCurry atacou novamente.

McCurry debruçou-se, arqueando os ombros enormes. Ele disse que estava na hora de parar de examinar detalhes e partir logo para o "verdadeiro problema. O verdadeiro problema é o que vamos dizer quando nos perguntarem sobre a política. Estou falando da situação dos negros".

A voz grave de McCurry fez com que a questão fosse conduzida pela sala inteira, como uma onda, arrastando em seu trajeto o interesse total da platéia. O sr. Walmsley hesitou, como se não soubesse se deveria surfá-la ou mergulhar por baixo; de todo modo, não parecia preparado para enfrentá-la sem rodeios.

"Ninguém precisa responder questões políticas, assim como eles não têm de responder perguntas do gênero feitas por vocês." Walmsley limpou a garganta e completou: "Vamos pisar em terreno perigoso. Pisar em ovos."

Resmungos da platéia indicaram que o conselho do diplomata era insuficiente. Lowry sussurrou algo no ouvido de Walmsley, e McCurry consultou a esposa, uma mulher melancólica sentada a seu lado, com a filha de três anos no colo. Depois McCurry disse: "Mas eles vão perguntar a respeito da situação do negro. Sempre fazem isso. No ano passado fomos à Iugoslávia, e o dia inteiro eles..."

"Sim, eu sei", Walmsley o cortou, peremptório. "É este o problema principal. É o xis da questão, certo?"

A declaração de Walmsley, ou provavelmente o tom usado, pode ter influenciado negativamente parte dos presentes; e Jerry Laws, uma lenda na companhia por sua disposição beligerante, levantou-se. Seu corpo rígido transmitia toda a sua tensão. "E como vamos lidar com isso? Devemos contar como são as coisas? Contar a verdade? Ou vocês querem que a gente enfeite um pouco?"

Walmsley piscou. Tirou os óculos de aros grossos e limpou as lentes com um lenço. "Digam a verdade", ele disse. "Veja bem, os russos sabem tanto quanto você a respeito da situação do negro. E eles não dão a menor importância, seja lá como for. Exceto pelas declarações, propaganda, qualquer coisa que possam usar em seu próprio interesse. Creio que devem ter sempre em mente que as entrevistas concedidas chegarão aos jornalistas norte-americanos e acabarão no jornal da sua cidade."

Uma mulher, a primeira que falou, levantou-se de seu lugar na primeira fila. "Todos nós sabemos que há discriminação em nosso país", disse em voz tímida, que todos ouviram com respeito. "Mas nos últimos oito anos os negros fizeram muitos progressos. Chegamos muito longe, esta é a verdade. Podemos mostrar com orgulho nossos cientistas e artistas. Se fizermos isso na Rússia, será muito bom."

Outros concordaram e se manifestaram em tom similar. Willem Van Loon, filho de um historiador já falecido, que falava russo e era um dos responsáveis pela publicidade da Everyman Opera, anunciou que estava "muito, muito feliz por este assunto ter sido amplamente discutido. Outro dia um casal do elenco gravou entrevista para as emissoras das forças armadas americanas aqui na Alemanha, e ao tocar neste ponto, na questão racial, eu sabia que precisávamos tomar cuidado, bastante cuidado, pois estávamos muito próximos de Berlim Oriental, e a possibilidade de nos monitorarem..."

"Claro", Walmsley praticamente o interrompeu. "Suponho que você saiba que estamos sendo monitorados neste exato momento."

Sem dúvida Van Loon não sabia, nem o resto do grupo, a julgar pela consternação geral e pelos olhares para ver quem poderia ser o alvo do comentário de Walmsley. Mas eventuais provas, pelo menos na forma de desconhecidos misteriosos, não surgiram. Van Loon, contudo, não terminou o que pretendia dizer. Calou-se e a reunião se encerrou sem chegar a uma conclusão clara. Os dois diplomatas enrubesceram quando a companhia os aplaudiu.

"Muito obrigado", disse Walmsley. "Foi um prazer enorme conversar com vocês. O sr. Lowry e eu não temos contato freqüente com o pessoal do teatro musical."

O diretor, Robert Breen, convocou o elenco para o ensaio, mas antes que este começasse houve muita discussão e troca de opiniões sobre a palestra. Jerry Laws a resumiu com uma única palavra, "insípida". A sra. Gershwin, por sua vez, parecia ter considerado tudo muito esclarecedor. "Estou deslumbrada, querido! Pense em viver daquele jeito! Sempre supondo. Sem nunca *saber* com certeza! Sério, meu bem, onde vamos poder fofocar?"

Ao descer recebi de Warner Watson, assistente de produção do sr. Breen, uma oferta de carona de volta para o hotel. Ele me apresentou ao dr. Fabian Schupper, que também subiu no táxi. O dr. Schupper é norte-americano, estuda no Instituto Alemão de Psicanálise. Soube que foi convidado a participar da excursão à Rússia para tratar de qualquer estresse que pudesse acometer o pessoal da companhia. No último momento, para sua profunda decepção, o dr. Schupper foi cortado, pois a direção concluiu que um psiquiatra, afinal de contas, não era necessário; talvez o fato de a psicanálise e seus praticantes não serem bem-vindos na União Soviética tivesse contribuído. No momento, no táxi, ele aconselhava Warner Watson a "relaxar".

Watson acendeu um cigarro com mãos escandalosamente trêmulas e disse: "Pessoas relaxadas não conseguem que produções como esta excursionem pelo circuito do samovar."

Watson beira os quarenta anos. Usa cabelo escovinha grisalho sobre os olhos castanhos tímidos e resignados. Uma civilidade difusa, uma fadiga incompatível com a idade predominam em seu rosto e nos modos corteses. Participava da Everyman Opera desde sua fundação, em 1952. Começara como ator. Na função atual ele se dedicava ao que chamava de "quebrar os galhos". Durante as duas últimas semanas em Berlim ele praticamente acampara na embaixada soviética, tentando quebrar uns galhos. Apesar do esforço, uma série de questões frondosas ainda permaneciam. Entre elas a situação dos passaportes do pessoal, que neste momento tardio continuavam na mão das autoridades russas, aguardando os vistos. Além disso, Watson encontrava dificuldades na questão do trem que levaria a trupe até Leningrado. A produção requisitara quatro carros-dormitório. Os russos responderam, sem rodeios, que só poderiam fornecer três vagões de segunda classe com "camas macias", eufemismo russo para beliches. Esses vagões, juntamente com o carro dos cenários do show e o das bagagens, seria adicionado ao Expresso Azul, um trem soviético comum que ia de Berlim Oriental a Moscou. A dificuldade de Watson era não conseguir dos russos um diagrama dos vagões das camas macias, o que o impedia de fazer a distribuição dos leitos. Então ele imaginou uma festa no trem, espécie de paródia de *Walpurgisnacht: Mais corpos do que leitos*.

Ele também não conseguiu descobrir em que hotéis de Moscou e Leningrado a trupe se hospedaria e outros detalhes semelhantes. Poucas horas antes um telegrama de Moscou chegara, provocando o tremor nas mãos de Watson. SE ARRANJOS NÃO CHEGAREM EMBAIXADA BERLIM ESTA NOITE ADIAREMOS ESTRÉIA LENINGRADO REDUZINDO CACHÊS. Os soviéticos exigiam os arranjos para orquestra havia várias semanas, pois queriam que os músicos ensaiassem antes da chegada da companhia. Breen, temendo que sua única cópia dos arranjos se perdesse no caminho, recusara-se a atender o pedido. Mas esse ultimato por telegrama, com a ameaça das últimas palavras, positivamente mudou sua opinião, e agora Watson estava a caminho da embaixada soviética para entregar os arranjos.

"Não se preocupe", Watson disse, limpando as gotículas de suor do lábio superior. "Não estou preocupado. Vamos quebrar esse galho também."

"Relaxe", disse o dr. Schupper.

De volta ao meu hotel, o Kempenski, onde muitos artistas da companhia se hospedavam, parei na suíte de Breen para falar com Wilva, sua esposa. Ela havia acabado de retornar de uma consulta médica em Bruxelas, no vôo noturno. Dores de apendicite a incomodaram por um tempo, e quando viajara de avião para Bruxelas na véspera ela já sabia que talvez tivesse de se submeter imediatamente a uma cirurgia, cancelando portanto sua ida à Rússia com o elenco. No mês de outubro ela passara dez dias em Moscou, discutindo detalhes da excursão com o Ministério da Cultura, uma experiência "fascinante" que a deixara ansiosa para retornar.

"Tudo bem, o médico disse que posso viajar. Eu não fazia idéia do quanto queria ir até correr o risco de não poder mais", ela disse, sorrindo um sorriso que parecia menos uma expressão facial e mais uma circunstância de sua personalidade prestativa, ansiosa para agradar. A sra. Breen tem sardas e olhos castanhos enormes. Os cabelos, também castanhos, são desalinhados e presos com alfinetes imensos que mais parecem armas. No momento, usava vestido de lã roxa, cor que domina seu guarda-roupa: "Robert adora roxo". Ela e Breen se conheceram na universidade de Minnesota, onde os dois se formaram em teatro. Estavam casados havia dezoito anos. Embora a sra. Breen tivesse representado profissionalmente, fazendo a Julieta de Shakespeare uma vez, sua real devoção, nas palavras de um membro da equipe, era "a Robert e à carreira de Robert". Se conseguisse papel suficiente, embrulharia o mundo para dar a ele de presente.

A bem da verdade, falta de papel não parecia ser o problema da sra. Breen, que vivia rodeada de um monte de cartas, recortes e pastas. A correspondência internacional para a Everyman Opera destacava-se entre suas responsabilidades, ao lado de "manter o elenco feliz". Nesta última função ela trouxera de Bruxelas uma caixa de brinquedos para serem distribuídos entre as crianças do elenco, no Natal, em Leningrado. "Se eu conseguir afastá-los de Robert tempo suficiente para embrulhá-los", declarou, apontando para o banheiro onde uma frota de barquinhos em miniatura flutuava na banheira cheia. "Robert é louco por brinquedos. Sabe", ela suspirou, "é um horror enfiar *tudo isso* na mala." Diversos itens à vista, no quarto e na sala que servia de escritório, apresentavam óbvias dificuldades de empacotamento, em especial um equipamento parecido com uma gangorra, conhecido como Prancha de Relaxamento. "Não vejo motivo para não levar isto para a Rússia. Já viajou para tudo quanto é lugar. E me faz muito bem."

A sra. Breen perguntou se eu estava ansioso para viajar no Expresso Azul. E ficou exageradamente satisfeita ao saber que sim. "Robert e eu não perderíamos essa viagem de trem por nada deste mundo! O elenco inteiro é uma gracinha. Sei que será muito animado, o tipo de coisa sobre a qual não conseguiremos parar de falar. No entanto", ela disse, com uma pontada de melancolia na voz que não soava inteiramente sincera, "Robert e eu decidimos ir de avião. Claro, esperaremos por vocês na chegada, na estação. Estarei bem no meio da plataforma quando vocês pararem em Leningrado. Pelo menos, é o que *espero*. Mal posso acreditar que isto esteja realmente acontecendo." Ela fez uma pausa. Por um instante, uma ruga abalou seu imaculado entusiasmo. "Um dia contarei a verdadeira história desta excursão, o que está por trás de tudo. Muitas pessoas não queriam que ela acontecesse! Ah, sofremos cada golpe!" Ela bateu com a mão no peito. "Golpes reais, físicos. E ainda vamos apanhar muito, até o último minuto", ela disse, olhando de relance para a pilha de telegramas sobre a mesa.

Algumas das agruras dos Breens já eram de conhecimento geral. Por exemplo, parecia ser fato consumado, nos rumores e na propaganda que cercava a aventura soviética, que os russos haviam espontaneamente convidado a companhia de *Porgy and Bess* para excursionar por seu país por conta do espírito de Genebra. Na verdade, a Everyman Opera se convidara. Breen havia muito considerava uma turnê pela Rússia a seqüência lógica de suas viagens de "boa vontade", por isso sentou-se e redigiu uma carta ao premiê russo, marechal Bulganin, dizendo que a companhia de *Porgy and Bess* se sentiria honrada em realizar a jornada, se a União Soviética aceitasse. A proposta deve ter causado uma impressão favorável em Bulganin, pois ele encaminhou a carta ao Ministério da Cultura, monopólio governamental sob o comando de Nikolai Mikhailov, que controlava todos os aspectos da vida artística no território da União Soviética. Teatro, música, filmes, publicidade, pintura, cada uma dessas atividades acontecia sob a supervisão específica e sempre rigorosa do Ministério da Cultura, cuja sede se situava em Moscou. Portanto, com a bênção implícita de Bulganin, o Ministério iniciou as negociações com a Everyman Opera, embora tal decisão não tivesse sido impensada. No caso da Comédie Française poderia ter sido impensada, quando a companhia se apresentou em Moscou um ano antes, ou quando uma produção britânica de *Hamlet* realizou uma *première* em Moscou no outono de 1955. As duas trupes fizeram um sucesso estrondoso. Mas, sob qualquer ponto de vista, seja da parte dos artistas visitantes ou de seus anfitriões, os riscos envolvidos no caso não eram meramente estéticos. Molière e Shakespeare não se prestavam às intenções da moderna propaganda política.

O mesmo não pode ser dito de *Porgy and Bess*. No caso, havia muitos motivos para preocupação, dos dois lados da cortina, americano ou soviético, pois a ópera de Gershwin, quando submetida ao microscópio dialético, revelava-se uma lâmina fervilhante de bactérias capazes de provocar no atual regime russo a mais forte das alergias. É extremamente erótica, capaz de assombrar uma nação de leis tão puritanas, onde as pessoas podiam ser presas por se beijarem em público. É impregnada de religiosidade; insistentemente, enfatiza a necessidade de fé no mundo acima das estrelas, em vez de se concentrar no mundo sob elas, ressaltando nas canções e diálogos os confortos decorrentes da crença religiosa ("o ópio do povo"). Ademais, aborda de maneira acrítica o tema da superstição, por exemplo, em *The Buzzard Song*. Como se tudo isso não fosse motivo de sobra para anátema, canta em alto e bom som que as pessoas podem ser felizes tendo um monte de nada, uma mensagem realmente imprópria.

Sem dúvida o Ministério da Cultura levou esses estorvos em consideração, e depois concluiu que pelo menos a amarga pílula que teriam de engolir vinha coberta de açúcar. Afinal de contas, apesar de ser pitoresca e popular, a apresentação do negro americano em *Porgy and Bess* é a de uma raça explorada, à mercê dos cruéis brancos do Sul, miserável e segregada no gueto de Catfish Row. O cenário não poderia ser mais agradável, nem se encarregassem os redatores da própria instituição da tarefa. Sendo assim, no verão de 1955 o Ministério informou a Everyman Opera que estavam preparados para estender o tapete vermelho.

Certo de ser bem-vindo na Rússia, Breen passou a enfrentar o problema de como chegar lá, o que exigia dinheiro, uma verba estimada em 150 mil dólares. As primeiras notícias de jornal sobre o "convite" russo para *Porgy and Bess* insinuavam que o Departamento de Estado norte-americano não só entraria de corpo e alma naquele "projeto inédito", como também daria apoio financeiro. Breen acreditou nisso, e por uma boa razão. Nos últimos anos o Departamento de Estado recebera aclamação universal por seu apoio moral e financeiro a *Porgy and Bess*, que o *New York Times*, entre outros, freqüentemente classificava como "o melhor embaixador" que o Departamento de Estado já enviara ao estrangeiro. Mas Breen logo descobriu, após uma série de viagens a Washington para pedir verbas, que não poderia mais contar com o patrocínio de seus amigos de Potomac. Pelo jeito consideraram o projeto inédito demais, ou, em sua própria definição, "politicamente prematuro". Em outras palavras, nem um centavo.

Em Nova York os círculos teatrais espalharam a teoria de que o Departamento de Estado retirara seu apoio por temer que a ópera fosse muito vulnerável aos propósitos da propaganda soviética. Os defensores da empreitada consideravam a atitude incoerente. Em sua opinião, o fato de que os problemas sociais criticados na ópera podiam ser livremente apresentados no teatro norte-americano anulava qualquer possibilidade de exploração eficiente do tema pela propaganda. Um argumento adicional era que, na Rússia, a simples presença de um elenco negro, com sua aparência próspera, sua fala franca e aberta, obviamente livre de opressão, seus modos educados, requintados até ("Ora", disse a sra. Breen "alguns atores sabem falar três ou quatro idiomas. Perfeitamente".), seriam capazes de transmitir ao povo russo uma imagem do negro americano bem diferente do estereótipo que continua a fazer de Harriet Beecher Stowe uma das autoras de maior sucesso na União Soviética.

Variety, uma publicação do meio teatral, noticiou como rumor uma explicação mais direta para o recuo do Departamento de Estado. Segundo eles, o International Exchange Program, divisão da American National Theatre and Academy (ANTA), cuja postura em relação a assuntos teatrais tem um peso imenso em Washington, opusera-se ao apoio alegando que o Departamento de Estado já investira dinheiro demais em *Porgy and Bess* e que os fundos disponíveis deveriam ser distribuídos a uma gama maior de eventos adequados ao intercâmbio cultural.

Não obstante, a ANTA e o Departamento de Estado desejaram toda a sorte do mundo à Everyman Opera. Não pre tendiam desonrar, apenas deserdar. Mas votos de boa sorte pouco capitalizaram Breen, e ele pensou na possibilidade de levantar o valor necessário com a iniciativa privada, quando ocorreu um fato inesperado. Os russos deram um passo à frente e se ofereceram para pagar a conta. Embora o mais desajeitado lingüista fosse capaz de traduzir o significado do gesto, ou seja, constranger o Departamento de Estado, os partidários norte-americanos da excursão de Breen aceitaram o apoio pelo exato motivo que fora oferecido. Eles pensaram que Washington assumiria uma posição menos miserável, para não passar vergonha. Equivocaram-se.

Conseqüentemente, conforme o tempo corria, Breen teve de escolher entre abandonar o projeto ou permitir que os soviéticos o capitalizassem. Um contrato foi assinado em 3 de dezembro de 1955 em Moscou, entre o Ministério da Cultura da União Soviética ("designado doravante pelo nome de 'Ministério'") e a Everyman Opera, Inc. ("designada doravante pelo nome de 'Companhia'"). O contrato consistia em três páginas e meia em espaço um, contendo diversos parágrafos curiosos – o Ministério concordou em fornecer um membro russo para o elenco, a saber, "uma cabra doméstica". Mas o pior de tudo foi concentrado no Artigo 5. Quando os problemas lingüísticos daquela longa cláusula foram superados, eles descobriram que, durante a permanência na União Soviética, a companhia receberia pagamentos semanais de dezesseis mil dólares, um valor muito inferior ao normal, sem contar que os pagamentos seriam feitos metade "em dólares norte-americanos, por meio de cheque bancário de Nova York, e metade em rublos, a moeda corrente do país, pelo câmbio oficial". (Como todos sabem, a taxa oficial arbitrária é de quatro rublos por dólar. A estimativa de quanto seria uma taxa justa varia, mas no mercado negro de Moscou é possível conseguir dez por um, e se a pessoa correr o risco de transportar moeda para fora do país, arriscando-se com isso a ir para a prisão na Sibéria, conseguiria na Suíça apenas um dólar por quinze rublos.) Além dos aspectos monetários, o Artigo 5 prometia que o Ministério forneceria à Companhia o seguinte: "Acomodação e alimentação em hotéis de primeira classe ou, quando em viagem, cabines com camas e refeições em carro-restaurante. Ademais, está pactuado e acordado que o Ministério pagará todas as despesas de viagem de todos os membros da Companhia e o transporte do material cênico para dentro e através da União Soviética, bem como de volta à fronteira européia com a União Soviética".

No total, os russos investiriam aproximadamente 150 mil dólares. Isso não deve ser considerado filantropia cultural. Na verdade, para eles não passava de um bom negócio. Se as apresentações lotassem, como era praticamente certo que acontecesse, o Ministério receberia o dobro do valor investido, ou seja, uma bilheteria bruta de trezentos mil dólares. Portanto, com base no contrato entre a Companhia e o Ministério, com análise da renda *versus* custo operacional, calculou-se que a Everyman Opera perderia cerca de quatro mil dólares por semana. Provavelmente Breen descobrira um jeito de contornar a perda. "Mas não me pergunte o que é, querido", disse a sra. Gershwin. "Mistério absoluto."

Enquanto a sra. Breen ainda discorria sobre a questão dos "golpes baixos", o marido voltou do estúdio onde estivera ensaiando o elenco, após a palestra dos diplomatas. Ela perguntou se ele queria um drinque. Ele disse que sim, e como! *Brandy* sem gelo, por favor.

Breen, homem de altura mediana, tem cerca de 45 anos. Excelente presença, reforçada pelas roupas que usa, pois prefere os paletós Eisenhower de bom caimento e calça justa, de perna estreita, apelidada de "calça-no-limite". Só aceita camisas sob medida, de preferência nas cores preta e roxa. Raramente está sem a boina preta, dentro ou fora de casa, para proteger o cabelo louro ralo. Dependendo da expressão solene ou sorridente, seu rosto pálido e de estrutura óssea algo encovada insinua personalidades diametralmente opostas. Em momentos solenes, que podem durar horas, seu rosto se torna uma máscara de meditativa reserva, como se posasse para um fotógrafo que lhe tivesse pedido para não mover um músculo. Inevitavelmente o interlocutor percebia que Breen, a exemplo da esposa, representara em peças de Shakespeare – e que fizera o papel de Hamlet numa produção que, logo depois da guerra, excursionara pela Europa e chegara a encenar a peça em Elsinore. Todavia, quando Breen relaxa, ou quando algo consegue atrair seu interesse, sofre uma alteração física completa, tornando-se extremamente vivaz e jovial, esbanjando bom humor. Um olhar tímido, vulnerável, ingênuo, substitui o distanciamento quase arrogante. A natureza ambígua da aparência de Breen talvez explique por que na Everyman Opera's um artista contratado era capaz de reclamar: "A gente nunca sabe o que o senhor Breen está pensando". E dizer em seguida: "Qualquer um pode se aproveitar dele, é tão gentil".

Breen tomou um gole de *brandy* e me chamou ao banheiro, onde queria demonstrar como um dos barquinhos de brinquedo funcionava. Era uma canoinha com um índio na popa, que remava. "Não é maravilhoso", disse, conforme o índio remava de um lado para o outro, atravessando a banheira. "Você já viu algo assim?" Sua voz é treinada, de ator, "emitida" num registro tão profundamente grave que transmite automaticamente pomposidade, e enquanto fala as mãos manicuradas se movem conforme as palavras, mas não à moda latina, excitadas, e sim com modos graciosos, lentos, ritualísticos, como se rezasse a missa. A bem da verdade, a ambição inicial de Breen *fora* mesmo eclesiástica. Antes de concentrar seu interesse no palco, ele passou um ano no seminário, pois queria ser padre.

Perguntei-lhe se o ensaio havia sido bom. "Bem, temos um ótimo elenco", respondeu. "Mas são meio mimados, acham que é tudo favas contadas. Cai a cortina, ecoam os aplausos. Críticas favoráveis. Canso de repetir para eles, a ida à Rússia não é apenas mais uma excursão. Precisamos ser melhores do que nunca."

Se Breen pretendia que a última frase se tornasse realidade, então, na opinião de alguns observadores, ele tinha uma dura missão pela frente. Em 1952, quando Breen e Blevin Davis, seu co-produtor, reencenaram a ópera de Gershwin, que fora um fracasso de público e quase isso de crítica na montagem original do teatro Guild, em 1935, o programa registrava William Warfield como Porgy, Lentyne Price como Bess e Cab Calloway no papel de Sportin' Life. Desde então esses astros haviam sido substituídos, e seus substitutos substituídos também, nem sempre por artistas de qualidade comparável. Manter um alto nível de desempenho em qualquer produção de longa duração é difícil, principalmente se o espetáculo sai em excursão, quando a pressão das apresentações contínuas, o desfile atordoante de quartos de hotel e restaurantes, o ambiente emocional carregado de um grupo que vive e trabalha junto dia e noite, são fatores capazes de criar uma fadiga acumulada que o espetáculo freqüentemente reflete. Horst Kuegler, crítico teatral de Berlin, ao ver *Porgy and Bess* três anos antes (foi apresentada na Alemanha, como participante do Festival de Música de Berlim), entusiasmou-se tanto que assistiu à peça cinco vezes e agora achava, ao revê-la, que ainda era "cheia de charme e energia, embora a produção tenha se deteriorado profundamente". Na última semana Been ensaiara o elenco até o limite do permitido pelo sindicato dos atores; de todo modo, quer o espetáculo conseguisse chegar ou não ao máximo do rendimento, Breen não alimentava ilusões a respeito de sua recepção na estréia em Leningrado. Seria um "sucesso estrondoso"! Os russos ficariam "embasbacados"! E, numa previsão incontestável, "jamais tinham visto algo assim!"

Enquanto Breen saboreava o *brandy* sua esposa o chamou, do quarto ao lado: "Melhor se aprontar, Robert. Eles chegarão às seis, e eu reservei uma sala privada para o jantar."

"Quatro russos da embaixada", Breen explicou, ao me acompanhar até a porta. "Eles jantarão conosco às seis, reservamos uma sala no restaurante. Sabe como é, para estreitar os laços. A amizade conta muito."

Quando retornei a meu quarto no Kempenski encontrei em cima da cama um pacote grande, embrulhado em papel pardo liso. Meu nome constava nele, assim como o nome do hotel e o número do quarto. Mas não havia identificação do remetente. Dentro havia meia dúzia de panfletos anticomunistas grossos e um cartão sem assinatura, manuscrito, que dizia "Caro Senhor – Ainda tem salvação". Presumo que seja salvação dos fatos descritos no material que acompanhava o cartão, em sua maior parte relatos de casos individuais, principalmente de alemães, que passaram para o lado de lá da cortina de ferro, voluntariamente ou forçados, e dos quais nunca mais se ouviu falar. Era interessante, como só os relatos do gênero conseguem ser, e eu teria lido tudo ininterruptamente se o telefone não tivesse tocado.

Era Nancy Ryan, secretária de Breen. "Você quer dormir comigo?" Perguntou. "No trem, quero dizer. Pelo que sabemos, haverá quatro pessoas por cabine, por isso teremos de fazer como os russos. Eles sempre colocam moças e rapazes juntos. *De todo modo*, vou ajudar a dividir os leitos, o que acho *apavorante*, pois haverá exigências e disputas dos que querem ficar juntos e dos que não querem. Simplificaria a situação se você e eu dividíssemos a cabine com os pombinhos."

Os tais "pombinhos" eram Earl Bruce Jackson, um dos três atores que se alternavam no papel de Sportin' Life e Helen Thigpen, soprano que fazia o papel de Serena. Jackson e a senhorita Thigpen namoravam havia meses. De acordo com os releases da Everyman Opera, eles pretendiam se casar em Moscou.

Informei à senhorita Ryan que o arranjo parecia satisfatório. "Brilhante", ela disse. "Bem, nos vemos no trem. Se os vistos chegarem, bem entendido..."

Na segunda-feira, 19 de dezembro, os passaportes e vistos ainda estavam sendo aguardados. Apesar disso, por volta das três horas da tarde um trio de ônibus fretados começou a circular por Berlim para recolher o pessoal da Everyman Opera nos hotéis e pensões onde estavam hospedados e conduzi-los até a estação ferroviária de Berlim Oriental, da qual o Expresso Azul, nosso trem soviético, deveria partir às quatro, seis ou meia-noite, pelo jeito ninguém sabia com certeza.

Um pequeno grupo, chamado de "nossos distintos convidados" por Warner Watson, aguardava no saguão do hotel Kempenski. Os distintos convidados eram pessoas sem vínculo direto com *Porgy and Bess*, mas que haviam sido chamados pela produção assim mesmo, para acompanhar o elenco na viagem à Rússia. O grupo era formado por: Herman Sartorius, financista nova-iorquino, amigo íntimo de Breen; Leonard Lyon, colunista de jornal, descrito aos soviéticos no dossiê oficial da Everyman Opera como "historiador da Companhia", omitindo que ele enviaria sua história para o *New York Post*; outro jornalista, Ira Wolfert, vencedor do prêmio Pulitzer, acompanhado da esposa Helen. O sr. Wolfert pertencia à equipe do *Reader's Digest*, e os Breens, que mantinham álbuns de recortes meticulosos, esperavam que ele escrevesse um artigo sobre as aventuras na Rússia para a publicação. O sr. Wolfert era também escritor, ou poeta. "Poeta *moderno*", enfatizava.

O sr. Lyons andava de um lado para o outro do saguão, impaciente, esperando o ônibus chegar. "Estou muito excitado. Não consigo dormir. Pouco antes de eu sair de Nova York, Abe Burrows me telefonou. Moramos no mesmo prédio. Ele me perguntou se eu tinha noção do frio que fazia em Moscou. Ouviu no rádio que chegou a quarenta graus negativos. Isso foi anteontem. Está levando ceroulas?" Ele ergueu a perna da calça para mostrar um pedaço de flanela vermelha. Normalmente um sujeito elegante de estatura média, Lyon se preparara tanto para o frio que, resplandecente em seu gorro de pele, casaco, luva e sapato forrados de pele, inchara feito um ladrão de loja. "Sylvia, minha esposa, comprou três ceroulas na Saks. Não pinicam."

O financista Herman Sartorius usava um terno executivo e capote convencional, como se estivesse a caminho de Wall Street, e disse que não usava ceroulas. "Não tive tempo de comprar nada, fora um mapa. Já tentou comprar um mapa de estradas da Rússia? Coisa mais difícil. Tive de virar Nova

York pelo avesso até achar um mapa. É bom a gente saber onde está, na viagem de trem."

Lyons concordou. "No entanto", disse, baixando a voz enquanto seus olhos negros alertas dardejavam de um lado para outro, "acho melhor esconder o mapa. Talvez eles não gostem de mapas."

"Humm", Sartorius disse, como se não conseguisse acompanhar a linha de raciocínio de Lyons. "Tudo bem, vou levar isso em consideração." Sartorius tinha cabelos grisalhos, altura, peso e recato cavalheiresco capazes de inspirar o tipo de confiança desejável num financista.

"Um amigo me escreveu uma carta", Lyons prosseguiu. "O presidente Truman. Ele me avisou para tomar cuidado na Rússia, pois não estava mais em condições de me ajudar. Rússia! Mas que pauta!", disse, olhando em torno, como se caçasse evidências de que sua animação era compartilhada pelos outros.

"Estou com fome", declarou a sra. Wolfert.

O marido acariciou seu ombro. Os Wolferts, pais de filhos crescidos, se parecem um com o outro, pois ambos têm faces coradas, cabelos grisalhos e a calma acomodada dos longos casamentos. "Não se preocupe, Helen", ele disse, entre baforadas num charuto. "Assim que subirmos no trem vamos para o vagão-restaurante."

"Claro", Lyons disse. "Caviar e vodca."

Nancy Ryan surgiu no saguão, apressada. Seu cabelo louro esvoaçava como o casaco. "Não me detenham! Há uma crise!" Claro, ela parou. Como se apreciasse transmitir más notícias, disse: "*Agora* que eles avisam a gente! Dez minutos antes da partida! Não há vagão-restaurante neste trem. E não haverá até atingirmos a fronteira russa. Trinta horas!"

"Tenho fome", lamentou-se a sra. Wolfert.

A srta. Ryan apressou-se a explicar. "Estamos fazendo todo o possível." Com isso, ela queria dizer que a produção da Everyman Opera saíra para fazer a ronda nas lojas de alimentos e lanchonetes de Berlim.

Escurecia, uma garoa fina borrifava as ruas quando o ônibus chegou, e com sua carga de passageiros a gritar e brincar cruzou Berlim Ocidental no rumo do portão de Brandenburgo, onde começava o mundo comunista.

Sentei-me atrás de um casal no ônibus, uma bela jovem do elenco e um rapaz macilento que seria um jornalista alemão ocidental. Eles se conheceram num bar de jazz, provavelmente se apaixonaram, e de qualquer maneira ele viera se despedir com sussurros, lágrimas e risos abafados. Conforme nos aproximamos do portão de Brandenburgo, ele disse que precisava descer do ônibus. "Seria perigoso para mim ir até Berlim Oriental." O que, pensando bem, era um comentário interessante. Pois, semanas depois, quem aparece na Rússia, sorridente e afetado, sem explicação plausível para sua presença ali, senão o mesmo rapaz, ainda sustentando ser alemão ocidental e jornalista apaixonado.

Depois do portão de Brandenburgo viajamos durante quarenta minutos pela área bombardeada de Berlim Oriental. Os dois ônibus adicionais, com o restante da companhia, chegaram antes de nós à estação. Fomos todos para a plataforma onde o Expresso Azul nos aguardava. A sra. Gershwin estava lá, supervisionando o embarque de sua bagagem no trem. Usava um casaco de pele comum, mas levava no braço um casaco de *mink*, envolto num saco plástico. "Ah, o de *mink* é para a Rússia, querido", ela disse. "Por que chamam este trem de Expresso Azul? Ele não é azul."

Era verde, uma esguia coleção de vagões atrelados a uma locomotiva a diesel. As letras CCCP estavam pintadas em amarelo nas duas laterais de cada vagão, e, sob elas, em línguas diferentes, as cidades servidas pelo trem: Berlim-Varsóvia-Moscou. Os funcionários soviéticos da ferrovia, elegantemente trajados, exibiam gorros de pele de cordeiro preto da Pérsia e capotes esvoaçantes acinturados na entrada de cada vagão. Os atendentes dos vagões-dormitórios, vestidos mais humildemente, postados a seu lado, fumavam como seus superiores usando piteiras longas, estilo vamp.

Enquanto observavam a confusão em torno deles, a excitação que envolvia o elenco, conseguiam manter um desinteresse pétreo apesar das atenções dos americanos atônitos que se aproximavam e os encaravam como se deslumbrados por constatarem que os olhos dos russos estavam corretamente posicionados.

Um membro do elenco aproximou-se de um dos funcionários. "Diga-me uma coisa, meu rapaz", ele perguntou, apontando para as letras na lateral do trem, "o que significa CCCP?"

O russo apontou a piteira para o ator, franziu a testa e disse: "*Sie sind Deutsch?*"*

O ator riu. "Eu daria um alemão muito engraçado, pelo que me consta."

O atendente ao lado falou: "*Sind sie nicht Deutsch?*"

"Puxa vida, vamos resolver este mistério." Ele olhou para a plataforma e acenou para Robin Joachim, o jovem nova-iorquino que falava russo, e por isso fora contratado pela Everyman Opera para acompanhar o grupo como intérprete.

Os dois russos sorriram de prazer quando Joachim falou com eles em seu próprio idioma; a alegria deu lugar ao espanto quando ele explicou que os passageiros a bordo do trem não eram alemães, e sim "amerikansky" a caminho de Leningrado e Moscou para apresentar uma ópera.

"Não é peculiar?", Joachim perguntou, voltando a um grupo de interessados, entre os quais Leonard Lyons. "Ninguém lhes disse nada a respeito de nossa viagem de trem. Eles nunca ouviram falar em *Porgy and Bess*".

Lyons, o primeiro norte-americano a se recuperar do choque provocado pela revelação, sacou o bloco e o lápis. "E o que eles acham? Qual foi sua reação?"

"Ora", Joachim disse, "eles não poderiam estar mais felizes. Estão delirando de contentamento."

---

* "Vocês não são alemães?" Em alemão no original. (N. do E.)

Era verdade que os russos riam e balançavam a cabeça. O funcionário deu um tapa vigoroso nas costas do atendente e vociferou uma ordem.

"O que ele disse?", Lyons perguntou, lápis a postos.

Joachim respondeu: "Ele pediu que preparasse um pouco de chá no samovar".

O relógio da estação marcava seis e cinco. Havia sinais de partida, apitos, bater de portas. Nos corredores do trem uma rádio passou a tocar música marcial, e a companhia, inteira a bordo, debruçava-se na janela para acenar aos desconsolados carregadores alemães, nenhum dos quais recebera o "insulto capitalista", como diziam que era considerada a gorjeta nas democracias populares. De repente em todas as janelas ouviram-se vivas. Eram para os Breens, Robert e Wilva, que corriam pela plataforma seguidos de um monte de suprimentos, como caixas de cerveja e vinho, salsichas, pães salgados e doces, frios, maçã e laranja. Mal deu tempo de carregar as caixas no trem e a fanfarra militar do rádio chegou ao crescendo e os Breens, com sorrisos paternais orgulhosos, viram seu "projeto sem precedentes" afastar-se deles e mergulhar na noite.

O espaço que me foi destinado situava-se no carro 2, compartimento 6. Parecia maior do que a cabine comum de um *wagon-lit*, e exibia um certo encanto apesar da presença do alto-falante do rádio, que não podia ser totalmente desligado, e de uma lâmpada azulada no teto azul que não podia ser apagada. As pareces eram azuis e a janela tinha cortinas de veludo azul que combinavam com o padrão do estofamento dos assentos. Uma pequena mesa separava os lugares, e sobre ela um abajur de cúpula de seda rosada iluminava os bancos.

A srta. Ryan me apresentou a nossos companheiros do Compartimento 6, Earl Bruce Jackson e sua noiva Helen Thigpen, que eu não conhecia.

Jackson é alto e magro, um sujeito ativo de olhos amendoados e rosto melancólico. Exibe um cavanhaque e mãos reluzentes de tantos anéis, diamantes, safiras e rubis. Trocamos um aperto de mão. "Paz, irmão, paz, esta é a palavra", ele disse, ao retomar sua atividade de descascar uma laranja, jogando as cascas no chão.

"Não, Earl", a srta. Ryan interferiu. "Esta não é a palavra. A palavra é mantenha tudo limpo. Jogue as cascas de laranja no cinzeiro. Afinal de contas", disse, olhando pela janela a tempo de ver ao longe as últimas luzes de Berlim Oriental, "este será nosso lar por um tempo muiiiito longo."

"Isso mesmo, Earl. Nosso lar", a sra. Thigpen reforçou.

"Paz, irmão, paz. Esta é a palavra. Diga isso aos meninos, lá em Nova York", Jackson falou, cuspindo um caroço.

A srta. Ryan começou a distribuir parte das provisões de última hora providenciadas pelos Breens. Com um suspiro, a srta. Thigpen recusou uma garrafa de cerveja e um sanduíche de salame. "Não sei o que vou comer. Nada disso combina com minha dieta. Desde que conheci Earl comecei um regime e já perdi quinze quilos. Cinco colheres de sopa de caviar fornecem cem calorias".

"Isso não é caviar. Tenha a santa paciência", disse a srta. Ryan, mesmo com a boca cheia de sanduíche de salame.

"Estou pensando no futuro", prosseguiu a srta. Thigpen, sombria. E bocejou. "Posso vestir o pijama? Vocês também deviam trocar de roupa, ficar mais confortáveis."

A srta. Thigpen, cantora lírica antes de entrar para *Porgy and Bess*, quatro anos antes, é uma mulher baixa, gorducha, excessivamente maquiada. Usa salto muito alto, chapéu muito alto e quantidades exageradas de Joy ("O Perfume Mais Caro do Mundo").

"Ei, minha linda", Jackson disse, admirando o esforço da noiva para ficar mais confortável. "O número é sete, sete, três, e a palavra é paz. Oba oba!"

A sra. Thigpen ignorou os comentários. "Earl", ela disse, "foi em São Paulo, querido?"

"Como é?"

"Onde ficamos noivos."

"Isso mesmo. São Paulo, Brasil."

A sra. Thigpen parecia aliviada. "Foi o que eu disse ao senhor Lyons. Ele queria saber. Escreve para um jornal. Você já o conheceu?"

"Já", Jackson disse. "Estive com ele."

"Já soube?". A srta. Thigpen falou, olhando para mim. "A respeito de nosso casamento em Moscou? Foi idéia de Earl. Eu nem sabia que estávamos noivos. Perdi quinze quilos, mas não sabia que estávamos noivos até Earl ter a idéia de nos casarmos em Moscou."

"Vai render uma bela história", Jackson disse, e embora estalasse os dedos cheios de anéis, seu tom era sério, pausado, como se estivesse pensando coisas muito sérias. "O primeiro casal negro norte-americano a se casar em Moscou. Dá primeira página. Fora a tevê." E se voltou para a srta. Thigpen. "Não quero que você fique comentando isso com aquele cara, o Lyons. Precisamos verificar primeiro se as vibrações magnéticas são favoráveis. Quando é uma coisa grande como essa, a gente precisa sentir a vibração certa."

A srta. Thigpen disse: "Vocês precisam ver o fraque de Earl para o casamento. Ele mandou fazer em Munique".

"Uma loucura, cara, uma loucura", Jackson disse. "Abas marrons e gola de cetim champanhe. Sapato combinando. E, para completar, arranjei um capote novo, com... como é que eles chamam... gola de pele de carneiro persa. Mas, cara, ninguém vai ver *nada disso*, até o Grande Dia."

Perguntei quando seria, e Jackson admitiu que ainda não haviam marcado a data. "O senhor Breen está providenciando tudo. Conversando com os russos. Vai ser um grande evento para eles, também."

"Claro", disse a srta. Ryan, recolhendo os caroços de laranja do chão. "Vai pôr a Rússia no mapa."

A srta. Thigpen se espreguiçou de pijama e se preparava para estudar uma partitura; contudo, parecia perturbada, incapaz de se concentrar.

“O que me preocupa é que não tem valor legal. Em nosso país, em muitos estados, não reconhecem casamentos feitos na Rússia.”

“*Quais* estados?”, Jackson perguntou, retomando uma discussão tediosa.

A srta. Thigpen pensou. “Vários”, disse, finalmente.

“É legal na capital, em Washington”, ele argumentou. “E nós moramos lá. Se é legal em nossa terra, qual a razão para sua preocupação?”

“Earl”, disse a srta. Thigpen, exasperada, “por que não vai procurar seus amigos e jogar um pouco de *Tonk*?”

O *Tonk*, popular entre alguns membros do elenco, é uma variação da cacheta e do buraco, jogada com cinco cartas. Jackson queixou-se de que seria inútil chamar as pessoas para formar a mesa. – Não temos onde jogar. Todos os jogadores foram colocados nas cabines de quem não gosta de jogar.

A porta de nosso compartimento se abriu e Ducky James, um inglês louro com cara de menino, assistente da produção, passou anunciando com sotaque *cockney*: “Se alguém quiser um drinque, montamos um bar em nossa cabine. Martínis... Manhattans... Scotch...”

“O Ducky não tem jeito!”, a srta. Thigpen disse. “Ele deu muita sorte. Não admira que esteja distribuindo bebida. Sabe o que aconteceu com ele? Pouco antes de entrarmos no trem, recebeu um telegrama. A tia morreu. E deixou noventa mil libras de herança.”

Jackson assobiou. “Quanto dá isso em dinheiro de verdade?”

“Duzentos e setenta mil dólares, aproximadamente”, explicou a srta. Thigpen, que disse, quando o futuro marido se levantou para sair da cabine: “Onde vai, Earl?”.

“Ver se Ducky gosta de jogar *Tonk*.”

Posteriormente recebemos a visita de Twerp, uma filhote de *boxer* inteiramente branca que entrou animada na cabine e se mostrou muito à vontade para fazer suas necessidades. Pertencia à responsável pelo guarda-roupa da trupe, Marilyn Putnam, uma jovem do Brooklyn. A srta. Putnam apareceu, chamando a cadelinha: "Twerp! Twerp! Ah, você está aí, sua danadinha. Ela não é danada?".

"Sim", disse a srta. Ryan, que de joelhos limpava o chão com uma folha de jornal. "Vamos morar aqui por um tempo, meu Deus do céu."

"Os russos não se importam", retrucou a srta. Putnam, na defensiva. Ela pegou a cachorrinha no colo e beijou sua testa. "Twerp andou fazendo sujeira pelo corredor inteiro – não foi, meu anjo? E os russos apenas sorriem. *Eles* entendem que ela é pequenininha." Ao dar meia volta para sair, quase colidiu com uma moça que surgira à porta, chorando. "Minha nossa, Delírio", ela disse à moça, "o que foi? Está doente?"

A moça fez que não com a cabeça. Seu queixo tremia, e dos olhos grandes escorriam lágrimas.

"Delírio, minha cara, não fique nervosa", disse a srta. Thigpen. "Sente-se, conte para nós o que aconteceu."

A moça sentou-se. Seu nome era Dolores Swann; a exemplo de muitos do elenco, porém, ganhara um apelido, no caso o apropriado Delírio. Cantora do coro, tinha cabelo ruivo cortado curto, como um *poodle*. Seu rosto pálido dourado é redondo como os olhos e tem a mesma inocência das coristas. Ela engoliu em seco e lamentou: "Perdi meus dois casacos. Os dois. Meu casaco de pele, e o azul também. Esqueci na estação. Eles não têm seguro nem nada".

A srta. Thigpen ficou boquiaberta. "Só você conseguiria fazer uma coisa dessas, Delírio."

"Mas não foi minha culpa", retrucou a srta. Swann. "Fiquei apavorada. Sabe, achei que iam me deixar para trás. Perdi o ônibus. Foi terrível, saí correndo para procurar um táxi e chegar à estação de trem. Ninguém queria ir para Berlim Oriental. Até que achei um homem que falava inglês e ficou com pena de mim, por isso aceitou a corrida. Foi terrível. A polícia nos parava a todo momento e fazia perguntas e queria ver os documentos. Eu tinha certeza de que ia morrer lá com polícia, os comunistas e outros. E nunca mais ver vocês."

O relato de suas dificuldades provocou o surgimento de novas lágrimas. A srta. Ryan serviu um *brandy* para ela, e a srta. Thigpen segurou a mão da moça, dizendo: "Está tudo bem, querida".

"Mas vocês podem imaginar como me senti, como fiquei aliviada ao chegar à estação, onde todo mundo estava. Vi que não tinham ido embora sem mim. Senti vontade de abraçar todo mundo. Pus os casacos de lado para abraçar Ducky. Depois que abracei Ducky, esqueci os casacos. Só me lembrei agora."

"Imagine só, Delírio", a srta. Thigpen disse, procurando um meio de consolá-la. "Você terá sido a única pessoa a ir para a Rússia sem levar um casaco."

"Eu sei de uma coisa mais excepcional que *todos nós* podemos nos orgulhar", disse a srta. Ryan. "E não é apenas excepcional, como também delirante: viajar para a Rússia sem nossos passaportes. Sem passaporte, sem visto, sem nada."

Meia hora depois a alegação da srta. Ryan perdeu parte da validade, pois quando o trem parou em Frankfurt-am-Odem, na fronteira com a Polônia, uma delegação de funcionários subiu no trem e, literalmente, jogou os passaportes tão aguardados pela companhia no colo de Warner Watson.

"Não compreendo", Watson disse, percorrendo o trem para entregar os passaportes a seus donos. "Hoje pela manhã me disseram na embaixada russa que os passaportes tinham ido para Moscou. Agora, subitamente, eles aparecem na fronteira polonesa."

A srta. Ryan rapidamente folheou seu passaporte e viu que as páginas onde deveria haver um visto russo permaneciam em branco. "Meu Deus, Warner. Aqui não tem nada."

"Eles emitiram um visto coletivo. Ou vão emitir, não sei direito", Watson disse, a voz tímida e cansada reduzida a um fio rouco. Em volta dos olhos congestionados as manchas escuras de cansaço pareciam maquiagem, em contraste com a pele acinzentada.

"Mas, Warner..."

Watson ergueu a mão para interrompê-la, contrariado. "Isso é desumano" disse. "Preciso descansar um pouco. Vou pular na cama e ficar lá até chegarmos a Leningrado."

"Que pena", a srta. Ryan comentou após a saída de Watson. "Adoro suvenires, lamento que não tenham carimbado meu passaporte."

A parada do trem na fronteira duraria quarenta minutos. Resolvi sair e dar uma espiada nos arredores. A porta de saída no final do carro estava aberta, e desci os degraus minúsculos de ferro que conduziam aos trilhos. Vi adiante as luzes da estação, uma luminária vermelha encoberta pela neblina, a balançar. Mas onde eu me encontrava estava escuro, exceto pelos quadrados amarelados das janelas do trem. Caminhei, acompanhando os trilhos, apreciando o frio, pensando se estaria na Alemanha ou na Polônia. De repente, notei sombras a correr na minha direção, figuras que se transformaram mais de perto em três soldados de rosto pálido inescrutável com casacos na altura dos joelhos, meio esquisitos, e rifles com baioneta presos ao ombro por tiras. Eles me encararam em silêncio. Depois, um deles apontou para o trem; rosnou e ordenou com um gesto que eu voltasse para dentro. Recuei, marchamos os quatro enquanto eu dizia em inglês que lamentava, não sabia que os passageiros não podiam descer do trem. Não recebi resposta, apenas outro gesto e outro grunhido. Subi no trem e acenei para eles, que não retribuíram o aceno.

"Meu caro, você não deveria ter *saído*", disse a sra. Gershwin, quando passei por seu compartimento, na volta. "Não mesmo. Não é seguro." A sra. Gershwin e mais uma pessoa eram os únicos a ocupar uma cabine exclusiva. (O outro era Leonard Lyons, que obteve o privilégio da privacidade ao ameaçar descer do trem caso seus companheiros de cabine, Herman Sartorius e Warner Watson, não fossem removidos. "Nada pessoal", declarou. "Mas sou um trabalhador. Preciso produzir mil palavras por dia. Não consigo escrever com um monte de gente me rodeando." Sartorius e Watson foram obrigados a repartir uma cabine com Ira Wolferts. Quanto à sra. Gershwin, ela desfrutava a condição exclusiva por mérito, na opinião da produção. "Ela merece. É uma Gershwin." Sem descartar os diamantes, a sra. Gershwin vestira calças compridas e suéter; prendera o cabelo com fitas e calçara pantufas fofas. "Deve fazer um frio daqueles, lá fora. Vi neve no chão. Você deveria tomar um chá quente. Hummm, está uma delícia", ela disse, bebericando um chá escuro, quase preto, num copo alto instalado num apoio de prata, com cabo de prata. "Aquele senhor gentil preparou o chá no samovar."

Saí em busca do homem do chá, o atendente do vagão 2. Mas, quando o encontrei no final do corredor, ele estava atrapalhado com outro problema, não com o samovar quente. Twerp, a cachorrinha, saltava por entre suas pernas e latia, mordendo a perna da calça. Além disso, enfrentava uma entrevista intensa. Lyons fazia as perguntas e Robin Joachim se encarregava da tradução. Miúdo e rústico, o russo tinha o rosto achatado como o de um pequinês enrugado, que indicava mais deficiências nutricionais do que idade avançada. Sua boca exibia dentes de aço, e as pálpebras caídas davam a impressão de que ele pegaria no sono a qualquer momento. Enquanto preparava o chá e lidava com Twerp ele respondia as questões rápidas e sucessivas de Lyons como uma dona de casa a conversar com o recenseador. Ele declarou ser de Smolensk. Disse que sentia dores nos pés, que as costas o atormentavam, que vivia com dor de cabeça por excesso de trabalho. Disse que só ganhava duzentos rublos por mês (cinqüenta dólares, na verdade muito menos em termos de poder aquisitivo) e que se considerava mal pago. E confessou que, sim, adoraria ganhar gorjeta.

Lyons interrompeu as anotações e disse: "Não sabia que eles podiam se queixar assim. A julgar pelo que ouvi, este sujeito está descontente".

O atendente serviu meu chá e ofereceu, simultaneamente, um cigarro seu de um maço amarrotado. Era dois terços filtro e um terço tabaco, o suficiente para sete ou oito tragadas de fumo forte, que eu não apreciei até o fim, pois quando retornava a meu compartimento o trem deu um solavanco tão abrupto que o chá e o cigarro saíram voando.

Marilyn Putnam pôs a cabeça para fora, no corredor. "Minha nossa", disse, observando o estrago. "Twerp fez isso?"

No compartimento 6 as camas haviam sido arrumadas para aquela noite, e a bem da verdade para o percurso todo, pois nunca foram arrumadas novamente. Lençóis limpos de tecido rústico, travesseiro barulhento com cheiro de mato, um único cobertor fino. A srta. Ryan e a srta. Thigpen deitaram-se para ler um pouco, após abaixarem o volume do rádio até onde foi possível e abrirem uma fresta de um dedo na janela.

A sra. Thigpen bocejou e perguntou para mim: "Você viu Earl, querido?".

Respondi que sim. "Está ensinando Ducky a jogar *Tonk*."

"Ah!", a srta. Thigpen retrucou, sorrindo sonolenta. "Isso quer dizer que Earl só voltará para casa muito tarde."

Tirei o sapato e deitei-me na cama, pensando em trocar de roupa em seguida. Na cama de cima do beliche eu ouvia a srta. Ryan resmungando sozinha, como se lesse em voz alta. Descobri depois que estudava russo com o objetivo de usar um livro velho de frases em russo e inglês lançado pelo exército norte-americano após a guerra para ajudar soldados americanos que porventura entrassem em contato com os russos.

"Nancy", disse a srta. Thigpen em tom de criança que pedia uma história antes de dormir. "Nancy, diga alguma coisa em russo."

"A única coisa que aprendi até agora é *Awr-ga-nih-ya rannen...*" a srta. Ryan parou. Tomou fôlego: "*...V-pa-lavih-yee*! Uau! Eu só queria aprender o alfabeto. Para ler as placas na rua."

"Mas estava muito bom, Nancy. O que significa?"

"Significa 'fui ferido nas partes íntimas'."

"Ora, Nancy", a srta. Thigpen disse, "por que diabos você resolveu decorar uma frase dessas?"

"Durma", a srta. Ryan disse, apagando a luz de leitura.

A srta. Thigpen bocejou de novo. Puxou as cobertas até o queixo. "Vou fazer isso, mesmo."

Logo, ali deitado, tive a impressão de que a quietude se espalhava pelo trem, escorrendo pelos vagões feito a cor invernal das lâmpadas azuladas. O gelo começava a se acumular nos cantos da janela, parecia uma teia de aranha tecida ao contrário. No rádio, baixinho, um conjunto de balalaicas tocava música febril; num curioso e solitário contraponto, alguém ali perto tocava uma gaita.

"Ouça", sussurrou a srta. Thigpen, chamando a atenção para a gaita. "É o Junior", explicou, referindo-se a Junior Mignatt, um artista ainda adolescente. "Não acha que o menino se sente solitário? Ele é do Panamá. Nunca viu neve na vida."

"Durma", disse a srta. Ryan. O rugir do vento norte na janela parecia repetir seu comando. O trem entrou sibilando num túnel. Para mim, que dormi de roupa e tudo, a travessia do túnel durou a noite inteira.

O frio me acordou. Entrava neve pela fresta na janela. Ao pé do meu leito o tanto acumulado dava para fazer uma bola de neve. Levantei-me, contente por ter ido dormir de roupa, e fechei a janela, embaçada por uma camada de gelo. Esfreguei um pouco até conseguir enxergar lá fora. Vi sinais de sol na fímbria do horizonte, embora ainda estivesse escuro e os traços das cores matinais não passassem de peixinhos dourados a nadar na tinta. Aproximávamo-nos da periferia de uma cidade. Moradias rurais iluminadas por velas deram lugar a melancólicos blocos de apartamentos iguais, todos de bloco de cimento. O trem roncava por cima de uma ponte que cruzava uma rua. Lá embaixo, um bonde frágil lotado de pessoas a caminho do serviço inclinou-se na curva feito um trenó instável. Momentos depois parávamos numa estação, que concluí então ser Varsóvia. Na plataforma mal-iluminada e cheia de neve grupos de homens se mantinham próximos, batendo os pés e tapando as orelhas. Notei que o atendente do nosso carro, o sujeito do chá, unira-se a um dos grupos. Ele fez um gesto na direção do trem e falou algo que fez os outros rirem. Uma explosão de fumaça de bocas encheu o ar. Ainda rindo, vários homens se aproximaram do trem. Deitei-me novamente, pois obviamente pretendiam espiar pelas janelas. Um após o outro seus rostos distorcidos grudaram no vidro. Depois de algum tempo, ouvi um grito abafado. Vinha da cabine à frente, e a voz era de Dolores Swann. Gritos eram esperados de quem acordasse e visse, através da janela, uma daquelas máscaras de gelo. Embora não fosse o suficiente para acordar companheiros de viagem, esperei alguma comoção no carro, mas a quietude retornou, exceto por Twerp, que começou a latir estridente, a intervalos regulares.

Quando abri os olhos, às dez, cruzávamos um mundo selvagem e cristalino de rios congelados e campos cobertos de neve. Aqui e ali, como letras impressas no papel, grupos de abetos interrompiam a brancura. Revoadas de corvos cruzavam o céu duro e brilhante como o gelo.

"Cara", Earl Bruce Jackson falou ao acordar, coçando-se sonolento enquanto espiava pela janela. "Vai por mim. Aqui eles não plantam laranja."

O lavatório no carro 2 era um cômodo desolador, gelado. Havia uma pia enferrujada com as duas torneiras de costume, quente e fria. Infelizmente, as duas forneciam um fiozinho de água frígida. Naquela primeira manhã uma longa fila de homens esperava na porta do banheiro, com a escova de dentes numa das mãos e o aparelho de barba na outra. Ducky James teve o bom senso de pedir ao atendente, ocupado em acender o fogareiro a carvão sob o samovar, para abrir mão de um pouco da água do chá, "dando a nós todos a chance de um barbear decente". Todos consideraram a idéia esplêndida, exceto o russo. Quando traduziram o pedido o sujeito olhou para o samovar como se estivesse cheio de diamante derretido. Depois, tomou uma atitude curiosa.

Ele se aproximou de cada um dos homens e passou a ponta do dedo no rosto do sujeito, examinando o tamanho da barba. A ternura com que agia comoveu o grupo. "Cara", Ducky James disse, "ele é muito carinhoso, sem dúvida."

Mas o atendente concluiu a pesquisa com um meneio. Com a cabeça, disse não, *nyet*, ele não pretendia ceder água quente. A condição das barbas dos cavalheiros não justificava tamanho sacrifício, e além do mais o homem "realista" supunha que, numa viagem, ficaria sem se barbear. "Minha água é para o chá", disse. "Quente, doce, boa para o espírito."

Levei um copo de chá quente comigo para o banheiro. Usei o líquido para escovar os dentes e depois o misturei com sabão para fazer espuma de barba. Meio grudenta, mas satisfatória.

Em seguida comecei as visitas, pois me sentia limpo e elegante. O ocupante do compartimento 1, Leonard Lyons, mantinha um diálogo profissional com Earl Bruce Jackson. Obviamente Jackson superara o medo de que Lyons não tivesse as "vibrações favoráveis", pois descrevia a ele em detalhes como seria o aguardado casamento em Moscou.

"Sensacional. Realmente incrível, Earl", Lyons disse, enquanto anotava tudo. "Abas marrons. Gola de cetim champanhe. E quem vai ser seu padrinho?"

Jackson explicou que convidara Warner Watson para a função. Lyon se mostrou relutante em aprovar a escolha. "Sabe", ele disse, batendo no joelho de Jackson, "você já pensou em convidar alguém importante?"

"Quem, por exemplo?"

"Alguém como *Krushev*", Lyons disse. "Ou *Bulganin*."

Jackson estreitou os olhos, como se não soubesse se Lyons falava a sério ou zombava dele. "Mas eu já convidei Warner. No entanto, considerando as circunstâncias..."

"Claro", Lyons disse. "Warner vai entender."

Mesmo assim, Jackson ainda tinha vestígios de dúvidas. "Acha que o senhor Breen pode providenciar isso? Arranjar um cara assim?"

"Ele vai tentar", Lyons disse. "E só a tentativa já pode lhe garantir a primeira página."

"*C'est* demais", Jackson disse, olhando para Lyon com admiração perfeita. "Uma loucura, cara, demais mesmo."

Adiante, no corredor, visitei os Wolferts, que compartilhavam a cabine com Herman Sartorius e Warner Watson, o par expulso por Lyons, o último em mais de um modo. Mas Watson ainda dormia, ignorando sua iminente dispensa como padrinho de Jackson. Sartorius e Ira Wolfert estavam sentados com um mapa imenso aberto à frente deles, e a sra. Wolfert, envolta pelo casaco de pele, debruçava-se sobre um manuscrito. Perguntei se mantinha um diário.

"Sem dúvida. Mas agora estou num poema. Trabalho nele desde janeiro último. Pensei que conseguiria terminá-lo no trem. Mas, do jeito que estou me sentindo...", ela disse, desanimada. "Não preguei o olho na noite passada. Minhas mãos estão geladas. A cabeça gira, cheia de sensaçoes. Nem mesmo sei onde estou."

Sartorius colocou o dedo obstinado num ponto do mapa. "Vou lhe dizer onde estamos. Passamos por Lídice. Agora, temos pela frente mais umas cinco horas na Polônia, até chegar a Brest Litovsk."

Brest Litovsk seria a primeira parada na Rússia. Muita coisa deveria acontecer por lá. As rodas do trem seriam substituídas para caberem nos trilhos mais largos da Rússia; um vagão-restaurante seria acrescentado à composição, e, mais importante, representantes do Ministério da Cultura encontrariam a companhia e viajariam com o elenco até Leningrado.

"Isso me faz lembrar os Estados Unidos", Ira Wolfert disse, apontando para a paisagem áspera com o cachimbo. "Algumas partes do Oeste."

Sartorius concordou com um movimento da cabeça. "Wyoming no inverno."

De volta ao corredor encontrei a srta. Ryan, ainda em seus trajes de dormir, uma camisola de flanela vermelha. Ela pulava num pé só, pois o outro entrara em contato com uma amostra do péssimo comportamento de Twerp.

Cumprimentei-a: "Bom-dia".

Ela disse: "*Não fale comigo*", e saiu pulando na direção do banheiro.

Fui em seguida para o carro 3, onde as famílias estavam instaladas. Ali ficavam pais e filhos. As aulas já haviam acabado; ou seja, as crianças terminaram os deveres matinais e conseqüentemente brincavam animadas. Aviões de papel voavam pelo vagão. Desenhavam caricaturas nos vidros embaçados. O atendente russo, que parecia ainda mais sombrio e atormentado que seu colega do carro 2, estava tão ocupado protegendo os bens soviéticos que não percebeu o que ocorria com seu samovar. Dois meninos haviam assumido o controle do equipamento e assavam salsichas. Um deles, Davy Bey, ofereceu-me uma mordida. "Bom, né?". E eu concordei, ótimo. Bem, ele disse, se eu tinha gostado tanto, podia ficar com o resto. Ele já havia comido quinze.

"Viu os lobos?". Perguntou.

Um amigo mais velho, Gail Barnes, disse: "Pare de inventar histórias, Davy. Não há lobos. Eram apenas cachorros comuns".

"Eram lobos." Davy insistiu, com seu narizinho arrebitado e olhos maliciosos. "Todo mundo viu. Pela janela. Eles *pareciam* cães. Pastores alemães, só que menores. E estavam correndo uns atrás dos outros, no meio da neve. Dava a impressão de que se divertiam muito. Eu poderia ter matado um. Looooooobos", uivou, e me cutucou na barriga com uma pistola de cowboy.

Gail esperava contar com minha compreensão. "Davy é apenas uma criança." Gail, cujo pai, Irving Barnes, faz o papel de Porgy, em rodízio, tem onze anos e é a mais velha das seis crianças da companhia, que em sua maioria desempenham pequenos papéis no espetáculo. Por ser a maior, desenvolveu um sentido de responsabilidade em relação às outras crianças, como se fosse a irmã mais velha, e as trata com simpatia madura, com uma firmeza gentil que serviria de exemplo a qualquer governanta. "Com licença", disse, olhando para o corredor, onde alguns de seus pupilos conseguiram abrir a janela para a entrada das rajadas de vento ártico. "Creio que é melhor dar um jeito nisso."

Antes de realizar sua missão, porém, a própria Gail foi arrastada novamente a seu mundo infantil. "Olhe", ela gritou, debruçando-se pela janela que pretendia fechar. "Olhem, meninos... *pessoas!*"

As pessoas eram duas crianças pequenas que patinavam num lago comprido como uma fita, na fímbria de um bosque branco. Elas patinavam o mais depressa que conseguiam, tentando acompanhar a velocidade do trem, e quando este as superou elas abriram os braços, como se quisessem apanhar os gritos de incentivo e os beijos lançados por Gail e seus amigos.

Enquanto isso, o atendente russo percebeu fumaça a sair de seu samovar. Tirou salsichas torradas do fogo e as jogou no chão. Depois, chupando os dedos queimados e dizendo frases que, a julgar pelo tom, utilizavam um vocabulário também incendiário, correu para fechar a janela e afastar as crianças do local.

"Ah, não seja desmancha-prazeres", Davy disse. "Estamos nos divertindo, só isso."

Os restos do almoço composto de frutas e queijo estavam espalhados pela mesa (e pelo carpete) do compartimento 6. O sol do meio da tarde refletia numa taça de Chianti que a srta. Ryan empunhava e girava em sua mão. "Adoro vinho", disse com fervor. "Comecei a beber quando tinha doze anos. Muito. Não sei como não caí na bebida." Ela tomou um gole e suspirou de contentamento, refletindo o espírito geral. A srta. Thigpen e seu noivo, que também haviam tomado Chianti, estavam abraçados num canto de seu assento, e a cabeça dela se aninhara no ombro dele. O encanto preguiçoso foi quebrado por uma batida na porta, e alguém disse: "É isso aí. Estamos na Rússia".

"Em seus lugares, por favor", a srta. Ryan disse. "Vai começar o espetáculo."

Os primeiros sinais de proximidade da fronteira manifestaram-se: torres de vigia altas em madeira, não muito diferentes das que existiam nas penitenciárias agrícolas do Sul. Espalhadas a intervalos regulares, marchavam através do nada como gigantescos postes telefônicos. No mais próximo avistei um homem que vigiava o trem, usando binóculos. A composição reduziu a velocidade na curva e parou. Estávamos no pátio de manobras, rodeados por um labirinto de trilhos e vagões de carga. Era a fronteira soviética, a quarenta minutos de Brest Litovsk.

Ao longo dos trilhos grupos de mulheres com as cabeças cobertas por xales, como se fossem a versão de lã do véu muçulmano, empunhavam picaretas, removiam neve com pás e só paravam para assoar o nariz com a mão vermelha esfolada. As poucas que ergueram a vista para o Expresso Azul receberam olhares hostis dos guardas que circulavam com as mãos nos bolsos do capote.

"Mas vejam só que *vergonha*", disse a srta. Thigpen. "As damas fazem todo o serviço, enquanto os homens ficam olhando. Que horror!"

"Aqui é assim mesmo, querida", Jackson disse, bafejando em um dos anéis de rubi, que depois esfregou na lapela. "Todos os homens são Sportin' Life*."

"Quero ver alguém me tratar desse jeito", desafiou a srta. Thigpen, contrariada.

"Devo admitir", a srta. Ryan falou, "que os homens são simplesmente divinos." Seu interesse se concentrava num par de guardas que passava debaixo da janela, tipos altos, fortes e taciturnos com lábios finos e rostos crestados pelo vento. Um deles ergueu a vista e, ao ver os olhos azuis e cabelos dourados da srta. Ryan, perdeu o passo. A srta. Ryan murmurou: "Oh, mas não seria terrível?".

"O que seria terrível, querida?", perguntou a srta. Thigpen.

"Se eu me apaixonasse por um russo", a srta. Ryan respondeu. "Não seria o fim absoluto? A bem da verdade, era exatamente isso que minha mãe temia. Ela disse que eu não precisava me dar ao trabalho de voltar para casa, se me apaixonasse por um russo. Mas..." acrescentou, sem conseguir tirar os olhos do guarda, "... se todos forem *assim*..."

De repente, o admirador da srta. Ryan não teve mais tempo para flertar. Uniu-se ao pequeno exército russo que perseguia Robin Joachim no pátio. Joachim, entusiasta confesso da arte fotográfica, desobedecera as regras ao descer do trem e depois agravou seu crime ao tirar fotografias. Agora corria em ziguezague pelos trilhos, evitando por pouco o golpe desferido pela pá de uma das trabalhadoras, e bem a tempo de desviar de um dos guardas.

"Tomara que o peguem", comentou friamente a srta. Ryan. "Ele e aquelas máquinas idiotas. Eu sabia que isso ia acabar em encrenca."

Joachim, contudo, mostrou que era um jovem ardiloso. Desviando de seus perseguidores, conseguiu subir no trem e correr para seu compartimento para jogar o capote, a câmera e

* Sportin' Life é um traficante de drogas da peça *Porgy and Bess*. (N. do E.)

o boné debaixo do banco e, para alterar sua aparência, tirou os óculos de aro de tartaruga. Segundos depois, quando os soviéticos furiosos subiram a bordo, ele calmamente reassumiu sua função de intérprete e os ajudou a caçar o contraventor, numa busca que não poupou nenhum compartimento. Warner Watson, perturbado em sua soneca, foi quem menos se divertiu com a situação. Prometeu que Joachim ia ver só uma coisa. "Este não é o jeito de começar um intercâmbio cultural."

O incidente provocou um atraso de 45 minutos no trem, além de outras repercussões, uma delas envolvendo Twerp, pois os russos, no decorrer de sua busca, ficaram chocados com as condições do carro 2, por culpa da cadelinha. A dona de Twerp, Marilyn Putnam, disse depois: "Fui clara com eles. Eu falei que não podíamos sair do trem. O que mais ele esperava? Isso fez com que calassem a boca".

Eles chegaram a Brest Litovsk no crepúsculo luminoso. Estátuas de heróis políticos, pintadas de prateado como as figuras baratas vendidas na Woolworth's, os saudaram durante o derradeiro quilômetro de trilhos que conduzia à estação, situada numa elevação que permitia a visão parcial das luzes azuladas da cidade, dominada por uma catedral ortodoxa cujo domo em forma de cebola e torres em mosaico ainda projetavam, apesar da luz fugidia, suas cores orientais.

Na companhia corria o rumor de que poderíamos descer do trem ali e, quem sabe, enquanto trocavam as rodas e acrescentavam o vagão-restaurante, receber permissão para passear pela cidade. Leonard Lyons era o mais ansioso para que isso acontecesse. "Não consigo escrever mil palavras por dia sentado num trem. Preciso de ação." Lyon chegara ao ponto de discutir com o elenco o tipo de ação de sua preferência. Ele queria que os atores percorressem Brest Litovsk cantando *spirituals**. "Dá uma boa matéria, mostra

---

* Música religiosa extremamente emotiva desenvolvida entre os negros do Sul dos Estados Unidos. (N. do E.)

as qualidades do elenco. Não sei como Breen não pensou nisso." Quando o trem parou, as portas se abriram, mas imediatamente se fecharam outra vez, após admitirem a delegação do Ministério da Cultura vinda de Moscou, composta por cinco membros.

Um dos emissários era uma senhora de meia-idade com cabelo desalinhado e, exceto pelos olhos, um rosto que parecia maternal. Os olhos, cinza-chumbo pontilhados de branco-leite, exibiam uma imutabilidade que não combinava com a expressão cordial. Usava capote preto e um vestido preto que formava uma papada na altura do peito, por causa do peso de uma rosa de marfim. Ela se apresentou e depois apresentou os colegas, pronunciando os nomes como se fosse um trava-língua: "Apresento meus colegas. Sascha Menasha Tiomken Kerinsky IvorsIvanovich Nikolai Savchenko Plesitskya Grutchenko Ricki Somanenko..."

Com o tempo os norte-americanos deslindariam e simplificariam os nomes, até seus donos se tornarem familiares como a srta. Lydia. Henry, Sascha e Igor, jovens funcionários do segundo escalão do Ministério que, a exemplo da srta. Lydia, de meia-idade, haviam sido designados para trabalhar como intérpretes para a companhia. Mas o quinto membro do quinteto, Nikolai Savchenko, não era um sujeito a quem se poderia chamar de Nick. Importante funcionário do Ministério, Savchenko era o responsável pela excursão de *Porgy and Bess*.

Vítima de um queixo ligeiramente retraído, olhos meio arregalados e tendência à obesidade, ele era mesmo assim uma figura formidável – mais de um metro e oitenta, atitude firme, sem dispersões, e um aperto de mão de quebra-noz. A seu lado os jovens assistentes mais pareciam crianças doentes, embora dois deles, Sascha e Igor, fossem rapazes cujos ombros mal cabiam nos capotes de gola de pele; e Henry, um baixinho de orelhas enormes tão vermelhas que pareciam roxas, compensava com vivacidade o que lhe faltava em estatura.

Era natural uma reação desajeitada da srta. Lydia e seus rapazes à situação, em seu primeiro contato com ocidentais; era compreensível que hesitassem na hora de testar o inglês tediosamente aprendido no Instituto de Línguas Estrangeiras de Moscou e jamais praticado com estrangeiros de verdade; perdoável que encarassem fixamente os norte-americanos, como se fossem peões num jogo de xadrez. Mas Savchenko também dava a impressão de estar constrangido, como se preferisse uma temporada na Lubyanka àquela tarefa. O que também era desculpável; embora curioso, quando se levava em conta que por dois anos, durante a guerra, ele havia servido como conselheiro na embaixada soviética em Washington. Mesmo assim, parecia considerar os norte-americanos uma novidade tão avassaladora que por um momento ele deu a impressão de não falar inglês. Fez um curto discurso de boas-vindas em russo rústico, depois traduzido pela srta. Lydia. "Esperamos que tenham feito boa viagem. Uma pena que tenham vindo no inverno. Não é a melhor época do ano. Mas temos um ditado aqui, antes tarde do que nunca. Sua visita é um passo na marcha rumo à paz. Quando os canhões falam, as musas se calam; quando os canhões se calam, as musas são ouvidas."

A metáfora das musas e canhões, que se mostraria uma das favoritas de Savchenko, como principal sentença dos discursos futuros, fez sucesso imediato entre os ouvintes. ("Que coisa mais linda." "Muito bem, senhor Savchenko." "Nota dez, cara."). E Savchenko, estimulado pelo sucesso, começou a relaxar e decidiu que não havia razão para manter a companhia aprisionada no trem. Por que não descíamos à plataforma para ver a troca das rodas?

Lá fora, Lyons reuniu o grupo, tentando formar um coral. Mas a temperatura, dez graus negativos, não estimulava arroubos musicais. Além disso, boa parte dos felizardos que conseguiram escapar do interior do Expresso Azul, após um breve período de exposição ao frio, aglomeravam-se na porta, querendo voltar para dentro. Os intrépidos que restaram viram anoitecer enquanto os trabalhadores de ambos os sexos desatrelavam os vagões e os erguiam até a altura de um homem. As rodas antigas, soltando faísca, eram empurradas para longe do trem, enquanto do sentido oposto as novas, de bitola larga, deslizavam até a posição correta. Ira Wolfert considerou a operação "muito eficiente", no conjunto; Herman Sartorius a classificou de "impressionante"; mas a srta. Ryan disse que era "uma chateação danada", e que me pagaria uma vodca se eu a acompanhasse até a estação.

Ninguém nos impediu. Atravessamos uma centena de metros de trilhos, percorremos uma viela enlameada entre galpões e chegamos ao que parecia uma combinação de estacionamento com mercado. Quiosques profusamente iluminados rodeavam a área descampada, como velas acesas num bolo. Curioso foi descobrir que todos os quiosques vendiam os mesmos produtos: salmão Red Star enlatado, sardinhas Red Star, frascos empoeirados do perfume Kremlin, caixas empoeiradas de doces Kremlin, tomates em conserva, fatias de bacon cabeludo entre pedaços de pão acinzentado, bebidas estranhas, pães redondos que davam a impressão de terem sido assados em julho. Embora o movimento nos quiosques fosse intenso, o item mais procurado não se encontrava à venda em nenhum deles. Estava nas mãos particulares de um vendedor ambulante, um chinês idoso que portava uma bandeja de maçãs. Eram maçãs enrugadas e miniaturizadas como ele, mas a fila de interessados ficou desconsolada quando as últimas evaporaram. No final do campo alguns degraus conduziam à entrada principal da estação, e o chinês, depois de dobrar a bandeja, seguiu até lá e sentou-se ao lado de um amigo. O amigo era um mendigo enrolado num capote velho do exército, com um par de muletas no chão, como asas de um pássaro ferido. Uma a cada três ou quatro pessoas que passavam por ali deixava uma moeda em sua mão. O chinês lhe deu algo, também. Uma maçã. Guardara uma para o mendigo e outra para si. Os dois amigos comeram as maçãs encostados um no outro, por causa do frio penetrante.

O lamento constante de um apito de trem parecia fundir o par que comia maçãs, os quiosques, os passantes de capotes com gola de pele e rosto de morcego numa única imagem esfumaçada de seu som incômodo. "Nunca senti saudades de casa. Nunca na vida" informou a srta. Ryan. "Às vezes, porém, meu Deus do céu", ela disse, subindo os degraus depressa, para abrir a porta da estação, "às vezes a gente se sente *muito* longe de casa."

Como Brest Litovsk é um dos entroncamentos ferroviários estratégicos da Rússia, sua estação está entre as maiores do país. Em busca de um lugar onde pudéssemos tomar um drinque exploramos corredores amplos e uma série de salas de espera, a principal delas era mobiliada com belos bancos de carvalho, ocupados por muitos passageiros com poucas bagagens. Levavam crianças e embrulhos de papel no colo. Os pisos de pedra, sujos de barro preto, dificultavam a caminhada de tão lisos, e havia no ar um odor, uma saturação tão pesada que mais parecia um tipo de pressão do que um cheiro. Quem passa por Veneza costuma comentar os odores vívidos da cidade. Os locais públicos da Rússia, os terminais e lojas de departamentos, os restaurantes e teatros também possuem um odor facilmente reconhecível. A srta. Ryan, ao senti-lo pela primeira vez, comentou: "Puxa vida, eu não ia querer um frasco desse negócio. Meias sujas e um milhão de bocejos".

Em busca do bar, começamos a abrir portas ao acaso. A srta. Ryan entrou numa sala e saiu afobada. Era o banheiro masculino. Então, vendo dois bêbados saírem cambaleando de uma porta vermelha, ela concluiu: "Ali está o lugar que procuramos". A porta vermelha dava para um restaurante extraordinário. Do tamanho de um ginásio, dava a impressão de ter sido decorado para um baile de formatura por um comitê de gosto vitoriano. Cortinas pesadas de veludo vermelho escuro pendiam nas paredes. Candelabros de eras passadas distribuíam um brilho tropical sobre a selva de toalhas de mesa manchadas de borscht e plantas mirradas a definhar. O *maître* parecia adequado àquele ambiente grandioso e decadente. Tinha pelo menos oitenta anos, era um patriarca de barba branca e olhos ferozes que nos encarou através da nuvem de fumaça como se questionasse nosso direito de entrar ali.

A srta. Ryan sorriu para ele e disse: " Vodca, *pjolista*". O ancião a encarou com hostilidade renovada e pouca compreensão. Ela tentou variações de pronúncia: "Voedca... vadca... vudca", e chegou a fazer um pouco de mímica. "O coitado é surdo", disse, e gritou: "*Vodca*. Pelo amor de Deus".

Embora mantivesse a expressão imutável, o ancião nos mandou segui-lo, com um gesto, e seguiu o costume russo de pôr estranhos juntos, acomodando-nos numa mesa com dois homens. Os dois bebiam cerveja, e o velho apontou para o copo, como se perguntasse se era o que queríamos. A srta. Ryan fez que sim, resignada.

Nossos companheiros de mesa eram duas figuras raras. Um deles, o rapaz corpulento de cabeça raspada que usava uma espécie de uniforme desbotado, estava meio embriagado, condição surpreendentemente compartilhada por uma boa parte da clientela do restaurante, em sua maioria homens, muitos a falar alto ou resmungar sozinhos com a cara na mesa. O segundo sujeito era um enigma. Pela aparência, poderia ser sócio de Herman Sartorius em Wall Street, o tipo de pessoa que ficaria melhor jantando no Pavillon do que tomando cerveja em Brest Litovsk. Seu terno estava bem passado, e dava para ver que ele não o havia feito em casa. Usava abotoaduras de ouro e era o único homem no salão a usar gravata.

Após um momento o soldado de cabeça raspada falou com a srta. Ryan: "Lamento, mas não falo russo", ela respondeu. "Somos norte-americanos. *Amerikansky*." Sua declaração teve como efeito torná-lo sóbrio. Seus olhos avermelhados lentamente entraram em foco. Ele se voltou ao senhor bem-vestido e fez um longo discurso, recebendo como resposta no final algumas frases bem-construídas, que soavam frias. Ocorreu uma rápida discussão entre eles, depois o soldado se levantou e foi para outra mesa, levando a cerveja, e ficou lá sentado, de cara amarrada. "Bem", disse a srta. Ryan, "nem todos os homens são atraentes, com certeza." Depois ela avaliou o homem que aparentemente nos defendeu, o sujeito bem-vestido: "Muito atraente. Um tipo meio Otto Kruger. Gozado, sempre gostei de homens mais velhos. Pare de encarar. Ele vai perceber que estamos falando a seu respeito. Veja só", ela disse, chamando minha atenção para as abotoaduras e unhas limpas, "será que existem milionários na Rússia?"

A cerveja chegou. Uma garrafa de um litro e dois copos. O *maître* serviu dois dedos no meu copo, depois esperou, atento. A srta. Ryan entendeu antes de mim. "Ele quer que você a experimente, como se fosse vinho." Ergui o copo, pensando se experimentar a cerveja era um costume soviético comum, ou uma cerimônia de equivocada elegância czarista que o ancião revivera para nos impressionar. Bebi um pouco, balancei a cabeça e o senhor encheu nossos copos, orgulhoso, com a cerveja morna sem espuma. De repente, a srta. Ryan disse: "Não beba isso! Estamos perdidos!". Eu retruquei que a cerveja não era assim tão ruim. "Você não entendeu, estamos encrencados", ela disse. "Meu Deus, não tenho como pagar isso. Esqueci completamente que não temos rublos."

"Gostariam de ser meus convidados?" Indagou uma voz suave em inglês de acento impecável. Era o sujeito bem-vestido quem falara, e embora seu rosto mantivesse a mesma expressão, os olhos, de um azul nórdico intenso, brilhavam com um deleite de quem se divertia muito com nosso constrangimento. "Não sou um milionário russo. Eles existem, sim, conheço alguns. Seria um prazer oferecer um drinque a vocês. E não há necessidade de pedir desculpas", disse, reagindo às explicações gaguejadas pela srta. Ryan. "Foi um prazer imenso. Muito original. É muito difícil encontrar norte-americanos nesta parte do mundo. Vocês são comunistas?"

Após explicar que não, a srta. Ryan explicou onde íamos e qual o motivo da viagem. "Ainda bem que vão a Leningrado primeiro. Cidade adorável. Muita calma, bem européia, o único lugar na Rússia onde eu poderia viver, não que eu more lá, mesmo assim... gosto de Leningrado. Não se parece em nada com Moscou. Estou a caminho de Varsóvia, depois de passar duas semanas em Moscou. Equivale a dois meses em qualquer outro lugar." Ele explicou que era norueguês e que sua atividade madeireira o obrigava a passar várias semanas por ano na União Soviética desde 1931, o que deixara de fazer apenas durante a guerra. "Falo bem o idioma, e entre amigos não me incomodo de ser considerado autoridade em Rússia. Mas, para ser honesto, não posso afirmar que compreendo melhor o país do que em 1931. Sempre que vou a seu país – estive lá uma meia dúzia de vezes – fico impressionado, pois os norte-americanos são o único povo que me faz lembrar dos russos. Não se importam que eu diga isso, espero. Os norte-americanos são muito generosos. Dispostos. E debaixo de toda a arrogância eles têm um desejo enorme de serem amados, querem que alguém os mime como se fossem cães ou crianças e lhes digam que são tão bons e até melhores do que os outros. Bem, os europeus inclinam-se a concordar com eles. Mas eles simplesmente não acreditam nisso. Continuam a se sentir inferiores e deslocados. Solitários. Como os russos. Exatamente."

A srta. Ryan quis saber o teor do diálogo com o soldado que saiu da mesa. "Ah, bobagem", ele disse. "Coragem de bêbado. Por algum motivo, achou que vocês o insultaram. Eu lhe disse que estava sendo *nyet kulturni*. Lembrem-se disso: *nyet kulturni*. Trata-se de uma expressão extremamente útil, pois quando esses sujeitos se comportam rudemente e somos obrigados a reagir, não adianta nada chamá-los de filhos-da-mãe ou cachorros. Mas dizer que o sujeito não tem cultura, isso realmente é devastador."

A srta. Ryan estava ficando ansiosa, por causa do horário. Despedimo-nos do cavalheiro com um aperto de mão e agradecemos a cerveja. "Você foi muito *kulturni*", ela disse. "E, a bem da verdade, acho que você é *mais* atraente que Otto Kruger."

"Vou dizer isso a minha esposa", ele falou, sorridente. "*Dazvedanya*. Boa sorte."

Uma hora após Brest Litovsk o primeiro chamado ao carro-restaurante foi feito. A companhia aguardava o evento ansiosa, com o apetite estimulado tanto pela fome genuína quanto pela convicção de que os anfitriões soviéticos pretendiam fazer da primeira refeição da trupe na Rússia um "momento inesquecível", ou, como outro artista colocou, em termos mais diretos, "uma comilança".

As expectativas da srta. Thigpen eram mais modestas. "Cinco colheres de caviar numa torrada. São 130 calorias." As calorias não preocupavam a sra. Gershwin. "Não pense que pretendo dispensar o caviar, meu bem. Custa setenta dólares o quilo, em Beverly Hills." Os sonhos de Leonard Lyons giravam em torno de *borscht* quente e creme azedo. Earl Bruce Jackson pretendia ficar "doido" de vodca e "morrer" de tanto *shashlik*. Marilyn Putnam esperava que todos se lembrassem de guardar os restos para Twerp.

A primeira turma, composta por cinqüenta pessoas, seguiu para o vagão-restaurante e se acomodou nas mesas com toalhas de linho, para quatro pessoas, que ocupavam os dois lados do corredor. As mesas exibiam porcelana branca e talheres de prata algo gastos. O jantar em si parecia tão velho quanto a prata, e o cheiro da comida, de meio século, enchia o ambiente com um vapor visível. Savchenko estava ausente, mas a srta. Lydia e seus três rapazes do Ministério bancaram os anfitriões em mesas diferentes. Os jovens olhavam muito para os lados, como se chamassem silenciosamente seus colegas, confinados a ilhas separadas, em tenebroso exílio.

A srta. Lydia sentou-se com Lyons, a srta. Ryan e eu. Dava para perceber que, no caso daquela senhora de meia-idade, para quem a vida cotidiana se reduzia a traduzir artigos e morar num quarto em Moscou, como disse, a experiência memorável, capaz de fazer corar suas faces, não era conversar com estrangeiros, mas sim sentar no vagão-restaurante e viajar de trem. A presença da prataria, da toalha limpa e de uma cestinha de maçãs mirradas, como as que o chinês vendia, fazia com que ela manipulasse a rosa de marfim e ajeitasse os fios soltos do penteado. "Vamos comer!", disse, e fixou os olhos no quarteto de garçonetes gorduchinhas que avançavam pelo corredor com as bandejas, para servir o primeiro prato.

Os paladares que esperavam caviar gelado e garrafas de vodca geladas ficaram decepcionados ao constatar que à sua frente havia iogurte e refrigerante sabor framboesa. A srta. Thigpen, sentada atrás de mim, foi a única voz a expressar entusiasmo: "Eles merecem um beijo! Mais proteínas do que num bife, e metade das calorias". Mas, do outro lado do corredor, a sra. Gershwin alertou a srta. Putnam para que não estragasse o apetite comendo aquilo. "Calma, querida, o caviar virá em seguida." O prato seguinte, contudo, consistia num macarrão duro que se parecia com tocos de madeira no fundo do caldo aguado. A seguir tivemos costeleta de vitela à milanesa, batata cozida e ervilhas que tilintavam no prato feito munição. Para empurrar tudo isso para baixo, mais refrigerante sabor framboesa. A srta. Putnam disse à sra. Gershwin: "Não me preocupo com o meu estômago, e sim com Twerp". A sra. Gershwin, enquanto cortava sua costeleta, disse: "Acha que eles deixaram o caviar para servir de sobremesa? Sabe, com aquelas panquequinhas?".

As bochechas da srta. Lydia estufaram, os olhos se arregalaram, as mandíbulas se mexiam como pistões e um filete de suor escorria pelo pescoço. "Comam, comam", ordenou. "É bom, não é?" E a srta. Ryan lhe disse que sim, era tudo sensacional, e a srta. Lydia, limpando o prato com um pedaço enorme de pão preto, balançou a cabeça com veemência. "Não obterão melhor do que isto nem mesmo em Moscou."

Durante o intervalo entre a entrada e a sobremesa ela se dedicou a exterminar o cestinho de maçãs; conforme empilhava os caroços, parava esporadicamente para responder perguntas. Lyons estava ansioso para saber em que hotel a companhia se hospedaria em Leningrado. A srta. Lydia ficou surpresa por ele não saber. "No Astoria. Os quartos foram reservados há várias semanas", ela disse, e passou a descrever o Astoria: "Muito antiquado, mas requintado". "Bem", Lyons disse, "e quanto à vida noturna de Leningrado, é movimentada?"

A srta. Lydia respondeu que talvez seu inglês não fosse tão bom quanto gostaria e passou a descrever Leningrado a partir de seu ponto de vista moscovita, assim como um nova-iorquino descreveria a Filadélfia. Era "antiquada" e "provinciana", não chegava "aos pés de Moscou". No final da explicação, Lyons perguntou, desolado: "Tenho a impressão de que dois dias lá dá e sobra". A srta. Ryan indagou quando a srta. Lydia estivera em Leningrado pela última vez. A srta. Lydia piscou. "Última vez? Nunca. Eu nunca estive lá. Será interessante de ver, né?"

Depois de algum tempo, ela também resolveu fazer uma pergunta. "Eu gostaria que me explicassem algo. Por que Paul Robeson não está com os atores? Ele é uma pessoa de cor, não?"

"Sim", disse a srta. Ryan. Assim como outros dezesseis milhões de norte-americanos, ela acrescentou. Por acaso a srta. Lydia achava que *Porgy and Bess* poderia empregar todos eles?

A srta. Lydia recostou-se na cadeira com uma expressão astuta, do tipo eu-não-sou-idiota. "Foram *vocês*", ela disse, sorrindo para a srta. Ryan, "vocês não permitiram o passaporte para ele."

A sobremesa chegou. Era sorvete de baunilha, excelente. Atrás de mim, a srta. Thigpen disse ao noivo: "Earl, querido, eu não vou nem tocar nisso. Vai ver nem é pasteurizado." Do outro lado do corredor, a sra. Gershwin observava a srta. Putnam. "Minha teoria é que eles mandam tudo para a Califórnia. Custa setenta dólares o quilo em Beverly Hills."

Com a chegada do café começou uma confusão. Jackson e vários amigos ocuparam uma das mesas e começaram uma partida de *Tonk*. Os dois brutamontes do Ministério, Sascha e Igor, aproximaram-se dos jogadores para informar, esforçando-se para falar com firmeza, que a "jogatina" era ilegal na União Soviética. "Cara", um dos jogadores retrucou, "ninguém está apostando nada. A gente tem de fazer *alguma coisa*. Se não der para jogar um pouco, vamos enlouquecer." Sascha insistiu. "É ilegal. Não pode." Os homens largaram as cartas, e Jackson, ao guardálas na caixa, disse: "Gente antiquada. Aqui não rola nada. Para jogar o negócio é zero. Diga ao pessoal em Nova York".

"Eles estão infelizes. Nós lamentamos", disse a srta. Lydia. "Mas precisamos lembrar dos trabalhadores do restaurante." Seu dedo curto e gordo apontou com elegância para as garçonetes cujos rostos firmes de olhos congestionados brilhavam por causa da transpiração, enquanto elas corriam pelo corredor equilibrando uns cinqüenta quilos de pratos sujos. "Compreendam. Não ficaria bem para elas ver nossas leis desobedecidas." Ela pegou as maçãs restantes e as guardou na bolsa de tecido. "Agora", disse, animada, "vamos sonhar. Desmanchar a manga das preocupações."

Na manhã do dia 21 de dezembro o Expresso Azul estava a 24 horas de Leningrado, mais um dia e mais uma noite, embora a diferença entre os dois fosse cada vez mais tênue, conforme o trem avançava Rússia adentro, pois o sol aparecia pouco, não passava de um espectro acinzentado que se levantava às dez e retornava ao túmulo por volta das três, pouco ajudando a separar a noite do dia. O precário momento de luz revelava um inverno de rigor inquebrantável: bétulas com seus galhos quebrados pelo peso da neve; um vilarejo com chalés de troncos, ninguém à vista, nos telhados os pingentes de gelo mais pareciam presas de elefante. No cemitério da vila apenas cruzes simples de madeira, entortadas pelo vento, quase enterradas na neve. Mas, aqui e ali, pilhas de feno se erguiam nos campos desertos, provando que mesmo aquela terra inóspita na distante primavera poderia verdejar novamente.

A bordo, entre os passageiros, o pêndulo emocional estacionara no ponto de nirvana, entre as tensões da partida e as tensões da chegada. Percorria o nada intemporal que era aceito como se fosse durar para sempre, como o vento quc atirava caldeirões de neve branca contra o trem. No final, até Warner Watson relaxou. "Bem", disse, acendendo um cigarro com mãos que quase não tremiam, "creio que consegui controlar meus nervos." Twerp cochilava no corredor, a barriga rosada para cima, as patas oblíquas. No compartimento 6, transformado num colosso de camas desarrumadas, cascas de laranja, pó-de-arroz derramado e pontas de cigarro flutuando em chá frio, Jackson brincava de embaralhar enquanto a noiva lixava as unhas e a srta. Ryan seguia seu estudo de russo, memorizando uma frase do livro militar: "Sloo-*sha ees-ya ya* Boo-*doo streel*-yaht! Obedeça ou eu atiro!" Lyons, sozinho, mantinha-se fiel às pressões do mundo profissional. "Ninguém chega a minha faixa de imposto de renda olhando para a paisagem", disse, datilografando vigorosamente o título de sua nova coluna: *"Expresso musical rumo a Leningrado"*.

Lá pelas sete daquela noite, quando os outros seguiram para a terceira rodada de iogurte e refrigerante de framboesa do dia, fiquei na cabine e jantei uma barra de chocolate Hershey. Pensei que Twerp e eu tínhamos o vagão só para nós quando notei que um dos intérpretes do Ministério, Henry, um jovem miúdo como criança, de orelhas grandes, passou pela minha porta, depois passou de novo, lançando a cada vez um olhar que exalava curiosidade. Era como se quisesse conversar, sendo impedido pela cautela e timidez. Quando finalmente entrou na cabina, após outra passada de reconhecimento, escolheu uma abordagem oficialesca.

"Apresente seu passaporte", ele disse, com a grosseria que os retraídos freqüentemente adotam.

Sentou-se na cama da srta. Thigpen e estudou o passaporte através das lentes dos óculos que teimavam em descer pelo nariz; eram grandes demais para ele, como tudo que usava, do paletó preto brilhante à calça boca-de-sino, passando pelo sapato marrom gasto. Eu lhe disse que poderia ajudá-lo, se me contasse o que procurava. "É necessário", disse, com as orelhas a queimar como se estivessem em brasa. O trem avançou vários quilômetros enquanto ele folheava o passaporte como se fosse um menino vendo seu álbum de selos; embora analisasse detidamente os carimbos deixados pelas autoridades de imigração, sua atenção se concentrou nas informações referentes à profissão, altura, cor e data de nascimento.

"Aqui está correto?", perguntou, apontando para minha data de nascimento. Falei que sim. "Temos três anos de diferença. Sou mais novo... *jovem?* mais jovem, isso mesmo. Mas você foi muito longe. Eu só vi Moscou." Perguntei-lhe se gostaria de viajar. Sua raiva se manifestou fisicamente, numa estranha seqüência de movimentos dos ombros e meneios da cabeça, seguida de um encolher dentro do terno folgado que parecia querer dizer sim, não e talvez. Ele ajeitou os óculos e falou: "Eu não tenho tempo. Sou trabalhador que nem eles. Três anos, pode ser que meu passaporte tenha muitos carimbos. Mas estou contente com os cenas – não, *cenários* – da mente. O mundo é igual, mas aqui" , disse, tocando a testa, dando um tapa, na verdade, "e *aqui*", prosseguiu, batendo no peito, "estão as mudações. Como é certo, mudadas ou mudações?" Expliquei que nenhum dos dois; mas ambos faziam sentido.

O esforço para construir as sentenças e um excesso de sentimento por trás delas o deixou sem fôlego. Ele apoiou o corpo no cotovelo e descansou um pouco antes de comentar:

"Você parece Shostakovich. Está correto?" Eu lhe disse que não poderia imaginar, a julgar pelas fotos de Shostakovich que havia visto. "Discutimos isso, o senhor Savchenko é da mesma opinião", ele disse, como se fosse algo definitivo, pois quem éramos, qualquer um de nós, para desafiar Savchenko? O nome de Shostakovich levou à menção a David Oistrakh, o espetacular violinista soviético que tocara recentemente em concertos na Filadélfia e em Nova York. Ele ouviu meu relato sobre o triunfo de Oistrakh nos Estados Unidos como se fossem para ele, Henry, os elogios. Seus ombros arqueados se empertigaram, de repente ele pareceu encher o terno largo, o sapato grande a balançar sobre a lateral da cama, batendo os calcanhares e separando os pés, como se dançasse. Eu lhe perguntei se ele achava que *Porgy and Bess* faria na Rússia um sucesso comparável ao de Oistrakh nos Estados Unidos. "Não tenho condições de dizer. Mas o Ministério torce por isso mais do que vocês. Um trabalho e tanto para nós, *Porgy and Bess*." Ele me disse que trabalhava para o Ministério havia cinco anos, e aquela fora a única ocasião em que o serviço o obrigara a sair de Moscou. Normalmente, explicou, passava seis dias por semana sentado na frente de sua mesa, no Ministério ("Tenho meu próprio telefone."), e os domingos em casa, lendo ("Entre seus escritores, o forte é A. J. Cronin. Mas Sholikov é mais poderoso, né?"). Sua casa era um apartamento na periferia de Moscou, onde vivia com a família, e como era solteiro ("Meu salário ainda não chegou onde quero.") dividia o quarto com o irmão.

A conversa prosseguiu, cada vez mais fácil; ele comeu um pedaço do Hershey, riu, bateu os calcanhares; em seguida, ofereci-lhe alguns livros. Estavam empilhados na mesa, e seus olhos eram constantemente atraídos para eles, uma coleção espalhafatosa de policiais baratos misturados com *To the Finland Station* de Edmund Wilson, uma história do surgimento do socialismo, e a biografia escrita por Nancy Mitford, *Madame Pompadour*. Eu lhe disse que podia ficar com os livros, se quisesse.

No início, ele se mostrou animado. Depois, ao pegar os livros, suas mãos hesitaram, recuaram, o tique recomeçou; outros movimentos de ombros, encolhimentos, até que ele foi novamente devorado pelas roupas. "Não tenho tempo", disse, entristecido. Depois disso, não restou mais nada a dizer. Ele declarou que meu passaporte estava em ordem e saiu.

Entre meia-noite e duas da manhã o Expresso Azul parou num entroncamento ferroviário nas proximidades de Moscou. O frio de fora penetrara nos vagões, formando lâminas de gelo na superfície interna das vidraças; ao olharem para fora as pessoas viam apenas espectros difusos, como se tivessem a visão obstruída pela catarata. Assim que o trem se afastou de Moscou uma inquietude percorreu as cabines; quem dormia acordou, todos começaram a se agitar feito galinhas num falso amanhecer. Quem acordou tomou mais um drinque e ficou jogando conversa fora. O pêndulo começava a oscilar para o lado das tensões da chegada.

A srta. Thigpen despertou, gritando: "Earl! Earl!", como se tivesse tido um pesadelo.

"Saiu", retrucou a srta. Ryan, que bebericava um *brandy* enquanto lia Mickey Spillane. "Saiu para desafiar a lei. Alguém resolveu promover uma mesa de *Tonk* clandestina no próximo vagão."

"Isso não é coisa que se faça. Earl precisa repousar", a srta. Thigpen resmungou, contrariada.

"Não lhe dê sossego", aconselhou a srta. Ryan. "Ele *vai ter* de se casar com você."

"Nancy, *quelle heure est-il?**"

"Vinte para as quatro." Era a srta. Thigpen novamente, perguntando a hora. Repetiu a pergunta às quatro e dez. "Pelo amor de Deus, Helen. Arranje um relógio ou tome um *Oblivon*."

* "Que horas são?". Em francês no original. (N. do E.)

A srta. Thigpen arrancou as cobertas. "Não adianta tentar. Melhor eu me vestir." Ela precisou de uma hora e vinte e cinco minutos para escolher um vestido e aplicar as quantidades adequadas de cosméticos e perfume. Às cinco e trinta e cinco ela pôs um chapéu com pluma e véu e sentou-se no leito completamente vestida, exceto pelas meias e sapatos. "Não sei o que usar nas minhas pernas. Não quero ser envenenada", ela disse. Seu medo resultava de um memorando enviado pelos russos às mulheres da companhia a respeito de meias de náilon. Em função do frio extremo, proclamavam, elas apresentavam tendência à desintegração, o que poderia provocar envenenamento por náilon. A srta. Thigpen esfregou as pernas nuas e gemeu. "Mas que lugar é *este* aonde vamos? As meias das senhoras se desfazem na rua e podem até matá-las!"

"Deixa estar", disse a srta. Ryan.

"Mas os russos..."

"E como eles podem saber? Eles não têm meias de náilon. Por isso inventaram essa história."

Passava das oito da manhã quando Jackson voltou do jogo de *Tonk*. "Earl", disse a srta. Thigpen, "é assim que vamos viver, depois do casamento?"

"Meu docinho", ele disse, subindo na cama, "o gato deu seu último miado. É zero ponto zero. Fora de cena total."

A srta. Thigpen não ficou com pena. "Earl, você não vai dormir agora. Estamos quase chegando. Se dormir só um pouco, não vai prestar para nada o dia inteiro."

Jackson resmungou qualquer coisa e cobriu a cabeça com o cobertor.

"Earl", murmurou a srta. Thigpen, suavemente, "suponho que saiba que vamos fazer uma tomada na estação, para o noticiário do cinema."

Pouco tempo depois Jackson estava barbeado, de camisa limpa e garboso num casaco de pele cor de caramelo. Ele tinha um chapéu da mesma pele, que mandara fazer "de encomenda", estilo diplomata. Enquanto calçava a luva com buracos nos dedos para mostrar os anéis, ele deu à noiva instruções a respeito do comportamento diante das ansiadas câmeras. "Docinho, não podemos ficar no meio de um monte de gente parada, quando acenderem os holofotes. Seria perda de tempo." Ele limpou a janela com os dedos cheios de anéis e olhou para fora; nove e cinco, ainda noite fechada, não era a cor ideal para fotografar. Mas, meia hora depois, o negrume dera vez a uma névoa cinzenta, e foi possível vislumbrar o azulado da neve que caía suave.

Um dos representantes do Ministério, Sascha, passou pelo vagão batendo nas portas das cabines. "Senhoras e senhores, em vinte minutos chegaremos a Leningrado."

Terminei de me vestir e abri caminho através do corredor lotado, onde a excitação acelerava rapidamente, como as rodas do trem. Até Twerp, embrulhado num xale e aninhado nos braços da srta. Putnam, estava preparado para o desembarque. A sra. Gershwin se preparara melhor que Twerp. Coberta de *mink*, reluzente de diamantes, exibia os cabelos cacheados sob um gorro de zibelina fofo e exuberante. "O chapéu, querida? Comprei na Califórnia. Estava guardando para fazer uma surpresa. É mesmo, querida? Quanta consideração. *Querida...*", ela disse, e um silêncio abrupto fez com que o volume de sua voz aumentasse. "*Chegamos!*"

Um instante de incredulidade paralisante foi seguido de um empurra-empurra coletivo na direção da porta. O atendente do vagão, de olhos tristes, parou na porta para receber gorjetas, sendo não só ignorado como esmagado contra a parede. Alertas como cavalos na partida, Jackson e John McCurry avançaram para a saída em busca de um bom posicionamento. McCurry, o mais avantajado dos dois, foi o primeiro a sair quando a porta se abriu.

Ele caiu no meio da multidão cinzenta, um *flash* espocou. "Saudações a todos", disse McCurry, quando as mulheres avançaram para encher suas mãos de buquês. "Sejam abençoadas suas cabecinhas pontudas."

"Quando chegamos, havia muitos pássaros a revoar", escreveu Warner Watson, ao recordar a cena posteriormente, em seu diário. "Pretos e brancos. Os brancos eram *sakaros*. Registro o fato para meus amigos apreciadores de pássaros. Fomos recebidos por muitos russos amigáveis. Homens e mulheres (da companhia) ganharam buquês de flores. Não sei onde as conseguiram naquela época do ano. Eram buquês miúdos, patéticos, pareciam feitos por crianças."

A srta. Ryan, que também mantinha um diário, escreveu: "Um comitê oficial de recepção formado por homens gigantescos e mulheres mal-ajambradas vestidas de modo apropriado para um enterro, e não para receber uma companhia teatral (rostos sombrios, roupas negras), e talvez fosse isso *mesmo* que estivessem fazendo. Minhas inúteis galochas plásticas saíam a todo momento, impossibilitando que eu avançasse a cotoveladas através dos microfones, câmeras e interessados em se exibir para elas. Os Breens estavam lá, Robert ainda sonolento, Wilva rindo seus sorrisos. No alto, letras de latão oxidado diziam LENINGRADO – e aí percebi que era tudo real".

A poeta Helen Wolfert preparou para seu periódico uma descrição minuciosa. Eis um trecho: "Conforme avançávamos pela plataforma na direção da saída, duas fileiras de pessoas se formaram para aplaudir, nas laterais. Quando chegamos à rua os curiosos se amontoaram em cima de nós. A polícia os afastou para que passássemos, mas a multidão reagia com igual vigor e voltava. Os atores reagiram bem à calorosa recepção e mostraram graça, elegância, extroversão e estilo. Se o povo russo se apaixonou por eles, não foi sozinho. Eu mesma me apaixonei também".

Talvez algumas notas de pé de página pudessem ser acrescentadas a esses verbetes. As pessoas que a srta. Ryan chamou de "homens gigantescos e mulheres mal-ajambradas" eram os atores teatrais mais importantes de Leningrado, reunidos para recepcionar o trem. Curiosamente, nenhum deles sabia que *Porgy and Bess* tinha um elenco negro, e antes que o comitê pudesse reorganizar suas faces atônitas em expressões sinceras de boas-vindas, a companhia já estava praticamente fora da estação. Os "curiosos que se amontoaram em cima de nós", nas palavras da sra. Wolfert, eram os cidadãos comuns, cuja presença decorria de uma nota impressa no *Izvestia* da véspera. "Uma companhia teatral americana chegará amanhã de manhã a Leningrado. Consta que se apresentarão na cidade." As duas linhas foram, a bem da verdade, a primeira menção na imprensa soviética à excursão de Breen. Mas, apesar da parcimônia de detalhes, o aviso fora suficientemente intrigante para atrair pelo menos um milheiro de cidadãos de Leningrado que ocuparam a estação inteira, lotaram as escadarias e se espalharam pela rua. Não percebi a "calorosa recepção" que impressionou a sra. Wolfert. Exceto pelos aplausos esparsos, a multidão observava em silêncio o elenco desfilar no rumo da saída, num comportamento quase catatônico que dava poucas pistas do que pensavam a respeito daquele desfile norte-americano – a sra. Gershwin, a carregar mais buquês que uma noiva; o pequeno Davy Bey, improvisando uma dança tipo Suzy-Q; Jackson a acenar como se fosse um rei; e John McCurry a caminhar com as mãos juntas no alto como um campeão de boxe.

Embora a reação russa fosse inescrutável, o historiador oficial da companhia, Leonard Lyons, tinha opinião formadíssima a respeito. Ao fazer o registro profissional da cena, balançou a cabeça.

"Não programaram isso direito. Não houve espetáculo. Se Breen entendesse do assunto", ele disse, passando pela porta da estação, "teríamos descido do trem cantando!"

✻

As musas são ouvidas
(Parte II)

A *première* de *Porgy and Bess* em Leningrado, evento destinado a atrair a publicidade internacional, estava marcada para a noite de segunda-feira, 26 de dezembro, o que dava à companhia cinco dias para preparação e ensaio; tempo suficiente, se considerarmos que o espetáculo excursionava pelo mundo havia quase quatro anos. Mas Robert Breen, o produtor, pretendia mostrar ao público da estréia em Leningrado a melhor versão possível da ópera negra. Breen e sua esposa-sócia enérgica, Wilva, com seu principal assistente, o cordial mas extremamente tenso Warner Watson, acreditavam que os russos ficariam "abismados" pelo relato folclórico musical, que eles "nunca tinham visto nada do gênero". Diversos observadores, embora solidários, não exibiam tanta certeza. Qualquer que fosse o foco, do lado americano ou dos patrocinadores russos, a noite inaugural prometia um dos maiores suspenses nos anais da história do teatro. Mas o evento ainda demoraria cem horas, a contar do momento de chegada; depois que a companhia foi conduzida em ônibus fretados do terminal de Leningrado ao hotel Astoria, o suspense dizia respeito às acomodações.

O Astoria, situado na impressionante grandiosidade da praça de St. Isaac, era um hotel da Intourist, o que significa gerenciamento da agência soviética que controlava todos os hotéis em que os estrangeiros podiam se hospedar. O Astoria era justificadamente considerado o melhor hotel de Leningrado. Alguns o chamam o Ritz de toda a Rússia. Mas o estabelecimento fazia poucas concessões ao conceito de luxo ocidental. Entre eles, uma sala ao lado do saguão que se proclamava *Institut De Beauté*, onde os hóspedes poderiam solicitar *Pedicure* e *Coiffeur pour Madame*. O *Institut*, em sua brancura mosqueada e equipamentos apavorantes, mais parecia uma clínica de caridade supervisionada por freiras não muito asseadas, e o penteado que Madame recebe ali deixaria o cabelo com uma textura excelente para arear panelas. Há também no saguão três restaurantes cavernosos, um na seqüência do outro, todos com o encanto de hangares de aviação. O do meio é o restaurante mais elegante de Leningrado, e no período vespertino, das oito à meia-noite, uma orquestra toca jazz russo para o *haute monde* local, que raramente dança. Ficam todos sentados morosamente, contando as bolhas em taças de champanhe adocicado da Geórgia. O escritório da Intourist do hotel situa-se atrás de um balcão baixo no saguão principal; as doze mesas estão dispostas de modo que os empregados tenham uma ampla visão do local, o que simplifica sua tarefa de registrar as entradas e saídas dos hóspedes. Trata-se de uma tarefa que simplificaram ainda mais, impossibilitando erros, destacando governantas para cada andar residencial, vigilantes a postos dia e noite, que jamais permitem a alguém sair do quarto sem a chave e que, como cartões de ponto humanos, marcam entradas e saídas num livro de registro enorme. Talvez Houdini fosse capaz de driblá-los, mas é difícil imaginar como, pois ocupam mesas que dão para a escada e o elevador, uma gaiola antiqüíssima que range nos cabos.

A bem da verdade, há uma escada nos fundos, sem vigilância, que liga os andares superiores a um salão remoto; para o visitante clandestino, ou para o residente que deseja partir sem ser notado, seria a rota ideal. Seria, se não estivesse protegida de cima até embaixo por treliças de madeira reforçadas por armários antigos e sofás pesados. Talvez a gerência não tivesse outro lugar para guardar a mobília velha. Sem dúvida, espaço nos quartos não sobrou. O aposento típico do Astoria parece um anexo de sótão vitoriano onde um parente pobre vive enterrado entre os bens familiares descartados: estátuas românticas em mármore, luminárias de lâmpadas fracas com cúpulas de tule, como se fossem saiotes de bailarina, mesas, várias delas, cobertas por tapeçarias orientais, poltronas aos montes, sofás fofos, armários onde caberiam baús de navio, paredes empapeladas com motivos florais e pinturas emolduradas em dourado de frutas e cenas bucólicas caleidoscópicas, leitos ocultos em alcovas tipo caverna, atrás de cortinas pretas de veludo embolorado. Tudo amontoado numa área escura feito tumba, sem ventilação (a gente não pode abrir as janelas no inverno, e não faria isso se pudesse), mais o menos o quádruplo de uma cabine de trem. O hotel dispõe de quartos maiores, claro, suítes com cinco ou seis cômodos, mas o efeito da decoração é o mesmo, apenas mais abundante.

Mesmo assim a maioria do elenco de *Porgy and Bess* aprovou completamente o Astoria, principalmente por esperar "coisa muito *pior*". E encontraram apartamentos "aconchegantes", "com certo estilo", ou, segundo o sofisticado divulgador da produção, Willem Van Loon, "esbanjando charme *art nouveau*". Mas, quando o pessoal entrou no saguão do hotel, já lotado de dignitários chineses e cossacos de botas de cano alto, a ocupação concreta dos quartos ainda era, em certos casos, algo distante e discutível.

A distribuição dos quartos no Astoria, das suítes principalmente, parecia seguir um protocolo governamental, ou falta dele, o que irritou alguns. Nancy Ryan formulou uma teoria segundo a qual os russos chegaram a seu sistema de distribuição de acomodações consultando a folha de pagamento da Everyman Opera's. "Quanto menos você ganha, mais espaço tem." Seja qual for a razão, diversos artistas de destaque e personalidades proeminentes que viajavam como convidados da companhia consideraram "grotesco" e "insano, cara, insano" que contra-regras e encarregadas do guarda-roupa, carpinteiros e eletricistas, tivessem sido conduzidos diretamente para os apartamentos VIP, enquanto eles, "o verdadeiro elenco", tinham de se contentar com os piores quartos nos fundos do hotel. "Isso é alguma brincadeira?", perguntou Leonard Lyons. Outro convidado da produção, o financista nova-iorquino Herman Sartorius, tinha motivo válido para queixas; não havia quarto nenhum para ele. Nem para a sra. Gershwin, que permaneceu sentada em cima das malas no saguão, sendo consolada por Wilva Breen e Warner Watson.

"Não se preocupe, querida", disse a sra. Breen, que chegara na noite anterior, de avião, e ocupara com o marido seis quartos do esplendor do Astoria. "Os russos podem ser lentos, confundem as coisas, mas tudo se ajeita no final. Vejam o que aconteceu quando fui a Moscou", ela acrescentou, referindo-se à viagem que fizera a Moscou em outubro, para tratar da excursão. "Precisei de nove dias para fazer o serviço de duas horas. Mas, no fim, deu tudo certo."

"Claro, Lee", disse Warner Watson, ajeitando o cabelo escovinha grisalho com a mão nervosa. "Claro, querida, vamos resolver logo a questão dos quartos."

"Querido, estou completamente satisfeita", a sra. Gershwin garantiu. "É maravilhoso estar aqui."

"A pensar que realmente conseguimos", disse a sra. Breen, radiante. "E que povo gentil e adorável. Não foi lindo, quando o trem chegou?"

"Sensacional", disse a sra. Gershwin, olhando para o monte de buquês murchos que ganhara na estação."

"E o hotel é simplesmente um luxo, não acham?"

"Claro, Wilva", a sra. Gershwin declarou em tom neutro, como se o entusiasmo da amiga estivesse começando a cansá-la."

"Você tem um quarto lindo, Lee", disse a sra. Breen, e Warner Watson logo acrescentou: "Se preferir, pode trocar. É só dizer, e qualquer desejo seu será atendido, Lee".

"Querido, por favor, nada disso é importante. Nem um pouco. Se eles me colocassem em *qualquer lugar*, eu nem sonharia em mudar", disse a sra. Gershwin, que nos dias seguintes insistiria três vezes em trocar de quarto.

A delegação do Ministério da Cultura, chefiada por Nikolai Savchenko, o sujeito alto e formidável, estava no momento entretida em explicar, retificar, pacificar e prometer a todos que receberiam as acomodações que mereciam. "Paciência", pediu um deles, a intérprete russa de meia-idade chamada srta. Lydia. "Não contribuam para miséria. Temos muitos quartos. Ninguém perambulará pelas ruas." Nancy Ryan disse que não se importaria de perambular pelas ruas, e sugeriu que fugíssemos da confusão no saguão do hotel e fôssemos passear um pouco.

A praça de Santo Isaac é cercada por um lado por um canal que sai do Neva, um rio que no inverno cruza a cidade como um Sena congelado, e do outro pela catedral de Santo Isaac, que atualmente sedia um museu anti-religioso. Caminhamos na direção do canal. O céu cinza sem sol despejava neve, flocos como borboletas animadas, brinquedinhos que flutuavam e caíam feito flocos de mentira presos numa bola de cristal. Era meio-dia, mas não havia veículos modernos na praça, exceto por um carro ou outro e um ônibus de faróis acesos. De vez em quando um trenó puxado por cavalos deslizava pela pista coberta de neve. Ao longo da margem do Neva passavam homens silenciosos, de esqui, e as mães levavam os bebês para passear, puxando-os em pequenos trenós. Por toda parte, como ágeis pássaros negros, crianças vestidas de preto patinavam nos passeios. Duas crianças pararam para nos inspecionar. Eram gêmeas de nove ou dez anos, usavam casacos de coelho cinzento e gorros de veludo azul. Dividiam um par de patins e, de mãos dadas, juntas, conseguiam patinar muito bem. Elas nos encararam com olhos castanhos intrigadíssimos, como se tentassem adivinhar o que nos fazia diferentes: Nossas roupas? O batom da srta. Ryan? Os cachos flexíveis de seu cabelo louro esvoaçante? A maioria dos estrangeiros na Rússia se acostuma com o seguinte: um franzir discreto do cenho por parte do passante que se sente incomodado por algo que não identifica de imediato, e por isso pára, olha, fica virando a cabeça para trás e com razoável freqüência se sente compelido a seguir o estrangeiro. As gêmeas nos seguiram até a ponte para pedestre que cruzava o Neva e observavam enquanto apreciávamos a vista.

O canal, que não passava de uma vala para a neve, servia como local de brincadeira às crianças, cujo riso estridente, assim como o tilintar dos sinos, era carregado pelos fortes ventos gelados através da baía da Finlândia. Esqueletos de árvores, envoltos por gelo, reluziam contra as fachadas austeras dos palácios que se alinhavam nas margens e se estendiam até o distante Nevsky Prospekt. Leningrado, no momento uma cidade de quatro milhões de habitantes, segunda metrópole da União Soviética, e a mais setentrional, foi construída de acordo com o gosto dos czares, e as preferências czaristas recaíam na arquitetura francesa e italiana, responsável não apenas pelo estilo como pelas cores dos palácios ao longo do Neva e também nos bairros mais antigos. Os pretos e cinzas parisienses predominavam, mas, repentinamente, aqui e ali, a paleta exuberante dos italianos se manifestava: um palácio verde intenso, ocre brilhante, azul-claro ou laranja. Alguns palácios haviam sido convertidos em apartamentos, mas em sua maioria eram usados por repartições públicas. Pedro, o Grande, louvado pelo regime atual por ter introduzido a ciência na Rússia, provavelmente aprovaria a miríade de antenas de televisão que se instalaram como um enxame de insetos metálicos nos telhados da antiga cidade imperial.

Atravessamos a ponte e passamos pelos portões de ferro abertos para chegar ao pátio do palácio azul. Era o início do labirinto, um Casbah ártico onde um pátio levava a outro por arcadas e túneis e ruelas estreitas cobertas de neve e silêncio, exceto pelos trenós puxados por cavalos que batiam as ferraduras no chão, pelo som dos sinos e pelo riso ocasional dos gêmeos que seguiam atrás de nós.

O frio funcionava como uma anestesia; gradualmente, senti um entorpecimento suficiente para me capacitar a uma cirurgia radical. Mas a srta. Ryan se recusava a voltar. Ela disse: "Isso aqui é São Petersburgo, pelo amor de Deus. Não estamos caminhando num lugar qualquer. Quero ver o máximo possível. Aproveitar enquanto posso. Daqui a pouco, sabem onde *eu* estarei? Trancada num quarto, datilografando um monte de asneiras para os Breens."

Percebi porém que ela não agüentaria muito mais, seu rosto estava vermelho, como se tivesse bebido, e uma mancha branca de gelo branqueava a ponta do nariz. Minutos depois, ao sentir a primeira agulhada, estava pronta para voltar ao Astoria.

O problema era que estávamos perdidos. Os gêmeos se divertiram ao nos ver circulando pelas mesmas ruas e pátios. Eles gritavam e se abraçavam, gargalhando, enquanto nos aproximávamos de um senhor idoso que cortava lenha e perguntávamos o caminho agitando os braços feito bússolas ambulantes, gritando: "*Astoria! Astoria!*". O lenhador não entendeu; deixou o machado de lado e nos acompanhou até a esquina, onde repetimos a mímica para três morenos amigos dele, nenhum dos quais nos compreendeu, mas mesmo assim nos acompanharam rua acima. No caminho um menino enérgico passou a nos seguir por curiosidade, portando uma caixa de violino, e o mesmo ocorreu com uma mulher que devia ser açougueira, pois o avental usado por ela estava manchado de sangue. Os russos discutiam e falavam depressa; concluímos que nos levavam a uma delegacia de polícia, e não nos importávamos com isso, desde que fosse um lugar aquecido. Naquela altura a umidade do meu nariz congelara, meus olhos haviam perdido o foco de tanto frio. Mesmo assim, podia ver o suficiente para perceber que estávamos de volta à ponte de pedestres do canal Neva. Eu queria pegar a mão da srta. Ryan e correr. Mas ela considerou nossos acompanhantes solícitos a ponto de merecerem ver a solução do mistério. Do lenhador ao violinista, a procissão, liderada pelos gêmeos que iam na frente como batedores, seguiu em linha reta pela praça, direto para a entrada do Astoria. Enquanto eles cercavam uma das limusines da Intourist, estacionada na frente do hotel, e faziam perguntas a nosso respeito ao motorista, entramos correndo, nos instalamos num sofá e aspiramos sofregamente o ar quente, como mergulhadores que passaram tempo demais submersos.

Leonard Lyons passou por nós. "Pelo jeito, foram passear", ele disse. A srta. Ryan fez que sim, e Lyons abaixou a voz, perguntando: "Alguém seguiu vocês?".

"Sim", a srta. Ryan respondeu. "Uma *multidão*."

Instalaram no saguão um quadro de avisos da companhia. Nele constavam os horários dos ensaios do elenco e uma lista de diversões que os soviéticos prepararam para o grupo, que incluíam, nos dias que faltavam para a estréia, espetáculos de balé e ópera, passeio no novo metrô de Leningrado, visita ao museu Hermitage e uma festa de Natal. Sob o título PONTUALMENTE constava o horário das refeições. Influenciado pelo fato de que as matinês do teatro russo começavam ao meio-dia e as apresentações noturnas às oito, o horário era assim: Café da manhã, 9h30; Almoço, 11h00; Jantar, 17h00; Ceia: 23h30.

Mas no primeiro dia, às cinco horas, eu estava gostando demais do banho quente para me importar com o jantar. O banheiro, anexo ao apartamento do terceiro andar que me fora destinado, exibia papel de parede sulfúrico, aquecedor frio e uma privada rachada que rugia feito um regato de montanha. A banheira propriamente dita, de 1900, tinha manchas de ferrugem. A água que saía da torneira parecia iodo, mas o banho era quente, com uma fumaça maravilhosa, e eu me deleitei com ele, imaginando que no térreo a companhia ocupava o salão do restaurante e finalmente recebera o tratamento à base de caviar, vodca, *shashlik*, *blinis* e creme azedo. (Ironicamente, soube depois, eles nos receberam com o mesmo cardápio do trem: iogurte com refrigerante de framboesa, sopa clara, vitela empanada, cenoura e ervilha.) Minha sonolência aquática foi interrompida quando o telefone tocou no quarto. Deixei que tocasse por algum tempo, como a gente faz quando toma banho em casa. Depois me dei conta de que não estava em casa e me lembrei de que ao olhar para o telefone, pouco antes, pensara no quanto aquele era um objeto morto para mim na Rússia, inútil como se lhe tivessem cortado os fios. Pelado e pingando, tirei o fone do gancho para ouvir a voz da intérprete, srta. Lydia, dizendo que eu tinha uma chamada de Moscou. Na rua lá em baixo um regimento de soldados marchava cantando hinos militares, e quando me puseram em contato com Moscou eu mal conseguia ouvir a voz do outro lado, ensurdecido pelo coral poderoso. A chamada provinha de alguém que eu não conhecia, Henry Shapiro, correspondente da United Press. Ele disse: "Está acontecendo alguma coisa por aí? Qualquer coisa que renda uma matéria?". Ele me disse que pretendia viajar a Leningrado para "a grande reportagem", a estréia de *Porgy and Bess*, mas não podia pois precisava cobrir "outra grande estréia", do Soviete Supremo, que ocorreria em Moscou na mesma noite. Portando, ele agradeceria se pudesse ligar novamente na segunda-feira, após a estréia, para que eu contasse "como foi, o que realmente aconteceu". Respondi que tudo bem, que tentaria.

A chamada e o choque de estar nu num quarto frio me trouxe de volta à vida. A companhia deveria assistir a um balé, e eu comecei a me vestir para sair. Mas surgiu um problema. Os Breens decretaram que os homens deveriam usar traje a rigor e as mulheres, vestidos de noite curtos. "Por questão de respeito", explicou a sra. Breen. "Além disso, Robert e eu gostamos muito de trajes de gala."

A oposição alegava que a diretriz dos Breens, se fosse cumprida, faria com que eles parecessem "ridículos", num país onde ninguém se vestia formalmente, qualquer que fosse a ocasião. Eu contemporizei, usando terno cinza-escuro de lã e gravata borboleta. Enquanto me vestia, circulei pelo quarto endireitando os quadros com motivos de flores e frutas que atulhavam as paredes. Ficaram todos meio tortos após a visita de inspeção de Leonard Lyons, que se convencera de que nos quartos do Astoria havia microfones de escuta. A maioria do pessoal concordava com as teorias de

Lyons, o que não chega a surpreender, considerando que os dois diplomatas norte-americanos da embaixada de Moscou lhes disseram na palestra de Berlim que deveriam "presumir" que os quartos seriam grampeados e que as cartas seriam abertas. Até Breen, que chamara os conselhos diplomáticos de "amontoado de bobagens" inadvertidamente estimulara as suspeitas da trupe ao declarar que esperava que todos escrevessem em suas cartas o quanto a Rússia era "interessante" e o quanto estavam se "divertindo", independentemente do que cada um sentisse; isso era uma contradição, apontaram alguns. Por que Breen faria tal exigência se não acreditasse também que viviam num ambiente de microfones clandestinos e chaleiras fumegantes?

A caminho da saída parei na recepção do térreo e entreguei minha chave à recepcionista, uma senhora clara e rechonchuda com sorriso de boneca que anotou em seu livro de controle *224-1900*: o número do quarto e a hora de saída.

No saguão presenciei uma discussão acalorada. A companhia, vestida e pronta para ir ao balé, aguardava no saguão o desfecho do caso, petrificada como as figuras de um quadro vivo. John McCurry, um sujeito corpulento e intimidante, gritava e batia os pés.

"Não quero saber. Não vou pagar sete dólares e meio por hora para uma vigarista tomar conta da minha filha." McCurry se queixava do preço cobrado pela babá russa para ficar com sua filha de quatro anos enquanto ele e a mulher iam ao balé. A um custo de trinta rublos por hora, a Intourist fornecia amas a todos os pais das seis crianças da trupe; chegaram até a arranjar uma para Twerp, o filhote de boxer que pertencia a uma das moças responsáveis pelo guarda-roupa. Trinta rublos, ao câmbio oficial de quatro por um, significavam sete dólares e meio, uma tarifa extorsiva; na verdade, para os russos, trinta rublos tinham o poder aquisitivo de um dólar e setenta, e os russos, que só tinham como referência este valor modesto, não entendiam a razão para McCurry fazer tamanha cena. Savchenko, chefe da equipe do Ministério da Cultura, corara de indignação. A srta. Lydia empalidecera. Breen dirigiu palavras duras a McCurry, e a esposa de McCurry, uma mulher que mantinha os olhos baixos, disse a ele que ficaria em casa com a filha, se o marido se acalmasse. Warner Watson e srta. Ryan fizeram com que todos deixassem o saguão e embarcassem nos dois ônibus colocados à disposição do grupo durante a estadia em Leningrado.

Depois, Breen desculpou-se com Savchenko pela "conduta" de alguns poucos componentes da companhia. O pedido pretendia abranger mais casos do que o incidente com McCurry. Bebida grátis não constava no contrato assinado entre o Ministério e a Everyman Opera, Inc. Savchenko irritou-se, pois várias pessoas pediram bebidas nos quartos e depois se recusaram a pagar por elas, insultando os garçons. Além disso, Savchenko percebeu que muitos norte-americanos se referiam a ele e a sua equipe como "espiões". Breen também considerou isso "inaceitável e ofensivo", e Savchenko, ao aceitar as desculpas, disse: "Bem, é claro que numa companhia deste porte é de se esperar que alguns se comportem indevidamente".

O balé foi apresentado no teatro Mariinsky, que havia sido rebatizado, embora ninguém o chame de Kirov, homenagem ao revolucionário e amigo de Stálin cujo assassinato em 1934 teria iniciado o primeiro dos julgamentos de Moscou. Galina Ulanova, *prima ballerina* do Bolshoi, estreou naquele teatro, e a Ópera de Leningrado e a Companhia de Balé, instaladas ali na condição de companhias de repertório, são consideradas de primeira classe pelos críticos soviéticos. Exceto pelo La Fenice de Veneza, um teatro com o qual se assemelha vagamente no tamanho, aquecimento e estilo século 19, creio que é o teatro mais bonito que já vi. Infelizmente os antigos assentos estofados foram trocados por outros de madeira, como os de um auditório escolar, e sua cor natural vívida contrastava de modo agressivo com os tons de cinza e prata sutis do interior rococó simplificado do Mariinsky.

Apesar do frio no teatro, todos, inclusive as senhoras, foram instruídos a deixar os casacos na chapelaria; até a sra. Gershwin foi obrigada a se separar de seu casaco de *mink*, pois na Rússia é considerado grosseiro, *nye kulturni* ao extremo, entrar num teatro, restaurante, museu ou similar usando capote ou casaco. No momento, a principal vítima da regra era a srta. Ryan. Loura, alta e vistosa, a srta. Ryan usava um vestido decotado de alcinha que valorizava suas curvas de modo estupendo; quando ela percorreu o corredor os olhos masculinos se voltaram em sua direção feito flores para o sol. Na verdade, a chegada da companhia provocou uma movimentação maciça da platéia que lotava o local. As pessoas se levantavam para ver melhor os norte-americanos de traje a rigor, vestidos de seda e brilhos. Grande parte da atenção se concentrava em Earl Bruce Jackson e sua noiva, Helen Thigpen. Eles ocupavam o camarote Imperial, no qual a foice e o martelo haviam substituído o escudo imperial. Jackson, com a mão no parapeito para exibir melhor suas jóias, um anel por dedo, virava a cabeça para um lado e para outro, como a rainha Vitória.

"Eu estaria morrendo de frio, se não estivesse morrendo de vergonha", declarou a srta. Ryan, enquanto o lanterninha mostrava-lhe o lugar. Não se podia negar um olhar de censura nas mulheres russas que rodeavam a srta. Ryan, por conta dos ombros descobertos. A sra. Gershwin, que vestia um vestido verde discreto, disse: "Eu avisei Wilva que não precisávamos exagerar nos trajes. Sabia que faríamos um papel ridículo. Bem, querida, nunca mais. De todo modo, o que deveríamos usar?" Ela perguntou, olhando em volta como se caçasse dicas de vestuário nas roupas comuns e mal-ajambradas da platéia. "Eu não trouxe nada sem graça."

Na fileira da frente havia uma moça cujo cabelo não era trançado, nem preso com fita ou em coque; ela usava cabelo curto espetado, que combinava com seu rosto curioso, algo rebelde. Usava cardigã preto e colar de pérola. Eu a mostrei para a sra. Ryan.

"Mas eu a *conheço*", a srta. Ryan disse, excitada. "Ela é de Long Island, fizemos Radcliffe juntas! *Priscilla* Johnson", ela chamou, e a moça, forçando os olhos míopes, virou-se. "Puxa vida, Priscilla. O que você está fazendo aqui?"

"Uau. Minha nossa, Nancy", retrucou a moça, afastando a franja dos olhos. "O que *você* está fazendo aqui?"

A srta. Ryan explicou, e a moça, que contou estar hospedada no Astoria também, disse que conseguira um visto de longa permanência para morar na União Soviética e estudar direito russo, um tema que a interessava desde Ratcliffe, onde aprendera o idioma russo.

"Mas, querida", disse a sra. Gershwin, "como alguém consegue estudar direito russo? Tudo muda tão depressa."

"Ora, rá-rá", disse a srta. Johnson. "Isso não é a única coisa que estou fazendo. Trabalho também numa espécie de relatório Kinsey. Estou me divertindo muito."

"Posso imaginar", disse a srta. Ryan. "A pesquisa."

"Bem, isso é fácil", garantiu a srta. Johnson. "Basta conduzir a conversa para a questão do sexo. Minha nossa, vocês ficariam surpresos ao saber o que os russos pensam a esse respeito. Sabe, Nancy, é impressionante a quantidade de homens que têm amantes! Ou que gostariam de ter. Estou enviando artigos para a *Vogue* e *Harper's Bazaar*. Imaginei que se interessariam."

"Priscilla é um gênio", a srta. Ryan sussurrou para mim quando as luzes diminuíram e o maestro ergueu a batuta.

O balé, em três atos, com dois intervalos, chamava-se *Corsário*. O balé soviético normal se preocupa menos com a dança e mais com a produção estupenda, e o *Corsário*, embora fosse uma peça menor do repertório, incluía tantas mudanças de cenário quanto os vaudeviles extravagantes do Radio City Music Hall ou do Folies Bergère, dois teatros onde o *Corsário* se sentiria em casa, exceto pelo fato de a coreografia e sua execução não atingirem o padrão do primeiro e o segundo não tolerar uma cena de jovens escravas vestidas até o pescoço. O tema do *Corsário* era muito semelhante ao das *Fontes de Bahchisarai*, um poema de Pushkin que o balé Bolshoi ampliou para torná-lo uma de suas peças mais famosas. Em *Fontes* uma moça aristocrata é raptada por um chefe tártaro bárbaro e levada a seu harém, onde, nas três horas de espetáculo, ela enfrenta inúmeros perigos e maldades. Em *Corsário*, a irmã gêmea da heroína passa por apuros similares; no caso, ela é vítima de um naufrágio (brilhantemente simulado no palco, com trovões, relâmpagos, ondas quebrando no casco do navio condenado), capturada por piratas, com direito também a três horas de sofrimento. Os dois relatos, e inúmeros outros como eles, refletem uma tendência do teatro soviético contemporâneo: o uso da fantasia e do folclore. Pelo jeito, o autor moderno que tentar ir além do material de propaganda descobre que o único caminho seguro é o que o conduz ao bosque dos contos de fadas. No entanto, até a fantasia exige uma base realista, elementos identificáveis, humanos; sem eles, o poder da vida se ausenta, assim como a arte, uma ausência dual que ocorre com muita freqüência no teatro soviético, cujos praticantes parecem acreditar que efeitos especiais e competência técnica podem ser usados como compensação. O Ministério da Cultura se gaba freqüentemente de que a Rússia é o único país a ter produzido arte-cultura de acordo com o gosto de sua população. A reação da platéia ao *Corsário* não contradiz a alegação; cada cena, cada solo, provocava aplausos entusiasmados.

Os norte-americanos se entusiasmaram também. "Magnífico, um verdadeiro sonho", a sra. Breen comentou com a sra. Gershwin durante um dos intervalos, no café do Mariinsky. Sua opinião foi reforçada pela do marido. Enquanto elogiava o balé, Breen, um sujeito elegante cuja expressão facial vai do regozijo infantil à calma de Buster Keaton, exibia um tremor nervoso nas pálpebras, como se comparasse a complexidade cenográfica de *Corsário* com as parcas três mudanças de cenário de *Porgy and Bess*; se os efeitos espetaculares forem o critério, a platéia soviética com certeza se desapontaria com esta produção.

"Bem, eu não gostei", disse a sra. Gershwin, num momento de rebeldia, quando os Breens se encaminharam a outro grupo. "Quase dormi. Não vou dizer que gostei sem ter gostado. Os Breens botam as palavras na boca da gente, se podem." Claro, esta era a dificuldade da posição dos Breens. Como pais que levam os filhos para visitar os vizinhos, a terrível possibilidade de gafes, brigas e mau comportamento os apavora.

Vendiam-se bebidas no café do Mariinsky: cerveja, drinques, refrigerante de framboesa. Além de sanduíches, doces e sorvete. Earl Bruce Jackson alegou estar faminto: "Mas, cara, aquele sorvete custa um dólar a lambida. E adivinha quanto eles pedem por um pedacinho de chocolate menor que o seu dedo? Cinco e cinqüenta. O sorvete, segundo os soviéticos uma iguaria inventada por eles, tornara-se uma paixão no país a partir de 1939, quando máquinas norte-americanas foram importadas para fabricá-lo. A maioria dos fregueses saía do salão tomando sorvete em copinhos de papel enquanto observava os norte-americanos posarem para fotografias informalmente, equilibrando garrafas de cerveja na testa, demonstrando o *shimmy*, imitando Louis Armstrong.

No segundo intervalo procurei a srta. Ryan e a encontrei num canto, fumando elegantemente um cigarro em piteira longa, tentando fingir que não era o centro das atrações das moças rechonchudas e senhoras de ar plúmbeo reunidas para comentar e rir de seu vestido de alcinha e ombros à mostra. Leonard Lyons, em pé a seu lado, disse: "Agora você sabe como Marilyn Monroe se sente. Ela faria sucesso aqui! Devia pedir um visto. Vou comentar isso com ela."

"Ai, ai", gemeu a srta. Ryan. "Se pelo menos eu pudesse vestir o casaco."

Um senhor trintão, bem barbeado, digno, de porte atlético e ar professoral aproximou-se da srta. Ryan. "Gostaria de cumprimentá-la", disse, respeitoso. "Queria que soubesse o quanto meus amigos e eu estamos ansiosos para assistir *Porgy and Bess*. Será um evento memorável para nós, posso garantir. Alguns de nós conseguiram ingressos para a estréia", ele disse, abrindo um sorriso. "Faço parte da lista de felizardos." A srta. Ryan disse que ficou contente ao ouvir aquilo e comentou que o inglês dele era excelente. Ele explicou que passara vários anos em Washington durante a guerra, como membro da Comissão Russa de Compras. "Mas você consegue me entender? Faz muito tempo que não tenho oportunidade de conversar. Meu coração disparou." Dava para perceber, pela intensidade do arrebatamento do sujeito, que seu coração não disparara apenas por causa da língua inglesa. Seu sorriso arrefeceu quando o piscar das luzes indicou o final do intervalo; repentinamente, como se forçado por um impulso irresistível, ele disse: "Por favor, permita que eu a veja novamente. Gostaria de lhe mostrar Leningrado". O convite fora dirigido à srta. Ryan, mas a educação o levou a incluir Lyon e eu. A srta. Ryan o orientou a nos procurar no Astoria. Ele anotou nossos nomes no programa, depois escreveu o seu e o entregou para a srta. Ryan.

"Stefan Orlov", a srta. Ryan leu, enquanto voltávamos para o ato final. "Ele é uma graça."

"Claro", Lyons disse. "Mas não vai nos procurar. Quando pensar melhor, vai dar para trás."

Haviam tomado providências para nossa companhia ir aos camarins e conhecer os bailarinos. A cena final do *Corsário* transcorre parcialmente no convés de um navio, cheio de cordas, e no final do espetáculo, quando os norte-americanos foram para trás do palco, a confusão foi tamanha que metade dos bailarinos teve de subir no convés cenográfico e até nas cordas para ver os colegas ocidentais, cuja entrada saudaram com gritos e aplausos que duraram quatro minutos inteiros, até Breen conseguir silêncio suficiente para fazer seu discurso, que começou com: "Somos nós quem devemos aplaudi-los. Sua incrível capacidade artística nos brindou com uma noite da qual jamais nos esqueceremos, e esperamos que na apresentação de segunda-feira possamos retribuir ao menos parcialmente o prazer que nos proporcionaram". Assim que Breen terminou seu discurso o diretor do Mariinsky começou o dele, e as bailarinas diminutas, cujo suor vencia a maquiagem, aproximaram-se dos atores norte-americanos. Seus olhos pintados se voltaram para o alto e seus lábios se abriram num oh quando viram os sapatos dos visitantes, tocaram timidamente suas roupas, esfregando pedaços de tafetá e seda entre os dedos. Uma delas estendeu os braços e os passou em volta de uma participante da companhia chamada Georgia Burke. "Minha querida jovem", disse a srta. Burke, mulher tranqüila e bem-humorada, "pode me abraçar o quanto quiser. É ótimo saber que alguém gosta da gente."

Era quase meia-noite quando a companhia iniciou o retorno ao Astoria, de ônibus fretado. Os ônibus, geladeiras ambulantes, apresentavam a mesma distribuição de lugares que os coletivos da Madison Avenue. Sentei-me no banco comprido, entre a srta. Ryan e a intérprete, srta. Lydia. As luzes da rua amarelavam a neve das ruas desertas, e a srta. Ryan, ao olhar para fora, comentou: "Os palácios são tão lindos assim, iluminados".

"Sim", disse a srta. Lydia, disfarçando um bocejo sonolento. "As residências particulares são lindas." Depois, como se acordasse subitamente, acrescentou: "As *antigas* residências particulares".

Na manhã seguinte fui às compras em Nevsky Prospekt com Lyons e a sra. Gershwin. Principal via de Leningrado, a Nevsky não tem um terço da extensão da Quinta Avenida, embora apresente o dobro da largura; atravessá-la no meio do tráfego, pelo piso escorregadio, é uma atividade perigosa e praticamente inútil, pois as lojas dos dois lados da rua pertencem ao governo e todas vendem as mesmas mercadorias pelo mesmo preço, seja qual for o tipo de loja. Apreciadores de pechinchas e quem procura "algo um pouco diferente" considerariam a Nevsky uma experiência decepcionante.

Lyons saíra na esperança improvável de encontrar "uma bela peça de Fabergé" para dar de presente à esposa. Após a revolução, os bolcheviques venderam a colecionadores franceses e ingleses praticamente todos os ovos e caixas que Fabergé criara para divertir a realeza; os raros exemplares de seu trabalho remanescentes na Rússia são exibidos no museu Hermitage de Leningrado e no Kremlin. Atualmente, no mercado internacional, o preço inicial de uma caixinha Fabergé passa dos dois mil dólares. Essas informações não intimidaram Lyons, que acreditava poder encontrar um Fabergé rapidamente, e barato, na loja de penhores estatal. Foi uma dedução correta, inicialmente, pois havia uma loja de penhores estatal, controlada pelo governo, onde um camarada podia trocar seus últimos itens herdados por dinheiro vivo, e lá era provavelmente o único lugar onde se poderia descobrir um Fabergé. Visitamos várias, estabelecimentos escuros e frios com a melancolia depressiva das salas de leilão.

Num deles, o maior, um armário de vidro ocupava toda a extensão da loja, e o espetáculo que seu conteúdo apresentava, o aglomerado de objetos diversificados, mais parecia um experimento dadaísta. Fileiras de sapatos usados, tão gastos que o formato do pé do proprietário anterior podia ser pateticamente identificado, estavam caprichosamente arrumados nas prateleiras de vidro, como se fossem tesouros, o que realmente eram, por US$ 50 a US$ 175 o par. Uma coleção de itens para cabeça ladeava os sapatos, com destaque para *cloches* e chapelões de veludo; após os chapéus, a variedade surrealista e o valor do conteúdo do armário disparavam: um leque quebrado (US$ 30), um estojo de pó compacto quebrado (US$ 7), um pente de âmbar com vários dentes faltando (US$ 45), bolsas de malha metálica escurecida (US$ 100 em diante), um cabo de guarda-chuva de prata (US$ 340), um jogo de xadrez comum de marfim, com cinco peões faltando (US$ 1.450), um elefante de celulóide (US$ 25), uma boneca de gesso rosado rachada e descascada, como se tivesse apanhado chuva (US$ 25). Todos esses artigos, e muitos outros, estavam dispostos e numerados com um cuidado que sugeria uma exposição de lembranças, os objetos de uma pessoa amada, e era isso, a reverência da exposição, que tornava tudo comovente. Lyons disse: "Quem você acha que vai comprar essas *coisas*?". Mas bastava que ele olhasse em torno para ver que havia pessoas que, na falta de outra opção, consideravam o leque roído pelas traças e o cabo de guarda-chuva de prata ainda atraentes, ainda desejáveis, a valer o preço marcado. De acordo com o calendário russo, faltavam duas semanas para o Natal, mas os russos preferiam trocar presentes no Ano-Novo, e as lojas de penhores, como todos os estabelecimentos comerciais da Nevsky, estavam lotadas de consumidores. Embora Lyons não tenha encontrado nenhum Fabergé, um lojista mostrou uma caixa de rapé do século 19 bem original, um topázio imenso cavado e cortado ao meio. Mas o preço, US$ 80 mil, era mais do que o cliente tinha em mente.

A sra. Gershwin, que pretendia dar um presente "realmente bom" a cada um dos membros do elenco de *Porgy and Bess* ("Afinal de contas, querido, é o quarto Natal da companhia, todos juntos, e quero mostrar a todos meu apreço."), ainda precisa encontrar algumas coisas para completar a lista, embora tenha trazido um baú cheio de presentes de Berlim. Sendo assim, lutamos contra a multidão que se aglomerava na Nevsky. "Não se pode negar que a atividade por aqui é intensa", declarou Lyons. E entramos numa loja de peles onde a zibelina mais barata saía – ou melhor, não saía – por US$ 11 mil. Depois paramos num antiquário considerado o mais "elegante" de Leningrado pela Intourist. As antigüidades eram na verdade televisores usados, uma geladeira, um ventilador elétrico norte-americano, algumas peças Biedermeier gastas e um número colossal de quadros a óleo que mostravam cenas históricas de valor duvidoso.

"O que esperava, querido?", disse a sra. Gershwin. "Não existem antigüidades russas. Se existirem, serão francesas." Em busca de caviar, fomos a duas lojas de alimentos requintadas, as Vendômes locais; havia abacaxis da África, laranjas de Israel, lichias frescas da China, mas nada de caviar. "De *onde* tiramos a noção de que o caviar era a manteiga dos operários pobres?", lamentou-se a sra. Gershwin, que se declarou conformada com uma xícara de chá, um desejo que logo nos conduziu a uma versão soviética do Schrafft's. Ficava num porão, numa masmorra onde as garçonetes usavam botas até o joelho e tiaras feitas de guardanapo e corriam pelo piso molhado de neve derretida com bandejas de sorvetes e tortas suspeitas que entregavam aos bandos de mulheres sombrias de meia-idade. Mas a sra. Gershwin teve de desistir do chá, pois não havia mesas disponíveis, nem lugares no balcão.

Até ali ninguém conseguira comprar um único item que fosse. A sra. Gershwin resolveu tentar a loja de departamentos. Lyons, que tinha máquina fotográfica, parou várias vezes no caminho para tirar fotos de mulheres e meninas de faces rosadas que carregavam árvores de Natal, de floristas de esquina que no inverno vendiam rosas artificiais e tulipas de papel em vasos, como se fossem reais. Essas cenas pitorescas provocavam engarrafamentos de pedestres, formava-se uma galeria de espectadores silenciosos que sorriam e por vezes franziam a testa quando tiravam fotos. Acabei notando um homem que surgia entre os curiosos continuamente, embora não parecesse fazer parte do grupo. Ele sempre ficava parado atrás, era um sujeito corpulento de nariz torto. Embrulhado num casaco preto e usando um boné de astracã, escondia parte do rosto com óculos escuros do tipo usado pelos esquiadores. Perdi-o de vista antes de chegarmos à loja de departamentos.

A loja lembrava uma feira de camelôs, pois consistia em balcões e alcovas cujas prateleiras pareciam exibir apenas prêmios de tiro ao alvo, como bonecas ordinárias, urnas medonhas, animais de gesso e conjuntos de toalete revestidos de seda branca franzida. A sra. Gershwin, enjoada com o cheiro de cola rançosa, sentiu uma súbita necessidade de sair imediatamente da seção dos "artigos de couro" e foi a primeira a chegar ao balcão de perfumaria.

Uma multidão passou a nos acompanhar nas andanças pela loja, e quando, num *stand* especializado em chapéus comecei a experimentar gorros de imitação de pêlo de carneiro persa, cerca de trinta russos risonhos se acotovelaram para pedir que eu comprasse este ou aquele ou aquele outro, sacudindo os tipos na minha cara, colocando os gorros na minha cabeça e pedindo ao atendente que trouxesse mais, até que os gorros começaram a cair de cima do balcão. Alguém se abaixou para apanhar um gorro no chão; era o homem de óculos de esquiador. O gorro que adquiri, escolhido por desespero, ao acaso, não me servia. De falso astracã, custou US$ 45; e em função do complexo sistema de pagamento em vigor em todas as lojas russas, da mais humilde mercearia ao GUM* de Moscou, precisei de mais quarenta minutos para completar a transação. Primeiro, o atendente entrega um pedaço de papel, que a pessoa leva ao caixa, onde espera gelando os pés até o responsável fazer suas contas num ábaco, sem dúvida um método eficiente, embora eu ache que um funcionário soviético inteligente deva inventar a caixa registradora; quando o dinheiro é entregue, o caixa carimba a ficha de papel, que a gente leva de volta ao atendente, que está atendendo cinco pessoas; quando finalmente ele aceita seu papel, vai conferir tudo com o caixa e volta, para entregar a compra e orientá-lo a ir ao departamento de pacotes, onde há outra fila. No final do processo, recebi o gorro numa caixa verde. "Por favor, querido", a sra. Gershwin implorou a Lyons, que se mostrava tentado a comprar um gorro, também. "*Não* nos faça passar por tudo *isso* novamente, por favor."

---

* Loja de departamentos da capital russa. (N. do E.)

Não avistei o homem dos óculos de esquiador quando saímos da loja. Ele apareceu em seguida, porém, na fímbria de um grupo que observava Lyon fotografar ambulantes que vendiam árvores de Natal num pátio coberto de neve. Foi ali, naquele pátio, que eu deixei a caixa com meu gorro; devo ter posto a caixa de lado para esfregar as mãos dormentes de frio. Só dei por falta dela muitas quadras depois. Lyon e a sra. Gershwin queriam voltar para procurá-la. Mas não foi preciso. Quando demos meia-volta nos deparamos com o homem de óculos de esquiador, que vinha em nossa direção. Trazia nas mãos a caixa verde do gorro. Ele a entregou para mim com um sorriso que contraiu seu nariz torto. Antes que eu pudesse agradecer ele tocou a ponta do gorro e se foi.

"Ei, isso é o que eu chamo de coincidência", comentou Lyon, com um brilho maldoso nos olhos astutos. "Claro, eu já o havia notado!"

"E eu também", admitiu a sra. Gershwin. "Mas eu acho o máximo. Adorável. É simplesmente adorável que eles se preocupem tanto com a gente. Sinto-me mais protegida. Bem, querido", disse, como se estivesse decidida a persuadir Lyon a adotar seu ponto de vista, "não é *reconfortante* saber que a gente não consegue *perder* nada na Rússia?".

Depois do almoço no Astoria subi pelo elevador com Ira Wolfert, o ex-correspondente de guerra que supostamente pretendia escrever um artigo sobre a excursão da Everyman Opera para o *Reader's Digest*. "Ainda estou procurando uma pauta. Tudo me pareceu muito repetitivo, aqui", Wolfert comentou comigo. "E não se pode conversar com ninguém. Com os russos, quero dizer. Está me dando claustrofobia, sempre que abordo a questão política recebo a mesma velha resposta. Estava conversando com Savchenko, ao que parece é um sujeito inteligente, e lhe perguntei, pois era uma conversa particular, se acreditava *honestamente* em todas aquelas coisas que diziam dos Estados Unidos? Sabe, ele explicava como Wall Street comandava o país. Mas não dá para conversar com eles. Não há realismo no realismo socialista. Ontem eu conversava com um russo – não vou dizer quem é, um dos sujeitos que conhecemos aqui – e ele me passou um bilhete. Na nota, pedia que eu telefonasse para sua irmã que mora em Nova York. Tem uma irmã dele morando lá. Mais tarde, vi o sujeito na rua. Puxei-o de lado, e disse: 'Afinal, o que está acontecendo?'. E ele respondeu: 'Está tudo bem. Mas é melhor tomar cuidado'. Está tudo bem, mas o sujeito precisa me dar um bilhete!" Wolfert mordeu os lábios com força e balançou a cabeça. "Não existe realismo. Estou ficando com claustrofobia."

No meu andar, ao destrancar a porta, ouvi o telefone tocando dentro do quarto. Era o sujeito que conhecemos no intervalo do balé, o admirador da srta. Ryan, Stefan Orlov. Ele disse que havia telefonado para a srta. Ryan, mas não conseguira falar com ela. Sugeri que tentasse a suíte dos Breens, pois a srta. Ryan usava um dos quartos como escritório. "Não adianta", ele disse, soando nervoso e constrangido. "Não vou telefonar de novo. Por enquanto. Quando poderei ver Nancy? E você?", ele acrescentou, por uma questão de tato. Eu lhe perguntei se gostaria de vir ao hotel para tomar um drinque. Seguiu-se uma pausa tão longa que pensei ter caído a linha. Finalmente, ele disse: "Isso não seria conveniente. Mas vocês poderiam me encontrar dentro de uma hora, digamos". Concordei, perguntando onde. "Dêem a volta na catedral de Santo Isaac. Não parem de andar. Eu os encontrarei." E desligou sem se despedir.

Fui até a suíte dos Breens para falar do convite com a srta. Ryan. Ela se entusiasmou. "Tinha certeza de que ele telefonaria." E logo desanimou. "Mas preciso terminar este texto, com seis cópias", disse, ajustando as camadas de papel e carbono numa máquina de escrever portátil. O texto urgente era uma carta de duas páginas, escrita por Robert Breen e endereçada a Charles E. Bohlen, o embaixador norte-americano na Rússia. Começava agradecendo a gentileza de o embaixador e a sra. Bohlen virem a Leningrado para a *première* de *Porgy and Bess*; contudo, o tom geral da carta era de reclamações e lamúrias. Embora a produção da turnê contasse com o apoio do Departamento de Estado, não tinha seu patrocínio oficial, ao contrário do que se acreditava. Na verdade, a excursão se tornara financeiramente possível graças ao Ministério da Cultura russo. Breen considerava "uma vergonha terrível" que nenhum membro da equipe do embaixador Bohlen tivesse sido destacado para acompanhar a trupe em caráter permanente, para observar "os eventos cotidianos, os problemas a cada minuto, os contatos individuais e os incidentes calorosos e espontâneos" que Breen achava necessário registrar se a embaixada pretendia "preparar adequadamente um relatório abrangente e completo, como era de se esperar no caso de um projeto sem precedentes como este". Breen enfatizou: "A necessidade desta documentação não diz respeito apenas a esta excursão de boa vontade, por mais importante que seja, mas também aos possíveis intercâmbios culturais futuros. Ninguém imagina o esforço supremo que fizemos para garantir a tranqüilidade geral – nem a infinidade de detalhes que precisamos antecipar e providenciar para que o intercâmbio realizasse o potencial prometido. A documentação não deve registrar apenas nosso sucesso, mas também todas as facetas de relações públicas que podem ser estimuladas, além dos eventuais tropeços".

"Mande lembranças a Stefan", instruiu a srta. Ryan, quando saí para encontrá-lo. "E se o encontro for cordial e espontâneo, conte tudo para mim, assim posso incluí-lo no *Porgy and Bess*", disse, referindo-se ao diário oficial da viagem mantido por seus patrões.

Era pequena a distância do Astoria ao edifício semigótico monumental da catedral de Santo Isaac. Saí do hotel exatamente às três e meia, hora em que Orlov prometera se encontrar comigo. Mas, ao passar a porta, deparei-me com o sujeito com óculos de esquiador. Havia um Ziv da Intourist estacionado na frente, e o sujeito, sentado no banco dianteiro, conversava com o chofer. Por um momento, pensei em retornar ao hotel, parecia ser o mais sensato, se a intenção de Orlov fosse um encontro sem testemunhas. Mas decidi passar pelo carro e ver o que acontecia; ao fazer isso, o nervosismo e um irreprimível pendor para a etiqueta me levaram a cumprimentar o sujeito com um movimento discreto da cabeça. Ele bocejou e desviou a vista. Não olhei para trás até atravessar a praça e chegar à sombra de Santo Isaac. O carro desaparecera. Contornei a catedral lentamente, como se admirasse sua arquitetura, embora não precisasse de motivos para fingir nada, as calçadas estavam vazias. Mesmo assim, sentia-me vigiado, quase clandestino. A noite tomou conta do céu como os corvos negros que revoavam e piavam no alto. Na terceira volta comecei a desconfiar que Orlov mudara de idéia. Tentei esquecer do frio, contando meus passos, e cheguei a 216 quando, dobrando a esquina, vi uma cena que fez a contagem cessar como os ponteiros de um relógio que caiu no chão.

Era assim: quatro homens de preto e um quinto, de costas para a parede externa da catedral. Os homens o espancavam com os punhos, empurrando e esmurrando o sujeito com toda a força, como jogadores de futebol americano quando treinam com bonecos. Uma mulher, respeitavelmente trajada, portando um livro, aguardava calmamente ao lado, como se esperasse que seus amigos terminassem uma conversa sobre trabalho. Exceto pelos gritos dos corvos, era como um episódio de filme mudo; ninguém emitia sons, e quando os quatro atacantes largaram o outro sujeito deitado de pernas abertas na neve, eles me olharam indiferentes, aproximaram-se da mulher e foram embora sem dizer nada, nem entre si. Cheguei perto do homem caído. Era gordo, pesado demais para que eu o erguesse, e seu bafo de bebida poderia matar um escorpião. Não sangrava, estava consciente, mas tentava falar e não conseguia; olhou para cima como se fosse surdo-mudo e tentasse se comunicar com os olhos.

Um carro parou no meio-fio, com uma luzinha em cima. A lista xadrez em preto e branco na lateral o identificava como táxi. A porta se abriu e Stefan Orlov chamou meu nome. Encostado na porta, tentei explicar o que acontecera e pedi que ajudasse o homem, mas ele estava impaciente, não quis me ouvir e só repetia: "Entre logo – e – *Por favor*, entre logo". Finalmente, num tom raivoso que me chocou, ele disse: "Você é um idiota!". E me puxou para dentro. Quando o táxi deu meia-volta rapidamente, os faróis iluminaram o homem caído na calçada, com as mãos estendidas agitadas no ar como as patas de um inseto cruelmente virado de costas.

"Lamento", disse Orlov, retomando o tom cortês que também soava genuinamente arrependido. "Mas são problemas alheios. Não nos dizem respeito, entende? Agora, relaxe. Vamos ao Eastern." Ele comentou a ausência da srta. Ryan e lamentou "profundamente" que não tivesse sido possível a ela aceitar o convite. "O Eastern é o lugar perfeito para uma moça como Nancy. Comida excelente. Música. Uma certa atmosfera oriental." Levando em conta a natureza clandestina de nosso encontro, estranhei que estivéssemos a caminho de um lugar animado e público, como o descrito. Mencionei isso. Ele ficou magoado. "Não sinto medo, mas não sou nenhum idiota, tampouco. O Astoria é um lugar visado, entende? É constrangedor ir lá. Mas por que não posso encontrar vocês, se tiver vontade?" Ele perguntou a si mesmo. "Vocês são cantores, eu me interesso por música." Orlov imaginava que fôssemos cantores do elenco de *Porgy and Bess*. Quando o corrigi, explicando que era escritor, ele ficou contrariado. Acendeu um cigarro e os lábios, entreabertos para soprar o fósforo, endureceram. "Você é correspondente?", perguntou, deixando que a chama consumisse o palito. Falei que não, que não era um correspondente no sentido dado por ele. E ele soprou o fósforo. "Ainda bem, pois odeio correspondentes", disse, como se fosse um alerta, como se fosse perigoso mentir a ele. "São nojentos. E os norte-americanos, lamento dizer, são os piores." Como agora sabia que eu era escritor, talvez visse a situação de uma perspectiva diferente, menos inofensiva, e sugeri que o táxi me deixasse nas imediações do Astoria, seria melhor nos despedirmos ali mesmo. Ele interpretou isso como um protesto a sua opinião sobre os correspondentes norte-americanos. "Por favor, não me entenda mal. Eu admiro muito o *povo* norte-americano", disse, explicando que os anos passados em Washington foram bons. "Nunca esquecerei o quanto fui feliz lá. Os russos que residem em Nova York sempre esnobam os russos que têm de morar em Washington. Eles dizem, 'Ah, meu caro, Washington é tão provinciana e *entediante*'." E riu de sua imitação de um esnobe. "No meu caso, porém, eu gostava de lá. As ruas quentes, no verão. *Bourbon* de primeira. Eu gostava muito do meu apartamento. Abria a janela e apanhava uma dose de *bourbon*" disse, como se revivesse essas ações. "Eu ficava sentado de cueca, bebia uísque e ouvia música alto, como gosto. Conhecia uma moça. Duas moças. Uma delas estava sempre por lá."

O tal Eastern era um restaurante anexo ao hotel Europa, próximo do Nevsky Prospekt. A não ser que esparsas palmeiras desidratadas representassem o Oriente, não sei como explicar a alegação de Orlov que o local tinha um ambiente de olho puxado. A atmosfera, se havia uma, era de melancólico amarelo encardido nas paredes e poucas mesas ocupadas. Orlov se exibia; ajeitou a gravata e alisou o cabelo escuro. Enquanto atravessávamos a pista de dança vazia, um conjunto de quatro músicos magros como palmeiras torturava uma valsa. Subimos um lance de escadas e chegamos ao balcão onde se situavam os reservados mais discretos. "Aposto que considera o Astoria mais elegante", ele disse, quando sentamos. "Mas é um lugar para estrangeiros e esnobes ricos. Este aqui é para esnobes comuns. Eu sou um esnobe *muito* comum."

Fiquei preocupado, talvez um lugar como o Eastern não estivesse a seu alcance. Seu capote exibia uma gola de zibelina luxuosa, e o chapéu era de couro de foca brilhante. Mesmo assim, seu terno era simples, xadrez, e a brancura de lavanderia de sua camisa destacava o colarinho e os punhos puídos. Mas ele fez um pedido suntuoso ao garçom, que nos trouxe uma garrafa de quatrocentos mililitros de vodca e um monte enorme de caviar em taças de sorvete prateadas, acompanhado de torradas e rodelas de limão. Pensando por um instante na sra. Gershwin, devorei cada pérola cinzenta quase isenta de sal. Orlov, impressionado com a velocidade de meu feito, perguntou se eu queria mais. Recusei, disse que não agüentaria, mas ele percebeu que agüentaria, sim, e pediu mais ao garçom.

Enquanto isso, sugeriu um brinde à srta. Ryan. "A Nancy", disse, esvaziando o copo, e depois, para a nova dose: "A Nancy. Ela é uma linda moça". E mais uma vez: "Viva Nancy. Linda Nancy. Bela moça. Belíssima".

A seqüência de vodca rapidamente bebida avermelhou seu rosto pálido quase formoso. Ele me disse que conseguia beber "um barril" sem ficar embriagado, mas uma gradual redução da inteligência de seus belos olhos azuis desmentia sua alegação. Ele queria saber se a srta. Ryan simpatizava com ele. "Sabe", disse, debruçando-se na mesa, num tom excessivamente confidencial, "ela é uma linda moça, e eu gosto dela". Falei que sim, ela simpatizara muito com ele. "Acha que sou idiota? Tenho quase quarenta anos, e estou casado há cinco!" Ele colocou a mão sobre a mesa para mostrar uma aliança de ouro. "Jamais farei algo que possa prejudicar meu casamento", disse, virtuoso. "Temos duas meninas pequenas." Ele descreveu a mulher: "Não é bonita, mas é minha melhor amiga". E disse que, além das filhas, os interesses mútuos que compartilhavam tornavam o casamento "uma questão séria".

Entre as classes profissionais russas verifica-se que raramente as pessoas fazem alianças com alguém de fora de seu campo de atuação. Os médicos casam-se com médicas; advogados, com advogadas. Os Orlovs, pelo que entendi, eram ambos matemáticos e lecionavam na mesma instituição de ensino de Leningrado. Música e teatro eram seus maiores prazeres; eles se revezaram, explicou, na fila para adquirir os ingressos para a estréia de *Porgy and Bess*, mas no final conseguiram apenas uma entrada. "Agora minha esposa faz de conta que não quer ir. Por isso, eu vou." No ano anterior eles haviam comprado um televisor, como presente de Ano-Novo de um para o outro, agora se arrependiam por ter gasto o dinheiro em algo tão "maçante e infantil". Ele se expressou com igual veemência em relação ao cinema soviético. A mulher, porém, gostava de ir ao *kino*, mas ele só se animaria se mostrassem novamente filmes norte-americanos. ("Eu gostaria muito de saber o que aconteceu àquela linda moça, Joan Bennet. E Ingrid Bergman? George Raft? Que ator maravilhoso! Ele ainda vive?") A não ser pela diferença de gosto relativa ao cinema, os gostos da esposa coincidiam com os dele em todos os aspectos; eles apreciavam até o mesmo esporte, "velejar", e economizavam havia vários anos para adquirir um pequeno veleiro, que pretendiam aportar num vilarejo de pesca perto de Leningrado onde passavam dois meses de férias todos os verões. "É para isso que eu vivo – pilotar um barco através da poesia de nossas noites brancas. Você precisa voltar na época das noites brancas. Servem como merecida recompensa pelos nove meses de escuridão."

A vodca acabou, e Orlov, pedindo outra garrafa, reclamou por eu não o acompanhar. Disse que era "revoltante" me ver só "experimentando" e exigiu que eu "bebesse feito um sujeito decente ou saísse da mesa". Fiquei surpreso com a facilidade que encontrei para esvaziar o cálice de uma só vez, era agradável, pelo jeito não me afetava, a não ser pelo calor súbito e uma sensação de que minha capacidade crítica se esvaía. Comecei a pensar que Orlov tinha razão, afinal de contas, que realmente havia no restaurante uma atmosfera oriental, um aconchego mourisco, e que a música da orquestra, como o canto das cigarras entre as palmeiras, adquiria um sedutor tom nostálgico.

Orlov, já no estágio da repetição, disse: "Sou um bom homem, tenho uma ótima esposa", três vezes antes de chegar à próxima sentença, que foi: "Mas tenho músculos poderosos". Flexionou os braços. "Sou passional. Um dançarino sensual. Na noites quentes, de janela aberta, ponho a vitrola a tocar bem alto. Alguém sempre aparece. E dançamos. De janela aberta, nas noites quentes. É só o que eu desejo. Dançar com Nancy. Linda moça. Linda mesmo. Entende? Dançar, apenas. Só para... onde ela está?" Sua mão passou sobre a mesa. Caíram alguns talheres no chão. "Por que Nancy não está aqui? Por que ela não canta para nós?" Com a cabeça virada para trás, ele cantou: "*Missouri woman on the Mississippi with her apron strings Missouri woman drags her diamond rings by her apron strings down the bad Missouri on the Mississippi blues...*" levantando a voz ele passou para o russo, uma canção estranha, mas obscuramente relacionada à letra de St. Louis Blues.

Consultei o relógio. Para meu assombro, eram nove horas. Passamos quase cinco horas no Eastern, o que significava que eu não estava sóbrio como calculava. A compreensão e sua prova chegaram simultaneamente, como um par de assassinos de tocaia nas sombras. As mesas pareciam deslizar, as luzes balançavam como se o restaurante fosse um navio a singrar mares bravios. Pedi, insisti para que Orlov pedisse a conta, ele continuou a cantar enquanto contava os rublos, cantou escada abaixo e valsou sozinho pela pista de dança, ignorando a orquestra, que trocou pelo seu próprio acompanhamento, *Missouri woman, you're a bad Missouri woman on the Mississippi blues...*

Na frente do Eastern um ambulante vendia animais de borracha. Orlov comprou um coelho e o entregou para mim. "Lembrança para Nancy, de Stefan." Então ele me puxou pela rua que ia no sentido oposto de Nevsky Prospekt. Quando vias enlameadas substituíram o pavimento ficou claro que nosso destino não era o Astoria. Aquele não era um bairro de palácios. Em vez disso, parecíamos caminhar pelos cortiços de Nova Orleans, com suas ruas sujas e cercas caídas na frente de precários casebres de madeira. Passamos por uma igreja abandonada, onde o vento uivava nos domos como uma viúva no cemitério. Um pouco adiante da igreja a calçada continuava e, com ela, a fachada imperial da cidade. Orlov se dirigiu às janelas iluminadas de um café. A caminhada no frio o calara e o ajudara a recuperar a sobriedade. Ao chegarmos, falou: "Aqui é melhor. Lugar de gente trabalhadora".

Foi como cair num covil de ursos. O calor dos corpos e o bafo de cerveja enchia o café iluminado, onde uma centena de fregueses cheirando a pele molhada rugiam, discutiam e gesticulavam. Dez a doze homens ocupavam a meia dúzia de mesas do local.

As únicas mulheres presentes era três garçonetes parecidas, moças fortes, tão largas quanto altas, com rostos redondos e chatos como pratos. Além de servir, elas eram leões-de-chácara. Com calma e perícia, com uma curiosa ausência de rancor e menos esforço do que o necessário para bocejar elas conseguiam desferir um murro capaz de nocautear um sujeito com o dobro de seu tamanho. E pobre do homem que resolvesse reagir. As três moças cairiam em cima dele, o espancariam até que se ajoelhasse e literalmente limpariam o chão com ele enquanto arrastavam sua carcaça pelo assoalho e a jogavam para fora, na noite fria. Alguns homens, fregueses considerados *persona non grata*, nunca entravam no café, pois assim que um dos indesejáveis aparecia na porta as moças do estabelecimento formavam uma barreira, abriam os braços e o atacavam, expulsando novamente o sujeito. Por outro lado, sabiam ser gentis. Pelo menos sorriram para Orlov, impressionadas com o chapéu caro e a gola de zibelina, creio. Uma delas nos levou até uma mesa onde ordenou a dois jovens de queixo saliente e casacos de couro que se levantassem para nos dar lugar. Um deles obedeceu, o outro resolveu discutir. Ela encerrou o debate puxando o sujeito pelo cabelo e beliscando sua orelha.

Em geral só os restaurantes da classe alta têm licença para vender vodca, e, como o café não se enquadrava na categoria, Orlov pediu conhaque russo, um líquido repulsivo que vinha em copos de chá, transbordando. Com a jovialidade de alguém que assopra a espuma da cerveja ele esvaziou um terço do copo e perguntou se eu estava "gostando" do café, ou o considerava muito "rústico". Respondi que sim, e sim. "Rústico, mas não vulgar", ele fez questão de distinguir. "Na beira do mar sim, os cafés são vulgares. Aqui, são só comuns. Lugar de gente trabalhadora. Sem esnobes." Tínhamos oito companheiros à mesa, e eles se interessaram por mim, me beliscavam como se bicassem, puxaram um isqueiro da minha mão, tiraram o cachecol do meu pescoço e passaram os objetos adiante. Cada um os estudava, analisava e sorria ao passá-lo para o seguinte. Até os moços tinham dentes estragados e rugas que não tinham nada a ver com a idade. O sujeito mais próximo era possessivo e queria monopolizar minha atenção. Seria impossível adivinhar sua idade, qualquer coisa entre quarenta e setenta. Faltava-lhe um olho, e essa circunstância permitia que ele realizasse um truque que me obrigava a ver seguidamente. Era uma espécie de paródia de Cristo na cruz. Depois de tomar um gole de cerveja ele estendia os braços e baixava a cabeça. Em seguida um filete de cerveja saía como se fosse lágrima do vazio avermelhado da órbita funda. Os amigos à mesa consideravam o truque o máximo.

Outro favorito no café era o menino que circulava pelo local com um violão. Cantava uma música para quem lhe pagasse uma bebida. Tocou uma para Orlov, que a traduziu para mim, alegando ser o tipo de canção da qual "nós" gostávamos. Contava a história de um marinheiro que sentia saudades do vilarejo de sua infância e de uma namorada perdida chamada Nina. "O verde do mar é o verde dos olhos dela." O menino cantava bem, modulando a voz num lamento comovente. Senti, porém, que ele não se concentrava na letra. Seus pensamentos e sua vista se voltavam para mim. O rosto branco exibia uma tristeza que parecia pintada nele, como a de um palhaço. Mas foram seus olhos que mais me incomodaram. Logo percebi por quê. Eles me lembravam a expressão, o apelo mudo nos olhos do homem que deixamos caído na calçada da catedral. Quando ele parou de tocar, Orlov pediu que cantasse outra música. Em vez disso, o menino tentou falar comigo.

"Eu... você... mãe... homem." Ele sabia umas dez palavras em inglês e se esforçava para pronunciá-las. Pedi a Orlov que servisse de intérprete, e quando conversaram em russo parecia que o menino cantava novamente. Sua voz tecia uma melancólica melodia em prosa, os dedos brincavam com as cordas da guitarra. Surgiram lágrimas em seus olhos, e ele as limpou com as costas da mão, deixando marcas de sujeira como as de uma criança. Perguntei a Orlov o que dizia. "Não é muito interessante. Não me envolvo com política." Parecia inconcebível que o menino estivesse falando de política, e quando insisti Orlov irritou-se. "Não é nada. Está incomodando. Ele quer que você o ajude."

O menino entendeu que falávamos dele. "Ajuda", disse em inglês, balançando a cabeça vigorosamente. "Ajuda."

"Ele está incomodando?" Orlov disse. "Alega que o pai é inglês e a mãe polonesa, e por isso acha que o tratam mal neste país. Quer que você escreva ao embaixador inglês. Qualquer coisa assim. Quer ir para a Inglaterra."

"Inglês", o menino disse, apontando para si com orgulho. "Ajuda." Eu não via como, e conforme ele me olhava o desespero passou a encobrir o brilho de esperança em seus olhos marejados. "Ajuda", ele repetiu, em tom de censura. "Ajuda, ajuda."

Orlov lhe deu uma moeda e disse o nome da canção que desejava escutar. Era uma canção de humor, com refrão interminável, e embora o menino a entoasse com indiferença, até as garçonetes riam e cantavam o refrão, que todos aparentemente conheciam. O homem de um olho só, furioso quando alguém ria de qualquer coisa que não fosse seu truque, subiu na cadeira e postou-se como um Jesus espantalho, a cerveja a pingar pela órbita e escorrer pela face. As garçonetes começaram a apagar as luzes às cinco para meia-noite, sinalizando o horário de fechamento. Mas os fregueses continuavam a cantar, agarrados aos derradeiros minutos, como se odiassem trocar a camaradagem do café pela rua fria, pela longa e penosa jornada até suas casas. Orlov disse que me acompanharia até a praça de Santo Isaac. Antes, porém, mais um brinde. Ele propôs: "A uma vida longa e feliz. Não é o que dizem?". Sim, concordei, é o que dizem.

O menino do violão bloqueou nosso caminho para a saída. Os últimos clientes ainda insistiam na canção, dava para ouvir sua voz sumindo rua abaixo. E, no café, as garçonetes expulsavam os teimosos, apagando as últimas luzes. "Ajuda", disse o menino, fixando os olhos em mim, puxando a manga do meu casaco de leve. "Ajuda", disse, enquanto a garçonete, a pedido de Orlov, o afastava para que passássemos. "Ajuda, ajuda", gritou atrás de mim, depois que passamos pela porta. Suas palavras abafadas se perderam na noite como os flocos de neve.

"Acho que ele é meio doido", Orlov disse.

"Pelo que sabemos, Nova York pode ter sido bombardeada", disse Leonard Lyons ao financista Herman Sartorius, sentado a seu lado no ônibus que conduzia a companhia a uma visita matinal ao museu Hermitage. "Nunca estive num lugar onde não posso ler o jornal e saber o que acontece no mundo. Sinto-me como um prisioneiro."

Sartorius, um senhor alto, solene, grisalho e cortês, confessou que ele também sentia falta dos jornais ocidentais e perguntou, pensando alto, se não seria impróprio entrar num banco de Leningrado e pedir a cotação da bolsa de Nova York.

Na verdade, havia um passageiro atrás deles que poderia fornecer qualquer informação que desejassem. Sua função era saber o que acontecia fora da cortina de ferro, especialmente nos Estados Unidos. Russo, chamava-se Josef

("Pode me chamar de Joe") Adamov e estava em Leningrado para gravar entrevistas com o elenco de *Porgy and Bess* para a Rádio Moscou, a emissora que transmitia programas para países fora da órbita soviética. O talento de Adamov se concentrava em programas destinados aos Estados Unidos, ou países onde falassem inglês. Os programas consistiam de notícias, músicas e novelas lotadas de propaganda política. Ouvir um desses programas é uma experiência curiosa, não pelo conteúdo, que é grotesco, mas pela representação, que não é. As vozes que pretendem ser dos "americanos médios" são exatamente isto: a gente acredita piamente que o sujeito é fazendeiro no Meio-Oeste, cowboy no Texas, trabalhador numa fábrica de Detroit. Até as vozes das "crianças" soam familiares como o som crocante dos Wheaties* ou a batida de uma bola de beisebol. Adamov dizia orgulhoso que nenhum daqueles atores saíra da Rússia, que os sotaques eram desenvolvidos ali mesmo em Moscou. Ele mesmo ator freqüente nas novelas e peças de radioteatro, Adamov aperfeiçoara um sotaque capaz de enganar um nativo da região, Lyons, que disse: "Cara, estou confuso, não sei o que ele está fazendo tão longe de Lindy". E, realmente, Adamov parecia ter saído da esquina da Broadway com a 51th Street, com um exemplar de *Variety* debaixo do braço. Embora a gíria precisasse de atualização, ela é pronunciada com uma técnica bizarra de fluência pelo canto da boca. "Eu não curto essa de museu", disse, quando nos aproximávamos do Hermitage. "Mas, para quem gosta do lance, é nota dez, coisa fina." Moreno, de rosto redondo, trintão, com movimentos nervosos e bruscos de animação a café, seus olhos rápidos se movimentam ainda mais depressa quando admite, ao ser pressionado, que seu inglês foi aprendido em Nova York, onde morou dos oito aos doze anos, com o avô imigrante. Ele prefere saltar o episódio nos

* Marca norte-americana de cereal matinal. (N. do E.)

Estados Unidos. "Eu era só um menino", diz, como se alegasse: "Eu não fazia a menor idéia".

Um estrangeiro residente em Moscou, que conhece bem Adamov, me disse: "Ele não é nenhum idiota. Trata-se de um oportunista que não deixa passar nada". Outro veterano de Moscou, um correspondente italiano, falou: "Ah, o *signor* Adamov. Uma faca por trás do sorriso". Em resumo, Adamov era um sujeito bem-sucedido, o que significa, como em qualquer outro lugar, e mais ainda na Rússia, que ele desfruta de privilégios inacessíveis aos cidadãos comuns. O que ele mais valoriza é um apartamento de solteiro com dois cômodos na rua Gorky de Moscou, onde mora. Fala do local como se fosse um palácio turco e ele o sultão. "Dê um toque quando for a Moscou, vai conhecer umas garotas legais." Aliás, ele considerava algumas atrizes de *Porgy and Bess* "garotas legais", principalmente uma cantora do coro de olhos redondos chamada Dolores ("Delírio") Swann. No museu, quando os visitantes foram separados em batalhões de doze, Adamov fez questão de entrar num grupo com a srta. Swann que incluía, entre outros, os Wolferts, a sra. Gershwin, Nancy Ryan, Warner Watson e eu.

O Hermitage faz parte do Palácio de Inverno, que nos anos recentes foi repintado com a cor imperial, um verde fosco *chartreuse*. Quilômetros de janelas prateadas davam para um parque e um trecho amplo do rio Neva. "O Palácio de Inverno começou a ser construído em 1764, e ficou pronto em 78 anos", explicou a guia, uma moça de modos masculinos e jeito ríspido, direto. "Consiste em quatro prédios e contém, como verão, o maior museu do mundo. Estamos agora na escadaria dos embaixadores, usada pelos diplomatas que subiam para ver o Czar."

Na onda ectoplásmica dos embaixadores nosso grupo a seguiu escada de mármore acima, sob um teto filigranado ouro e branco. Passamos por um salão esplêndido de malaquita verde, como se fosse um corredor submarino, e havia janelas até o chão, onde alguns pararam para ver do outro lado do

Neva, encoberto pela névoa, a famosa câmara de tortura da fortaleza de Pedro e Paulo. "Venham, venham", a guia nos apressava. "Temos muita coisa para ver e não completaremos nossa missão parando em espetáculos inúteis."

Uma visita à câmara do tesouro era o objetivo imediato da missão. "É ali que eles guardam a grana, o cacau, as jóias da coroa e coisa e tal", Adamov informou a srta. Swann. Um destacamento de amazonas troncudas, várias delas fardadas, com pistolas à cinta, guardavam as portas maciças do cofre. Adamov, apontando para as guardas, disse a Warner Watson: "Aposto que não há policiais assim nos Estados Unidos".

"Claro que há", Watson protestou timidamente. "Temos policiais femininas também, com certeza."

"Mas", disse Adamov, e o rosto úmido vermelho de lua cheia se contorceu com o riso, "nenhuma delas gorda desse jeito, né?"

Enquanto as complicadas portas de aço do cofre eram destrancadas, a guia anunciou: "Senhoras, favor deixarem as bolsas na chapelaria". Depois, como se quisesse evitar a interpretação óbvia: "Para evitar que uma eventual queda da bolsa provoque algum dano. Já tivemos essa experiência".

O cofre se dividia em três salas pequenas, iluminadas a vela, sendo a primeira inteiramente ocupada pelas peças mais raras do museu, uma mostra sofisticada de ouro citeu, em broches e braceletes, armas cruéis, folhas finas como papel e coroas de flores. "Material do século primeiro", Adamov disse. "Antes de Cristo, depois de Cristo, esses lances." O terceiro salão era intelectualmente mais indigesto, e muito mais convidativo. Numa dúzia de armários de vidro (que exibiam a marca do fabricante, Holland and Sons, 23 Mount Street, Grosvenor Square, Londres) reluziam os bens da aristocracia. Bengalas de ônix e marfim, pássaros musicais que cantavam com língua de esmeralda, um buquê de lírios feitos de pérolas, outro de rosas, feito de rubis, anéis e caixas que brilhavam feito ondas de calor.

A srta. Swann cantou: "But dee-*imonds* are a girl's best friend."* E alguém gritou: "Cadê Earl Jackson?" e recebeu a resposta: "Earl? Ah, você sabe que o cara não acorda cedo de jeito nenhum. Mas ele vai lamentar ter perdido o passeio. Quanto mais do jeito que ele gosta de brilhos."

Adamov postou-se na frente do armário que continha um dos raros exemplos de Fabergé da coleção, uma versão em miniatura dos símbolos do poder do czar: coroa, cetro e orbe. "Sensacional", suspirou a srta. Swann. "Não acha que é maravilhoso, senhor Adamov?" Adamov sorriu, indulgente. "Se você acha, garota. Pessoalmente, acho que é um lixo. Para que serve tudo isso?"

Ira Wolfert, mordiscando um cachimbo apagado, compartilhava a opinião de Adamov. "Odeio jóias", disse, encarando uma bandeja de penduricalhos reluzentes. "Não sei a diferença entre zircônia e diamante. Só que prefiro zircônia. Brilha mais." E abraçou a esposa, Helen. "Ainda bem que casei com uma mulher que não liga para jóias."

"Ah, mas eu gosto de *jóias*, Ira", retrucou a sra. Wolfert, uma senhora de ar bonachão com tendência a fazer afirmações taxativas em tom hesitante. "Gosto da *criação*. Mas *isso*, é tudo vulgar e exagerado. Me irrita."

"Também me irrita", disse a srta. Ryan. "Mas de outra maneira. Eu daria qualquer coisa por aquele anel, o do olho de tigre."

"Isso tudo me irrita", insistiu a sra. Wolfert. "Não considero essas peças criações. *Isto*", ela disse, mostrando seu broche, uma peça comum de prata mexicana, "é o que eu chamo de criação."

A sra. Gershwin também fazia comparações. "Eu preferia nunca ter vindo aqui", disse, acariciando seus diaman-

---

* *Diamonds are a girl's best friend*: música do compositor norte-americano T. Bone Burnett (1948-) e que foi interpretada por Marylin Monroe no filme *Os homens preferem as loiras* (1953). (N. do E.)

tes melancolicamente. "Sinto-me tão insatisfeita. Tenho vontade de ir para casa e socar a cabeça do meu marido."

A srta. Ryan perguntou-lhe: "Se pudesse levar qualquer peça daqui, qual escolheria?",

"Todas, querida", retrucou a srta. Gershwin.

A srta. Ryan concordou. "E, quando chegasse em casa, espalharia tudo no chão, tiraria a roupa e *rolaria* por cima delas."

Wolfert não desejava nada, além de "cair fora daqui e ver alguma coisa interessante". Ele transmitiu sua pretensão à guia, que concordou e conduziu todos à porta, contando todos que saíam. Cerca de seis quilômetros depois, o grupo reduzido pelo abandono de alguns exaustos chegou ao último salão do museu, com as pernas moles após duas horas de inspeção em múmias egípcias e madonas italianas, esticando o pescoço para ver quadros excelentes do grandes mestres pendurados no alto, rodeando o sarcófago de Alexander Nevsky, assombrados com um par de botas enormes de Pedro, o Grande. "Feitas pelo grande progressista com suas próprias mãos", explicou a guia. No último salão ela nos convidou a ir até a janela e observar a praça de enforcamento.

"Mas onde está a praça?", perguntou a srta. Swann.

"Debaixo da neve", explicou a guia. "E ali", ela disse, chamando a atenção para o último item da excursão, "está o famoso Pavão".

O Pavão era uma exótica criação mecânica construída por James Cox, relojoeiro do século 18, e levada para a Rússia como presente para Catarina II. Ele habita uma gaiola de cristal do tamanho de um gazebo. O destaque da peça é um pavão empoleirado numa árvore de bronze com folhas douradas. Equilibrados nos outros galhos estão uma coruja, um galo e um esquilo mordiscando uma noz. Na base da árvore há cogumelos espalhados, e num deles está o mostruário do relógio. "Na hora cheia temos um espetáculo imperdível", disse a guia. "O pavão abre a cauda, o galo canta. A coruja pisca os olhos e o esquilo morde a noz."

Adamov grunhiu. “Não me interessa o que ele faz. Isso é tapeação.” A srta. Ryan o interrogou. Queria saber por que ele criticava um objeto tão “criativo e elaborado”. Ele deu de ombros. “O que tem de criativo? Um monte de idiotas trabalhando até ficarem cegos para a madame ver um pavão abanar a cauda. Veja essas folhas. Pense no trabalhão que deram. Tudo à toa. Uma porcaria imprestável. O que está fazendo, moça?” Ele disse, pois a srta. Ryan começou a anotar algo em seu caderno. “O que está fazendo? Anotando as bobagens que eu digo?” Na verdade, explicou a atônita srta. Ryan, ela estava escrevendo uma descrição do relógio. “Sei”, ele disse, com uma voz menos cordial que o sorriso. “Acha que sou idiota, não é? Bem, pode deixar o caderno de lado. Vou lhe dar uma boa razão para não gostar disso. É que o pavão vai continuar abanando a cauda quando eu virar poeira. Um sujeito trabalha a vida inteira e vira pó. Os museus não passam de depósitos da morte. Morte”, repetiu, com um esgar nervoso que se expandiu numa gargalhada mórbida.

Um grupo de soldados, parte de outra excursão, aproximou-se do Pavão bem na hora cheia, e os militares, rapazes do campo de cabeça raspada, com seus uniformes escuros folgados no traseiro como se usassem fralda, desfrutaram o duplo encantamento de observar estrangeiros enquanto viam as piscadas do olho dourado da coruja e a abertura da cauda de bronze do pavão na penumbra do Palácio de Inverno. Os norte-americanos e os soldados se aproximaram para ouvir o galo cantar. Homens e arte, por um momento viveram juntos, imunes à velha mortalidade.

Era véspera de Natal. Os tradutores do Ministério da Cultura, sob a supervisão do chefe, Savchenko, haviam montado pessoalmente uma árvore de Natal mirrada no centro de um dos salões de jantar do Astoria e a decoraram com cartões desenhados à mão e filamentos dourados. Os membros da companhia, sentimentais por conta do quarto Natal juntos, fizeram uma orgia de gastos: um amontoado de celofane e fita formando um círculo de cinco metros em torno da árvore que batia na altura do joelho. Os presentes foram abertos depois da meia-noite. Bem depois disso, a srta. Ryan ainda estava em seu quarto fazendo pacotes e revirando as malas em busca de presentes entre as tranqueiras que havia comprado, para compensar com eles os presentes que esquecera de comprar. "Acho que vou dar o coelho para um dos meninos", disse, referindo-se ao coelho de borracha que ganhara de Stefan Orlov. O coelho estava aninhado entre os travesseiros. Ela pintara bigodes em seu rosto e na lateral escrevera "STEFAN – O COELHINHO". "Acho melhor não", decidiu. "Se eu o der ninguém vai acreditar que eu arranjei um namorado russo. Ou *quase*." Orlov não telefonara novamente.

Ajudei a srta. Ryan a carregar os presentes até o salão, onde ela chegou a tempo, no final da distribuição dos presentes. As crianças foram autorizadas a ficar acordadas para a festa, e agora, abraçadas a bonecas ou esguichando refrigerante de framboesa com as pistolas de água, corriam por entre os papéis de presente rasgados. Os adultos dançavam ao som de uma orquestra de jazz russa, que tocava no restaurante adjacente. A sra. Breen passou rodando, com um pedaço de fita festiva enrolado no pescoço. "Não é maravilhoso?", ela disse. "Vocês não estão felizes? Afinal de contas, nem sempre podemos passar o Natal em Leningrado!" As garçonetes, jovens estudantes de inglês que voluntariamente serviam as mesas da trupe norte-americana, recusaram os convites para dançar, modestamente. "Vamos lá, garota", disseram a uma das garçonetes, "vamos botar a casa abaixo!". A vodca favoreceu o espírito da ocasião, dissolvendo a reserva dos representantes do Ministério da Cultura. Cada um deles recebeu presentes da companhia, e a srta. Lydia, que ganhara um pó compacto, beijava todos que encontrava. "Quanta gentileza, quanta gentileza", dizia, incansável, examinando o rosto gorducho no espelhinho do estojo.

Até o distante Savchenko, nosso Papai Noel carrancudo e glacial, ou Papai Gelo, como dizem na Rússia, mostrou-se disposto após algum tempo a deixar de lado a pose, pois não protestou quando uma das moças do elenco se acomodou no seu colo, abraçou-o e entre beijos comentou: "Por que você banca o urso velho rabugento, se não passa de um bonequinho? Um bonequinho vivo, é isso mesmo, senhor Savchenko". Breen também guardara palavras afetuosas para o representante máximo do Ministério da Cultura. "Vamos erguer um brinde ao homem que tornou possível esta festa maravilhosa", disse, erguendo o copo de vodca. "A um dos melhores amigos que temos no mundo, Nikolai Savchenko." E Savchenko, limpando o batom do rosto, respondeu propondo outro brinde. "Um brinde ao livre intercâmbio cultural entre os artistas de nossos países. Quando os canhões falam, as musas se calam", prosseguiu, encaixando sua citação favorita. "Quando os canhões se calam, as musas são ouvidas".

O sujeito da rádio de Moscou, "Joe" Adamov, dedicava-se a gravar os sons da festa com um gravador de rolo portátil. Davy Bey, oito anos, procurado para comentar a cena, disse ao microfone de Adamov: "Oi tudo mundo, feliz Natal. Papai quer que eu vá para a cama, mas estamos todos nos divertindo, e eu não vou. Ganhei um revólver e um barco, mas eu queria um avião e não queria tanta roupa. Todo mundo ia gostar, podem vir brincar com a gente. Temos chiclete e eu conheço um monte de esconderijos". Adamov também gravou *Noite Feliz* com o elenco reunido em volta da árvore, que foi cantado a plenos pulmões, abafando o som da orquestra do salão vizinho. Ira Wolfert e a esposa uniram suas vozes às do coro. Os Wolferts, pais de filhos adultos, haviam marcado um telefonema para os Estados Unidos. "Nossos filhos passarão a noite juntos, e amanhã cada um vai para o seu lado", explicou a sra. Wolfert quando a canção acabou. "Ah, Ira", disse, apertando a mão do marido, "este é o único presente que eu desejo. Que nossa ligação seja completada." Mas isso não aconteceu. Eles esperaram até as duas, depois foram dormir.

Depois das duas a festa invadiu o salão ao lado, o *night club* do Astoria, que tinha autorização para ficar aberto até depois da meia-noite aos sábados, a única noite em que os fregueses superavam os funcionários em número. O hábito soviético de fazer com que desconhecidos sentassem juntos não estimula a conversa desinibida, e o restaurante cavernoso, quase totalmente ocupado pela elite de Leningrado, parecia irracionalmente tranqüilo, e apenas uns poucos, em geral jovens oficiais do exército e da marinha, acompanhados de suas namoradas, aproveitavam os ritmos respeitáveis da orquestra. O restante, personalidades do mundo artístico e teatral, grupos de militares chineses, comissários papudos acompanhados de suas esposas sem corpete com dentes de ouro, permaneciam sentados como náufragos entediados num atol do Pacífico.

Earl Jackson deu uma espiada e comentou: "Vamos lá, pessoal, vamos agitar o local, pôr lenha na fogueira, esfolar o bicho e encher de pimenta". Em seguida, cinco membros da companhia lideraram a tomada do palco. Os músicos do hotel não se importaram em ceder o lugar. Eram todos fãs do jazz norte-americano, e um deles, fã de Dizzy Gillespie, havia feito uma coleção enorme de discos, ouvindo emissoras estrangeiras e gravando a música em discos feitos de placas velhas de raios x. Junior Mignatt cuspiu num trumpete, Lorenzo Fuller atacou as teclas do piano com seus dedos grossos como bananas. Moses Lamar, uma potência com pulmões de lixa, bateu com os pés no chão e abriu a boca, grande como a de um jacaré. "*Grab yo' hat 'n grab yo' coat, leav yo' worry on de do'step...*" Foi como se os náufragos avistassem uma embarcação no horizonte. Os sorrisos se abriram como bandeiras desfraldadas, as mesas despejaram seus ocupantes na pista de danças. "*Just direct yo' feet...*" um cadete chinês começou a mexer o pé, os russos se aproximaram do palco, encantados com a voz rouca de Lamar, com o ritmo da bateria atrás dele. "*...to de sunny sunny SUNNY...*" os casais giravam, atiravam-se nos braços do outro. "*...side ah de street*!"

"Olhe como os zumbis dançam!", Jackson disse, e gritou a Lamar: "Eles adoraram, cara, adoraram. Jogue gasolina e queime todo mundo vivo. Uau".

A sra. Breen, sorridente pastora de seu rebanho, disse a Leonard Lyons: "Está vendo? Conseguimos. Robert fez o que os diplomatas não fizeram". Lyons, cético, retrucou: "Só vejo a lira tocar enquanto Roma pega fogo".

Numa das mesas notei Priscilla Johnson, a colega de faculdade da srta. Ryan que estudava direito russo, além de escrever artigos sobre a vida soviética, segundo ela mesma. Estava sentada na companhia de três russos, um deles, um gnomo hirsuto de cabelo preto crespo, serviu champanha num copo e o estendeu para mim. "Ele quer que você sente conosco, e é melhor aceitar", aconselhou a srta. Johnson. "Ele é um tipo meio selvagem. Mas fascinante." Era um escultor da Geórgia, responsável pelas estátuas dos heróis no novo metrô de Leningrado, e seu estilo de "homem selvagem" apareceu numa série de afirmações taxativas alucinadas. "Está vendo aquele sujeito de gravata verde?" perguntou em inglês, apontando para um homem do outro lado do salão. "Ele é um covarde nojento. Um MVD*. Ele quer me causar problemas." Ou: "Gosto do Ocidente. Estive em Berlim, conheci Marlene Dietrich. Ela se apaixonou por mim".

O outro casal à mesa, marido e mulher, permaneceram em silêncio até a srta. Johnson e o escultor se levantarem para dançar. Então a mulher, uma morena pálida de morte, com maçãs do rosto salientes e olhos esverdeados, disse: "Mas que sujeito pavoroso. Tão sujo. Da *Geórgia*, claro. Esse povinho do Sul!". Ela falava inglês com elegância afetada, com a exatidão disciplinada de uma Liza Doolittle.

---

* *Ministerstuo vnutrennikh del*, ministro da Casa Civil russa. (N. do E.)

"Sou madame Nervitsky. Vocês conhecem meu marido, claro, o cantor", disse, apresentando-me ao cavalheiro, que teria o dobro de sua idade, um sessentão vaidoso, que já fora bonito, mas hoje exibia uma pança enorme e um queixo com papada. Usava maquiagem – lápis, pó compacto, um pouco de ruge. Não falava inglês, mas disse em francês: "*Je suis* Nervitsky. O Bing Crosby da Rússia". A esposa espantou-se ao saber que eu nunca tinha ouvido falar nele. "Não? *Nervitsky*? O famoso cantor?"

Sua surpresa se justificava. Na União Soviética, Nervitsky é uma celebridade considerável. Ídolo das adolescentes que devaneavam ao som de baladas populares interpretadas por ele. Nos anos 1920 e 30 residiu em Paris, desfrutando de breve sucesso como artista de cabaré. Quando começou a decair, saiu em excursão caça-níqueis pelo Extremo Oriente. Embora filha de pais russos, a esposa nascera em Xangai, e foi lá que conheceu e se casou com Nervitsky. Em 1943 eles se mudaram para Moscou, onde ela iniciou uma carreira não muito bem-sucedida como atriz de cinema. "Na verdade, sou pintora. Mas não me dou ao trabalho de adular as pessoas certas. Isso é necessário para quem quer expor suas obras. E pintar é muito difícil para quem vive viajando." Nervitsky passava a maior parte do ano em apresentações por toda a Rússia. No momento, realizava uma série de shows em Leningrado. "Nervitsky tem mais ingressos esgotados que os negros", a esposa me informou. "Vamos ver a estréia dos negros", ela disse, acrescentando que seria certamente uma noitada "memorável": "Os negros são tão divertidos, e temos pouca diversão por aqui. Não acha Leningrado um lugar absolutamente morto? Um lindo cadáver? E Moscou? Moscou não é uma cidade completamente morta, mas é muito feia". Ela franziu o nariz e deu de ombros. "Suponho que vocês nos considerem um bando de maltrapilhos, tendo vindo de Nova York. Pode dizer a verdade. Acha que eu sou maltrapilha?" Eu não achava. Ela usava um vestido preto simples, poucas jóias de bom gosto, uma estola de *mink* nos ombros. Na verdade, era a mulher mais bonita e bem-vestida que eu vira na Rússia. "Está com vergonha de dizer. Mas eu sei. Quando olho para suas amigas, as moças norte-americanas, eu me sinto um lixo. Não tenho roupas bonitas na pele. Não que eu seja pobre. Tenho dinheiro..." Ela hesitou. A srta. Johnson e o escultor voltavam para a mesa. "Por favor", disse, "gostaria de lhe falar algo em particular. Quer dançar?"

O conjunto se dedicava a interpretar *Somebody Loves Me*, e as pessoas na pista ouviam a voz rouca de Lamar despejar a letra com rostos transfigurados, embevecidos. "...who can it be oh *may*-be *ba*-by *may*-be it's you!" Madame Nervitsky dançava bem, mas seu corpo estava tenso e as mãos, geladas. "*J'adore le musique des Negres*. É tão maliciosa. Tão maldosa", ela disse, e sem tomar fôlego passou a sussurrar depressa no meu ouvido. "Você e seus amigos devem considerar a Rússia muito cara. Sigam meu conselho, não troquem dólares. Vendam as roupas. É a melhor maneira de conseguir uns rublos. Vendam. Qualquer um gostaria de comprá-las, se isso for feito discretamente. Estou hospedada no hotel, quarto 520. Diga a suas amigas para me levaram sapatos, meias, coisas para usar junto à pele", ela disse, enterrando as unhas na minha manga. "Diga a elas que compro *qualquer coisa*. Realmente", ela suspirou, retomando o tom normal de conversa, que elevou acima dos guinchos do trumpete de Mignatt, "os negros são maravilhosos".

A certa distância do Nevsky Prospekt há um prédio abobadado que lembra um pouco a catedral de São Pedro. Trata-se da catedral Kazin, o maior museu anti-religioso de Leningrado. Lá dentro, num ambiente sombrio de vidro esfumaçado, a curadoria produziu um libelo Grand Guignol contra os ensinamentos da Igreja. Estátuas e retratos sinistros dos papas se sucedem nas galerias, como se fosse uma procissão de bruxas. Por toda a parte figuras eclesiásticas riem e zombam, enquanto fazem por meio de legendas insinuações maliciosas a freiras, participam de orgias, forçam os pobres a trabalhar para os ricos decadentes. Em repetição obsessiva, o museu demonstra sua tese favorita: a igreja em geral, e a Católica Romana em particular, existe apenas para proteger o capitalismo. Numa caricatura, um quadro a óleo enorme, Rockfeller, Krupp, Hetty Green, Morgan e Ford enfiam as mãos ferozes numa montanha de moedas e capacetes militares encharcados de sangue.

A catedral Kazin é popular entre as crianças. Dá para entender, uma vez que a exposição esbanja cenas grotescas e cômicas de brutalidade e tortura. Os professores que conduzem grupos diários de alunos através dos corredores têm dificuldade para tirá-los de atrações como a Câmara da Inquisição. A Câmara é um salão real, povoado por figuras de cera de tamanho natural, com quatro Inquisidores que se dedicam a torturar um herege. A vítima desnuda, acorrentada a uma mesa, é marcada a ferro em brasa por torturadores mascarados. As brasas são iluminadas eletricamente. As crianças, mesmo depois de levadas embora, tentam voltar para dar outra espiada.

Na parte externa da catedral, nas inúmeras colunas que suportam as arcadas, há outro tipo de exposição. Desenhos grosseiros a giz, normalmente no estilo grafite de banheiro masculino, nem valeriam a pena ser mencionados, exceto por estarem à primeira vista num lugar impróprio. Mas, pensando bem, não estão. De certa forma, combinam com a cena.

Os museus anti-religiosos não constavam no programa de passeios que nossos anfitriões prepararam para o elenco de *Porgy and Bess*. Pelo contrário, no domingo, dia de Natal, os soviéticos ofereceram as opções de assistir missa católica ou culto batista. Onze membros da companhia, inclusive a soprano Rhoda Boggs, que fazia o papel de Strawberry Woman, foram à Igreja Batista Evangélica, que contava com dois mil fiéis em Leningrado. Depois do culto vi a srta. Boggs sentada sozinha no salão de refeições do Astoria. Ela é uma mulher redonda, cor-de-mel, de rosto animado. Sempre bem penteada, no momento estava com seu melhor chapéu domingueiro meio torto, e o lenço com que enxugava os olhos estava ensopado como uma esponja.

"Estou em frangalhos", ela disse, com o peito arfando. "Freqüento a igreja desde que aprendi a andar, mas nunca senti a presença de Jesus como no dia de hoje. Ah, meu caro, ele estava lá. Em pleno culto. Estava claramente presente em todos os rostos. Ele cantou conosco, nunca ninguém ouviu hinos tão belos. Os idosos eram maioria, os velhos não conseguem cantar daquele jeito sem uma mãozinha de Jesus. O pastor, um senhor muito meigo, pediu a nós, de cor, um *spiritual*. E todos ouviram em silêncio, filas e filas de rostos envelhecidos, todos olhando para nós, como se dissessem que ninguém está sozinho porque Jesus se encontra em todos os recantos da terra, um fato que já sabem, mas dava a impressão de que ouvir isso os reconfortava. Qualquer um que duvide da presença de nosso Salvador não devia estar lá. Bem, aí chegou a hora de partir. De dar adeus. Sabe o que aconteceu? Eles se levantaram, a congregação inteira. Tiraram lenços brancos e os sacudiram no ar. E cantaram *God Be With You Till We Meet Again*. As lágrimas escorriam pelo rosto deles e pelo nosso. Ah, meu caro, aquilo me desarvorou. Nada pára no meu estômago."

Naquela noite, a menos de 24 horas da estréia, as janelas do Astoria continuaram iluminadas até tarde. Durante a noite toda passos foram ouvidos nos corredores, as portas bateram e os telefones internos tocaram, como se uma calamidade estivesse em curso.

Na suíte 415 o embaixador Bohlen e sua esposa receberam um pequeno grupo de amigos que haviam acabado de chegar de trem de Leningrado. O encontro, que incluía Roye L. Lowry, segundo-secretário da embaixada e um dos dois diplomatas que proferiram a "palestra" para a companhia em Berlim, foi excepcionalmente discreto, uma vez que Bohlens preferia que só soubessem da presença deles no hotel no último momento. Eles se esconderam tão bem que na manhã seguinte Warner Watson, acreditando que o contingente diplomático viria de avião, seguiu para o aeroporto de Leningrado com um buquê de flores para a sra. Bohlen. Diretamente debaixo do apartamento do embaixador, na suíte 315, a sra. Breen se exercitava no *relaxer board* enquanto o marido burilava o discurso de abertura que pretendia fazer. Sugeriram a ele que poderia driblar a propaganda comunista potencial de *Porgy and Bess* ressaltando que o retrato dos negros norte-americanos na peça dizia respeito a um passado remoto, e não aos dias de hoje. Por isso ele acrescentou um trecho: "*Porgy and Bess* acontece no passado. Não reflete o presente, assim como não o refletiria se fosse a respeito da Rússia czarista". No quarto 223, Leonard Lyons esboçava na máquina de escrever a coluna sobre a estréia que pretendia enviar por cabo a seu jornal, o *New York Post*. "No palco tremulavam as bandeiras das duas nações, a União Soviética e os Estados Unidos", escreveu, prevendo o evento. "Na última vez em que a bandeira dos Estados Unidos foi hasteada aqui havia apenas 45 estados na União. Um representante do Ministério da Cultura telefonou para saber quantos estados temos atualmente. Ontem uma costureira da companhia costurou mais três estrelas na bandeira antiga." A nota encerrava a página. Lyons inseriu folhas novas e carbonos. Em vez de jogar o papel-carbono usado no lixo, ele o levou até o banheiro, atirou na privada e deu a descarga, despachando-o para sempre. Considerava mais seguro destruir carbonos usados, caso contrário os soviéticos ou correspondentes rivais poderiam obtê-los furtivamente e decifrar o que andava escrevendo. E, a bem da verdade, o hotel estava lotado de jornalistas da concorrência. O *Saturday Evening Post* enviara Charles R. Thayer, cunhado do embaixador Bohlen. Thayer e C. L. Sulzberger, do *New York Times*, haviam chegado com a comitiva de Bohlen. O *Saturday Review* escolhera Horace Sutton, *Time* e *Life* já tinham equipes de repórteres fotográficos a postos, e o sr. Richard O'Malley, do escritório da AP em Moscou, estava a caminho de Leningrado a bordo do expresso Flecha Vermelha, o mesmo trem que, na véspera, trouxera o correspondente da CBS, Dan Schorr.

No momento, no quarto 111, Schorr tentava corrigir uma reportagem, manter o cachimbo aceso e ditar um texto pelo telefone à estenógrafa de Moscou. Ele era um solteirão corpulento de trinta e poucos anos, e dizia: "Tudo bem. Eis a matéria. Você cuida das retrancas. Vamos lá", resmungou, e começou a ler o texto datilografado. "*A companhia de Porgy and Bess vírgula ao que se sabe a primeira trupe norte-americana a se apresentar na Rússia vírgula estreará em sua temporada soviética amanhã à noite perante uma platéia selecionada de dois mil e duzentos* repito dois dois zero zero *no Palácio da Cultura de Leningrado vírgula mas fora do palco os atores e cantores negros já fizeram o maior sucesso ponto Os sessenta membros do elenco vírgula sendo apenas eles mesmos vírgula provocaram um tremendo impacto nesta cidade vírgula a segunda maior da União Soviética...* Está certo, né? É mesmo a segunda maior?" Por vinte minutos mais Schorr despejou casos e fatos. Filas enormes de cidadãos de Leningrado se formaram, e as pessoas passaram a noite inteira sob a neve para comprar ingressos ao preço alto de sessenta rublos (quinze dólares), um valor que dobrava ou triplicava no mercado negro. "Ei, qual o sinônimo de mercado negro que os censores aceitam? Certo, ponha mercado paralelo." No final, ele leu: "*Eles deram a Leningrado um Natal provavelmente inédito na história da humanidade ponto Até quatro desta madrugada os artistas reunidos em torno da árvore de Natal traço gentilmente fornecida pelo governo soviético traço cantaram spirituals e músicas natalinas ponto.* Isso mesmo, sei que estou exagerando nesta matéria. Mas fiquei empolgado, muito excitado. É visível o impacto de uma cultura sobre a outra. E, por falar nisso, isto aqui está bom demais. O pessoal de *Porgy and Bess* é sensacional. Parece que vivemos num circo".

Na manhã de segunda-feira, dia da estréia, o elenco se encontrou no Palácio da Cultura de Leningrado para o ensaio final com guarda-roupa e orquestra. Originalmente os soviéticos pretendiam ceder à produção o atraente teatro Mariinsky, mas a procura por ingressos os convenceu de que deveriam dobrar a receita, transferindo a ópera para o gigantesco Palácio da Cultura. O local era uma pilha de concreto cor de barro, erguido nos anos 1930. De fora não difere muito dos exemplos decadentes da arquitetura dos supermercados ao longo da Hollywood e Vine. Muitos elementos em seu interior lembram um rinque de patinação. A temperatura, para começar. Mas Davy Bey e outras crianças da companhia o consideraram "um lugar incrível", principalmente pela área atrás do palco e camarins, com seus inúmeros esconderijos e cordas penduradas para balançarem. Ali o pessoal de apoio, homens fortes e mulheres mais fortes ainda, os mimavam com pirulitos e carinhos, chamando-os de *"Aluchka"*, um termo carinhoso.

Fui ao ensaio de carro, na companhia de dois intérpretes do Ministério, a srta. Lydia e o jovem alto e bem-apessoado chamado Sascha. A srta. Lydia, grande apreciadora de comida, mostrava-se excitadíssima, como se estivesse a ponto de sentar para desfrutar uma refeição deliciosa. "Vamos ver, não é? Agora vamos ver esta *Porgy-Bess*", disse, ajeitando-se no banco. Então me ocorreu que sim, claro, finalmente a srta. Lydia e seus colegas de Ministério poderiam julgar por si mesmos "esta *Porgy-Bess*", o mito que consumira tanto de seu tempo e energia. Até Savchenko teria uma primeira impressão. Aqui e ali, durante o percurso, a srta. Lydia apontava animadamente para os cartazes de rua que anunciavam o espetáculo. O nome de Breen, repetido com freqüência, aparecia em letras maiores e mais grossas que o de Gershwin, e o nome do co-produtor ausente, Blevins Davis, fora simplesmente omitido. No dia anterior a sra. Gershwin comentara com Warner Watson que na Rússia o nome Gershwin parecia ter pego uma carona, ao que Watson reagiu respondendo: "Veja bem, Lee, desta vez o show é de Robert. Ele quis assim. Tem um certo direito".

"Por que está sentado assim tão duro?", a srta. Lydia perguntou a Sascha. "Agora vamos ver. Antes das pessoas comuns." Sascha *estava* duro. Exibia um olhar mareado, desolado, e tinha lá seus motivos. Naquela manhã Savchenko fizera Breen entrar em parafuso ao informar que os programas do teatro ainda estavam na gráfica e só ficariam prontos em alguns dias. Foi uma autêntica crise, pois o programa continha a sinopse do enredo, e Breen temia que a platéia, sem esta ajuda, teria dificuldade em acompanhar a narrativa. Savchenko ofereceu uma solução. Por que um dos intérpretes do Ministério não subia ao palco quando a cortina ainda estivesse fechada para resumir a trama, antes de cada ato? Sascha fora escolhido para a tarefa. "Como vou dar conta disso?" Ele disse, com os olhos hipnotizados de medo do palco. "Como poderei falar com a boca seca?" A srta. Lydia tentou consolá-lo. "Pense na honra! Muita gente importante estará presente. Você será notado. Se fosse meu filho, Sascha, eu estaria muito orgulhosa."

No auditório escuro do Palácio da Cultura, Sascha e a srta. Lydia se acomodaram na quarta fileira. Eu me sentei atrás deles, entre Savchenko e "Joe" Adamov, dois que exploravam a boca com palitos de dente. Outros russos, uns trinta e tantos, haviam conseguido obter convites para assistir o ensaio geral, e se espalhavam pelas primeiras fileiras. Entre eles havia jornalistas e fotógrafos de Moscou que tinham vindo para a estréia. A orquestra no poço, importada do teatro Stanislavski de Moscou, ensaiava a abertura com tranqüila confiança. O maestro, Alexandre Smallens, norte-americano nascido na Rússia que fizera de *Porgy and Bess* sua vida, tendo regido todas as montagens, desde a produção original de 1935, declarou que a orquestra do Stanislavski fora a sexagésima primeira sob sua batuta, e a melhor de todas. "Músicos excepcionais, é um prazer trabalhar com eles. Adoram a música e têm a cadência, o ritmo. Eles só precisam entrar mais no *espírito*."

No palco, Breen, usando boina, casaco de náilon e calça jeans justa, posicionou o elenco para a cena inicial. Acima, as luzes de ensaio sombreavam o rosto dos atores, sugavam a cor do cenário e acentuavam seu desgaste rugoso. O cenário, simples e funcional, retratava um canto de Catfish Row, mostrando sobrados com terraços e janelas com persianas. Ao sinal de Breen a soprano debruçou-se no parapeito do balcão e começou a cantar a música de abertura, *Summertime*. A srta. Lydia reconheceu a melodia. Balançou a cabeça e começou a cantarolar até que Savchenko bateu em seu ombro e grunhiu uma censura que a fez encolher na poltrona. Na metade da apresentação Adamov me cutucou com o cotovelo e disse: "Falo inglês muito bem, né? Mas não consigo entender o que eles estão falando. Essa droga de dialeto! Acho que...", mas eu nunca soube o que ele achava, pois Savchenko virou-se e lançou seu olhar petrificante. A maioria dos russos mantinha o silêncio que Savchenko considerava adequado. Os perfis em série, silhuetas recortadas contra o brilho do palco, permaneciam severos e impassíveis, com a expressão de rostos em moedas. No final, depois que a última ária foi cantada, houve uma discreta debandada para a chapelaria. Savchenko e a srta. Lydia, Sascha e os outros dois rapazes do Ministério, Igor e Henry, aguardaram juntos até que o atendente trouxesse seus casacos. Aproximei-me e pedi a opinião da srta. Lydia a respeito do espetáculo. Ela mordeu o lábio inferior, e seus olhos procuraram Savchenko, que disse com firmeza: "Interessante. Muito interessante". A srta. Lydia balançou a cabeça, mas nem ela, nem Sascha, Igor ou Henry arriscaram outro termo. "Sim", todos disseram, "interessante. Muito interessante."

O tempo médio de apresentação de *Porgy and Bess* é aproximadamente duas horas e meia, mas o ensaio final exigiu muitas pausas e correções, durando das dez da manhã às duas da tarde. O elenco, cansado, irritado de fome e ansioso para retornar ao hotel, ficou revoltado quando Breen, após a saída dos espectadores russos, informou que o ensaio ainda não havia terminado. Ele queria ensaiar os agradecimentos.

Até o momento, pelo padrão vigente, uma vez que só os dois protagonistas dos papéis-título entravam para receber os aplausos, os agradecimentos duravam seis minutos. Poucas produções podem esperar que a platéia aplauda por seis minutos. Breen propunha ampliar esses seis minutos indefinidamente, planejando o que chamou de "um pequeno show especial". "Apenas um improviso", disse. "Como se fosse um bis." A idéia era a bateria puxar o ritmo enquanto todos os membros da companhia, um por um, percorriam o palco para receber aplausos individuais. Até o diretor de cena, a figurinista, os eletricistas e, naturalmente, o próprio diretor deveriam receber a homenagem do público. Cada um pode tirar duas conclusões: ou Breen contava com uma ovação de vigor vulcânico, ou temia o oposto, e pretendia garantir o aplauso prolongado com os agradecimentos "improvisados". Obviamente, dadas as delicadas circunstâncias diplomáticas, ninguém na platéia sairia enquanto os artistas estivessem no palco.

Limusines especiais foram colocadas à disposição dos astros. Martha Flowers, que dividia com Ethel Ayler o papel de Bess e que deveria se apresentar naquela noite, ofereceu-me uma carona para voltar ao Astoria. Perguntei se ela estava nervosa por causa da estréia. "Eu? Nem pensar. Faço o papel há dois anos. A única coisa que me deixa nervosa é a possibilidade de estragar minha voz para trabalhos mais sérios." A srta. Flowers, jovem formada pela escolha Juilliard, sonha em se tornar uma cantora lírica famosa. Ela é miúda e agitada. Sorria ou não, seus lábios estão sempre virados para baixo, como se tivesse acabado de comer caqui verde. "Estou cansada, porém. Sem dúvida. Este clima não faz bem à voz. Uma cantora precisa cuidar da garganta", disse, massageando a sua. "A outra Bess, sabe... Ethel, está de cama, fortemente resfriada. Está com febre e tudo mais. Por isso terei de cantar na matinê de amanhã, e talvez também à noite. Uma pessoa pode arruinar a voz *para sempre*, se continuar assim." Ela descreveu sua agenda, daquele momento à abertura da cortina. "Primeiro preciso comer alguma coisa. Mas antes pretendo tomar banho. Você consegue boiar na sua banheira? A minha é tão grande que dá para boiar. Vou tirar uma soneca, também. A gente vem para o teatro às seis, seis e meia no máximo. Para eu me vestir e colocar a flor vermelha no cabelo. Depois vou esperar um tempão."

Na hora em que a srta. Flowers presumidamente se encontrava no camarim ajustando a rosa de papel, a sra. Breen e a sra. Gershwim estavam na suíte de Bohlen, pois haviam sido convidadas para tomar um drinque antes de partir para o Palácio da Cultura. Breen, ocupado demais para aceitar o convite do embaixador, já saíra para o teatro.

As bebidas, *scotch* e água da torneira, estavam sendo servidas pelo assistente de Bohlen, Roye L. Lowry, e pela sra. Lowry, com a qual formava um casal harmonioso em seu conservadorismo professoral. A amiga da sra. Bohlen, Marina Sulzberger, venenosa esposa do maioral do *Times*, também comparecera para fornecer à anfitriã assistência coloquial. Não que a sra. Bohlen, uma senhora eficiente e serena com a compleição de uma leiteira e olhos azuis sensíveis, pudesse dar a impressão de ser incapaz de manter viva uma conversa, por mais esquisita que fosse. Havia, porém, certo constrangimento no ar neste encontro entre representantes da Everyman Opera e do Departamento de Estado norte-americano, conseqüência da carta crítica que Breen enviara a Bohlen dias antes. Quanto ao embaixador, ninguém poderia supor, por seu comportamento amigável, que havia recebido tal carta. Diplomata de carreira com mais de 25 anos de serviço, boa parte deles passados na embaixada de Moscou, onde ocupou inicialmente o posto de Lowry, segundo secretário. Tornou-se finalmente embaixador em 1952. Bohlen ainda se parece com o jovem da fotografia tirada no ano em que se diplomou em Harvard (1927). A experiência enrijeceu sua boa aparência de esportista, deixou-o de cabelos grisalhos e, em vez de obliterar, apenas suavizou a ingenuidade sonhadora dos olhos. Mas o ar juvenil direto, de disposição robusta, permanecera com ele. Acomodado na poltrona, bebericava *scotch* enquanto conversava com a sra. Breen como se estivesse numa sala com lareira na montanha, na frente da lareira acesa, ladeado por cães deitados no tapete.

Mas a sra. Breen não conseguia relaxar. Sentada na beira do assento, parecia um candidato a emprego. "Foi muita gentileza sua ter vindo. Ficamos contentes", disse a Bohlen com uma voz infantilizada que não era a sua. "É tão importante para o elenco."

"Acha que iríamos perder uma chance dessas?", Bohlen disse, e a esposa dele acrescentou: "Por nada deste mundo! É a maior atração do inverno. Não pensamos em outra coisa, não é, Chip?", ela disse, usando o apelido do embaixador.

A sra. Breen baixou os olhos modestamente, um leve rubor subiu-lhe às faces. "Significa tanto para o elenco."

"Significa muito para nós", disse a sra. Bohlen. "Nossa vida aqui não é muito animada, não poderíamos perder uma coisa dessas. Sabe, teríamos vindo nem que tivéssemos de caminhar até aqui. Rastejar de joelhos."

A sra. Breen ergueu os olhos por um momento e encarou a esposa do embaixador, como se suspeitasse de alguma ironia ferina; mas ao ver o rosto tranqüilo e sincero da sra. Bohlen, baixou novamente a vista. "Foi muita gentileza sua", murmurou. "E, claro, estamos todos animados com a festa de Moscou."

"Claro... a festa", a sra. Bohlen disse com perceptível resignação. Para celebrar a estréia em Moscou, dali a duas semanas, os Bohlens haviam prometido organizar uma recepção oficial na residência deles, a casa Spaso.

"Robert e eu esperamos que o senhor Bulganin compareça. Queremos agradecer pessoalmente pela atenção que recebemos. O ministro da Cultura mandou um presente adorável. Sete elefantes de marfim." Ela se referia aos elefantes de plástico, enfeites de lareira enviados por Savchenko a Breen, como presente.

"Quanta gentileza", a sra. Bohlen disse com voz insegura, como se tivesse perdido o fio da meada da conversa. "Claro, não temos certeza sobre *quem* vai aparecer na festa. Enviamos duzentos convites, aproximadamente, mas os russos nunca respondem ao R.S.V.P.*, portanto não sabemos quem nem quantos esperar."

"Isso mesmo", ecoou o embaixador. "A gente não pode contar com esse pessoal até eles baterem na porta. Qualquer um deles. E quando dão uma festa só convidam a gente no último minuto. Todo o pessoal do meio diplomático mantém as noites livres quando sabe que haverá um evento importante no Kremlin. Ficamos sentados esperando o telefone tocar. Por vezes estamos no meio do jantar e eles ligam para nos convidar. Aí é uma correria. Felizmente, a gente não precisa se arrumar para esses eventos", ela disse, retornando para o assunto anterior, penoso para a sra. Breen, que descobrira no dia anterior, desolada, que Bohlen não pretendia comparecer à estréia com traje a rigor. Na verdade, decidida a tornar "tudo de gala", ela havia dado um passo adiante e imaginado o embaixador de fraque e gravata branca, que era como seu marido pretendia ir. "Não me ocorreu trazer um *smoking*", disse Bohlen, passando a mão num botão do terno cinza-escuro que considerara adequado à ocasião. "Ninguém usa *smoking* aqui, nem nas estréias."

Num canto, a sra. Gershwin e a sra. Sulzberger debatiam as mesmas questões. "*Claro* que não devemos exagerar nos trajes. Venho dizendo isso a Wilva desde o começo. Fomos ao balé numa noite dessas e bancamos os ridículos. Sabe,

* Abreviação da expressão francesa *Répondez s'il vous plaît*, confirmar a presença. (N. do E.)

estão criando muito caso por aqui. Não sei o motivo de tanta agitação. Afinal de contas, trata-se *apenas* do velho *Porgy*."

"Na verdade", disse a sra. Sulzberger, nascida na Grécia, em cujos olhos brilhava a maldade mediterrânea, "até que não seria tão ruim para os russos ver gente bem-vestida. Não há desculpa para andar por aí do jeito que eles andam. Quando estive aqui pela primeira vez, morri de pena deles", disse, acrescentando que ela e o marido passaram duas semanas na União Soviética, como hóspedes dos Bohlens.

"Imaginei que se vestiam assim, tão mal, por serem terrivelmente pobres. Mas isso não corresponde à verdade. Eles se vestem assim porque querem. Fazem de propósito."

"Concordo", disse a sra. Gershwin. "Penso da mesma forma."

"Eu me pergunto", retrucou a sra. Gershwin, "se os russos são tão feios por terem sofrido tanto. Ou sofreram muito por serem tão feios?"

"Isso mesmo", disse a sra. Gershwin. "É o que penso também."

Lowry olhou disfarçadamente para o embaixador e consultou o relógio, preocupado. Lá fora a limusine mantinha o motor ligado, preparada para levar os Bohlens ao teatro. Outros Zivs, uma fila enorme de limusines iguais, aguardavam a sra. Breen e a sra. Gershwin, Savchenko, Adamov e as equipes da AP, Time-Life e CBS. Em breve os carros avançariam pela praça como um cortejo fúnebre.

Bohlen engoliu o *scotch* e acompanhou os convidados até a porta da suíte. "Creio que não há motivo para preocupação", disse à sra. Breen. "Os russos são um povo muito musical. Você ficará cheia de rublos até a orelha."

"Mas que homem adorável!", a sra. Gershwin comentou com a sra. Breen. "E muito charmoso, também." As duas senhoras desceram a escada.

"Adorável", ecoou a sra. Breen, num tom subitamente maduro, deixando de lado a vozinha infantil. "Mas Robert e eu queríamos que fosse uma estréia de gala."

"Bem, querida, não podemos usar traje a rigor se pretendemos ser discretas", observou a sra. Gershwin, cujos adornos de diamantes davam a impressão de que um refletor a acompanhava. "Francamente, acredito que faria muito bem aos russos ver gente bem-vestida. Não há justificativa para andar por aí do jeito que eles andam. Quando estive aqui pela primeira vez fiquei com pena, mas agora..."

Do outro lado da cidade, no Palácio da Cultura, a multidão se aglomerava no passeio, debaixo de neve, para acompanhar a chegada dos portadores de ingressos, e dentro do teatro um número considerável de espectadores já havia sentado em seus lugares, após a passagem pela profusão de refletores das emissoras de televisão e documentários de cinema. Cestos de flores brancas e amarelas ladeavam o palco, e bandeiras cruzadas com as listas e estrelas e a foice e o martelo flutuavam acima do proscênio. Nos bastidores, as flautas agudas e oboés no aquecimento gemiam como se reproduzissem sons da mata. Martha Flowers, pronta para entrar em cena e absolutamente calma, apesar da algazarra distante da platéia, enfrentava como previra "uma longa espera".

E foi muito longa. A abertura da cortina, anunciada para as oito horas, ocorreu às nove e cinco. O espetáculo acabou às onze e quarenta. Retornei ao Astoria à meia-noite, para esperar a ligação de Henry Shapiro, correspondente da UP em Moscou, pois ele havia dito que telefonaria para mim após a estréia, para saber "como foi, o que realmente aconteceu". Não há verdades absolutas nesses casos, só opiniões, e tentei articular a minha, deitado na cama de luz apagada, decidindo o que diria a Shapiro. Sentia os olhos doloridos pelo espoucar dos flashes e ainda ouvia os estalidos suaves das filmadoras do noticiário cinematográfico. E, realmente, deitado ali no escuro era como se um filme estivesse passando dentro da minha cabeça, numa seqüência desconexa de tomadas: Martha Flowers indo até a beira do palco para jogar um beijo para a platéia, Savchenko passeando pelo saguão para escutar os comentários, o terror nos olhos de Sascha, a srta. Ryan cobrindo o rosto com as mãos. Fiz um esforço concentrado para deter o filme e vê-lo desde o início.

Começou pela platéia, de pé em pose solene, enquanto a orquestra tocava o hino nacional dos dois países. Savchenko insistira, por cortesia, para que o hino norte-americano fosse ouvido primeiro. Depois os rostos individuais entraram em foco: o embaixador e a sra. Bohlen, os Sulzbergers, os Lowrys, a srta. Ryan e Leonard Lyons, todos na primeira fila. Perto deles, numa plataforma que se projetava a partir da lateral do palco, um esquadrão de fotógrafos aguardava impaciente o final dos hinos: então a plataforma parecia uma cidadela sitiada, os fotógrafos disparavam enquanto os assistentes recarregavam suas câmeras. Alguns, como Dan Schorr, da CBS, revezavam-se alucinados entre a câmera e o gravador, registrando a cerimônia de abertura. Não havia motivo para tanta pressa. Os discursos e sua tradução duraram uma hora.

Os russos foram breves. Konstantin Sergeev, o garboso jovem diretor do balé de Leningrado, apertou a mão de Breen e disse ao microfone: "Caros irmãos na arte, sejam bem-vindos. Aqui na União Soviética sempre acompanhamos e homenageamos a arte dos Estados Unidos. Lemos e apreciamos a obra de artistas importantes como Mark Twain, Walt Whitman, Harriet Beecher Stowe, Jack London e Paul Robeson. Reconhecemos o talento de George Gershwin, e por isso nosso encontro aqui é tão agradável". Depois, a respeito do discurso, a sra. Gershwin disse: "Eu pensei que ia desmaiar quando ouvi o nome Gershwin sendo misturado ao daqueles comunistas".

Breen fez uma mesura a Sergeev e aproximou-se do microfone, uma figura elegante, impecável em seu *smoking* com camisa engomada. "Ele mudou de idéia, a discussão o enervou", explicou a srta. Ryan, a respeito do abandono no último minuto da idéia de usar fraque e gravata branca, por parte de seu patrão. Agora, vendo a reação de Breen aos aplausos que o saudaram, o observador não saberia que existia algum nervo em seu sistema nervoso. Seu rosto claro liso, descorado pelos refletores e flashes que espoucavam, exibia um distanciamento interiorizado, como se ele houvesse sonhado a cena por tanto tempo que ela seguia sendo um sonho; quando falou, o timbre controlado e sepulcral de sua voz de ator treinado reforçou a impressão de que ele se via sozinho num palco vazio, falando a uma platéia imaginária, ensaiando para o momento em que tudo se tornaria realidade e acariciaria seu ego. Platéias imaginárias são sabidamente submissas; mas o grupo reunido no Palácio de Cultura começou a tagarelar enquanto Breen discursava, com o intérprete russo a ecoar suas palavras. Com movimentos graciosos e amplos ele apresentou o embaixador e a sra. Bohlen, que se levantaram das poltronas para agradecer a homenagem. O embaixador deveria fazer um discurso, mas para alívio de Bohlen e desconsolo de Breen, os soviéticos, extremamente sensíveis ao protocolo, haviam pedido que esta parte do programa fosse eliminada, pois não havia ninguém de "comparável importância" do lado russo para agradecer suas palavras. A sra. Gershwin também foi apresentada, e o maestro Alexander Smallens, que recebeu aplausos entusiasmados quando Breen anunciou que ele havia "nascido aqui mesmo, em Leningrado". As apresentações prosseguiram, e Breen citou membros do elenco que não estariam naquela récita: Ethel Ayler, a outra Bess, suficientemente recuperada do resfriado para sair da cama e entrar num vestido azul simples, tipo tomara-que-caia. E Lorenzo Fuller, o outro Sportin' Life. Fuller queria dizer "algumas palavras", entre elas uma frase em russo que decorara, "*Dobro Poshlavat, druzya*", que significa "Sejam bem-vindos, amigos". A platéia o ovacionou, aprovando a iniciativa. Mas, conforme os ponteiros do relógio se acercavam das nove horas, até os fotógrafos mais agitados pararam para consultar seus relógios. "Meu Deus", disse um correspondente, "eles deveriam ter um gongo aqui. Como o major Bowes." Foi como se

Breen o tivesse escutado, pois abruptamente o comitê de abertura deixou o palco.

O teatro ficou mais quieto que galinheiro ao pôr-do-sol, a platéia se acalmou, confiando que a cortina subiria para mostrar o que seus rublos haviam pago, *Porgy and Bess*. Em vez disso, Sascha entrou em cena. Atravessou o palco com andar duro e incerto, como se caminhasse pela prancha. Levava na mão um maço de folhas datilografadas trêmulas, e o rosto, branco como cera, estava coberto de suor. No instante em que a platéia compreendeu o motivo para ele estar lá, ler para eles o enredo da ópera, o galinheiro tranqüilo transformou-se numa rinha de galos. Ninguém agüentaria mais uma sílaba que fosse *a respeito* do espetáculo, queriam assisti-lo e ponto. Um motim explodiu nas galerias, onde vozes rudes começaram a gritar, e se espalhou até a platéia. Os espectadores batiam pés, assobiavam, batiam palmas. "Coitado do Sascha, pobre menino", disse a srta. Ryan, escondendo o rosto com as mãos. "É terrível. Não suporto ver isso."

Algumas fileiras atrás da sra. Ryan os dois amigos de Sascha, Igor e Henry, afundavam na poltrona, mas a sra. Lydia, menos intimidada, olhava para os lados como se pretendesse espancar os vizinhos com a bolsa. No palco, Sascha lia, resmungando, como se sussurrasse uma prece contra o tumulto ensurdecedor; como Breen antes dele, parecia preso num sonho, no caso um pesadelo atordoante, como se estivesse nu no meio da rua. Smallens ergueu a batuta e a abertura foi iniciada, enquanto Sascha fugia para os bastidores.

Logo ficou claro que a platéia lamentava não ter prestado atenção ao resumo que Sascha apresentou dos dois atos da ópera. Em poucas palavras, a história é a seguinte: um mendigo aleijado, Porgy, apaixona-se por uma rapariga de Charleston chamada Bess. Contudo, a jovem problemática vive sob a influência de dois homens. O primeiro, um traficante esperto, Sportin' Life, a levou ao vício das drogas, enquanto um segundo, um criminoso valentão chamado

Crown, monopoliza os impulsos libidinosos da heroína. Porgy se livra do rival e é mandado para a prisão pelo assassinato e, enquanto está preso, Bess alivia seu sofrimento com as drogas. Sportin' Life a persuade a se esquecer de Porgy e fugir com ele para Nova York: "Nosso lugar é lá, querida", ele canta no rumo das luzes estimulantes do Harlem. Na última cena, Porgy, que saíra da cadeia, dirige-se para o norte numa carroça puxada por um bode, acreditando e fazendo com que o espectador acredite que encontrará Bess e a levará de volta para casa. Embora a linha narrativa pareça reta como uma régua, os padrões vocais e coreográficos em que se desenvolve confundem a platéia quando existe a barreira do idioma, particularmente se a música, o estilo da dança e a abordagem do diretor são novidade, como acontecia no caso da esmagadora maioria dos espectadores reunidos no Palácio da Cultura.

Summertime terminou sem que aplaudissem. A entrada de Porgy passou despercebida. Leslie Scott, que fazia o papel, encerrou a interpretação de *A Woman Is a Sometimes Thing* e fez uma pausa para a aclamação que normalmente se segue. O fato de não haver aplausos provocou um momento de hesitação no elenco. Recuperados, os artistas iniciaram a seqüência do jogo de dados: um murmúrio percorreu a platéia, como se perguntassem uns aos outros o significado daquela cena em que os homens agitados jogavam dados. Os cochichos aumentaram e se transformaram em "ohs" quando Bess, em sua aparição inicial, ergueu a saia para ajustar a liga. A srta. Ryan comentou com a sra. Lowry: – Se eles acham isso escandaloso, imagine o resto. As palavras mal saíram de sua boca quando as evoluções lascivas e maliciosas de Sportin' Life provocaram nova onda de exclamações de espanto. O jogo de dados termina com a morte de um dos participantes, assassinado por Crown; segue-se a cena do funeral: enquanto a viúva do homem assassinado entoa um lamento, *My Man's Gone Now*, os moradores de Catfish Row formam um círculo tribal e giram em volta do corpo. A esta altura, um importante dignitário soviético virou-se para um correspondente e disse em russo: "Agora entendi! Eles vão devorá-lo!". O falecido, intacto, foi baixado à sepultura e a ópera prosseguiu com o otimismo de Porgy em *I Got Plenty of Nothin'*. Scott, um barítono imenso e corpulento, a entoou com um fervor que deveria ter provocado aplausos em cena aberta. Não provocou nada.

O silêncio persistente do público não poderia ser atribuído apenas à apatia; na verdade, em sua maior parte parecia resultar do esforço de concentração, do ansioso desejo de compreender algo problemático; portanto, temendo perder a frase essencial, o indício significativo que revelaria os mistérios que desfilavam diante de seus olhos, os espectadores ouviam e olhavam com a intensidade ávida de estudantes numa conferência. Mas o primeiro ato já estava quase no final quando o calor decorrente da compreensão esquentou o teatro. Foi gerado por *Bess, You Is My Woman Now*, um dueto cantado pelos dois personagens principais: de repente, ficou claro que Porgy e Bess estavam apaixonados, que a canção versava sobre o encontro dos dois. A platéia, reconfortada, quebrou o gelo com aplausos breves mas intensos como uma tempestade tropical. Contudo, a seca retornou quando a música desembocou na animação ruidosa de *I Can't Sit Down*, no encerramento do primeiro ato. A cena, pontilhada pelo humor folclórico, provocou risinhos ocasionais e risadas solitárias, indicando haver pelo menos algumas pessoas que o entendiam. A cortina desceu. Silêncio. As luzes do teatro foram acesas; a platéia piscou, como se até o momento não soubesse que o ato terminara. Os espectadores tomaram fôlego, como passageiros no final do passeio pela montanha-russa, e começaram a aplaudir. Os aplausos duraram 32 segundos.

"Eles estão atônitos", disse Lowry, repetindo as palavras da profecia de Breen num tom que inverteu seu sentido. "Eles nunca viram nada no gênero."

Se os russos ficaram atônitos, não ficaram sozinhos. Muitos dos jornalistas norte-americanos se reuniram para comparar anotações. "Não vai agradar", queixou-se um Dan Schorr surpreso ao surpreso fotógrafo da Time-Life. E a sra. Bohlen, seguindo o marido corredor acima, mostrava-se pensativa. Mais tarde, revelou-me o pensamento por trás da expressão. "Eu estava pensando: bem, botamos o ovo. Agora, o que vamos fazer a respeito?"

No saguão lotado a sra. Breen sorria, expressando sentimentos de natureza mais luminosa; segundo ela, o espetáculo transcorria "maravilhosamente bem". Um correspondente perguntou por que, nesse caso, os russos estavam "sentados sobre as mãos". A sra. Breen encarou o correspondente como se avaliasse se era confiável. "Mas eles não *deviam* aplaudir", disse. "Robert *planejou* tudo para que fosse assim, sem aplausos. Para não haver aplausos, pois eles quebram o encanto."

Os Wolferts concordaram com a sra. Breen; sentiam que a estréia estava sendo um triunfo. "Vi o show pela primeira vez", Wolfert disse. "Não gosto de musicais. Não servem para nada. Mas este até que é bem bonzinho."

Outra norte-americana, Priscilla Johnson, que falava russo, passou o intervalo ouvindo os comentários dos espectadores. "Eles estão chocados", relatou. "Consideram a peça descaradamente imoral. Mas, não se pode culpá-los por não gostar. É uma produção de segunda linha. Isso me deixa muito triste. Se pelo menos fosse *realmente* bom, poderíamos pôr a culpa neles. Mas é péssimo, péssimo", disse, ajeitando a franja. "O esquema todo – os Breens, a publicidade, tudo – meu Deus, não esperavam tamanho fracasso."

Como a srta. Johnson, Savchenko e Adamov circulavam em busca de opiniões. "Trata-se de um sucesso sem precedentes", era só o que Savchenko admitia. Adamov, porém, cujo domínio da gíria melhorava conforme convivia com o elenco, disse: "E daí que os quadrados não entenderam nada? Grande novidade. Não tem reaça de monte em Nova York, por acaso?".

Madame Nervitsky e seu marido cantor passaram por nós. "Estamos encantados", ela me disse, brandindo uma piteira do tamanho de uma espada. "Nervitsky a considerou *très dépravé*. Eu, não. Adorei a malícia. O ritmo, o suor. Realmente, os negros são muito divertidos. E que dentes lindos!" Aproximando-se, ela disse: "Falou com seus amigos? Quarto 520. Não telefonem, não façam barulho, levem qualquer coisa. Pago bem".

Stefan Orlov estava de pé no bar, com um copo de água mineral na mão. "Meu amigo", disse, batendo no meu ombro. "Que noite incrível, não foi? Na manhã seguinte minha mulher precisou me tirar da cama a tapa. Amarrar meu sapato e dar o nó na gravata. Sem ressentimento, veja bem. Ela riu de mim." Ele mostrou os binóculos de ópera e espiou através das lentes. "Vi Nancy. Será que devo tentar falar com ela? Pensei bem e achei melhor não ir, Nancy está sentada com gente importante. Poderia dizer-lhe que a vi?" Prometi que sim, e quis saber se estava gostando de *Porgy and Bess*. "Queria ter ingresso para todas as noites! É uma experiência e tanto. Poderosa! Como Jack London. Como Gogol. Jamais esquecerei", ele disse, guardando os binóculos. Ele franziu a testa, sua boca se abriu para que falasse, mas ele mudou de idéia, tomou um gole de água, mudou de idéia novamente e decidiu me contar. "A questão não é se eu esquecerei, nem o que os mais velhos acham. O importante são os jovens. O mais importante foi a semente ter sido plantada em seus corações. Hoje", disse, olhando para o saguão lotado, "esses jovens todos passarão a noite em claro. Amanhã, assobiarão as melodias. Um incômodo, assobiar na sala de aula. E no verão, você ouvirá o seguinte: jovens assobiando na beira do rio. Eles não esquecerão."

Nos bastidores predominava a tranqüilidade, enquanto os artistas se preparavam para o segundo ato. Leslie Scott, sem se incomodar muito com a receptividade do primeiro ato, sorriu e disse: "Claro, eles são meio lerdos. Mas a maioria das platéias não esquenta até o dueto [*Bess, You Is My Woman Now*], e esta parte foi boa. Daqui para a frente, vamos navegar em águas calmas." Martha Flowers, retocando a maquiagem na frente do espelho, disse: "Esta platéia, aquela platéia. Não sei a diferença. Vocês também não sabem, fazem o mesmo show há dois anos". Mas Sascha, por falta do *savoir* profissional da srta. Flowers, era uma visão lamentável nas coxias, onde esperava para repetir sua performance como narrador do enredo: cabeça baixa, agarrado a uma barra de balé como se fosse um lutador nas cordas do ringue, ouvia atarantado as palavras de encorajamento sussurradas pelos colegas Igor e Henry.

Para surpresa de Sascha, seu retorno foi vitorioso. A platéia aguardava ávida para saber o que aconteceria no segundo ato, e Sascha, que duas semanas depois se matricularia no Teatro de Arte de Moscou, com uma bolsa para estudar teatro, contou o assassinato de Crown e a detenção de Porgy. Ele saiu sob os aplausos mais generosos da noite; a srta. Lydia ainda batia palmas quando as luzes diminuíram.

O elemento da ópera que mais perturbava os soviéticos, sua sensualidade, atingiu um pico de proporções himalaicas nos vinte minutos iniciais do segundo ato. A canção *I Ain't Got No Shame* (*doin' what I likes to do)* e o tipo de coreografia cheia de rebolado que a acompanhava revelou-se explícita demais na letra e mais vividamente ilustrada pelos movimentos do que os russos esperavam. Mas a verdadeira afronta, do ponto de vista pudico, viria na cena seguinte. A cena, uma das favoritas do diretor, que ele sempre tentava tornar mais forte nos ensaios, começava com a tentativa de Crown estuprar Bess – ele a puxa para si, agarra seu traseiro e os seios; a cena acaba quando Bess o agarra – e rasga sua camisa, passa os braços em volta dele e sacode o corpo, chiando feito bacon na frigideira. Escurece. Parte dos espectadores ficaram no escuro, também. "Meu Deus", disse um correspondente, audível apesar de ter sussurrado a frase, "eles nunca emplacariam isso na Broadway!"

Outro jornalista norte-americano, uma mulher, rebateu: "Não seja bobo. É a melhor parte do espetáculo".

Leslie Scott previra que o segundo ato iria "navegar em águas calmas". Sua previsão quase se realizou nos quarenta minutos restantes da ópera. A canção da vendedora ambulante, Strawberry Woman, soprou um vento favorável. Mais uma vez, a exemplo do dueto de amor, a melodia e a situação, uma simples vendedora a anunciar morangos, eram algo inteligível para os russos, eles gostaram. Depois disso, todas as cenas foram aparentemente bem aceitas; embora o espetáculo não tenha sido um tremendo sucesso, talvez por o barco já ter feito um bocado de água, pelo menos não naufragou e flutuou numa corrente um pouco menos fria.

Quando a cortina desceu e os agradecimentos começaram, os câmeras, correndo pelos corredores, revezavam as tomadas entre os russos que aplaudiam e os artistas que agradeciam os aplausos. "Eles estão embasbacados", Lowry determinou mais uma vez, e a esposa emendou com o inevitável: "Eles nunca viram nada igual". Os aplausos, que uma testemunha experiente descreveu como "nada comparável a uma noite de estréia no Bolshoi", sustentaram um número aceitável de presenças no palco, depois declinaram rapidamente. Foi então, quando as pessoas já se levantavam de seus lugares, que Breen estimulou uma manifestação mais impressionante, promovendo o agradecimento "improvisado" que ensaiara naquela tarde. O elenco entrou, um por um, todos dançando ao ritmo de um bongô. "Ah, não", gemeu a srta. Ryan. "Eles não deviam fazer isso. Implorar." No teste de resistência que se seguiu, a platéia colaborou substituindo os aplausos por um bater de palmas ritmado. Três minutos transcorreram; quatro, cinco, seis, sete. Finalmente, quando a srta. Flowers jogou o último beijo em cena, e todos os eletricistas etc. haviam sido aplaudidos, Breen fez a derradeira mesura e permitiu que a cortina fosse abaixada.

O embaixador, a sra. Bohlen e diversos funcionários soviéticos foram conduzidos aos bastidores para cumprimentar o elenco. "Não sei por que tanta agitação", disse a sra. Gershwin, animada, ao enfrentar o pandemônio nos bastidores. "Afinal, é só o mesmo *Porgy* de sempre." Savchenko abriu caminho até a sra. Breen; oferecendo a mão estendida e dura, disse: "Gostaria de parabenizá-la pelo enorme sucesso". A sra. Breen enxugou os olhos, como se quisesse secar lágrimas inexistentes. "Que ovação! Não foi glorioso?", disse, voltando o olhar para o marido, que posava para fotos com Bohlen. "Um verdadeiro tributo a Robert."

Lá fora tive de andar uma boa distância até conseguir um táxi. Três pessoas, dois rapazes e uma moça, caminhavam na minha frente. Percebi que eram espectadores de *Porgy and Bess*. As vozes ecoavam nas ruas sombrias, cobertas de neve. Falavam os três ao mesmo tempo, uma torrente de palavras cortada aqui e ali pelo cantarolar de alguns trechos: o grito da vendedora de morango, uma frase de *Summertime*. Depois, como se não compreendesse as palavras, e as tivesse memorizado foneticamente, a moça cantou: "There's a boat that's leaving soon for New York, come with me, that's where we belong, sister..." Os amigos participavam assobiando. Orlov dissera: "E no verão, você ouvirá o seguinte: jovens assobiando na beira do rio. Eles não esquecerão".

Uma promessa naqueles jovens que não esquecerão, que foram estimulados por algo novo: com certeza, pensei, isso já seria o bastante para justificar minha declaração a Henry Shapiro de que a estréia havia sido um sucesso. Não a consagração avassaladora que os proprietários da Everyman Opera esperavam, mas uma vitória de significado mais sutil, que amadureceria e faria diferença. Contudo, enquanto pensava no caso, deitado em minha cama, a dúvida tomou conta de mim até o telefone tocar. "Como foi? O que aconteceu realmente?", eram questões para serem respondidas no nível jornalístico, sem sutilezas. Poderia eu dar honestamente a Shapiro um relato radiante da recepção à ópera? Preferia que sim; e desconfiava que era isso que ele queria ouvir, naturalmente. Mas deixei o telefone tocar um pouco enquanto a série de *ses* percorria minha mente: se os russos tivessem lido o programa impresso, se os aspectos cerimoniais tivessem sido mais curtos, se esperassem menos da platéia, se... parei de hesitar e atendi o telefone. Mas a pessoa na linha era a srta. Lydia, que lamentava, mas alguém havia ligado para mim de Moscou e a linha caíra. Não recebi outros telefonemas naquela noite.

Resenhas da apresentação foram publicadas nos dois principais jornais da cidade, *Smena* e *Evening Leningrad*. Na opinião do embaixador Bohlen, os artigos foram, em linhas gerais, críticas excelentes. Muito simpáticos. Mostram que eles levaram a ópera a sério.

O crítico do *Evening Leningrad* escreveu: "*Porgy and Bess* é uma obra marcada pelo talento brilhante e domínio inusitado... recebida calorosamente pelos espectadores". Em mil e quinhentas palavras ele aprofundou as observações. Elogiou a partitura ("A música de Gershwin é melódica, sincera, intencionalmente impregnada do folclore musical negro. Há muitas melodias realmente expressivas e contrastantes"), a direção de Breen ("O espetáculo é dirigido com grande competência, e prende a atenção com seu ritmo dinâmico"), o maestro ("A apresentação musical é de alto nível") e o elenco ("...apresenta-se com uma harmonia difícil de encontrar..."). O libreto, porém, provocou uma leve censura, pois o crítico notou nele "alguns elementos do expressionismo e do melodrama e uma abundância de detalhes a respeito da investigação criminal". O *Evening Leningrad*, claro, não se esqueceu de mencionar o lado político: "Nós, espectadores soviéticos, percebemos o efeito corrosivo do sistema capitalista na consciência, na mentalidade e na conduta moral de um povo oprimido pela pobreza. Isso eleva a peça de Heyward, musicada por Gershwin, à condição de drama social". Mas tais comentários não passavam de pianíssimo, comparados com a avalanche de propaganda que os oponentes da excursão de *Porgy and Bess* haviam antecipado.

O segundo crítico, U. Kovalyev, que escrevia para o *Smena*, mencionou um fator ignorado pelo *Evening Leningrad*: "A inegável conotação erótica de algumas coreografias é desagradável. E não se pode pôr a culpa na dança de um país específico. Trata-se mais de uma questão de gosto do diretor, ou talvez de uma espécie de 'tradição' derivada das revistas e peças da Broadway. Mas, no geral", prossegue Kovalyev, "*Porgy and Bess* é um dos eventos mais interessantes desta temporada teatral. Trata-se de uma excelente performance, animada, com muito movimento e muita música. Um testemunho do excepcional talento do povo negro. Muito provavelmente nem todas as músicas e cenas serão aprovadas pelas platéias soviéticas, e nem tudo será compreendido pelos espectadores locais, necessariamente. Não estamos acostumados aos detalhes naturalistas na dança, nem com o som excessivamente jazzístico de uma orquestra sinfônica. Mesmo assim a apresentação amplia nosso conceito da arte da América contemporânea e nos familiariza com facetas até então desconhecidas da vida musical e teatral dos Estados Unidos".

As críticas só saíram na quinta-feira, três dias depois da estréia. No dia, sua publicação foi um certo anticlímax, e a companhia as recebeu com um bocejo de indiferença. "Claro, é bom que escrevam coisas favoráveis, mas e daí?", disse um membro do elenco, expressando a opinião dominante. "Não importa o que os russos pensam. O que conta é o que andam ouvindo a nosso respeito em casa, isso sim."

A companhia já sabia o que os Estados Unidos estavam ouvindo, pois no final da tarde de terça-feira, dia seguinte ao da estréia, Breen recebeu um telegrama a respeito, do escritório da Everyman Opera em Nova York. A srta. Ryan datilografou o texto, com cópias, e estava a ponto de colocá-lo no quadro de avisos da companhia quando nos encontramos no saguão. "Oi", ela disse. "Sabe de uma coisa? Stefan, meu coelhinho, telefonou. Ele quer me levar para dançar. Acha que devo ir? Seja como for, não me importo.

Eu sairia para dançar com Jack, o Estripador, só para me afastar de *Porgy and Bess*", ela disse, e prendeu a versão datilografada do telegrama no quadro de avisos.

SR ROBERT BREEN HOTEL ASTORIA LENINGRADO URSS

CRÍTICAS MARAVILHOSAS AQUI NOS JORNAIS DE 27 DEZEMBRO PONTO TODOS MENCIONAM DEZ MINUTOS DE APLAUSOS EM PÉ PONTO

MANCHETE DO JORNAL – LENINGRADO VAI À LOUCURA COM PORGY AND BESS PONTO

MATÉRIA FACTUAL DA AP MENCIONA INTENSA PROCURA POR INGRESSSOS E CASA LOTADA PONTO

TRIBUNE DESTACA RECEPÇÃO CALOROSA PONTO

MANCHETE DO TELEGRAM – DIPLOMACIA DO CORAÇÃO – A TOMADA DE LENINGRADO PELA CANÇÃO NOS DEIXA ORGULHOSOS DO ELENCO PONTO

SEGUNDO BOLETIM AP EM JORNAIS A RÁDIO MOSCOU NOTICIOU GRANDE SUCESSO NA ESTRÉIA PONTO

EDITORAL DO TIMES HOJE POR SULZBERGER DIZ "PORGY BESS ABRE UMA JANELA PARA O OCIDENTE"

EDITORIAL DO JOURNAL DE HOJE – "TREMENDO SUCESSO"

FABULOSAS NOTÍCIAS NA NBC E CBS

CONGRATULAÇÕES A CADA UM DOS PARTICIPANTES

"Claro", comentou a srta. Ryan, relendo o telegrama, "não foi *exatamente* assim que o material chegou. Os Breens fizeram alguns cortes e correções. Havia uma frase: '*Times* disse que o sucesso foi moderado'. E Wilva a cortou fora, claro! Bem", ela disse, com um sorriso seguido de suspiro, "por que não melhorar uma coisa boa? Wilva quer que todos se sintam maravilhosos, e creio que isso é admirável."

Durante toda a tarde os componentes passaram pelo saguão, parando para ler a mensagem de Nova York. Saíam sorridentes, afastavam-se com o passo mais leve. "Que tal, cara?", disse Earl Bruce Jackson para Warner Watson, quando liam o telegrama: "Estamos fazendo história!". E Watson, esfregando as mãos, retrucou: "Acho que é isso aí. Creio que *dominamos* a história".

O duque em seu domínio
(1956)

A maioria das moças japonesas ri. A criada miúda no quarto andar do hotel Miyako de Kyoto não constituía exceção. A hilaridade e as tentativas de reprimi-la rosaram suas faces (ao contrário das chinesas, a cútis das japonesas com freqüência ganha cor considerável), fazendo com que seu corpo rechonchudo envolto no quimono peônia e amor-perfeito vibrasse. Não parece haver razão alguma para essa reação; o riso japonês opera sem motivação aparente. Eu apenas perguntei como chegar a determinado quarto. "Você veio ver Marron?", ela perguntou, mostrando uma fileira de dentes dourados, como muitos de seus compatriotas. Depois, com o passinho curto deslizado exigido pelo uso do quimono, ela me guiou através de um labirinto de corredores, prometendo: "Eu levo você Marron". O som referente ao "l" não existe em japonês, e portanto "Marron" era Marlon Brando, o ator norte-americano que estava em Kyoto na época, estudando o cenário para um filme da Warner

Brothers-William Goetz, versão cinematográfica do romance *Sayonara,* de James Michener.

Minha guia bateu na porta de Brando e gritou: "Marron!". Em seguida, ela saiu correndo pelo corredor, e as mangas do quimono esvoaçavam feito asas de periquito. A porta foi aberta por outra delicada boneca do Miyako, que por sua vez sucumbiu a seu próprio ataque de histeria imotivada. De dentro, Brando perguntou: "Quem é, doçura?". Mas a moça, olhos fechados de hilaridade, com as mãozinhas gorduchas a tapar sua boca, como um bebê babão, não conseguiu responder. "Ei, menina, quem é?", Brando perguntou, entrando no saguão. "Oi, tudo bem?", ele disse ao me ver. "Já são sete horas, é?"

Havíamos marcado um jantar às sete; eu me atrasara cerca de vinte minutos. "Bem, tire os sapatos e entre. Já estamos quase terminando, aqui. Ei, doçura", pediu à arrumadeira, "traga um balde de gelo, por favor." Olhando a moça que saía ele levou as mãos aos quadris e declarou, abrindo um sorriso: "Elas me matam. Realmente, me matam. As crianças também. Não acha que são maravilhosas, não ficou encantado com elas – as crianças japonesas?"

O Miyako, onde cerca de metade da equipe de *Sayonara* se hospedava, é o mais famoso dos chamados hotéis estilo ocidental de Kyoto; a maioria dos quartos é decorada com fortes, porém comuns e sem graça, cadeiras, mesas, camas e sofás em estilo europeu. Mas, para conveniência dos hóspedes japoneses, que preferem a decoração tradicional mas querem o prestígio de estar no Miyako, ou dos viajantes estrangeiros que desejam uma atmosfera autêntica mas não aceitam os rigores gélidos de uma verdadeira hospedaria japonesa sem aquecimento, o Miyako mantém algumas suítes decoradas à moda tradicional, e Brando escolhera uma delas para se instalar. Seus aposentos consistiam em dois quartos, um banheiro e uma varanda envidraçada. Sem as camadas superiores e inferiores dos pertences pessoais de Brando, os quartos serviriam como ilustrações de um livro sobre o pendor japonês para o despojamento exibicionista. O piso era coberto com tatames escuros, tendo por cima uma discreta exibição de travesseiros de seda rústica; um pergaminho com carpas douradas a nadar enfeitava a alcova, e, sob ela, num aparador, havia um vaso com lírios e folhas vermelhas bem arrumadas. O maior dos cômodos – o interno – usado pelo ocupante como uma espécie de escritório onde ele também dormia e comia, tinha uma mesa comprida de laca e um local para dormir. Nesses quartos, os conceitos divergentes de decoração japonesa e ocidental – uma tentando impressionar pela ausência de enfeites, pela falta de demonstrações de exibicionismo, enquanto a outra buscava exatamente o oposto – podiam ser ambos observados, pois Brando não parecia disposto a usar o espaço de armazenamento do apartamento, oculto atrás de portas de correr de papel. Tudo que ele possuía estava à mostra. Camisas para a lavanderia; meias também; sapatos, malhas, paletós, chapéus e gravatas espalhavam-se como a roupa de um espantalho desmembrado. Além de máquinas fotográficas, uma máquina de escrever, um gravador, um aquecedor elétrico que operava com sufocante competência. Aqui e ali pedaços de frutas parcialmente mordidas; uma caixa dos famosos morangos japoneses, do tamanho de ovos. E livros, uma cascata deles, dos quais notei *The Outsider*, de Colin Wilson, além de vários volumes sobre orações budistas, meditação zen, respiração em ioga e misticismo hindu, mas nada de ficção, Brando não lê isso. Alega nunca ter aberto um romance desde 3 de abril de 1924, dia de seu nascimento em Omaha, Nebraska. Mas, embora não se dê ao trabalho de ler ficção, mostra o desejo de escrever, e na longa mesa de laca lotada de cinzeiros viam-se as páginas empilhadas de seu esforço criativo mais recente, no caso um roteiro cinematográfico intitulado *A Burst of Vermilion*.

Na verdade, era evidente que Brando estava trabalhando no roteiro quando cheguei. Quando entrei no quarto havia lá um sujeito calado, ainda jovem, a quem chamarei de

Murray e que me fora apontado previamente como "o rapaz que está ajudando Marlon com o roteiro". Ele estava agachado no chão, remexendo o original de *A Burst of Vermilion*. Sopesando algumas páginas na mão, disse: "Mar, que tal se eu der uma olhada nisso em meu quarto, e depois a gente continua, lá pelas dez e meia?".

Brando resmungou, como se não gostasse da idéia de retomar o trabalho mais tarde, naquela noite. Brando estava meio adoentado, eu soube depois, e passara o dia no quarto. Agora, parecia inquieto. "O que é isso?", perguntou, apontando para algumas embrulhos retangulares sobre a mesa de laca, misturados às páginas literárias.

Murray deu de ombros. A criada os trouxera, era só o que sabia a respeito. "As pessoas sempre mandam presentes para Mar", ele me disse. "Muitas vezes, não sabemos quem os enviou. Não é, Mar?"

"Sim", Brando disse, começando a abrir os presentes que, como a maioria dos pacotes japoneses – até mesmo compras comuns de lojas normais – estavam lindamente embrulhados. Um deles continha doces, outro, bolos de arroz branco duros como cimento, embora parecessem nuvens fofas. Não havia cartões nos presentes, identificando o responsável. "A gente vira e aparece um japonês com um presente. Eles adoram dar presentes", Brando observou. Mordendo um bolo de arroz atleticamente, ele passou as caixas para Murray e para mim.

Murray fez que não com a cabeça, e insistiu para Brando prometer que o encontraria novamente às dez e meia. "Ligue para mim nesse horário, então", Brando disse finalmente. "Vamos ver o que se pode fazer."

Murray, pelo que eu sabia, era apenas um dos membros do que a equipe de *Sayonara* chamava de "gangue de Brando". Além do assessor literário, a gangue incluía o pai de Marlon Brando, pai, que servia de empresário para o filho; uma secretária bonita de cabelos pretos, a srta. Levin; e o maquiador particular de Brando. As despesas de viagem do séquito, assim como todas as despesas do grupo no local, estavam previstas no contrato do ator com a Warner Brothers. Apesar das lendas, os estúdios cinematográficos não costumam ser tão generosos financeiramente. Um executivo da Warner com quem conversei posteriormente explicou a tolerância com Brando, dizendo: "Normalmente, não aceitamos todas as exigências dele. Mas, no caso... bem, este filme *precisava* de um astro. A única coisa que realmente faz diferença na bilheteria é isto: um astro".

Na equipe alguns acreditavam que a proteção social fornecida pelo círculo íntimo de Brando impedia que "conhecessem melhor o homem", como gostariam. Brando estava no Japão havia mais de um mês, e durante esse tempo ele aparecia no local de filmagem como um jovem digno, encurvado, simpático, sempre disposto a cooperar e até mesmo estimular seus colegas – sobretudo atores – embora no geral não estivesse socialmente disponível, preferindo, durante os intervalos tediosos entre as cenas, sentar sozinho para ler filosofia ou escrever num caderno escolar. Ao final de um dia de trabalho, em vez de aceitar os convites dos colegas para sair e beber um pouco, ou comer um prato de peixe cru num restaurante e depois passear pelo antigo bairro das gueixas de Kyoto, em vez de colaborar com o ambiente cordial de festa familiar que teoricamente a filmagem externa propicia, ele costumava retornar ao hotel e ficar por lá. Uma vez que os mais ardorosos fãs do astro são as pessoas que trabalham na indústria cinematográfica, Brando tornou-se o alvo de um interesse alucinado por parte dos integrantes da equipe de *Sayonara*, e mais ainda em conseqüência de sua atitude de distanciamento amigável, que gerava frustrações profundas perante tamanha curiosidade. Até o diretor do filme, Joshua Logan, foi forçado a dizer, após duas semanas de trabalho com Brando: "Marlon é a pessoa mais instigante que já conheci, desde Garbo. Um gênio. Mas não sei como ele é. Não sei nada a seu respeito".

A criada entrou no quarto do astro, e Murray, de saída, quase tropeçou na barra do quimono. Ela colocou sobre a mesa um balde de gelo e, com seu riso fácil e uma animação que fez levantar e abaixar como pôneis seus pezinhos feito cascos na sandália de dedo com meias brancas, proclamou: "*Apa pai*! Hoje no menu *apa pai*!".

Brando gemeu. "*Apple pie*! É tudo que eu preciso." Ele se deitou no chão e desafivelou o cinto, que apertava muito o estômago avantajado. "Eu devia estar fazendo regime. Mas eu só sinto vontade de comer torta de maçã e coisas do gênero." Seis semanas antes, na Califórnia, Logan avisara que ele precisava perder cinco quilos para fazer o papel em *Sayonara*, e antes de chegar a Kyoto ele se livrara de quatro. Desde seu desembarque no Japão, porém, alimentado não só por torta de maçã, como também pela cozinha japonesa e sua deliciosa ênfase no amido e nas frituras, ele havia recuperado os quilos perdidos e ganho outro tanto. Agora, soltando ainda mais o cinto para massagear a barriga, pensativo, ele leu o cardápio, que oferecia em inglês uma variedade de pratos ocidentais. Depois de declarar: "*Preciso* perder peso", ele pediu sopa, filé com fritas, três vegetais adicionais, espaguete para acompanhar, pão com manteiga, uma garrafa de saquê, salada, queijo e biscoitos *cream cracker*.

"E *apa pai*, Marron?"

Ele suspirou. "Com sorvete, doçura."

Embora Brando não seja abstêmio, seu apetite é mais frugal no caso do álcool. Enquanto esperávamos o jantar, que seria servido no quarto, ele preparou uma dose generosa de vodca com gelo para mim e para si apenas um pouquinho, para fazer companhia. Retomando sua posição no chão, ele recostou a cabeça no travesseiro, baixou as pálpebras e fechou os olhos. Foi como se tivesse embarcado num sonho perturbador; as pálpebras vibravam, e quando falou sua voz – uma voz sem emoção, a seu modo sofisticada e educada, uma voz com algo de infantil, curiosa, indagadora – parecia vir das profundezas do sono.

"Os últimos oito ou nove anos de minha vida foram uma bagunça", ele disse. "Talvez os dois últimos tenham sido um pouco melhores. Menos tempo na arrebentação. Você já foi analisado? No começo, senti medo. Temia que destruísse os impulsos que faziam de mim um artista, uma pessoa criativa. Um sujeito sensível capta cinqüenta impressões numa situação em que outro registra apenas sete. As pessoas sensíveis são muito vulneráveis; é fácil magoar e abusar de quem é *muito* sensível. Quanto mais sensível você é, maior a garantia de que sofrerá brutalidades, arranjará cicatrizes. Nunca evoluirá. Nunca se permitirá sentir nada, pois já sente demais. A análise ajuda. No meu caso, ajudou. Mesmo assim, nos últimos oito ou nove anos andei muito confuso, realmente confuso..."

A voz prosseguiu, como se falasse para se ouvir, um efeito que o modo de falar de Brando freqüentemente provoca, pois ele, a exemplo de muitas pessoas profundamente egoístas, gosta de monologar – fato que admite e para o qual oferece uma explicação: "As pessoas que me rodeiam nunca dizem nada", ele alega. "Elas dão a impressão de que desejam apenas ouvir o que tenho a dizer. Por isso eu me encarrego de falar."

Ao observá-lo agora, de olhos fechados, o rosto liso e sem rugas branco sob a luz do teto, senti como se o momento de nosso primeiro encontro estivesse sendo recriado. O ano do primeiro encontro foi 1947; era uma tarde de inverno em Nova York, quando tive a oportunidade de ver o ensaio de *Um bonde chamado desejo*, de Tennessee Williams, no qual Brando faria o papel de Stanley Kowalski. Foi o papel que o consagrou, embora entre os conhecedores do teatro de Nova York ele já tivesse chamado atenção por seu desempenho enquanto estudante com a diretora Stella Adler e por algumas aparições na Broadway – uma delas na peça de Maxwell Anderson, *Trucktime Café*, e outra como Marchbanks, em *Cândida*, de Katharine Cornell, na qual ele se apresentou com uma competência que foi muito elogiada e discutida. Elia Kazan, diretor de *Um bonde chamado desejo*, disse na época e repetiu recentemente: "Marlon é simplesmente o melhor ator do mundo". Mas, dez anos atrás, na tarde citada, ele ainda era relativamente desconhecido; pelo menos, eu não tinha a menor idéia de quem ele era ao chegar muito cedo ao ensaio de *Um bonde* e encontrar o teatro deserto, com um jovem vigoroso deitado em cima de uma mesa no palco, sob a luz intensa dos refletores de ensaio, a dormir um sono profundo. Como usava camiseta branca e calça jeans, e por causa de seu físico de academia – braços de halterofilista, peito de Charles Atlas (apesar do exemplar de *Textos básicos de Sigmund Freud* sobre ele) – pensei que fosse um operário da produção. Até olhar para seu rosto mais de perto. Era como se a cabeça de outro tivesse sido acoplada ao corpo musculoso, como naquelas montagens fotográficas. Pois o rosto nada tinha de rude, impondo seu refinamento quase angelical e gentileza à boa aparência rija: pele firme, testa larga e alta, olhos bem separados, nariz aquilino, lábios grossos sensuais, relaxados. Nada que lembrasse remotamente o Kowalski de Williams, desprovido de poesia. Foi portanto uma experiência única observar naquela mesma tarde a facilidade camaleônica com que Brando adotava os modos espalhafatosos e a crueldade do personagem, como ele assumia o papel magistralmente, feito uma salamandra malandra que se esgueirava para dentro do personagem, fazendo com que sua personalidade evaporasse – assim como, naquele hotel de Kyoto, nove anos depois, minha lembrança de Brando recuou, desaparecendo na personalidade de 1956. E o Brando atual, deitado no tatame à minha frente, fumando preguiçosamente cigarros com filtro enquanto falava sem parar, era, claro, uma pessoa diferente – tinha de ser. Seu corpo aumentara; a testa parecia mais alta, pois perdera cabelo; estava rico (dos produtores de *Sayonara* ele receberia um salário de trezentos mil dólares, mais uma porcentagem da bilheteria); e se tornara, como notou um jornalista, “o Valentino da geração *bop*”. Tornara-se uma celebridade mundial que ao sair na rua no Japão achava melhor se disfarçar, ocultando o rosto não apenas com óculos escuros, mas também com uma máscara cirúrgica de gaze. (Essa parte do disfarce não é tão acintosa quanto parece no Japão, pois muitos asiáticos usam tais máscaras, com base na teoria de que previnem a disseminação de germes.) Essas foram algumas alterações ocorridas no intervalo de uma década. Houve outras. Os olhos mudaram. Embora a cor de café expresso fosse a mesma, o recato e os traços de vulnerabilidade real que antes exibiam haviam sumido; ele agora olhava para as pessoas com segurança e com uma expressão que só podia ser descrita como condescendente, como se ele circulasse em esferas de esclarecimento a que os outros não tinham acesso, infelizmente. (As reações das pessoas submetidas a seu olhar de constante comiseração variavam; para uma jovem atriz “Marlon é realmente uma pessoa muito *espiritual*, sábio e muito sincero; a gente vê isso em seus olhos”. Para um conhecido de Brando, “O modo com que ele olha para a gente, como se estivesse morrendo de dó de você – não dá vontade de cortar a garganta dele?”) De todo modo, a expressão sutilmente meiga de sua face fora preservada. Ou quase. Pois no intervalo citado ele sofrera um acidente que dera a seu rosto este aspecto masculino mais convencional. Seu nariz fora fraturado. Consegui encaixar uma pergunta, e disse: “Como você quebrou o nariz?”.

“... mas não quero dizer com isso que esteja *sempre* infeliz. Eu me lembro de uma viagem à Sicília em abril. Dia quente, flores por toda parte. Gosto de flores, das perfumadas. Gardênias. De todo modo, era abril e eu estava na Sicília. Saí sozinho. Deitei-me num campo florido. Peguei no sono. Aquilo me fez feliz. Naquele momento, eu era feliz. Como? Você disse alguma coisa?”

“Gostaria de saber como quebrou o nariz.”

Ele esfregou o nariz e sorriu, como se lembrasse de uma experiência agradável como o cochilo siciliano. “Faz muito tempo. Eu lutava boxe. Na época de *Um bonde*. Nós – uma turma dos bastidores e eu – costumávamos descer à sala das caldeiras do teatro e treinar um pouco, lutar. Certa noite eu estava treinando com um cara e ...craque! Vesti o casaco e fui caminhando até o hospital mais próximo – perto da Broadway, não me lembro bem onde. Meu nariz estava realmente arrebentado. Precisaram dar anestesia para tratar dele, me internaram. Não fiquei triste. *Um bonde* estava em cartaz havia um ano, eu já enjoara. Mas meu nariz ficou bom rapidamente, creio que teria voltado à peça se não fosse o que fiz a Irene Selznick." Seu sorriso cresceu quando ele mencionou a sra. Selznick, produtora da peça de Williams. "Uma senhora muito astuta, Irene Selznick. Tudo tem de ser como ela quer. Ela queria que eu voltasse. Mas quando soube que ela viria ao hospital, preparei-me com ataduras, mercurocromo e iodo – meu Deus! – quando ela passou a soleira da porta e me olhou... parecia que minha cabeça tinha sido decepada. No mínimo. E eu *falei* como se estivesse morrendo. 'Ah, Marlon', ela disse, 'coitadinho... coitadinho'. Respondi, 'Não se preocupe, Irene. Estarei de volta hoje à noite, para a peça'. Ela falou: 'Nem pensar. Podemos dar um jeito por... bem... por mais alguns dias'. Eu retruquei: 'Nada disso. Estou ótimo. Quero trabalhar. Diga que voltarei esta noite'. E ela disse: 'Você não tem condições, meu caro. Está *proibido* de aparecer no teatro'. Sendo assim, permaneci no hospital comemorando. (A sra. Selznick, recordando o caso recentemente, disse: 'Eles não arrumaram o nariz dele direito. O rosto ficou completamente diferente. Meio bruto. Passei meses dizendo a ele: 'Estragaram seu rosto. Você precisa quebrar o nariz outra vez, para consertar'. Para sorte dele, não me deu ouvidos. Pois acredito sinceramente que o nariz quebrado fez o sucesso dele no que diz respeito ao cinema. Deu-lhe *sex appeal*. Antes, ele era bonito demais.')"

Brando fez sua primeira viagem à Costa Oeste em 1949, quando ganhou o papel principal em *The Men*, um filme que abordava a questão dos veteranos de guerra paraplégicos. Foi acusado na época de conduta anti-social, criticado pelo estilo de se vestir, com jaqueta de couro preto, preferência por motocicleta em vez de Jaguar e por secretárias obscuras em vez de candidatas a estrela; ademais, os colunistas de Hollywood rechearam seus textos com comentários hostis, por causa da atitude dele em relação à indústria cinematográfica, que ele resumiu assim que foi contratado, dizendo: "A única razão para eu estar aqui é não ter coragem moral para recusar o dinheiro". Nas entrevistas ele repetia sempre que se tornar "um simples ator de cinema" era a coisa mais distante possível de seus planos. "Pode ser que eu faça uma fita ou outra", disse em determinada ocasião. "Mas pretendo concentrar meu trabalho no palco." Contudo, depois de *The Men*, que foi mais um sucesso de crítica do que comercial, fez a recriação de Kowalski na versão filmada de *Um bonde chamado desejo*. O sucesso do papel, a exemplo do que ocorrera na Broadway, o consagrou como astro. (Em termos práticos, um astro do cinema é alguém capaz de garantir o lucro da bilheteria, independentemente da qualidade do projeto do qual participa; o tipo é tão escasso que menos de dez atores hoje merecem o título. Brando é um deles; em termos de bilheteria, divisão masculina, talvez seu único rival seja William Holden.) No decorrer dos últimos cinco anos ele fez o papel de um revolucionário mexicano (*Viva Zapata!*), Marco Antônio (*Júlio César*) e um delinqüente juvenil de motocicleta (*The Wild One*); ganhou um Oscar pelo papel de valentão das docas (*On The Waterfront*); encarnou Napoleão (*Désirée*); cantou e dançou no papel de um delinqüente adulto (*Guys and Dolls*); depois participou como intérprete de um nativo de Okinawa em *The Teahouse of the August Moon*, que a exemplo de *Sayonara*, seu décimo filme, foi parcialmente filmado no Japão. E nunca mais voltou ao palco, exceto por um breve período no verão. "Por que deveria?", ele perguntou apático, quando abordei a questão. "Os filmes têm mais potencial. Podem ser um fator benéfico. Para o desenvolvimento moral. Pelo menos alguns – o tipo de filme que eu quero fazer." Ele parou, como se estivesse ouvindo, como se escutasse a declaração repetida num gravador. Talvez o som o irritasse. De todo modo, seu maxilar inferior começou a se mexer como se mastigasse um alimento de sabor desagradável. Ele olhou para o nada de repente, e indagou: "O que há de tão especial em Nova York? Qual a graça de trabalhar para Cheryl Crawford e Robert Whitehead? – A srta. Crawford e Whitehead são dois dos mais proeminentes produtores teatrais de Nova York, e nenhum deles teve a oportunidade de contratar Brando. – De todo modo, onde eu entraria?", prosseguiu. "Não há papéis para mim."

Se fossem empilhadas, as peças oferecidas a ele para uma temporada, pelos esperançosos empresários da Broadway, formariam uma pilha mais alta que o ator. Tennessee Williams o queria para o principal papel masculino de suas últimas cinco peças, e a mais recente delas, *Orpheus Descending*, em fase de produção na época de nossa conversa, fora escrita especialmente para Brando e a estrela italiana Anna Magnani. "Posso explicar facilmente por que não fiz *Orpheus*", Brando disse. "Há passagens belíssimas na peça, alguns dos melhores momentos de Tennessee, e o papel da Magnani é ótimo; ela tem algo a dizer, a gente a compreende – e ela me escorraçaria do palco. O personagem que eu deveria fazer, o rapaz, Val, nunca se manifesta. Não sei o que ele aprova ou condena. Sabe, não se pode atuar no vácuo. Eu disse isso a Tennessee. E ele continuou tentando. Reescreveu o texto várias vezes. Mas...", Brando deu de ombros. "Bem, eu não tinha a menor intenção de subir em qualquer palco ao lado da Magnani. Não num papel daqueles. Eles teriam de me varrer do chão." Brando refletiu por um momento, e acrescentou: "Creio, na verdade, tenho certeza, que Tennessee criou um vínculo muito forte entre Kowalski e minha pessoa. Somos amigos, ele sabe que, enquanto pessoa, sou o oposto de Kowalski, que tem tudo que eu abomino – totalmente insensível, rude, cruel. Mesmo assim, a imagem que Tennesse tem de mim se confunde com o fato de eu ter representado aquele papel. Por isso, não sei se consegue escrever para mim com outra paleta de cores. A única razão pela qual fiz *Guys and Dolls* foi poder trabalhar num tom mais leve... amarelo. Antes disso, a cor mais forte que eu havia trabalhado fora o vermelho. De vermelho para baixo. Marrom. Cinza. Negro". Ele amassou um maço de cigarros vazio e o segurou na mão como se fosse uma bola. "Não há muitos papéis para mim no teatro. Ninguém os escreve. Cite um papel que eu possa fazer."

Na falta de ofertas contemporâneas de qualidade, ele não poderia favorecer a obra de autores antigos? Muitas pessoas responsáveis que participaram com ele do filme admiraram sua interpretação de Marco Antônio em *Júlio César* e o consideravam capacitado, desde que se empenhasse, a assumir muitos dos papéis do monte Everest da literatura dramática – até Édipo, provavelmente.

Brando recebia esses elogios e estímulos com indiferença – ou melhor, parecia indulgir em seu hábito de não escutar. Mas, sentindo o silêncio novamente, ele o dissolveu: "Claro, os filmes ficam *datados* rapidamente. Vi *Um bonde* outro dia e já era um filme antigo. Mesmo assim, os filmes apresentam um potencial maior. Podemos dizer coisas importantes a muita gente. A respeito da discriminação, do ódio e do preconceito. Quero fazer filmes que explorem os temas em voga no mundo atual. Em termos de entretenimento. Por isso fundei minha própria companhia produtora independente". Ele estendeu a mão para alisar carinhosamente *A Burst of Vermilion*, que seria o primeiro roteiro filmado pela Pennebaker Productions – a companhia independente que fundara.

E *A Burst of Vermilion* o satisfazia, como base para as metas grandiosas que citara?

Ele resmungou algo. Depois resmungou outra coisa. Pedi que falasse com clareza, e ele disse: "É um faroeste".

Brando foi incapaz de conter o sorriso, que se expandiu em gargalhada. Ele rolou no chão, ruidosamente. "Minha nossa, a única questão é, serei capaz de encarar meus amigos novamente?" Mais sóbrio, disse: "Sério mesmo, o primeiro filme precisa dar dinheiro. Caso contrário, não haverá outro. Estou quase a zero. Não é brincadeira. Gastei um ano e duzentos mil dólares do meu próprio dinheiro tentando arranjar um escritor que me fizesse um roteiro decente. Que usasse minhas idéias. O último era tão terrível que pensei, posso fazer melhor sozinho. E vou dirigir o filme, também".

Produzir, dirigir e escrever. Charlie Chaplin conseguira fazer isso, e mais ainda, compondo a música. Contudo, profissionais tarimbados – Orson Welles, para citar apenas um – sucumbiram sob o peso do conjunto de tarefas que Brando pretendia assumir, ou até menos. De todo modo, ele tinha uma resposta pronta para minha insinuação de que isso poderia ser muita areia para seu caminhãozinho. "Vamos pensar na produção", ele disse. "O que faz um produtor, além de escolher os atores? Conheço seleção de atores melhor do que qualquer um, e a produção se resume nisso. A equipe." No meio cinematográfico seria difícil encontrar alguém que compartilhasse sua opinião. Um bom produtor, além de escolher a equipe – ou seja, o roteirista, o diretor, os atores, o pessoal da técnica e outros componentes – precisa ser um diplomata das emoções, aparando arestas, conciliando. Mas, acima de tudo, deve ser um mecânico competente quando lida com o maquinário dos dólares e centavos. "Mas, sério", disse Brando, agora excessivamente sóbrio, "*Burst* não trata apenas de cowboys e índios. Conta a história de um menino mexicano, de ódio e discriminação. O que acontece a uma comunidade quando essas coisas existem."

Sayonara também apresenta momentos em que pretende atacar o preconceito racial, contando a história de um piloto de jato norte-americano que se apaixona pela dançarina de uma casa noturna japonesa, para desalento de seus superiores da Força Aérea e também para revolta dos patrões dela, embora a objeção dos últimos não fosse a inadequação racial do rapaz, mas simplesmente o fato de ela ter namorado, pois fazia parte de uma companhia musical exclusivamente feminina – baseada num grupo existente na vida real, a Takarazuka Company – cuja direção espalhou a lenda de que, fora do palco, as moças levam uma existência de freiras, afastadas da presença masculina de qualquer credo ou cor. O romance de Michener termina quando os amantes desejam um ao outro *sayonara*, palavra que significa até logo. Na versão filmada, porém, a palavra e conseqüentemente o título perderam o sentido; no caso, a cena final mostra o encontro definitivo entre Oriente e Ocidente, pois o filme acaba com o casal a caminho do casamento. Na entrevista coletiva concedida por Brando ao chegar em Tóquio, ele informou aos sessenta e tantos repórteres que assinara contrato para fazer o papel porque "ele aborda com precisão os preconceitos que limitam nosso progresso na direção de um mundo pacífico. Sob a guarda do romance, ataca preconceitos que existem da parte dos japoneses, assim como de nossa parte". Além disso, estava fazendo o filme por causa da "oportunidade valiosa" de trabalhar com Joshua Logan, que lhe ensinaria "o que fazer e o que não fazer".

Mas o tempo passou. Agora, Brando diz, torcendo o nariz: "Adoro *Sayonara*! Um maravilhoso *nonsense* romântico que deveria ser um filme sério sobre o Japão. Mas qual a diferença? Só estou fazendo isso pelo dinheiro, de todo modo. Pelo dinheiro que preciso para minha própria companhia". Ele tocou nos lábios, pensativo, e resmungou de novo: "De volta à Califórnia, eu passava 24 horas em reuniões de roteiro. Logan me disse: 'Qualquer sugestão sua é bem-vinda, Marlon. Se quiser fazer alguma mudança, pode fazer. Se não gosta de alguma coisa, Marlon, pode reescrever o texto do seu jeito'". Os amigos de Brando alegam que ele consegue imitar qualquer pessoa após quinze minutos de observação; a julgar pela assombrosa perfeição com que imitava o sotaque vagamente sulista de Logan e seu olhar triste, esperançoso, trêmulo de entusiasmo, eles não estão exagerando. "*Reescrever*? Meu caro, reescrevi o roteiro todo. E agora, de tudo que fiz, vão aproveitar umas oito linhas." Outro resmungo. "Desisto. Vou fazer o papel e pronto. Por vezes, penso que ninguém percebe a diferença. Nos primeiros dias de filmagem, tentei representar. Depois fiz uma experiência. Numa cena, tentei fazer tudo errado. Ri e revirei os olhos, usei todos os tipos de gestos e expressões que não tinham a menor relação com o papel que eu deveria desempenhar. O que Logan disse? Só uma coisa: 'Ficou maravilhoso! Perfeito!'"

Uma frase que ocorre sempre na conversa de Brando: "Eu só quero dizer quarenta por cento do que afirmo", provavelmente se aplica ao caso. Logan, diretor de teatro e cinema consagrado e que desfruta de amplo reconhecimento por obras magníficas (*Mister Roberts, South Pacific, Picnic)*, é um sujeito mantido pelo entusiasmo, assim como os pássaros são mantidos pelo ar. É axiomática a necessidade de uma pessoa criativa acreditar no valor do que está criando; a crença de Logan nos projetos em que se envolve beira a euforia da fé e o protege, como era de se esperar, dos tormentos da insegurança. O entusiasmo com que encarou todos os aspectos relacionados a *Sayonara*, filme que vem preparando há dois anos, é tão impecável que não lhe permite conceber que o entusiasmo de seu astro talvez não se compare ao seu. Nem de longe, aliás. "Marlon", ele proclamava ocasionalmente, "disse que nunca esteve tão feliz numa equipe como no caso da nossa. Nunca trabalhei com um ator tão excitante e inventivo. Tão maleável. Ele aceita a direção perfeitamente, mas sempre tem algo a acrescentar. Ele criou o sotaque sulista de seu personagem; eu jamais teria pensado nisso, mas, veja bem, é muito apropriado, perfeito até." Mesmo assim, na noite em que jantei com Brando no hotel, Logan começava a perceber que faltava algo em seu relacionamento com Brando. Ele o atribuía ao fato de que naquela altura, quando a maioria das cenas filmadas se concentrava no ambiente japonês (ruas lotadas, paisagens, espetáculos) e não nos atores, ele ainda não tivera a oportunidade de trabalhar com Brando o material que desafiaria os dois. "Isso acontecerá quando voltarmos para a Califórnia", disse. "As cenas de interior, os momentos dramáticos. Brando é grande, ele se sairá muito bem."

Havia outra razão para a incapacidade de Logan de dar, naquela altura, o tipo de atenção a seu ator principal que poderia criar uma harmonia maior: ele estava em profunda desarmonia com os elementos japoneses que mais haviam contribuído para sua decisão de dirigir o filme. Fã do teatro japonês de longa data, Logan contava com a possibilidade de entremear *Sayonara* com seqüências autênticas tiradas do teatro *kabuki* clássico, das máscaras do drama nô, das peças *bunraku* com marionetes; destinavam-se a formar, digamos, a parte erudita do filme. Para tanto, Logan e William Goetz, o produtor, haviam negociado durante um ano com a Shochiku, a gigantesca empresa cinematográfica que controlava a maior parte das atividades teatrais ao vivo no Japão. O comando do império Shochiku cabia a um poderoso e sério senhor de oitenta anos, Otani; tinha primeiro nome, Takejiro, mas poucos homens vivos desfrutavam da intimidade suficiente para chamá-lo assim. Filho de açougueiro (e, portanto, na sociedade budista japonesa, pertencente à casta dos excluídos), Otani, juntamente com o irmão, já falecido, fundara a Shochiku e a levara ao ponto de ser a maior folha de pagamentos de uma empresa japonesa, nos últimos quatro anos. Magnata capaz de rivalizar com Kokichi Mikimoto, o falecido potentado das pérolas cultivadas, Otani lançara uma sombra sobre toda a indústria japonesa de entretenimento; além do controle monopolista sobre o teatro clássico, ele possuía a maior cadeia de cinemas e salas de espetáculos, produzia muitos filmes e tinha interesses no rádio e na televisão. Do ponto de vista de Otani, toda a transação com os senhores Logan e Goetz era saquê pequeno. Contudo, no início ele demonstrou simpatia pelo projeto, em larga medida pela boa impressão que causara a veneração fervorosa de Logan pelo *kabuki*, nô e *bunraku*, as três gemas inegáveis da coroa do magnata, e as que mais valorizava. (Segundo alguns especialistas, essas artes tradicionais deviam sua boa condição principalmente a sua generosidade.)

Mas Otani não era nenhum filantropo; quando as negociações da Shochiku com a cúpula de *Sayonara* foram supostamente concluídas, os japoneses haviam cedido, por um preço alto, autorização para rodar cenas no famoso teatro *kabuki* de Tóquio, e por honorários ainda mais impressionantes, permissão de uso livre do elenco do *kabuki*, dos atores nô e dos manipuladores de marionetes do *bunraku*. Shochiku também concordara na participação de sua companhia de ópera feminina – um elemento indispensável para a produção do filme, uma vez que a companhia Takarazuka retratada no romance se revoltara com o "libelo" de Michener, recusando qualquer espécie de colaboração. Logan, de partida para o Japão, estava tão animado que poderia ter voado até lá sem avião. "Otani nos deu carta branca, e vamos fazer tudo direito, de verdade", disse. "Nada daquela imitação de segunda do *kabuki*, mas o verdadeiro, algo que jamais foi mostrado no cinema." Mas não seria bem assim, pois do outro lado do Pacífico um Pearl Harbor os aguardava. Otani raramente aparecia; normalmente assistentes insípidos o representavam, e quando Logan e Goetz desembarcaram do avião um grupo de assessores informou aos cineastas que Shochiku cometera um erro na elaboração do orçamento; a conta seria muito maior do que o estimado inicialmente. O produtor Goetz se opôs. Otani, certo de ter a melhor mão (afinal de contas, o pessoal de Hollywood chegara ao Japão acompanhado de um elenco caríssimo, equipe caríssima e equipamento caríssimo), reagiu aumentando ainda mais o preço. Goetz, por sua vez, era um negociante mais duro que carapaça de tartaruga e encerrou as tratativas. Depois, disse ao diretor que eles deveriam se virar com seu próprio *kabuki*, nô, *bunraku* e companhia feminina de ópera, contratando artistas *free-lancers*.

Nesse meio-tempo, a imprensa de Tóquio divulgava os contratempos. Muitos jornais, entre eles o *Japan Times*, insinuaram que Shochiku agira de modo condenável, "usando má-fé". Outros assumiram uma postura pró-Shochiku, ou simplesmente anti-*Sayonara*, narrando com gosto que os norte-americanos não teriam chance de "degradar nossas mais finas tradições artísticas", representando-as numa versão filmada de "um romance vulgar que não dignifica o povo japonês". Os jornais contra o projeto *Sayonara* se regozijavam especialmente com o fato de Logan ter contratado um ator mexicano, Ricardo Montalban, para o papel de um ator *kabuki* (*kabuki* é tradicionalmente um teatro masculino; os melhores papéis, e mais difíceis, são de mulheres, representados por atores especializados, e a tarefa de Montalban era fazer um deles), e depois fizeram a "afronta" de tentar contratar um genuíno astro do *kabuki* para substituir Montalban nas cenas de dança, o que seria, de acordo com um crítico japonês, o mesmo que "pedir a Ethel Barrymore para servir de figurante".

No geral, a imprensa local demonstrava interesse melindroso pelos eventos em curso em Kyoto – a cidade, a cerca de 350 quilômetros de Tóquio, fora escolhida pela equipe de *Sayonara* para a maior parte das tomadas externas por causa da grande quantidade de templos históricos, colinas azuis e lagos brumosos fotogênicos, onde prevalecia o ambiente do Japão antigo cuidadosamente preservado no elegante bairro das gueixas e nas ruas iluminadas por lanternas de papel. E, no geral, em Kyoto a companhia encontrava todas as dificuldades que seus opositores poderiam desejar. Em especial, os norte-americanos enfrentavam problemas para arranjar quem quisesse aparecer no filme – um fenômeno interessante, se for levado em consideração o desejo do japonês médio de ser fotografado. A bem da verdade, os produtores do filme haviam reunido uma mistura de atores nô e manipuladores de marionetes que não tinham contrato com a Shochiku, mas comiam o pão que o diabo amassou para reunir uma companhia feminina de ópera apresentável. (Essas instituições peculiares aos japoneses eram uma espécie de Folies Bergère* inocente para as mulheres; curiosamente, poucos homens compareciam aos espetáculos, na maioria das vezes a platéia era formada apenas por mulheres, a exemplo do elenco.) Na esperança de superar a deficiência, a direção de *Sayonara* distribuíra cartazes anunciando um concurso para escolher "as cem moças mais bonitas do Japão". A iniciativa, para a qual se previa comparecimento maciço, estava marcada para duas horas da tarde de uma quinta-feira, no saguão do hotel Kyoto. Mas não houve vencedoras por falta de participantes; ninguém compareceu.

O produtor Goetz, um dos juízes desapontados, recorreu a seguir com razoável sucesso ao expediente de atrair moças dos bares e cabarés de Kyoto. A cidade – e qualquer outra metrópole japonesa, neste aspecto – era o paraíso dos embriagados. Proporcionalmente, o número de estabelecimentos que comercializavam bebidas alcoólicas fortes era maior do que o de Nova York, e a diversidade de tipos – que iam do aconchegante cubículo de bambu para quatro pessoas aos templos da alegria de vários andares vibrantes de néon que ofereciam, em sintonia com a aptidão imitativa dos japoneses, grupos de chachachá e *rock'n'roll*, quartetos de música *country*, *chanteuses existentialistes* e vocalistas orientais que interpretavam canções de Cole Porter com sotaque negro – era extraordinária. Contudo, fosse o estabelecimento popular ou de alto luxo, uma coisa não mudava: sempre havia uma equipe de recepcionistas a postos para adular e animar a clientela. Grande parte dessas *jolis jeunes filles* incansavelmente festivas, esguias, penteadas e bem-vestidas ficavam sentadas bebericando Parfaits d'Amour (um coquetel adocicado cor de violeta em voga

---

*Casa de shows parisiense cujo ápice foi entre 1890 e os anos 1920. (N. do E.)

na região) enquanto desempenhavam as tarefas de gueixas de pobre; ou seja, elevar o espírito sem necessariamente corromper moralmente os maridos cansados e os tensos solteiros ansiosos por diversão. Não é raro que haja quatro por cliente. Mas, quando os funcionários da *Sayonara* começaram a contratá-las, tiveram de se adaptar às condições das profissionais da noite que não gostavam de acordar cedo, exigência da produção do filme. Para obter seus talentos e garantir que as moças estivessem no local da filmagem no horário adequado, o pessoal da equipe fazia de tudo, só faltou distribuir anéis de noivado.

Outro contratempo para os produtores de *Sayonara* dizia respeito à Força Aérea dos Estados Unidos, cuja cooperação era vital, e que previamente prometera ajudar, mas agora tinha acessos de estrelismo, uma vez que se opunha violentamente a um dos elementos básicos da trama – que durante a Guerra da Coréia alguns homens da Força Aérea casados com japonesas foram mandado de volta para casa. Talvez tenha sido a *prática*, alegava a Força Aérea, mas nunca foi a política oficial do Pentágono. Dada a escolha entre o corte da situação ofensiva e, portanto, da remoção de um trecho considerável no roteiro, ou permitir que continuasse lá, abrindo mão da ajuda da Força Aérea, Logan sugeriu a cirurgia.

Depois surgiu o problema da srta. Miiko Taka, que fora escalada como a dançarina do Takarazuka capaz de despertar a paixão de Brando, um oficial da Força Aérea. Depois de tentar contratar Audrey Hepburn para o papel e receber a recusa da estrela, Logan passou a procurar uma "desconhecida" e topou com a srta. Taka, uma nissei quieta, equilibrada, atraente, agradável e despretensiosa, sem experiência como atriz, que deixou o emprego de funcionária de uma agência de viagens de Los Angeles pelo que chamou de "sonho de Cinderela". Embora sua capacidade de interpretar – assim como a de outro astro de *Sayonara*, Red Buttons, um comediante do teatro de revista e da televisão que, a exemplo da srta. Taka, tinha pouco treinamento para papéis dramáticos – causasse alguma preocupação ao diretor, Logan, admiravelmente ousado e animado apesar de tudo, teria dito: "Vamos dar um jeito nisso. Tentarei, ao máximo, que mantenham o rosto erguido e a boca fechada. De todo modo, Brando é tão grande que nos dará o que precisamos". Contudo, em matéria de dar, Brando repetia sempre: "Desisto. Vou relaxar e apreciar o Japão".

Naquele momento, no Miyako, Brando foi presenteado com um item japonês: um emissário da gerência do hotel, com mesuras e sorrisos, esfregando as mãos, disse: "Ah, senhor Marron Brando", e fechou a boca, mudo com o constrangimento de sua missão. Ele viera pedir de volta os pacotes de "presentes" que Brando já abrira e avidamente experimentara. "Desculpe, senhor Marron Brando, foi um engano. Eles se destinavam a outro apartamento. Desculpas. Desculpas!" Rindo, Brando devolveu as caixas. Os olhos do emissário, ao ver que faltavam vários itens, adotou um ar mais grave, embora mantivesse o sorriso – estampado no rosto, a bem da verdade. Seria um desafio para a justamente renomada polidez japonesa. "Ah", ele respirou fundo, quando a solução tingiu seu sorriso, "uma vez que gosta tanto deles, fique com uma caixa." E entregou os bolinhos de arroz de volta. "Eles", obviamente, os verdadeiros donos, "ficarão com a outra. Assim, todos ficam contentes."

Teria sido melhor que ele deixasse todos os bolinhos, pois o jantar demorava a cozinhar no vapor da cozinha. Quando chegou, eu respondia a algumas perguntas feitas por Brando a respeito de um conhecido meu, jovem norte-americano discípulo do budismo que havia cinco anos levava uma vida contemplativa, embora não inteiramente monástica, num mosteiro do templo Nishi-Honganji de Kyoto. A noção de uma pessoa se afastar do mundo para levar uma vida espiritual – e oriental – fez com que o rosto de Brando se imobilizasse num devaneio. Ele ouviu com surpreendente atenção tudo que lhe contei a respeito da vida atual do rapaz e se mostrou intrigado – mortificado, na verdade – ao saber que não era uma questão de afastamento, silêncio e joelhos em carne viva de tanta oração. Pelo contrário, atrás dos muros de Nishi-Hoganji, meu amigo budista ocupava três cômodos confortáveis e ensolarados, cheios de livros e discos fonográficos; além de comparecer às orações e realizar a cerimônia do chá, ele continuava perfeitamente capaz de preparar um martíni; tinha dois criados e um Chevrolet no qual ia freqüentemente aos cinemas locais. E, por falar nisso, soubera que Brando estava na cidade e ansiava conhecê-lo. Brando achou meio engraçado. O traço puritano dentro dele, que tinha certa amplitude, fora tocado; sua concepção de um verdadeiro devoto não poderia abranger alguém tão *du monde* quanto o rapaz por mim descrito. "Aconteceu algo assim outro dia, nas filmagens, um dos monges aproximou-se e pediu que eu autografasse uma foto. Ora, por que um monge queria meu autógrafo? Um retrato meu?"

Ele olhou confuso para seus livros espalhados pelo chão, muitos dos quais tratavam de temas místicos. No início de sua entrevista coletiva em Tóquio ele dissera aos jornalistas que estava feliz por retornar ao Japão, pois isso lhe daria a oportunidade de "investigar a influência do budismo no pensamento japonês, seu fator cultural determinante". O material de leitura à mostra provava que ele mantivera seu projeto acadêmico um tanto obscuro. "O que eu gostaria de fazer", acabou confessando, "era conversar com alguém que *conhecesse* essas coisas. Pois...", mas a explicação foi adiada até a criada que deslizara para dentro do quarto carregando bandejas enormes terminar de pôr a mesa de laca. Sentamos em almofadas, um de frente para o outro.

"Pois...", ele prosseguiu, limpando as mãos na toalhinha quente, prefácio costumeiro a qualquer refeição japonesa, "ando considerando seriamente – estou pensando com muita *seriedade* em desistir de tudo. Dessa história de ser um ator de sucesso. De que adianta, se não posso evoluir para mais nada?

Tudo bem, ser um sucesso. Pelo menos a gente é *aceito*, bem-vindo em qualquer lugar. Mas é só isso, não há mais nada, não o leva a lugar algum. A gente está simplesmente sentado sobre um monte de açúcar, formando camadas grossas de... *casca*." Ele esfregou a toalha no queixo, como se removesse maquiagem. "Sucesso demais pode arruinar alguém, tanto quanto o fracasso." Baixando os olhos, ele olhou sem apetite para a comida servida pela criada, que acompanhada de risos constantes, fazia os pratos. "Claro", disse hesitante, como se virasse uma moeda cuidadosamente para ver que lado brilhava mais, "não se pode ser um fracasso sempre e sobreviver. Van Gogh! Eis um exemplo do que acontece quando uma pessoa não recebe reconhecimento algum. Ela pára de se relacionar; fica fora de tudo. Mas creio que o sucesso causa o mesmo efeito. Sabe, precisei de muito tempo para me dar conta de que eu era isso – um grande sucesso. Estava tão absorvido comigo, com meus problemas, que nunca olhei em volta, não me dei conta. Costumava caminhar em Nova York, quilômetros e mais quilômetros, andar pelas ruas tarde da noite, e nunca *via* nada. Nunca tinha certeza a respeito de representar, de que era isso que eu realmente queria fazer; ainda não a tenho. Então, quando eu fazia *Um bonde*, após alguns meses em cartaz, certa noite, vagamente, comecei a ouvir um barulho. Era como se estivesse dormindo e acordasse sentado no alto de um monte de açúcar."

Antes de alcançar seu pico adocicado, Brando conhecera as vicissitudes de qualquer jovem sem recursos, contatos e muita educação (nunca tirou o diploma do colegial, fora expulso da Shattuck Military Academy de Faribault, Minnesota, uma instituição à qual se refere como "asilo") que chega a Nova York, vindo da zona rural – no caso, Libertyville, em Illinois. Morando sozinho em quartos mobiliados, ou em apartamentos divididos com outros, ele passara os primeiros anos na cidade alternando as aulas de teatro com as filas do serviço social. Best o colocara por certo tempo em sua folha de pagamentos, como ascensorista.

Um amigo dele, que convivera muito com Brando nos dias antes do açúcar, corrobora em certa medida o retrato meio sonâmbulo que ele pinta de si. "Era meditativo, sem dúvida", o amigo declarou. "Dava a impressão de possuir um quarto secreto interno para refúgio. E sempre corria para lá para se preocupar consigo. E se regozijar também, como um avarento cuida de seu ouro. Mas ele não era apenas sombrio. Quando queria, saía completamente de seu ensimesmamento. Tinha um humor selvagem, infantil. Certa vez, morava num prédio antigo de arenito pardo na 52nd Street, perto de alguns bares dc jazz. Costumava ir até o telhado, encher sacos de papel de água e jogá-los nos grã-finos que saíam dos clubes. Pendurara um quadro na parede do quarto, que dizia: 'Você não está vivo se não souber disso'. E sempre havia alguma coisa se mexendo no apartamento. Marlon tocando bongô, discos na vitrola, visitas, rapazes do Actor's Studio, um monte de desocupados que convidava. Ele sabia ser gentil. Era a pessoa menos oportunista que conheci. Nunca dava a menor importância a quem poderia ajudá-lo; pode-se dizer que fazia o possível para evitar essas pessoas. Claro, parte de tudo isso, como o tipo de pessoa que ele gostava ou não gostava, tinha origem em sua insegurança, seu complexo de inferioridade. Pouquíssimos amigos eram seus iguais, alguém com quem ele poderia *competir*, se é que você me entende. Em geral, eram pessoas perdidas, desocupadas, que o idolatravam ou dependiam dele de um jeito ou de outro. O mesmo valia para as moças com quem saía. Tipos comuns, secretárias bonitas, mas nada que provocasse uma avalanche de competidores." (A preferência mencionada no final vinha da adolescência, como revelou a avó. Em suas palavras, "Marlon sempre escolhia as vesgas".)

A criada serviu saquê em copinhos do tamanho de um dedal e saiu. Conhecedores desse vinho de arroz claro e pungente alegam poder discernir variações de sabor e qualidade nas mais de cinqüenta marcas existentes. Mas, para o novato, o saquê parece todo feito no mesmo barril – um grogue agradável no início, nauseante depois, que apresenta pouca tendência para causar dor de cabeça no dia seguinte, exceto quando bebido aos litros, um hábito que muitos *bom vivants* japoneses adquiriram. Brando ignorou o saquê e foi direto ao filé. A carne era excelente; os japoneses se orgulham com razão da qualidade de seus bois. O espaguete, prato muito popular no Japão, não era bom; nem o restante – um aglomerado de feijão, ervilha e batata. Claro, o cardápio era esquisito, é um equívoco absoluto pedir comida ocidental no Japão, mas há momentos em que a pessoa vomita só de pensar em mais peixe cru, *sukiyaki* e arroz com alga, por melhor que tenha sido o preparo e por mais bela que seja a apresentação, pois o estômago desacostumado se rebela contra a perspectiva de caldo de enguia, abelha frita, picles de cobra e pernas de polvo.

Enquanto comíamos, Brando retornou à possibilidade de renunciar a seu status de celebridade do cinema em prol de uma vida que "levasse a algum lugar". Ele resolveu procurar um meio-termo. "Bem, quando voltar a Hollywood, sei o que vou fazer: despedir minha secretária e morar numa casa menor", declarou. Suspirando aliviado, como se já estivesse livre dos antigos estorvos e em pleno gozo da nova condição. Elaborando a decisão sedutora, prosseguiu: "Não terei mais cozinheiro nem criados. Basta uma faxineira duas vezes por semana. Mas...", ele franziu a testa, forçando a vista como se algo turvasse a paz vislumbrada, "onde quer que seja a casa, precisa de uma *cerca*. Por causa das pessoas com lápis. Você não faz idéia de como é. As pessoas com lápis. Preciso de uma cerca para mantê-las afastadas. E presumo que nada possa fazer em relação ao telefone."

"Telefone?"

"Está grampeado. O meu telefone tem escuta."

"Escuta? É mesmo? Feita por quem?"

Ele mastigou o filé, resmungando. Relutava em dizer, embora tivesse certeza. "Quando converso com meus amigos, falamos francês. Ou uma gíria que inventamos."

De repente, ouvimos sons no apartamento acima do nosso – pisadas, vozes abafadas, como o barulho da água a correr num cano. "Shhh!" sussurrou Brando, apurando os ouvidos, atento, com os olhos virados para o alto. "Fale baixo. *Eles* podem escutar tudo." Eles, pelo jeito, eram o ator Red Buttons e sua esposa, que ocupavam a suíte imediatamente superior. "Este lugar é feito de papel", ele continuou em voz baixa, com a cautela atenta de uma criança perdida num jogo sério, uma expressão que explica apenas parcialmente sua preocupação com o segredo, os olhares por cima do ombro, a gíria inventada para o telefone, facetas de sua personalidade que ocasionalmente levam a conversa com ele a assumir um tom de conspiração, como se discutíssemos temas subversivos num território politicamente perigoso. Brando não disse mais nada; eu não disse mais nada. Nem o sr. e a sra. Buttons – nada que se pudesse entender.

Durante o sítio do silêncio meu anfitrião encontrou uma carta debaixo das travessas com o jantar, que leu enquanto comíamos, como um cavalheiro que dá uma espiada no jornal, durante o café-da-manhã. "De um amigo meu. Ele está rodando um documentário sobre a vida de James Dean. Quer que eu faça a narração. Talvez aceite." Ele deixou a carta de lado e puxou a torta de maçã para perto de si, completando-a com uma porção de sorvete de baunilha que principiava a derreter. "Talvez não. Eu me excito com alguma coisa, mas nunca dura mais do que sete minutos. Exatos sete minutos. É o meu limite. Nunca sei por que me levanto da cama de manhã." Terminando a torta, ele olhou interessado para o meu pedaço. Passei-o para ele. "Mas estou realmente levando essa proposta sobre Dean em consideração. Pode ser importante."

James Dean, o jovem ator de cinema morto num acidente de automóvel em 1955, fora promovido durante sua fosforescente carreira como o "rapaz confuso" tipicamente americano, um símbolo da juventude transviada com seus carrões e abordagem violenta dos pequenos problemas cotidianos. Quando morreu, um filme caro do qual participava, *Giant* [*Assim caminha a humanidade*], ainda não havia sido lançado, e os assessores de imprensa do estúdio, para afastar quaisquer efeitos nocivos da morte de Dean sobre as possibilidades comerciais do produto, conseguiram "glamurizar" a tragédia, e como conseqüência irônica criaram uma lenda para Dean com bases meio necrófilas. Embora Brando fosse sete anos mais velho que Dean, e profissionalmente mais seguro, os dois atores acabaram vinculados na visão coletiva dos fãs do cinema. Muitos críticos, ao comentar o primeiro filme de Dean, *East of Eden* [*Vidas amargas*], destacaram a semelhança entre seus maneirismos como ator e os de Brando, que beirava o plágio. Fora da tela Dean também dava a impressão de praticar a forma mais sincera de adulação; como Brando, ele circulava em motocicletas, tocava bongô, vestia roupas informais, usava uma linguagem pseudo-intelectual, cultivava uma personalidade excêntrica interessante para os jornais que misturava de modo extremamente hábil o jovem transviado e a esfinge sensível.

"Não, Dean nunca foi meu amigo", Brando disse, em resposta a uma pergunta que pareceu surpreendê-lo. "Mas não é por isso que eu talvez aceita fazer a narração. Eu mal o conhecia. Mas ele tinha uma idéia fixa a meu respeito. Tudo que eu fazia, ele também fazia. Vivia tentando se aproximar de mim. Costumava telefonar." Brando ergueu um telefone imaginário, levou-o ao ouvido e abriu um sorriso ladino de bisbilhoteiro. "Eu o ouvia falando com a secretária, perguntando por mim, deixando recados. Mas eu nunca falava nada. Nunca ligava para ele. Não, quando eu..."

A cena foi interrompida pela campainha do telefone real. "Alô?", disse, erguendo o fone do gancho. "Ele mesmo. De onde?... Manila?... Mas eu não conheço ninguém em Manila. Diga que não estou. Bem, finalmente conheci Dean", disse, depois que desligou. "Foi numa festa. Ele circulava feito um louco, exibindo-se. Falei com ele. Puxei-o de lado e perguntei se ele não sabia que estava doente. Que precisava de ajuda." A lembrança intensificou a versão familiar do olhar de compaixão iluminada de Brando. "Ele me ouviu. Sabia que estava doente. Eu lhe forneci o nome de um analista, e ele foi lá. Pelo menos seu *trabalho* melhorou. No final, eu achava que estava começando a encontrar seu próprio caminho como ator. Mas esta história de glorificar Dean é um equívoco total. Por isso creio que o documentário possa ser importante. Para mostrar que ele não era um herói. Mostrar quem ele realmente era, apenas um rapaz confuso tentando se encontrar. Isso precisa ser feito, e eu gostaria de fazê-lo. Talvez como uma forma de expiação para alguns de meus pecados. Como filmar *The Wild One*." Ele se referia ao estranho filme em que era apresentado como o Führer de uma tribo de delinqüentes fascistas. "Mas, quem pode saber? Sete minutos é o meu limite."

De Dean a conversa se encaminhou para atores, e perguntei quais Brando respeitava, especificamente. Ele ponderou por um tempo; embora seus lábios formassem diversos nomes, dava a impressão de hesitar em pronunciá-los. Sugeri alguns candidatos – Laurence Olivier, John Gielgud, Montgomery Clift, Gérard Philipe, Jean-Louis Barrault. "Sim", disse, voltando finalmente ao mundo. "Philipe é um bom ator. Assim como Barrault. Meu Deus, que filme maravilhoso foi aquele – *Les Enfants du Paradis!* Talvez o melhor filme que já rodaram. Sabe, foi a única vez em que me apaixonei por uma atriz, por alguém na tela. Fiquei louco por causa de Arletty." A estrela parisiense Arletty é conhecida pela platéia mundial pelo encanto feminino inteligente que incorporou à heroína do famoso filme de Barrault. "Veja bem, eu fiquei realmente apaixonado por ela. Em minha primeira viagem a Paris a primeira coisa que fiz foi pedir para conhecer Arletty. Fui vê-la como quem vai a um templo. Minha mulher ideal. Uau!" Ele bateu na mesa. "Foi tudo um engano, uma desilusão. Ela era muito dura."

A criada entrou para limpar a mesa; *en passant*, ela bateu de leve no ombro de Brando, como uma irmã consoladora. Pelo que entendi, elogiava o prato limpo. Ele deitou no chão, apoiando a cabeça numa almofada. "Vou lhe dizer uma coisa. Spencer Tracy é um ator especial. Gosto de vê-lo. Pelo modo como se guarda, depois avança para defender seu ponto de vista e recua. Tracy, Muni, Cary Grant. Esses sabem o que estão fazendo. A gente pode aprender com eles."

Brando passou a desenhar com os dedos no ar, como se os gestos descrevessem o que não conseguia articular. "Representar é uma coisa muito tênue", disse. "Uma coisa frágil, retraída, que um diretor sensível ajuda a arrancar de dentro de você. Bem, em termos de cinema, o momento *sensível* do ator, o mais importante, chega por volta da terceira tomada da cena; a essa altura basta um murmúrio do diretor para cristalizar tudo para você. Gadge", usou o apelido de Elia Kazan, "geralmente consegue fazer isso. Ele é maravilhoso com os atores."

Outro ator, suponho, teria compreendido na hora o que Brando estava dizendo, mas sentia dificuldade para acompanhá-lo. "É o que acontece dentro de você na terceira tomada", disse, com uma ênfase cuidadosa que não reduziu minha incompreensão. Uma das cenas mais memoráveis de Brando ocorre num filme dirigido por Kazan, *On the Waterfront*; é a cena no carro em que Rod Steiger, no papel de irmão do escroque, confessa que está levando Brando para uma armadilha mortal. Perguntei se ele poderia usar o episódio como exemplo, e me explicar a teoria do "momento sensível" aplicando-a a ele.

"Sim. Ou melhor, não. Bem, vamos ver." Ele fechou os olhos e emitiu um zumbido. "Aquela foi uma cena de sete tomadas, e eu não gostei do jeito com que a escreveram. Muita desavença. Eu já estava cheio daquele filme. Todas as externas foram feitas em New Jersey, no meio do inverno – fazia frio, caramba! E eu tinha problemas na época. Com mulheres. Aquela cena. Deixe-me ver. Fizemos sete tomadas porque Rod Steiger não conseguia parar de chorar. Ele é desses atores que adoram chorar. Repetimos a cena várias vezes. Mas não consigo me lembrar do momento em que ela se cristalizou para mim. Na primeira vez em que vi *Waterfront*, na sala de projeção, com Gadge, achei tão terrível que saí sem nem falar com ele."

Um mês antes, um amigo de Brando me dissera: "Marlon sempre se volta contra o que está fazendo. Ou algum elemento do trabalho. Pode ser o roteiro, o diretor ou alguém do elenco. Nem sempre é algo racional – apenas parece reconfortá-lo ficar insatisfeito, descarregar a energia em algo. Faz parte do padrão. Veja *Sayonara*. Aposto dez dólares contra um como ele vai arranjar encrenca em algum momento. Implicar com Logan, talvez. Pode se virar contra o Japão – contra o país inteiro. Ele adora o Japão *agora*. Mas quando se trata de Marlon, a gente nunca sabe o que esperar no minuto seguinte".

Eu me perguntava se deveria mencionar este suposto "padrão" a Brando, indagar se o considerava uma observação válida a seu respeito. "Melhor ficar de boca fechada", ele disse. "Aqui, em termos de *Sayonara*, contei o que sentia a algumas pessoas. Mas não me sinto da mesma maneira depois de dois dias."

Murray telefonou às dez e meia.

"Saí para jantar com as moças", disse a Brando, a voz tão audível pelo telefone que entendi tudo; falou sobre uma mistura de casa noturna dançante e bar animado. Obviamente, ele não visitara um dos restaurantes tranqüilos e tradicionais de Kyoto, e sim um lugar onde os fregueses usavam sapatos. "Estamos acabando. E quanto a você? Já terminou?"

Brando olhou para mim pensativo, depois para meu casaco. Mas disse: "Ainda estamos conversando. Ligue novamente daqui a uma hora".

"Tudo bem... certo. Espere. Miiko está conosco. Ela quer saber se você recebeu as flores que enviou."

Os olhos de Brando fitaram preguiçosos o terraço, onde um vaso de áster ocupava o centro de uma mesa de bambu. "Claro. Agradeça a ela a gentileza."

"Agradeça você mesmo. Ela está aqui do lado."

"Não! Espere aí! Não é assim que se faz." Mas o protesto chegou tarde demais. Murray já havia passado o telefone, e Brando repetiu: "Não é assim que se faz", depois corou e se encolheu feito um menino embaraçado.

A voz seguinte no receptor pertencia à principal protagonista feminina de *Sayonara*, a srta. Miiko Taka. Ela perguntou sobre a saúde dele.

"Estou melhor, obrigado. Comi uma ostra ruim, só isso. Miiko?... Miiko, foi muita gentileza sua mandar as flores. São lindas, estou olhando para elas neste instante. Áster", ele prosseguiu, como se tentasse timidamente citar um verso, "é a minha flor preferida..."

Retirei-me para a varanda, deixando que Brando e a srta. Taka seguissem com sua conversa em particular. Debaixo das janelas, o jardim do hotel, com seus elementos ultrasimples e o arranjo *soigné* das árvores e pedras, pairava na bruma que chega dos canais da cidade – Kyoto é uma metrópole aquática, cruzada por rios rasos e canais cascateantes, pontilhada de lagos calmos como cobras enroladas e cachoeirinhas bonitas que soam como japonesas rindo. Antiga capital imperial, atualmente museu cultural do país, tesouro estético tão precioso que os bombardeios norte-americanos a pouparam durante a guerra, Kyoto é rodeada de água, também; para lá das colinas que circundam a cidade, estradinhas estreitas correm como calçadas por entre o prateado dos campos de arroz inundados. Naquela noite, apesar da névoa, as colinas azuladas eram visíveis contra a escuridão da noite, pois o ar no alto era puro; o céu se abrira, cheio de estrelas, e havia um fiozinho de lua. Certas partes da cidade podiam ser avistadas. Nas imediações havia um bairro de telhados curvos, com fachadas escuras de moradias aristocráticas feitas de madeira sedosa, porém austera, setentrional, secretas como qualquer palácio de pedra de Siena. As lâmpadas da rua brilhavam, enquanto as lanternas nos pórticos lançavam cores de quimono – rosa e laranja, limão e vermelho. Adiante, estendia-se uma planície moderna – avenidas largas e néon, um arranha-céu de concreto aparente que parecia menos duradouro, mais perecível que as vivendas de papel espalhadas à sua sombra.

Brando encerrou a ligação. Aproximando-se da varanda, ele me observou enquanto eu apreciava a vista. E disse: " Conhece Nara? Muito interessante".

Sim, eu conhecia, e era mesmo. "Nara, antiga, tradicional", como os cicerones locais invariavelmente se referiam a ela, ficava a uma hora de carro de Kyoto. Uma cidade cartão-postal no meio de um parque vistoso. Ali vemos a apoteose do gênio japonês capaz de hipnotizar a natureza para que se comporte desnaturadamente. O parque, lotado de templos, é um salão enorme onde carneiros pastam e rebanhos de cervos domesticados passeiam sob pinheiros bem podados e, como pombas de Veneza, posam ao lado de casais em lua-de-mel; onde as crianças puxam a barba de bodes passivos; onde senhores idosos de capa preta e gola de *mink* agacham-se na beira de lagos cobertos de lótus e, batendo palmas, chamam cardumes de peixes, carpas vermelhas e pintadas, gordas como trutas, que permitem carícias em sua testa e depois comem os farelos atirados pelos anciãos. Uma imensa surpresa, que um Éden sem serpente encantasse Brando profundamente. Seu gosto liberal pelo que era alternativo e não totalmente domesticado levava à suposição de que não se interessaria por uma paisagem tão subjugada e comportada. A propósito de Nara, ele disse: "Sabe, gostaria de me casar. Quero filhos". Não fugia do assunto, como parece; a segurança tranqüila de Nara bem que sugeria, por associação de idéias, casamento e uma família.

"É preciso ter amor", ele disse. "Não há outra razão para viver. Os homens não são diferentes dos ratos. Nasceram para desempenhar a mesma função. Procriar."

Cito seu amigo Elia Kazan: "Marlon é uma das pessoas mais gentis que conheço. Talvez a mais gentil de todas". O comentário de Kazan faz sentido quando a gente observa Brando na companhia das crianças. No que lhe dizia respeito, a nova geração japonesa – crianças adoráveis, animadas, coradas, de pernas tortas e cabelos espetados – era sempre bem-vinda para visitar os locais de filmagem de *Sayonara*. Ele era ótimo com as crianças, calmo, brincalhão, compreensivo; parecia até ter a mesma idade que elas, como se fosse um cúmplice emocional. Ademais, sua expressão compadecida, a impressão sutil de que distribuía compaixão caridosa, peculiar na contemplação de alguns adultos, ausentava-se de seus olhos quando ele fitava uma criança.

Após tocar as flores enviadas pela srta. Taka, ele prosseguiu: "Que outra razão haveria para viver? Exceto o amor? Este tem sido meu maior problema. A incapacidade de amar alguém". Ele voltou ao quarto iluminado, parando como se procurasse algo – um cigarro? Apanhou um maço. Vazio. Ele apalpou os bolsos das calças e paletós jogados pelo quarto. O guarda-roupa de Brando não imita mais o das gangues; em termos de vestimenta, ele avançou, ou recuou, para o estilo anterior de alternativo chique, ou malando do tempo da Lei Seca – chapéu preto de aba baixa na frente, terno listado e camisas escuras à George Raft com gravatas em tom pastel. Localizando os cigarros, ele acendeu um, tragou e se jogou na cama dura. Gotículas de suor surgiram na parte superior do lábio. O aquecedor elétrico zumbia. O quarto era tropical; daria para cultivar orquídeas. No andar de cima, o sr. e a sra. Buttons recomeçaram as andanças, mas Brando parecia ter perdido o interesse por eles. Estava fumando e pensando. Depois, retomando a sua linha de raciocínio, ele disse: "Não consigo. Amar alguém. Não confio o suficiente em ninguém para me entregar. Mas estou pronto. Quero isso. E vou chegar lá, estou quase no ponto, realmente tenho de...". Seus olhos se estreitaram, mas o tom, longe de ser intenso, era indiferente, distraidamente objetivo, como se discutisse o personagem de uma peça – um papel que se cansara de desempenhar, mas que era obrigado por contrato. "Porque... bem, o que mais haveria? É só isso que interessa. Amar alguém."

(Naquela época Brando ainda era solteiro, claro, e já tivera relacionamentos em caráter quase oficial – certa vez, com uma aspirante a atriz e autora, conhecida como srta. Blossom Plumb, e em outra oportunidade com mlle. Mariani-Bérenger, filha de um pescador francês. Mas em nenhuma das ocasiões foram feitas as proclamas. Um dia, no mês passado, porém, numa cerimônia súbita e praticamente secreta em Eagle Rock, na Califórnia, Brando casou-se com uma jovem atriz sem expressão, que usava sari e o nome artístico de Anna Kashfi. Segundo relatos conflitantes da imprensa, ela era budista de Darjeeling, filha de indianos, ou então nascera em Calcutá, filha de um casal inglês chamado O'Callaghan, que residia atualmente no País de Gales. Brando até agora nada fez para esclarecer o mistério.)

"Seja como for, tenho *amigos*. Não, não tenho", ele disse, num vaivém conceitual. "Claro que tenho", decidiu, limpando o suor do lábio superior. "Tenho muitos amigos de verdade. Para alguns, não tenho segredos. Conto o que está havendo. A gente precisa confiar em alguém. Bem, não em tudo. Não posso confiar em *ninguém* para me dizer o que fazer."

Perguntei se isso incluía consultores profissionais. Por exemplo, ouvi dizer que Brando dependia muitos da orientação de Jay Kanter, um jovem profissional da Music Corporation of America, agência que o representa. "Ah, Jay", Brando disse. "Jay faz o que *eu* mando fazer. Estou sozinho, e pronto."

O telefone tocou. Uma hora teria transcorrido, pois era Murray novamente. "Isso, ainda estamos conversando", Brando disse a ele. "Olha, melhor eu ligar para você... Daqui a uma hora, mais ou menos. Já voltou para seu quarto?... Tudo bem."

Ele desligou e disse: "Bom rapaz. Quer ser diretor – um dia. Mas eu estava dizendo uma coisa. Falávamos de amigos.

Sabe como faço um amigo?". Ele se debruçou um pouco na minha direção, dando a impressão de que ia contar um segredo curioso. "Trato de tudo com muita delicadeza. Começo rodeando um pouco. Depois eu me aproximo, gradualmente. Em seguida, estendo a mão para tocar a pessoa – com muito cuidado..." Seus dedos avançaram como antenas de insetos e roçaram meu braço. "Depois", disse, com um olho meio fechado e outro arregalado e brilhante, à Rasputin, "eu recuo. Espero um pouco. Deixo a pessoa intrigada. E, no momento certo, avanço novamente. Toco. Rodeio." Agora sua mão, ampla e aberta, circulava no ar como se atasse com corda uma presença invisível. "A pessoa não percebe o que está acontecendo. Antes que se dê conta, está envolvida, emaranhada. Eu a tenho. E, de repente, sou tudo que ela tem. Muitos dos meus amigos, veja bem, são pessoas que não se encaixam em lugar nenhum; não são aceitas, foram magoadas, feridas de um modo ou de outro. Mas eu quero ajudá-las, e elas podem se concentrar em mim; sou o duque. Um tipo de duque, em meus domínios."

(Um vassalo antigo dos domínios do duque, ao descrever o senhor e seus súditos, disse: "É como se Marlon vivesse numa casa em que as portas não fossem trancadas nunca. Quando morava em Nova York, a porta estava *sempre* aberta. Qualquer um podia entrar, quer Marlon estivesse em casa, quer não. E todos entravam. A gente chegava e havia dez, quinze sujeitos no local. Era estranho, pois ninguém conhecia ninguém, realmente. Estava apenas lá, como pessoas num ponto de ônibus. Um tipo dormia na poltrona. Outros liam tablóides. Uma moça dançava sozinha. Ou pintava as unhas do pé. Um comediante ensaiava seu número para boates. Num canto, jogavam xadrez. E a bateria – bum, bang, bum! Mas nunca havia bebida – nada do gênero. De vez em quando alguém dizia: 'Vamos tomar um sorvete na esquina'. Bem, em tudo isso Marlon era o denominador comum, o único vínculo que os ligava. Ele circulava pela sala, puxava uma pessoa de lado, para falar só com ela. Caso não tenha notado, Marlon não consegue falar com duas pessoas simultaneamente. Ele se recusa. Jamais participará de uma conversa grupal. Tem de ser sempre um *tête-à-tête* – uma pessoa por vez. O que é necessário, suponho, se você usa o mesmo tipo de charme com todo mundo. Mesmo quando se sabe o que ele está fazendo, tudo bem. Pois, quando chega a *sua* vez, ele o leva a se sentir como a única pessoa na sala. No mundo. Faz com que se sinta sob sua proteção, e que seus problemas e sentimentos o interessam profundamente. A gente acredita em tudo. Mais do que ninguém, ele irradia *sinceridade*. É fingimento? E se for, qual o problema? O que você tem a oferecer? Nada, exceto afeição, e a idéia é essa. A afeição que lhe dá autoridade sobre você. Creio que Marlon é como um órfão que na vida adulta tenta compensar sua condição tornando-se diretor de um enorme orfanato. Mas, mesmo fora da instituição, quer o amor de todo mundo." Embora haja uma dúzia de testemunhas que poderiam contestar a última afirmação, o próprio Brando teria dito certa vez a um entrevistador: "Posso entrar numa sala em que haja cem pessoas; se houver *uma* única que não gosta de mim, eu percebo isso e tenho de sair". Como complemento, vale dizer que dentro do grupo que Brando preside ele é considerado um pai intelectual, além de irmão mais velho emocional. A pessoa que provavelmente o conhece melhor, o comediante Wally Cox, declara ser ele: "Um filósofo criativo, um pensador muito profundo". E acrescenta: "Ele é uma energia libertadora para os amigos".

Brando bocejou; passava da uma da manhã. Em menos de cinco horas ele precisava estar no local da filmagem, de banho tomado, barba feita e alimentado, pronto para o maquiador dar a sua pele o tom mulato que o tecnicólor exigia.

"Vamos fumar mais um cigarro", ele disse, quando me levantei para apanhar o casaco.

"Você não acha melhor ir dormir?"

"Isso quer dizer levantar depois. De manhã, em geral, não sei por que faço isso. Não suporto." Ele olhou para o telefone, como se a lembrar da promessa de ligar para Murray. "De todo modo, posso trabalhar depois. Quer beber alguma coisa?"

Lá fora as estrelas escureceram e começara a garoar, portanto a perspectiva do último drinque era atraente, principalmente se eu tivesse de voltar a pé para meu hotel, que ficava a um quilômetro e meio do Miyako. Peguei um pouco de vodca, Brando não quis me acompanhar. Contudo, em seguida ele ergueu meu copo e deu um gole. Colocando o copo entre nós dois, disse subitamente, de um modo estranho que, de todo modo, transmitia seu sentimento: "Minha mãe. Ela quebrou como uma peça de porcelana".

Eu já tinha ouvido os amigos de Brando dizerem que ele idolatrava a mãe. Mas, antes de 1947, e da estréia de *Um bonde chamado desejo*, poucos, talvez nenhum dos amigos do jovem ator conheceram seus pais; nada sabiam de seu passado, a não ser o que ele resolvia contar. "Marlon sempre fez descrições muito vívidas de sua vida em Illinois", um dos conhecidos contou. "Quando soubemos que a família viria a Nova York para a estréia de *Um bonde*, todo mundo ficou curioso. Não sabíamos o que esperar. Na noite da estréia Irene Selznick promoveu uma grande festa no 21. Marlon compareceu com a mãe e o pai. Bem, é difícil imaginar duas pessoas mais atraentes. Altos, bonitos, encantadores. O que me impressionou – creio que impressionou todo mundo – foi a atitude de Marlon em relação a eles. Reticente, respeitosa, muito educada, em todos os sentidos ele mostrava muita consideração."

Nascido em Omaha, no Nebraska, onde o pai era vendedor de calcário, Brando foi o único filho homem dos três. A família logo se mudou para Libertyville, em Illinois. Ali os Brandos se instalaram numa casa rústica, quase na zona rural. Pelo menos havia terreno suficiente para permitir que os Brandos criassem gansos, galinhas e coelhos, tivessem um cavalo e um cachorro dinamarquês, 28 gatos e uma vaca. Ordenhar a vaca era tarefa diária de Bud, como apelidaram Marlon na época. Bud deve ter sido um menino extrovertido e competitivo. Todos que se aproximavam dele eram forçados a participar de algum jogo ou disputa. Quem come mais depressa? Quem segura o fôlego mais tempo? Conta a história mais longa? Bud era rebelde, também; fizesse chuva ou sol, ele fugia de casa todos os domingos. Mas ele e as duas irmãs, Frances e Jocelyn, adoravam a mãe, de quem eram muito próximos. Muitos anos depois, Stella Adler, que foi professora de teatro de Brando, descreveu a sra. Brando, falecida em 1954, como "uma criatura muito bonita, angelical, pueril, perdida". Onde quer que residisse, a sra. Brando sempre participava como atriz dos grupos de teatro locais e sempre sonhara com um mundo mais colorido do que seu ambiente proporcionava. Esses sonhos inspiraram seus filhos. Frances tornou-se pintora; Jocelyn, que no momento é atriz profissional, interessou-se pelo teatro. Bud também, tendo herdado as inclinações teatrais da mãe. Mas, aos dezessete anos, anunciou que desejava estudar para ser ministro religioso. (Na época, como agora, Brando buscava uma crença. Como resumiu um discípulo de Brando: "Ele precisa encontrar algo na vida, algo dentro de si, que seja permanentemente verdadeiro, e precisa dedicar a vida a isso. Para uma personalidade tão intensa, é o mínimo".)

Convencido a desistir das ambições clericais, expulso da escola, recusado pelo serviço militar em 1942, por causa de um problema no joelho, Brando fez as malas e mudou-se para Nova York. Ali Bud, o adolescente inquieto, gorducho e cabeçudo dá lugar ao homem feito, e um Marlon muito bem-dotado aparece.

Brando não se esqueceu de Bud. Quando fala do menino que foi, o menino parece existir nele ainda, como se o tempo pouco houvesse feito para separar o adulto da criança magoada e carente. "Meu pai era indiferente a mim", ele disse. "Nada do que eu fazia o interessava ou agradava. Aceito isso, agora. Somos amigos. Nos damos bem." Nos últimos dez anos o pai de Brando supervisionou a vida financeira do filho; além da Pennebaker Productions, da qual o sr. Brando era funcionário, eles se associaram em vários projetos, incluindo uma fazenda de gado e grãos em Nebraska, na qual boa parte dos ganhos do jovem Brando foram investidos. "Mas minha mãe era tudo para mim. Um mundo. Eu me esforçava tanto. Costumava voltar da escola para casa..." Ele hesitou, como se esperasse que eu o imaginasse: Bud, livros debaixo do braço, caminhando penosamente pela rua, à tarde. "Não haveria ninguém em casa. Nada na geladeira." Mais quadros soltos: quartos vazios, uma cozinha. "Aí o telefone tocaria. Alguém ligando de um bar. E eles diriam: 'Temos uma senhora, aqui. Melhor vir buscá-la'." De repente, Brando se calou. No silêncio, o filme desvanece, ou melhor, fixa-se: Bud ao telefone. Finalmente a imagem se move novamente, saltando no tempo. Bud agora tem dezoito anos: "Creio que, se ela me amasse e confiasse o bastante em mim, poderíamos ficar juntos em Nova York. Moraríamos juntos, eu tomaria conta dela. Certa vez, mais tarde, isso realmente aconteceu. Ela deixou meu pai e veio morar comigo em Nova York, quando eu fazia uma peça. Eu me esforcei ao máximo. Mas o amor não bastava. Ela não dava importância. Voltou. Certo dia..." – o tom neutro de sua voz tornou-se ainda mais neutro, contudo a carga emotiva cresceu até que se podia discernir, como um som dentro de outro som, um espanto magoado: "Eu não me importava mais. Ela estava lá. Num quarto. Apoiada em mim. E deixei que caísse, pois não agüentava mais vê-la se desintegrar na minha frente, como uma peça de porcelana. Pulei por cima dela. Saí. Estava indiferente. Desde então, tenho sido indiferente".

O telefone tocava. O som o tirou do devaneio; ele olhou em torno, como se tivesse acordado num quarto desconhecido, depois sorriu enigmático e murmurou: "Droga, droga", enquanto estendia a mão para atender o telefone. "Sinto muito", disse a Murray, "eu ia ligar para você... Não, ele já está de saída. Mas vamos deixar para depois. Passa da uma. São quase duas da manhã... Isso... Sem dúvida. Amanhã."

Enquanto isso eu vesti o casaco e esperei para me despedir. Ele me acompanhou até a porta, onde calcei o sapato. "Bem, *sayonara*", disse, jocoso. Depois, quando eu já seguia pelo corredor: "Ei, espere! Não dê muita atenção ao que eu disse. Nem sempre eu me sinto da mesma maneira".

Em certo sentido, não foi a última vez que o vi, naquela noite. O saguão do Miyako estava deserto. Não havia ninguém na recepção, nem táxis disponíveis na porta. Mesmo ao meio-dia a trama ardilosa das ruas de Kyoto me pregara peças. Mesmo assim, enfrentei a garoa gelada e segui na direção que esperava ser de casa. Nunca estivera sozinho na rua de uma cidade estrangeira tão tarde. Contrastava imensamente com o aspecto durante o dia, quando os bairros centrais, entupidos pela multidão agitada, pareciam o interior ruidoso de uma casa de *pachinko*. Ou com o início da noite, a hora mais exótica de Kyoto, pois as lanternas, feito flores vespertinas, brilhavam nas ruas e travessas, e as gueixas resplandescentes, com seus rostos de cerâmica branca e perucas-balão laqueadas enfeitadas com sininhos prateados e seu passinho miúdo corriam nas sombras no rumo de fantasias meticulosamente agradáveis. Mas, às duas da manhã, aquelas cenas requintadas sumiam, os cabarés estavam fechados, só os gatos me faziam companhia, junto com os bêbados, as prostitutas e os inevitáveis mendigos nas portas das casas. E, por um momento, um músico ambulante maltrapilho que me seguiu tocando música medieval numa flauta. Eu já havia andado mais de um quilômetro e meio quando, finalmente, uma das centenas de ruelas desembocou em local familiar – a rua principal do bairro dos cinemas e das lojas de departamentos. Foi então que vi Brando. Um metro e oitenta, cabeça grande como a do maior Buda, lá estava ele, em cores de gibi, num cartaz acima do teatro que anunciava *The Teahouse of the August Moon*. Também era de Buda sua pose, pois o fotografaram sentado, com um sorriso sereno no rosto que brilhava na chuva e na luz da rua. Uma divindade, sem dúvida; mais do que isso, porém, realmente. Apenas um rapaz sentado num monte de açúcar.

Estilo: e os japoneses
(1955)

A primeira pessoa que me impressionou fora do âmbito familiar foi um senhor japonês idoso chamado Frederik Mariko. O sr. Mariko possuía uma floricultura em New Orleans. Eu o conheci quando tinha uns seis anos, entrei na loja por acaso, digamos, e durante os dez anos de nossa amizade, ou até sua súbita morte numa viagem de vapor a St. Louis, ele fez dúzias de brinquedos para mim, com suas próprias mãos – peixes-voadores presos por fios, a maquete de um jardim com flores em miniatura e animais medievais emplumados, uma dançarina de leque que se mexia por três minutos; esses brinquedos, requintados demais para alguém *brincar* com eles, foram minha experiência estética inicial – eles formaram meu universo e estabeleceram um padrão de gosto. Havia muito mistério em torno do sr. Mariko, mas não como pessoa (ele era simples, solitário e meio surdo, o que aumentava seu isolamento), e sim pelos motivos incompreensíveis aos observadores que o levavam a escolher entre folhas marrons e trepadeiras verdes sofisticadas, para elaborar seus arranjos e obter um efeito tão preciso. Anos depois, lendo os romances de *lady* Murasaki ou *The Pillow-Bood of Sei Shonagon*, e depois, mais tarde, vendo os dançarinos de *kabuki* e aqueles três filmes surpreendentes (*Rashomon, Ugetsu* e *Gates of Hell*), a lembrança do sr. Mariko retornou, mas o mistério dos brinquedos sensacionais e dos buquês em miniatura de certo modo se banalizaram com a percepção de que seus presentes eram a extensão de uma sensibilidade nacional abrangente: como músicos visuais, os japoneses parecem ter uma percepção perfeita nos campos da forma e da cor.

Perfeito: quando a cortina sobe num espetáculo de dançarinos *kabuki*, a premonição do entretenimento, o *frisson* que provocará já está nos padrões de cor ricos e rigorosos, na postura solene exótica dos dançarinos ajoelhados, de robe, como figuras de porcelana. Ou, também, numa cena, a pantomima de *Rashomon*: a jovem noiva, viajando numa liteira coberta e recebida pelo marido, balança levemente pela floresta, a câmera cria uma atmosfera ameaçadora com folhas, raios de sol e os olhos sonolentos e sedutores de um bandido que a observa. Claro, *Rashomon* foi filmado em preto-e-branco; só em *Gates of Hell* a paleta completa pôde ser vista, as cores como novas invenções: absinto, marrons que reluzem como *sherry*. Tudo é uma cerimônia de Estilo, um fenômeno que parece girar, de certo modo separado do conteúdo emotivo, apenas e absolutamente em torno do estilo.

O estilo requintado nunca foi o forte do teatro ocidental; de todo modo, não desenvolvemos algo tão quimicamente puro e contido como este. Uma certa comparação pode ser feita com a comédia da Restauração: nela existe pelo menos a mesma valorização do artificial; e também é verdade que no gênero dos gângsteres e cowboys os norte-americanos produziram uma forma estilizada clássica de comportamento e conduta. Mas são fragmentos soltos, rompantes; o senso de estilo dos japoneses resulta da acumulação de um longo pensamento estético sério e maravilhoso. Embora, como Arthur Waley mencionou, a principal base desse pensamento seja o pavor – pavor do explícito, do enfático – e por isso uma única folha de grama descreve o universo do verão inteiro, e os olhos ligeiramente baixos insinuam a mais profunda paixão.

No Japão do século 9, e mesmo antes, grande parte da correspondência era feita em versos: um japonês instruído conhecia centenas de poemas e textos dos quais poderia citar versos adequados a uma idéia ou ocasião – e, se não os achasse, faria os seus, pois a poesia era o entretenimento da época. A julgar pelo que vemos no entretenimento atual, nas danças e filmes deles, o costume continua imperando; com certeza o que temos recebido são poemas da comunicação.

OBSERVAÇÕES

(1959)

Isak Dinesen

Rungsted é uma cidade costeira entre Copenhague e Elsinore. Entre os viajantes do século 18 o vilarejo era muito conhecido pela excelência de sua pousada, e mais nada. A pousada, embora não receba mais carruagens e seus passageiros, ainda é famosa: nela reside a cidadã mais importante de Rungsted, a baronesa Blixen, aliás Isak Dinesen, aliás Pierre Andrezel.

A baronesa, que pesa um punhado de plumas, frágil como um buquê de *coquillage*, recebe os visitantes numa sala frugal e iluminada pontilhada por cães sonolentos e aquecida por uma lareira e um fogão de porcelana: um aposento onde ela, uma aparição impressionante saída de um de seus próprios contos góticos, senta-se enrolada em cobertores de pele e *tweeds* britânicos, botas longas nos pés, pernas finas como as de uma garça protegidas por meias de lã, pescoço circular no qual caberia um anel, envolto em esvoaçantes cachecóis lilases. O tempo a refinou, aquela lenda viva que teve aventuras que exigiram nervos de aço: atirar em leões agressivos e búfalos ferozes, trabalhar numa fazenda africana, voar por cima do Kilimanjaro nos perigosos aviões pioneiros, dar aulas aos Masai; o tempo a reduziu a uma essência, como as uvas viram passas e rosas, essência aromática. Desde o início, mesmo que o interlocutor não conheça sua história, ela transmite a noção de que é uma pessoa de verdade, *la vraie chose*. Rosto bem facetado, os prismas transmitem um brilho orgulhoso de inteligência e compaixão educada, ou, pode-se dizer, sabedoria, o que não pode ser ocorrência acidental. Tampouco os olhos fundos como animais numa caverna, nos quais vestígios de rímel escureciam as pestanas, seriam compatíveis com os de uma mulher comum.

Se o visitante for convidado a tomar chá, a baronesa serve algo requintado: *sherry* antes e, depois, uma variedade de torradas, geléias, patês frios, fígado grelhado, crepes sabor laranja. Mas a anfitriã não participa, não está bem, come pouco, quase nada, ah, talvez uma ostra, um morango, um cálice de champanhe. Em vez de comer, ela fala; como muitos artistas, e certamente todas as beldades, ela é suficientemente autocentrada para apreciar servir de tema para a conversa.

Seus lábios, levemente coloridos de batom, abrem-se num sorriso enviesado que parece de paralítico, e ao falar seu inglês carregado de sotaque britânico, ela pode dizer: "Bem, é claro, eu poderia contar muitas histórias a respeito desta pousada. Pertenceu a meu irmão, comprei-a, e *Last Tales* pagou a última prestação. Agora é totalmente minha. Tenho planos para o local, após minha morte. Será um aviário. Campos, parque, tudo servirá como santuário para os pássaros. Após tantos anos na África, onde tinha uma fazenda na serra, nunca poderia imaginar que residiria novamente na Dinamarca. Quando percebi, quando tive certeza de que a fazenda seria perdida, quando vi que a perdera, comecei a escrever contos: para esquecer o insuportável. Durante a guerra, também: a casa servia de abrigo a judeus que fugiam para a Suécia. Judeus na cozinha, nazistas no jardim. Precisava escrever para manter a mente sadia, escrevi *The Angelic Avengers*, que não é uma parábola política, mas, curiosamente, muitos decidiram ser exatamente isso. Homens extraordinários, os nazistas. Costumava discutir com eles, respondia na mesma altura. Não creio que eu fosse corajosa, não arriscava nada; eles formavam uma sociedade totalmente masculina, simplesmente não se importavam com o que uma mulher pensava. Outro *muffin*? Por favor, fique à vontade. Gosto de companhia no jantar. Esperei o carteiro, hoje: torcia para que chegasse uma nova remessa de livros. Leio muito depressa, sempre faltam livros. O que espero da arte é ar, uma atmosfera. Isso anda rareando nas obras de hoje. Nunca me canso dos livros que aprecio, posso ler qualquer um deles vinte vezes, e faço isso. *Rei Lear*. Sempre julgo uma pessoa pelo que ela pensa de *Rei Lear*. Claro, a gente sempre quer uma nova página, um rosto diferente. Tenho talento para amizade, os amigos são o que mais aprecio; para sair, conhecer lugares, encontrar pessoas e me relacionar com elas".

Periodicamente, a baronesa viaja. Apoiada no braço amigo da animada e triste srta. Clara Svendsen, sua secretária-companheira ("Clara é um doce. Originalmente, foi contratada como cozinheira. Após três refeições horríveis eu a acusei: 'Minha cara, você é uma impostora. Fale a verdade!' Ela chorou e me disse que era professora no norte da Dinamarca. Adorava meus livros. Certo dia, viu um anúncio que eu havia colocado, para contratar uma cozinheira. E veio ter comigo, dizendo que desejava o emprego. Como descobri que não sabia cozinhar, ela se tornou secretária. Arrependo-me da decisão. Clara é uma tirana insuportável."), ela vai a Roma e Londres, geralmente de navio ("Não se deve viajar de avião; a pessoa é meramente despachada, como uma encomenda."). Em janeiro passado, no inverno de 1959, ela realizou a primeira visita aos Estados Unidos, um país que vê com gratidão por ter fornecido o primeiro editor e o público inicial de seus livros. Sua recepção foi comparável à de Jenny Lind no mínimo, superou qualquer acolhimento a uma figura literária desde Dickens e Shaw. Ela apareceu na televisão e saiu na *Life*, a única "conferência" prevista em sua agenda transformou-se numa maratona de apresentações com lotação esgotada, eventos em que foi aplaudida de pé. Ninguém, creio, foi convidada de honra de tantas festas ("Foi delicioso. Nova York: ah! Lá as coisas acontecem. Almoços e jantares, champanhe, champanhe; todos são muito gentis. Cheguei pesando quarenta quilos, voltei pesando trinta e poucos. Os médicos não entendiam como eu ainda continuava viva, insistiam em dizer que eu deveria ter morrido, mas não adianta, tem sido assim há anos. A morte é meu mais antigo flerte. Nada disso, lá *vivemos*, e Clara – Clara ganhou seis quilos.").

Sua aceitação da idade avançadíssima e de suas conseqüências não é estoicamente definitiva; notas de uma saudável esperança se intrometem: "Quero terminar um livro, ver os frutos no próximo verão, visitar Roma novamente, assistir Gielgud em Stratford, talvez ir aos Estados Unidos. Ah, se eu pudesse. Por que estou tão fraca?", ela pergunta, remexendo no cachecol lilás com a mão escura e ossuda. A pergunta, acompanhada pelas badaladas de um relógio sobre a lareira e de um murmúrio da srta. Svendsen, convida o visitante a partir, permitindo à baronesa cochilar no sofá, perto da lareira.

O visitante que sai pode receber de presente o seu livro favorito ("Porque fala de coisas reais"), o lindo *A fazenda africana*. Uma frase o acompanha: "*Je responderai* – Karen Blixen".

"*Je responderai*", ela explica, parada na porta, oferecendo a face ao beijo de despedida. "Eu responderei. Um lema adorável. Eu o peguei emprestado da família Finch-Hatton. Gosto dele, pois acredito que cada um de nós tem uma resposta dentro de si."

Sua resposta tem sido um sim à vida, uma afirmação que sua arte ecoa com um eco que ecoará.

Mae West

Era uma vez um jovem ousado cheio de amigos que resolveu promover uma festa original. Em homenagem a Mae West, que na época se apresentava numa casa noturna de Manhattan.

Dame Edith Sitwell foi convidada a debater com ela, tarefa que a poeta, sempre disponível para um incidente *outré*, aceitou. Os iluminados de Nova York, excitados com a perspectiva de uma conversa entre duas senhoras distintas de origens tão diferentes, compareceram em massa ao chá da tarde.

"Meu caro", o autor da iniciativa recebeu congratulações antecipadas, "esta é a grande festa da temporada."

Mas – saiu tudo errado. A *Dame*, alegando laringite, telefonou às quatro desculpando-se pela ausência. Por volta das seis a festa estava bem adiantada, e pelo jeito a srta. West também desapontaria os convidados. Alguns reclamaram, dizendo que era tudo trote; às sete o anfitrião se retirou para uma sala isolada. Dez minutos depois a convidada de honra chegou, e o que restou da festa não lamentou ter esperado. Ninguém lamentou, mas todos ficaram confusos. O equipamento familiar estava todo lá: a peruca de bronze, os olhos de cimitarra com cílios longos como punhais, a pele alva, branca como a boca de uma serpente venenosa, a silhueta, o Big Ben das ampulhetas, aquele sonho dos presidiários – nada faltava; exceto a própria Mae West.

Pois, com certeza, aquela não era a verdadeira Mae West. Embora fosse realmente Mae West: uma mulher constrangida, tímida e vulnerável, inclassificavelmente virginal, cuja aparição tardia provavelmente se devia à espera na rua, enquanto tomava coragem para tocar a campainha. Quem a observava viu uma ameaça de sorriso tomar forma na boca sem jamais desabrochar nos lábios, que sussurraram roucos um "Prazer em conhecê-lo". E, como se sentisse vergonha de continuar falando, imediatamente se levantava e abandonava o lugar sempre que sentia a ameaça de uma conversa. E a natureza avassaladora de sua personalidade teatral, sua integridade assustadora e absoluta, chegavam a um impasse. Afastada do ambiente protegido de sua hilária criação, símbolo assexuado da sexualidade desinibida, ela perdia as defesas: os cílios longos flutuavam feito antenas de um besouro perdido.

Só uma vez a Mae durona se revelou A oportunidade se apresentou na figura de uma moça profunda que proclamou ao se aproximar da atriz: "Vi *Diamond Lil* na semana passada; é maravilhoso".

"É mesmo, querida? E onde foi que você o viu?"

"No museu. No museu de arte moderna."

Desolada, Mae West procurou abrigo no sotaque insolente que inventara e indagou: "O que quer dizer com isso, menina? Num *museu*?".

Louis Armstrong

Certamente Satch já se esqueceu, mas ele foi um dos primeiros amigos deste autor. Eu o conheci aos quatro anos, por volta de 1928, ele era um Buda marrom rechonchudo e beligerante, tocando a bordo de um navio a vapor turístico que ia de New Orleans a St. Louis. Não interessa o motivo, mas eu podia fazer a viagem com freqüência, e para mim a raiva doce do trumpete de Armstrong, a exuberância de sua embocadura são fragmentos da *madeleine* de Proust: fazem as luas do Mississippi subir de novo, convoca as luzes barrentas das cidades ribeirinhas, o som das sirenes do rio, como bocejos de jacaré – ouço o barulho do rio mulato que passa, ouço o bater do pé do Buda sorridente – stomp! stomp! – conforme ele vocifera *Sunny Side of the Street* e os casais em lua-de-mel dançam, tontos de bebida clandestina, suando através do talco, abraçados no meio do salão de baile do navio. O Satch foi bom comigo, ele me disse que tenho talento, que eu deveria entrar para o mundo do espetáculo; ele me deu uma bengala de bambu e um chapéu de palha duro com faixa verde; todas as noites, no palco, ele anunciava: "Senhoras e senhores, vocês vão conhecer agora um dos meninos mais legais dos Estados Unidos, e ele vai sapatear." Depois eu passava pelos passageiros, recolhendo moedinhas com o chapéu. Isso aconteceu durante o verão, fiquei rico e vaidoso. Mas em outubro o rio ficou mais revolto, a lua esbranquiçou, os passageiros rarearam, as viagens de navio foram interrompidas, e com elas minha carreira. Seis anos depois, quando vivia num colégio interno do qual eu queria fugir, escrevi a meu antigo benfeitor, já famoso, e disse que pretendia ir a Nova York. Se fosse, ele me arranjaria emprego no Cotton Club, ou em algum outro lugar? Não recebi resposta, talvez ele nem tenha recebido a carta, não importa, ainda o amava, ainda o amo.

Jean Cocteau e André Gide

André Gide, um imoralista moralizador, escritor favorecido pela sinceridade mas desprovido de imaginação, desaprovava Jean Cocteau, cujos dons com as ardilosas musas eram invertidos, fazendo dele, como homem e como artista, uma criatura intensamente imaginativa, mas vigorosamente insincera. Interessante foi Gide ter escrito a mais acurada e, por isso, mais solidária descrição do nosso velho *enfant terrible*.

Gide escreve em seu diário (a época é agosto de 1914): "Jean Cocteau combinou um encontro comigo num 'salão de chá inglês', na esquina da rua de Ponthieu com a avenida d'Antin. Eu não senti prazer em revê-lo, apesar de sua extrema gentileza; mas ele é incapaz da seriedade, e todos os seus pensamentos, tiradas, sensações, todo o costumeiro brilho de sua conversa me chocaram como um artigo de luxo ostensivamente exposto num período de fome e luto. Veste-se quase como soldado, e o estímulo dos acontecimentos recentes faz com que pareça mais saudável. Ele não deixou nada de lado, simplesmente acrescentou um toque marcial a sua vivacidade costumeira. Ao falar do massacre de Mulhouse, usa adjetivos curiosos e gestos; imita o toque do clarim e o sibilar do morteiro. Depois, mudando de assunto por perceber que não estava me agradando, alega estar triste; ele quer ser triste, com o mesmo tipo de tristeza que você sente, e subitamente incorpora o seu estado de espírito e o explica a você. Depois fala de Blanche, imita madame R. e menciona uma senhora na Cruz Vermelha que gritou, na escada: 'Prometeram-me cinqüenta homens feridos esta manhã; quero meus cinqüenta feridos'. Enquanto isso, ele esfarela um pedaço de bolo de ameixa no prato e come um pouco. Sua voz se eleva de repente e ele apresenta repentinas mudanças de atitude. Ri, debruça-se na minha direção e me toca. O mais estranho é que dará um bom soldado, creio. Ele afirma isso, e diz que será corajoso, também. Tem a atitude despreocupada do menino de rua; é em sua companhia que me sinto mais desajeitado, mais pesado, mais melancólico."

Na primavera de 1950, na praça da cidade siciliana em que passava férias, Gide (seria o último ano de sua vida) encontrou-se novamente com Cocteau. Foi uma despedida que o autor dessas notas teve a oportunidade de observar. Gide costumava devanear pela manhã, estimulado pelo sol da praça; lá estava ele, sentado, bebericando uma garrafa de água salgada fresca, apanhada no mar, um mandarim imóvel envolto numa capa invernal de lã, com um chapéu diplomata de lado, a lançar uma sombra do comprimento de seu semblante severo, pétreo: um ídolo-santo desocupado (por assim dizer), silencioso, com quem ninguém falava, exceto quando resolvia conversar com moradores locais que atraíam sua atenção. Cocteau, certa manhã, surgiu na praça girando uma bengala e resolveu interromper os devaneios de Il Vecchio (como os *ragazzi* locais chamavam o distinto octogenário). Trinta e quatro anos haviam transcorrido desde o chá da tarde, durante a guerra, e contudo nada na atitude de um homem em relação ao outro se alterara. Cocteau continuava ansioso para agradar, ainda era a libélula de asas de arco-íris dançarina a convidar o sapo a admirá-la e quem sabe devorá-la. Ele saltitava, sua agitação feliz competia com a música das sinetas das carroças de burro que passavam e espalhava raios de um humor ácido que ardia como o sol siciliano. Ele irradiava, entusiasmava-se, tocava o joelho do velho, acariciava suas mãos, apertava seu ombro, beijava as maçãs salientes do rosto vincado – inútil, nada acordaria Il Vecchio: como se o estômago se revoltasse com a perspectiva de digerir um alimento tão colorido, ele continuou sendo o sapo sem fome no meio do espinheiro; finalmente, ele coaxou: "Fique quieto. Está perturbando a vista".

Verdade: Cocteau perturbava a paisagem. Vinha fazendo isso desde sua estréia como prodígio aos dezessete, fumando ópio. Por mais de quatro décadas sua molecagem eterna produziu um vaudevile amplo, com muitas mudanças ostensivas de guarda-roupa: poeta, romancista, roteirista, jornalista, designer, pintor, criador de balés, diretor de cinema, conversador profissional. Mas foi no disfarce de agente catalítico que ele se mostrou mais capaz: um inovador e propagandista das idéias e dons de outros homens – de Radiguet a Genet, Satie a Auric, Picasso a Bérard, Worth a Dior. Cocteau viveu totalmente imerso em sua época, e mais do que ninguém formou o gosto francês do século 20. É a identificação de Cocteau com seu tempo, sua exclusiva preocupação com o moderno, que se encontra na raiz da aversão de Il Vecchio: "Eu não quero pertencer à minha época; busco transbordar de minha época", era a ambição declarada de Gide; louvável, também. Mas seria possível a um homem que abrilhantou tanto nosso mundo atual transbordar, ou mesmo respingar no amanhã de alguém?

Humphrey Bogart

Se alguém prestar atenção ao vocabulário de qualquer pessoa, notará que certas palavras-chave para entender sua personalidade se repetem. Com Bogart, o repertório pessoal pungente era em larga medida indizível e impublicável, e dois signos verbais decisivos eram "vagabundo" e "profissional". Sujeito moralista – com um certo exagero, poderia ser classificado de "afetado" – ele empregava o termo "profissional" como uma medalha de platina a ser distribuída para as pessoas cujo comportamento sancionava; "vagabundo", o reverso da medalha, indicava, quando dito por ele, um desprezo assustador. "Meu velho", disse certa vez a respeito do pai, um médico nova-iorquino respeitado, "morreu devendo dez mil dólares, e eu paguei tudo, até o último centavo. Um sujeito que não cuida da mulher e dos filhos direito é um vagabundo." Também eram vagabundos os sujeitos que traíam a mulher e sonegavam impostos, além de todos os lamurientos, fofoqueiros, mulheres que bebiam, mulheres que desprezavam homens que bebiam. Mas o vagabundo maior era o sujeito que fugia do trabalho, ou que não era um "profissional" meticuloso em sua atividade. Todos sabem que ele era. Tudo bem que jogasse pôquer até amanhecer e tomasse *brandy* no café-da-manhã: chegava sempre na hora no estúdio, maquiado, com as falas decoradas (sempre a mesma fala, claro, de todo modo não há nada mais difícil de manter atraente do que a repetição). Não, sobre Bogart nunca pairou uma suspeita sequer de vagabundagem. Ele era um ator sem teorias (bem, uma: deveria ser muito bem pago), sem chiliques mas com personalidade; e como entendia que a disciplina era o principal aspecto da sobrevivência artística, ele durou, deixou sua marca.

Ezra Pound

Nascido em 1885, era um menino do Idaho. Lecionou, foi despedido por ser "um tipo muito Quartier Latin". Em breve buscou abrigo entre almas similares, no estrangeiro. Aos 23 anos, engordando de fome numa dieta de batata em Veneza, ele publicou *A Lume Spento*, primeiro livro de poemas que provocou uma amizade agressiva com Yeats, que escreveu a seu respeito: "Uma natureza bruta e forte, ele está sempre ferindo os sentimentos das pessoas, mas creio que possui gênio autêntico e muita boa vontade". Boa vontade: para dizer o mínimo! – entre 1909 e 1920, quando viveu em Londres e depois Paris, ele sistematicamente promoveu as carreiras alheias (Eliot dedicou *The Waste Land* a Pound; foi Pound quem levantou o dinheiro necessário para Joyce terminar *Ulysses*). Sua generosidade nesse aspecto é uma questão sobre a qual até Hemingway, que não costuma celebrar a gentileza alheia, deu seu testemunho: "Até agora", escreveu em 1925, "vemos que Pound, um poeta maior, dedica um quinto de seu tempo à poesia, digamos. No restante do tempo ele tenta promover a fortuna tanto material quanto artística de seu amigos. Ele os defende quando são atacados, coloca-os nas revistas e os tira da cadeia. Empresta dinheiro. Vende os quadros deles. Consegue concertos para eles. Escreve artigos a seu respeito. Apresenta os amigos a mulheres ricas. Faz com que os editores leiam seus livros. Passa a noite em claro com eles, quando acreditam que vão morrer, e serve de testemunha na hora do testamento. Adianta despesas de hospital e os dissuade de cometer suicídio. E, no final, alguns poucos evitam apunhalá-lo pelas costas na primeira oportunidade."

Mesmo assim, ele conseguiu publicar panfletos regularmente, compor seus *Cantos* ("o épico das viagens de uma mente literária", definiu Marianne Moore, evidenciando sua costumeira exatidão), além de tentar escultura e pintura com seriedade, mas sem sucesso. Mas foi o estudo de economia que se tornou seu interesse mais intenso ("História que omite economia é besteira grossa"); ele desenvolveu noções equivocadas sobre o assunto, e algumas o levaram à ruína: em 1939, sendo havia muito italianófilo mussolinista, começou a transmitir de Roma uma seqüência de discursos de cunho fascista que culminaram com seu indiciamento como traidor dos Estados Unidos; unidades do exército norte-americano que invadiram a Itália o capturaram em 1945. Por várias semanas, como uma besta fe roz e raivosa, ele ficou preso numa jaula ao ar livre em Pisa. Meses depois, na véspera de seu julgamento por traição, ele foi declarado insano, como poderia ocorrer com qualquer poeta digno do nome; passou os doze anos seguintes isolado no hospital St. Elizabeth, no Distrito de Columbia. Enquanto estava lá publicou *The Pisan Cantos*, ganhou o prêmio Bollingen, um prêmio excessivamente censurado nos círculos endinheirados.

Contudo, num dia chuvoso de abril de 1958, Pound, um velho de 72 anos, com sua barba antes exuberante tornando-se grisalha e seu rosto de santo sátiro vincado por linhas que contavam uma história digna de consternação, compareceu perante o juiz Bolitha L. Laws e soube que era considerado "incuravelmente insano". Incurável, mas "inofensivo" o bastante para sair livre. Imediatamente Pound anunciou: "Qualquer homem capaz de viver nos Estados Unidos é insano", e se preparou para voltar à Itália.

As fotografias foram tiradas poucos dias antes de sua partida, de navio. Arrogante, zombeteiro, seus olhos se fecharam quando ele entoou os versos de uma canção sem sentido, balançando para frente e para trás, como se ainda estivesse na jaula em Pisa. Ou na jaula em que a própria vida se transformou.

Marilyn Monroe

Monroe? Uma relaxada, na verdade, uma divindade desleixada, no sentido em que uma *banana split* ou *cherry jubilee* são divinos desleixos.

Seus lábios úmidos, o exagero como loura, as tiras escorregadias do sutiã, o debater rítmico da massa inquieta a lutar por espaço dentro de um abrigo insuficiente – tais são os emblemas, as qualidades caricaturais que, pode-se supor, a tornaram imediatamente reconhecível no mundo inteiro. Contudo, no que consta ser a vida real, Monroe não é facilmente identificável. Ela circula pelas ruas de Nova York sem ser molestada por olhares ávidos, acena para táxis que não param, toma suco de laranja no Nedick's da esquina servido por um atendente que não percebe ser a freguesa a razão de suas ambições mais ambiciosas: na verdade, com freqüência a pessoa tem de ser *avisada* que Monroe é Monroe, pois ela parece à primeira visa apenas mais um espécime da gueixa norte-americana, a garota conquistada pelo cartão de crédito, uma das beldades de cabaré cujas carreiras progridem do cabelo pintado aos doze a um ou três maridos confiscados aos vinte.

No entanto, por mais estereotipados que sejam certos aspectos de Monroe, ela não representa genuinamente o gênero, pois falta-lhe a dureza indispensável; ademais, ela é capaz de uma concentração sensível, sempre o segredo capaz de fazer qualquer talento avançar, o que acontece em seu caso: o personagem que incorpora, uma imagem do abandono plena de ternura insolente, é coerente e convincentemente charmosa: dá para entender, pois há pouca diferença entre sua imagem na tela e a impressão que ela transmite pessoalmente – o apelo das duas personalidades deriva da mesma circunstância: que ela é órfã de fato e de espírito; ela é estigmatizada e iluminada pelos traços do pensamento órfão: embora não confie em ninguém, não muito, ela se esforça feito um estivador para agradar a todos, ela quer fazer de cada um de nós seu protetor afetuoso, e conseqüentemente nós, a platéia, e seus conhecidos, ficamos presumidos, compassivos e excitados. A profundidade de sua ansiedade (quem chega sempre mais de uma hora atrasado para seus compromissos é contido por insegurança e *angst*, não vaidade; é *angst* também a tensão decorrente da necessidade contínua de agradar, que também causa as freqüentes dores de garganta, as unhas roídas, as palmas úmidas e os ataques de riso à japonesa) induz uma simpatia melosa que o comportamento exuberante nada faz para dissipar: o que poderia ser mais potente, ilusório, irresistível do que uma pessoa esfuziante de quem podemos sentir e sentimos pena; em tal situação os participantes podem comer o bolo e levá-lo.

Ouvimos repetidamente que Monroe é uma "instituição", um "símbolo". Até o onipresente marido, o teatrólogo Arthur Miller, escreveu um artigo para nos informar a esse respeito. Contudo, as instituições tendem a ser sombrias, e aos símbolos falta sangue: seria um dia horrível se uma moça tão adorável e animada aceitasse seriamente uma prisão verbal tão sufocante.

Jane Bowles
(1966)

Sete ou oito anos transcorreram desde que vi pela última vez a moderna lenda viva chamada Jane Bowles; nada soube a seu respeito nesse intervalo, pelo menos não diretamente. Contudo, tenho certeza de que ela não mudou nada; na verdade, soube por viajantes recentes à África, que a viram ou se sentaram com ela num café do Casbah mal-iluminado, que isso é verdade e que Jane, com seu cabelo crespo preso no alto da cabeça, como uma dália, com o nariz torto e ardiloso, olhos ligeiramente amalucados e voz originalíssima (soprano rouco), roupas de rapaz e corpo de colegial, andar ligeiramente claudicante, é quase a mesma que eu conheci faz mais de vinte anos: na época ela já parecia a eterna travessa, atraente como o mais atraente dos não-adultos, embora uma substância mais fria que o sangue corresse em suas veias e ela tivesse um humor ferino e uma sabedoria excêntrica que criança nenhuma, nem o mais exótico *Wünderkind*, poderia possuir.

Quando conheci a sra. Bowles (1944? 1945?) ela já era uma figura respeitada em certos círculos: embora na casa dos vinte anos, já havia publicado um romance muito pessoal e notável, *Two Serious Ladies*; casara-se com um compositor e escritor talentoso, Paul Bowles, e residia com o marido numa pousada charmosa localizada em Brooklyn Heights, por iniciativa do falecido George Davis. Entre os hóspedes contemporâneos dos Bowles estavam Richard e Ellen Wright, W. H. Auden, Benjamin Britten, Oliver Smith, Carson McCullers, Gypsy Rose Lee e (pelo que me lembro) um treinador de chimpanzés que lá vivia com um de seus astros. De todo modo, era um lugar e tanto. Mesmo no meio de um grupo desse porte a sra. Bowles, graças a seu talento e às estranhas visões que ele englobava, e graças a sua personalidade capaz de misturar sinceridade canina com sofisticação felina, mantinha uma presença imponente, central.

Jane Bowles destaca-se como poliglota invejável; fala com grande precisão francês, espanhol e árabe – talvez por isso os diálogos de seus escritos soem, ou soem para mim, como se tivessem sido traduzidos para o inglês de uma deliciosa combinação de outras línguas. Ademais, ela aprendeu esses idiomas como autodidata, em conseqüência de sua natureza nômade: de Nova York ela viajou pela Europa inteira, fugiu da guerra iminente de lá e foi para a América

Central e para o México, depois fixou-se no local histórico de Brooklyn Heights. Desde 1947 praticamente reside no estrangeiro: em Paris ou no Ceilão, mas principalmente em Tânger – na verdade, tanto Jane quanto Paul Bowles podem ser chamados de tangerinos permanentes, tão total foi sua adesão ao porto íngreme de brancas sombras. Tânger é composta por duas partes descombinadas, uma delas moderna, sem graça, cheia de prédios de escritórios e residência, altos e deprimentes. A outra é o Casbah, que desce através de um labirinto medieval de becos, ruelas, alcovas e praças cheirando a *kif* até o porto fervilhante de marinheiros e navios ruidosos com suas sirenes. Os Bowles se instalaram nos dois setores – têm um apartamento esterilizado, *tout confort*, no bairro novo, além de um refúgio escondido no bairro árabe misterioso: uma casa típica que deve ser uma das menores habitações da cidade – teto tão baixo que a pessoa quase precisa passar de quatro de um cômodo a outro. Mas os aposentos em si formam uma série de encantadores cartões-postais Vuillards – almofadas mouriscas espalhadas sobre tapetes orientais mouriscos, aconchegantes como uma torta de framboesa e iluminados por luminárias intricadas e janelas que permitem a entrada da luz natural e vistas que englobam minaretes, navios e telhados azulados das casas locais, que recuam como uma escada fantasma até a beira ruidosa do mar. Ou pelo menos é assim que me lembro dela na ocasião de uma única visita ao entardecer, faz uns quinze anos.

Um verso de Edith Sitwell: *Jane, Jane, the morning light creaks down again* – de um poema que sempre gostei, e compreendo, como ocorre freqüentemente com essa poeta específica. A não ser que "luz matinal" seja uma imagem significando lembrança (?). Minhas próprias lembranças agradáveis de Jane Bowles giram em torno de um mês passado no quarto vizinho, num hotel precário da Rue du Bac, durante um gelado inverno em Paris em janeiro de 1951. Muitas noites frias foram passadas na pequena sala de estar de Jane (lotada de livros e comida, com um filhote de pequinês branco agitado, comprado de um marujo espanhol). Longas noites transcorreram ao som da vitrola, enquanto bebíamos aguardente de maçã quente e Jane preparava filés descuidados e maravilhosos num fogão elétrico: ela é boa cozinheira, sim senhor, e meio glutona, como se pode deduzir por suas histórias, nas quais abundam relatos de refeições e pratos. Cozinhar é apenas um de seus dons extracurriculares; ela também se destaca na mímica assustadoramente e consegue recriar com nostálgica admiração vozes de determinadas cantoras – Helen Morgan, por exemplo, e sua amiga íntima, Libby Holman. Anos depois escrevi um conto chamado *Among the Paths to Eden*, no qual, sem me dar conta, atribuí à heroína diversas características de Jane Bowles: o manquitolar da perna dura, os óculos, a habilidade notável na mímica. ("Ela esperou, como se esperasse que a música lhe desse o sinal; depois, *'Don't ever leave me, now that you are here! Here is where you belong. Everything seems so right when you're near. When you're away it's all wrong'*. E o sr. Belli chocou-se, pois o que ouvia era exatamente a voz de Helen Morgan, e a voz, com sua doçura refinada e vulnerável, com seu tremular meigo nas notas altas, não parecia ser copiada, e sim a voz de Mary O'Meaghan, uma expressão natural de uma identidade secreta.") Eu não tinha a sra. Bowles em mente quando inventei Mary O'Meaghan – um personagem com quem ela não se assemelha nos traços essenciais; mas é a medida da impressão profunda que Jane sempre causou em mim que um fragmento de seu jeito tenha emergido dessa maneira.

Naquele inverno Jane trabalhava em *In the Summer House*, peça que depois foi muito bem montada em Nova York.

Não sou muito fã de teatro: não agüento ficar sentado, na maioria das peças; mesmo assim, vi *In the Summer House* três vezes, e não foi por lealdade à autora, e sim por seu humor ferino, com sabor a uma bebida refrescante, ácida, nova – as mesmas qualidades que me atraíram inicialmente para o romance da sra. Bowles, *Two Serious Ladies*

Minha única queixa contra a sra. Bowles é que ao seu trabalho falta quantidade, não qualidade. O volume citado constitui seu único romance. Por mais grato que eu seja por ter um, gostaria que houvesse mais. Certa vez, quando falávamos sobre um colega, alguém mais produtivo que qualquer de nós dois, Jane disse: "Mas é tão fácil para ele. Ele só precisa virar a mão. Só *virar* a mão". Na verdade, escrever nunca é fácil: caso alguém não saiba, é a tarefa mais difícil que há, e para Jane creio que seja difícil até o ponto de causar dor de verdade. E por que não?, se tanto sua linguagem quanto seus temas são obtidos depois de trilhar caminhos torturantes até pedreiras: os relacionamentos que ninguém percebe entre as pessoas, os desconfortos físicos e mentais com que ela os rodeia e satura – cada cômodo uma atrocidade, cada paisagem urbana uma criação sombria em néon. Mesmo assim, apesar da visão trágica fundamental de sua obra, Jane Bowles é uma escritora muito divertida, uma espécie de humorista – mas *não*, veja bem, da Escola Negra. O humor negro, como seus autores o chamam, quando bem-sucedido, é todo adorável artifício ao qual falta o mínimo de compaixão. Sua compreensão sutil da excentricidade e do isolamento humano, como revelado em seu romance, exige que dediquemos a Jane Bowles alta estima enquanto artista.

Cecil Beaton
(1969)

Chamar um livro de *The Best of Beaton* é atraente, mas inexato – a não ser que um livro consiga abranger exemplos finos das múltiplas facetas de Beaton: cenografias teatrais, figurinista, esboços e telas, páginas de seus notáveis diários e pelo menos alguns exemplos literais de seus dotes coloquiais, pois sem dúvida Cecil é um dos poucos artistas que sobrevivem nesta área cada vez mais obsoleta.

Não sei, nunca perguntei a ele, mas desconfio que Cecil preferiria ser lembrado por seus talentos em outros meios, e não pela fotografia – um fenômeno muito comum em pessoas que desenvolvem seus múltiplos dons: com freqüência elas preferem menosprezar o dom original. Pode-se dizer que Beaton não possuía um talento superior até que, jovem de grande sensibilidade e pouca sensatez, ele começou a usar a máquina fotográfica: foi a câmera, curiosamente, que liberou todos os seus traços criativos mais sutis.

Apesar de todo o brilhantismo em suas outras atividades, foi como fotógrafo que Beaton adquiriu importância cultural, não somente pela excelência individual de seu trabalho, como também pela influência na obra dos melhores fotógrafos de pelo menos duas gerações: admitam ou não, tenham consciência disso ou não, praticamente não há fotógrafo contemporâneo de primeira linha, de qualquer nacionalidade, que não seja devedor de Cecil Beaton, em maior ou menor grau. Por quê? Basta olhar as fotos. Mesmo as primeiras pressagiam a influência futura numa multidão de artistas da câmera. Por exemplo, os retratos de *lady* Oxford e Edith Sitwell feitos nos anos 1920: ninguém havia fotografado rostos daquela maneira antes, situados num ambiente estilizado, neo-romântico (fibra de vidro, estátuas mascaradas, moldes de biscoito e trajes extravagantes: tudo parte do equipamento do surrealismo peculiar de Beaton), nem os iluminara com tamanha luminosidade laqueada. A questão é que esses retratos não "dataram", nem mesmo, no sentido técnico, as fotos ditas "de moda". (A atitude dos fotógrafos diante da fotografia de moda, e a posição que ela tem em suas carreiras, é uma questão ambígua. Com a exceção de Cartier-Bresson, um homem de recursos, não me lembro agora de um único fotógrafo capaz de ganhar a vida de verdade com a profissão sem trabalhar sistematicamente para revistas de moda ou agências de publicidade. E por que não? Disciplina o artista e incentiva sua inventividade. Beaton, como muitos outros, deve um bom número de suas fotos mais interessantes às limitações impostas por fatores puramente comerciais. Mas os fotógrafos, como classe, não parecem sentir muita satisfação com suas atividades nesse ramo – e não me refiro a Beaton: ele é um artesão despretensioso demais para desprezar o mérito de seu trabalho, seja qual for o estilo.)

Bem, vamos voltar à questão do datado ou não, da característica permanente de suas imagens. Claro, em determinadas ocasiões Beaton pré-envelheceu seus retratos, ao situá-los no passado – por exemplo, os diversos pastiches de daguerreótipos vitorianos: a combinação do moderno com o antigo cria seu próprio tempo suspenso. Mas, quando se fala em atemporalidade, não é o que se quer dizer. E o que se quer dizer? Bem, o sentido está nas séries que Beaton chama de Seqüências Temporais – pessoas a quem teve a oportunidade de fotografar durante períodos que chegam a quatro décadas. Observa-se um adensamento paulatino, sempre brilhante neste Picasso de olhar maníaco. Um Auden começa como jovem sabujo enrugado e termina como o flácido dono do cão, manchado de tabaco. Ou Cocteau, frágil e viçoso e caro como um ramo de lírio-do-vale em janeiro, e depois com os dedos cheios de anéis, parecendo uma lembrança proustiana animada. Nenhum desses estudos depende, para seu efeito, da relação com o restante da seqüência; separados, qualquer um deles é uma imagem definitiva e perene do homem. Contudo, como assusta e entristece, embora anime, ver essas faces conforme fluem pelo tempo, congeladas pela manipulação sensível da luz e da sombra.

Não há dificuldade em discernir a influência de Beaton no trabalho alheio: uma tarefa mais difícil é identificar aqueles que o influenciaram. Obviamente deve algo a barão de Meyer, o artista original e trágico que colaborou nos primeiros números da *Vanity Fair* com fotografias de um estilo pioneiro. Beaton, com seu sentido próprio de elegância, foi o primeiro descendente direto do finado barão. E Beaton admirava Steichen; mas qual fotógrafo não deve algo a Steichen? A meu ver, a obra de Beaton não reflete fontes artísticas tanto quanto espelha seus interesses sociais particulares e o espírito da época. Por exemplo, em 1938 e 1939, Beaton fotografou um contingente de personalidades através das janelas quebradas de casas sinistras e fábricas abandonadas, e não entre flores e elementos elegantes do estúdio. Essas fotos são como planilhas do futuro, uma previsão das bombas que logo explodiriam.

Por falar nisso, os trabalhos mais consagrados e versáteis de Beaton foram as fotos de guerra, as imagens enfumaçadas de Londres destroçada, de céus violentos e crianças cobertas de ataduras: nesse caso o artista produz um alerta brutal, numa cor mais forte do que o espectador normalmente associa a sua paleta fotográfica. Isso vale também para as fotos de Beaton na Índia e na China, países nos quais serviu durante a guerra. Uma pena, pois embora não sejam imagens militares no sentido em que as de Cim ou Capa o são, mesmo assim constituem documentos de guerra com uma visão poética dolorosa que ilustram um lado insuficientemente reconhecido de Beaton. Hoje em dia um fotógrafo profissional é por necessidade um viajante profissional, praticamente: editores executivos os despacham de avião a jato para qualquer parte do mundo, em busca do lorde fulano. Até os talentos mais fracos são subsidiados dessa maneira (e devo dizer de passagem que noventa por cento – ou noventa e cinco – dos fotógrafos empregados são muito fracos: uma ocupação curiosa, realmente, e mesmo alguns poucos, entre os muito poucos fotógrafos talentosos de verdade, se consideram secretamente vigaristas). Mas Cecil sempre foi um viajante incansável e, na juventude, seguiu de navio cargueiro do Haiti para o Marrocos. Eu, que também circulo muito, topei com o sr. B. no pior dos lugares. Numa praia em Waikiki –

com música de hula-hula ao fundo. Num pomar de oliveiras na Sicília, num mosteiro grego, no saguão do Barcelona Ritz, na beira da piscina do hotel Bel Air, numa mesa de café no Casbah de Tânger, num junco na baía de Hong Kong, nos bastidores de um musical da Broadway, num *téléphérique* dos Alpes suíços, numa casa de gueixas em Kyoto, a bordo do iate de Daisy Fellowes, o *Sister Ann*, num clube noturno do Harlem, num *palazzo* veneziano, num *antiquaire* parisiense, numa loja de sapatos londrina, e assim por diante. A questão é a seguinte: observei Beaton em todos os climas, mentais e demais, e tive o freqüente privilégio de vê-lo trabalhar com a câmera. Na verdade, cheguei a colaborar com ele, certa vez: meu texto acompanhando suas fotografias. Tive experiências do gênero com outros fotógrafos, em especial Henri Cartier-Bresson e Richard Avedon – que respeito imensamente. Ao lado de Beaton, considero que deveriam ocupar os três primeiros lugares em qualquer lista dos melhores fotógrafos do mundo. No entanto, como é diferente o jeito de cada um trabalhar! Avedon é basicamente um fotógrafo de estúdio. De todo modo, ele parece ser mais criativo se estiver à vontade, no meio de um equipamento que funciona perfeitamente, rodeado de assistentes dedicados. Recentemente, trabalhei com Avedon em condições primitivas, numa matéria sobre o Meio-Oeste norte-americano. Ele não levou assistente e tinha uma câmera japonesa moderna, capaz de tirar cento e tantas fotos antes de ser preciso trocar o filme. Trabalhamos a manhã inteira, percorremos quilômetros de carro em meio à poeira e ao calor, e depois, quando retornamos ao hotel onde estávamos hospedados, Avedon, com um riso nervoso, anunciou repentinamente que todo o trabalho fora em vão: ele não trabalhava sem assistentes fazia muitos anos, eles sempre preparavam seu equipamento, e ele havia esquecido de colocar o filme na máquina japonesa.

Cartier-Bresson é outra *tasse de thé* inteiramente diferente – auto-suficiente a não mais poder. Lembro-me de ter visto Bresson trabalhar certa vez em New Orleans – dançando na calçada como uma libélula agitada, com três Leicas penduradas no pescoço e uma quarta na altura da vista: *clic-clic-clic* (a câmera parecia fazer parte de seu corpo), fotografando com uma alegria juvenil, uma concentração religiosa. Nervoso, contente e dedicado, Bresson é um artista "solitário", meio fanático até.

Mas não Beaton. O sujeito, com seus olhos azuis límpidos (e por vezes frios) e sobrancelhas claras erguidas, é tão informal e tranqüilo quanto parece: com a câmera na mão ele sabe o que está fazendo, e isso basta, não precisa fazer pose de estrela. Ao contrário de muitos de seus colegas, nunca vi Cecil falar em Técnica, Arte ou Honestidade. Ele simplesmente tira fotos e espera ser pago por isso. Mas o modo como trabalha é muito especial para ele. Um dos fatos que chama a atenção imediatamente, com referência ao comportamento pessoal de Beaton, é a maneira como ele cria uma ilusão de tempo-sem-fim. Embora pareça estar sempre sob a pressão de uma agenda lotada, ninguém imaginaria que ele não fosse um cavalheiro de vida de prazer quase tropical: se tiver dez minutos para pegar um avião e estiver conversando com você pelo telefone, ele não faz nada para abreviar o chamado, e continua falando com seus modos maravilhosos. Mesmo assim, é garantido que ele chegará a tempo para pegar o avião. O mesmo ocorre com quem posa para ele: uma pessoa, posando para Beaton, tem a sensação de vagar pelo espaço, não de estar sendo fotografada, e sim pintada por uma presença informal, quase invisível. Mas Beaton está lá, sem dúvida. Apesar de seu jeito calado, ele é uma das pessoas mais presentes que já vi. Sua inteligência visual é de gênio, jamais inventarão uma câmera capaz de capturar ou abranger tudo que ele vê. Ouvir Beaton descrever em termos exclusivamente visuais uma pessoa, um cômodo ou uma paisagem é ouvir um relato que pode ser hilariante, brutal ou lindo, mas sempre brilhante. E isso – a notável inteligência visual a se infiltrar nas fotografias, mesmo diluída – é o que faz o trabalho de Beaton ser inusitado e original, com uma permanência pela qual os historiadores do próximo século serão ainda mais gratos do que somos agora.

Fantasmas ao sol: a filmagem de *A sangue-frio* (1967)

Numa tarde quente de março passado, no fórum das planícies de trigais do oeste do Kansas, Richard Brooks virou-se para mim, entre as tomadas do filme que estava dirigindo, e perguntou em tom de censura: "Do que você está rindo?".

"De nada", falei, mas a verdade é que eu me lembrara de uma pergunta feita por Perry Smith muito tempo atrás, um dos dois assassinos cuja julgamento estava sendo encenado. Ele havia sido capturado dias antes, e sua questão foi: "Tinha algum representante do cinema aqui?", eu me perguntava o que ele teria pensado a respeito da cena atual: os refletores imensos acesos dentro da sala do tribunal onde ele e Richard Hickock foram julgados, o júri composto pelos mesmos homens que os condenaram, os geradores roncando, as câmeras zumbindo, os técnicos sussurrando enquanto entravam e saíam com grossos cabos elétricos.

A primeira conversa que tive com Perry Smith ocorreu no início de janeiro de 1960. Dia frio, mas brilhante como pingente de gelo; Smith e eu conversamos na delegacia, numa sala onde o vento da pradaria fustigava as janelas, pressionava o vidro, abalava tudo. Eu mesmo andava meio abalado, pois trabalhara por mais de um mês num livro sobre o assassinato de Herbert Clutter e sua família, *A sangue-frio*, e a não ser que conseguisse me aproximar daquele rapaz, meio irlandês e meio índio, teria de abandonar o projeto. Seu advogado dativo o convencera a falar comigo; mas logo ficou patente que Smith se arrependera de ter concedido a entrevista. Distante, desconfiado, sonolento e emburrado: até eu conquistar sua confiança precisaria de anos de esforços, centenas de cartas e entrevistas. No momento, nada do que eu dizia lhe interessava. Ele começou, de modo arrogante, a questionar minhas credenciais. Que tipo de escritor era eu, e o que havia escrito? Bem, ele disse, depois que eu providenciei um dossiê, nunca ouvira falar de mim nem de meus livro; eu havia feito algum filme? Sim, o roteiro de um: *Beat the Devil.* Aí os olhos sonolentos acordaram subitamente. "Sei. Eu me lembro. Só por causa de Humphrey Bogart. Você, por acaso, *conhece* Bogart? Pessoalmente?" Quando respondi que Bogart era meu amigo íntimo, ele sorriu do jeito frágil e embaraçado que eu viria a conhecer tão bem. "Bogart", ele disse, num tom de voz sumido que mal se escutava, por causa do vento. "Ele sempre foi meu ator favorito. Vi *O tesouro de Sierra Madre* muitas vezes. Uma das razões para eu gostar tanto do filme era o velho que fazia o garimpeiro maluco, aquele velho... Walter Huston? Igualzinho ao meu pai. Tex Smith. Igualzinho. Difícil de acreditar. Aquilo mexeu comigo." Depois, ele disse: "Estava aqui na noite passada? Quando eles nos trouxeram?".

Ele se referia à noite anterior, quando os dois assassinos algemados, escoltados por um regimento de policiais militares, chegaram de Las Vegas de carro; tinham sido detidos lá, mas ficariam presos na delegacia da comarca de Finney, em Garden City, no Kansas. Centenas de pessoas esperaram por horas, no escuro e no frio de zero graus, para vê-los; a multidão, ordeira, quase silenciosa de espanto, lotara a praça. A imprensa também se fizera representar maciçamente por repórteres do Oeste e Meio-Oeste. Vi também diversas equipes de televisão.

Respondi que sim, estivera presente e podia provar, apanhara pneumonia. Ele afirmou lamentar o fato: "Pneumonia é coisa séria. Mas, conte uma coisa. Eu estava apavorado demais para perceber o que acontecia. Quando vi a multidão pensei, ai Jesus, essa gente vai nos partir em pedaços. Não vão esperar o enforcamento, pendurarão nós dois na mesma hora. Afinal, para que perder tempo com essa agonia toda? Julgamento e tudo mais. Não passa de uma farsa. Esses caipiras vão enforcar nós dois de qualquer jeito, mais cedo ou mais tarde." Ele mordiscou o lábio; seu rosto exibiu uma expressão retraída, envergonhada. O ar de um menino que cava o chão com o dedo do pé. "O que eu queria saber era: tinha algum representante do cinema aqui?"

Aquilo foi típico de Perry – suas pretensões lingüísticas patéticas (inserção cuidadosa de palavras como "cinema") e a vaidade que o levava a valorizar o "reconhecimento", qualquer que fosse o tipo. Ele tentava disfarçar, esconder, mesmo assim ficou inegavelmente encantado quando informei que o evento fora registrado pelos cinegrafistas.

Agora, sete anos depois, eu rio da lembrança, mas evitei responder a pergunta de Brooks porque os rapazes que interpretavam Perry e Dick estavam por perto, e eu me sentia pouco à vontade na presença deles. Constrangido. Eu vira fotos de Robert Blake (Perry) e Scott Wilson (Dick) antes da seleção para os papéis. Mas só os conheci pessoalmente quando estive no Kansas para acompanhar a filmagem. E, depois de encontrá-los, fui obrigado a conviver com eles, experiência que não pretendo repetir. Isso nada tem a ver com uma reação minha a eles enquanto indivíduos: os dois são jovens sensíveis e talentosos. É que, apesar da óbvia semelhança física com o par original das fotografias, eu não estava preparado para a assustadora realidade.

Em especial no caso de Robert Blake. Na primeira ocasião em que o vi pensei que um espectro saíra à luz do sol, sonolento, de cabelos desgrenhados. Eu não conseguia aceitar a idéia de que via alguém fingindo ser Perry. Ele era Perry – e a sensação que senti foi a de cair num poço de elevador. Lá estavam os olhos familiares, instalados num rosto familiar, a me examinar com o distanciamento de um desconhecido. Foi como se Perry tivesse ressuscitado, mas sofresse de amnésia e não se lembrasse mais de mim. Choque, frustração, desamparo – esses sentimentos, combinados com um início de gripe, me despacharam para um motel na periferia de Garden City. O Wheat Lands Motel, local onde me hospedava freqüentemente nos anos em que trabalhei em *A sangue-frio*. As lembranças acumuladas daqueles anos, a solidão das noites intermináveis de inverno, em que caixeiros-viajantes tristes tossiam no quarto vizinho, me abateram repentinamente, feito um ciclone do Kansas, e me jogaram na cama.

Cito de meu diário: "Acabei apagando depois de beber meio litro de *scotch* em menos de trinta minutos. Acordei de manhã com febre, televisão ligada e total falta de noção de onde eu estava ou por quê. Tudo irreal de tão real, como costumam ser os reflexos da realidade. Chamei o dr. Maxfield, que me deu uma injeção e diversos remédios. Mas o problema está em minha mente (?)".

A expressão "reflexos de realidade" não precisa ser explicada, mas talvez seja bom eu esclarecer minha interpretação. A realidade refletida é a essência da realidade, a verdade verdadeira. Quando eu era criança brincava de um jogo pictórico. Por exemplo, eu observava a paisagem: árvores, nuvens e cavalos passeando no prado; depois escolhia um detalhe da visão geral – digamos, a grama inclinada pelo vento – e o enquadrava com as mãos. Então o detalhe se tornava a essência da paisagem e capturava, num prisma miniatura, a verdadeira atmosfera de uma cena grande demais para ser absorvida de outro modo. Ou, se estivesse numa sala desconhecida, e quisesse entender o lugar e a natureza de seus habitantes, deixava meu olho vagar seletivamente até descobrir algo – um raio de luz, um piano decrépito, um padrão no tapete – que parecia conter em si o segredo. Toda a arte se compõe de detalhes selecionados, sejam imaginários ou, como em *A sangue-frio*, um destilado da realidade. O que vale para o livro vale para o filme –

exceto que eu escolhi os detalhes da vida, enquanto Brooks destilou os dele de meu livro: a realidade transportada duas vezes, e por isso mais verdadeira ainda.

Assim que o livro foi publicado muitos produtores e diretores revelaram a intenção de transformá-lo em filme. Na verdade, eu já havia decidido que seria feito um filme. E queria que o roteirista e diretor Richard Brooks atuasse como intermediário entre o texto e a tela. Além de meu respeito de longa data por seu profissionalismo criativo, ele foi o único diretor que concordou – e se dispôs a correr riscos – com minha concepção de como o livro deveria ser transposto para o cinema. Ele foi a única pessoa que aceitou inteiramente dois aspectos importantes: eu queria que fosse filmado em branco-e-preto – e queria um elenco desconhecido – ou seja, atores sem faces "públicas". Embora Brooks e eu tenhamos sensibilidades diferentes, nós dois queríamos que a fita duplicasse a realidade, que os atores se parecessem o máximo possível com as pessoas retratadas e que todas as cenas fossem filmadas em locações reais: a casa em que a família Clutter foi assassinada; a mesma loja de miudezas onde Perry e Dick compraram a corda e a fita adesiva usadas para amarrar as quatro vítimas; e delegacias, prisões, postos de gasolina, quartos de hotel, estradas e ruas – todos os lugares que eles viram no curso de seu crime e período subseqüente. Um procedimento complicado, mas o único possível no qual quase todos os elementos da fantasia poderiam ser removidos para obtermos o reflexo correto da realidade.

Senti isso de modo especialmente forte quando Brooks e eu fomos até a casa dos Clutter, enquanto Brooks se preparava para filmar a seqüência dos assassinatos. Cito meu diário novamente: "Passei a tarde na fazenda dos Clutter. Uma experiência curiosa estar numa casa que muito freqüentara, e antes em circunstâncias muito silenciosas: a casa muda, os quartos quietos, o assoalho de madeira que ecoava cada passo, as janelas que davam para pradarias solenes e campos amarronzados pelos restos do trigo colhido. Ninguém residia lá desde os homicídios. A fazenda fora adquirida por um texano que lavra a terra e cujo filho ocasionalmente fica na casa. Sem dúvida não a deixaram deteriorar; mesmo assim parece abandonada, um espantalho sem corvos para espantar. O dono atual deu permissão a Brooks para filmar ali; uma boa parte da mobília original continuava disponível, e o principal assistente de Brooks, Tom Shaw, fez um trabalho extraordinário, caçando e recuperando os móveis que faltavam. Os quartos estavam exatamente iguais aos que eu havia examinado em dezembro de 1959 – ou seja, assim que o crime foi descoberto. O chapéu Stetson do sr. Clutter pendurado no cabide da parede. O caderno de música de Nancy aberto em cima do piano. Os óculos do irmão sobre a escrivaninha, as lentes a refletir a luz do sol.

"Mas foram as persianas que me chamaram a atenção", eu estava, por assim dizer, enquadrado. As persianas protegiam as janelas do escritório do sr. Clutter, por onde os assassinos entraram na casa. Assim que entrou, Dick afastou as lâminas e espiou para ver se alguma testemunha se ocultara na noite enluarada; novamente, ao sair, e após o ruído ensurdecedor dos disparos, os olhos de Dick exploraram a cena por trás da persiana, o coração disparado por medo do escândalo que o estampido dos quatro disparos de espingarda de cartucho fizeram no silêncio do campo. E agora o ator que interpretava Dick, e que se parecia assustadoramente com Dick, estava a ponto de repetir as ações. Mas oito anos se passaram, e a família Clutter se fora e Dick morrera, mas as persianas ainda existiam, ainda estavam penduradas na mesma janela. Portanto, a realidade, por meio de um objeto, projetava-se na arte; e isso é o que há de original e perturbador no filme: a realidade e a arte se entrelaçam até o ponto de não haver áreas identificáveis demarcadas.

"Quase toda a seqüência dos assassinatos está sendo filmada na escuridão total – exceto pelo uso de lanternas. Isso nunca tinha sido feito antes, pois uma lanterna comum seria incapaz de produzir luz suficiente para gravar a cena sem ajuda de iluminação extra. No nosso caso, porém, os técnicos da produção inventaram lanternas equipadas com baterias especiais capazes de gerar um clarão branco intenso – extremamente eficiente na hora em que os fachos cortam a escuridão, cruzando e descruzando.

"A preocupação de Brooks com os detalhes beira o cômico, ocasionalmente. Hoje ele notou que diversos membros da equipe fumavam cigarros entre as tomadas dentro da casa dos Clutter. De repente, ele bateu palmas e gritou: 'Agora chega! Vamos apagar isso!'. O senhor Clutter nunca permitiu que fumassem dentro de sua casa, e eu também não vou permitir."

Enfraquecido pela gripe e pela tensão de reviver episódios dolorosos, deixei que Brooks e sua equipe prosseguissem seu trabalho livres de minha supervisão crítica. Nenhum diretor suporta um ator espiando por cima de seu ombro; e, por mais cordial que fosse nosso relacionamento, senti que Brooks achava que minha presença deixava todos nervosos, inclusive ele. Não ficou triste quando saí.

De volta a Nova York, surpreendi-me quando pouca gente perguntou como ia o filme. Em vez disso, todos estavam curiosos para saber a reação do pessoal da cidade ao fato de um filme ser rodado lá. Havia uma atmosfera hostil? De cooperação? Por quê? Para responder a questão eu tenho de retornar a minhas experiências durante os anos que passei percorrendo a comarca de Finney para reunir material.

Quando cheguei lá, em 1959, não conhecia ninguém, e ninguém ouvira falar de mim, com exceção da bibliotecária local e alguns professores. Por acaso, a primeira pessoa que entrevistei se tornaria meu único inimigo genuíno de lá – pelo menos o único abertamente (e reservadamente) hostil. O sujeito era, e ainda é, editor do jornal diário local, o *Telegram* de Garden City, e portanto em posição de apregoar constantemente sua atitude beligerante contra mim e o trabalho que eu tentava fazer. Suas colunas são assinadas por Bill Brown, e ele é comum como o nome: sujeito magro, amarrotado, de olhos cor de barro e pele bege. Claro, compreendo seu ressentimento, e no início fui solidário com ele: lá vinha o escritor de "Nova York", como costumava me descrever, invadindo seu terreno, atrevendo-se a escrever um livro sobre um assunto "sórdido" que ficaria melhor varrido para debaixo do tapete e esquecido. Sempre batia na mesma tecla: "Queremos esquecer nossa tragédia, mas o escritor de Nova York não vai deixar". Portanto, não foi surpresa que Brown tenha iniciado uma campanha para impedir Brooks de filmar as cenas do Kansas em Garden City e Holcomb. Agora sua tese era de que a chegada do "pessoal de Hollywood" atrairia "elementos indesejáveis", tornando a vida na comarca de Finney um inferno. O sr. Brown esperneou e bufou, mas seu esforço foi em vão. Pela simples razão de que a maioria das pessoas que conheci no oeste de Kansas são razoáveis e prestativas; eu não teria sobrevivido se não fosse por sua gentileza permanente, e ali fiz amigos para a vida inteira.

Isso aconteceu em março do ano passado. Em setembro, viajei para a Califórnia para ver o copião do filme. Ao chegar tive um encontro com Brooks, que ia projetar a fita para mim no dia seguinte. Brooks é um sujeito muito discreto; ele esconde os roteiros, tranca tudo de noite, nunca permite que ninguém leia a versão completa. A filmagem de *A sangue-frio* se encerrara em junho, e desde então Brooks trabalhara apenas com o cortador e o projecionista, impedindo que qualquer outra pessoa visse um metro de filme que fosse. Quando conversamos ele parecia estar sob intensa pressão, coisa que a gente não espera num sujeito tão seguro e vigoroso. "Claro que estou nervoso", ele disse. "E por que não estaria? É o *seu* livro – vamos supor que você não goste, e aí?"

Vamos supor que eu não goste. Boa pergunta. Estranhamente, nunca a fiz a mim mesmo, principalmente porque eu havia escolhido os ingredientes, e sempre confiara em meu julgamento.

No dia seguinte cheguei nos estúdios da Columbia na hora do almoço. Brooks estava ainda mais nervoso. Meu Deus, estava abatido, taciturno. E disse: "Tive algumas dificuldades com este filme, mas hoje foi o pior dia".

Depois disso entramos na sala de projeção, e a sensação não foi muito diferente de entrar na cela da morte.

Brooks apanhou o telefone que permitia a comunicação com a cabine de projeção. "Muito bem, vamos lá."

As luzes baixaram. A tela branca tornou-se uma rodovia ao crepúsculo: Rota 50 a serpentear sob o céu claro por uma paisagem rural limpa feito uma espiga de milho, desolada como folhas úmidas. No horizonte distante um ônibus Greyhound aparece, cresce conforme se aproxima e passa. Música: guitarra solo. Os créditos começam e a imagem muda, passa para o interior do Greyhound. A maioria dos passageiros dorme. Só uma menina pequena brinca no corredor, seguindo para o fundo escuro do ônibus, atraída pelo som solitário e desconexo de um violão. Ela encontra o músico, mas não o vê; diz algo a ele, mas não ouvimos direito o que é. O violonista risca um fósforo para acender o cigarro, e a chama ilumina sua face parcialmente – o rosto de Perry, os olhos de Perry, sonolentos, distantes. Mudança para Dick, depois para Dick e Perry em Kansas, depois para Holcomb, e Herbert Clutter tomando o último café-da-manhã de sua vida, depois volta para os futuros assassinos: a mesma técnica de contraponto que usei para escrever o livro.

As cenas se sucedem com incrível fluência, mas uma sensação de perda toma conta de mim aos poucos; sinto um aperto no peito, como um anel de névoa em volta da lua cheia. Não é por causa do que vejo na tela, está tudo bem, é ótimo. É por causa do que falta. Por que isso ou aquilo foi omitido? Onde está Bobby Rupp? Susan Kidwell? A funcionária do correio e sua mãe? No meio do dilema de não conseguir me concentrar no que estava lá, por causa do que não estava, o filme pegou fogo – literalmente. Dava para ver a chama diminuta na tela, um zíper de fogo que separou as imagens e as crispou. No silêncio que se seguiu à abrupta interrupção, Brooks disse: "Nada sério. Só um acidente. Já aconteceu antes. Vamos consertar tudo num minuto".

Por sorte, um acidente, pois durante o período necessário para fazer o conserto e retomar a projeção, eu consegui resolver a briga interna. Veja bem, uma voz interior disse, você está sendo injusto, irrealista. O filme tem duas horas de duração, é o tempo razoável. Se Brooks incluísse tudo que você gostaria de mostrar, cada nuance que deseja ver retratada, duraria nove horas! Pare de se preocupar, portanto. Veja o filme como ele é, e o julgue a partir disso.

Fiz, e foi como nadar num mar familiar para ser surpreendido por uma onda de tamanho sinistro, arrastado por uma corrente poderosa e levado ao fundo do oceano, para depois ser puxado e lançado, esgotado e grogue, numa praia deserta – sem que fosse, infelizmente, a vítima de um pesadelo ou "só de um filme", pois fui vítima da realidade.

A tela voltou a seu estado original impecável; as luzes foram acesas. Mas, novamente, como no motel de Garden City, era como se eu acordasse sem saber onde estava. Havia um homem sentado a meu lado. Quem ele era, e por que olhava para mim com tanta intensidade, como se esperasse que eu dissesse algo? Ah, era Brooks. Finalmente, falei: "Muito obrigado".

Auto-retrato
(1972)

P: Se você só pudesse residir em um lugar, sem se mudar de lá jamais, onde moraria?

R: Nossa, que idéia devastadora. Ficar preso a um único lugar. Afinal de contas, por trinta anos vivi em toda parte e tive casas espalhadas pelo mundo. Mas, curiosamente, não importa onde eu morasse, na Espanha, Itália, Suíça, Hong Kong, Califórnia, Kansas ou Londres, eu *sempre* mantinha um apartamento em Nova York. Isso deve significar alguma coisa. Portanto, se fosse obrigado a escolher, eu diria Nova York.

P: E por quê? É um lugar sujo e perigoso. Apresenta inúmeras dificuldades.

R: Concordo. Mas, embora eu possa viver por longos períodos na quietude das montanhas ou praias, sou basicamente um sujeito urbano. Eu gosto do *asfalto*. Do som dos meus passos na calçada; de vitrines abundantes; de restaurantes 24 horas; de sirenes no meio da noite – sinistras, mas vibrantes; lojas de livros e discos que eu, num impulso repentino, posso visitar à meia-noite.

E, nesse sentido, Nova York é a única cidade *cosmopolita* do mundo. Roma é barulhenta e provinciana. Paris é emburrada, insular e, por estranho que pareça, extraordinariamente puritana. Londres? Todos os meus amigos norte-americanos que foram morar lá chateiam os outros, dizendo: "Mas é tão civilizada". Não sei, não. Ser totalmente morta, completamente maçante, isso é ser civilizada? E, além do mais, Londres é extremamente provinciana. As mesmas pessoas encontram as mesmas pessoas. Todos sabem da sua vida. No máximo, é possível levar *duas* vidas distintas, por lá.

E há uma grande vantagem em Nova York, que a torna *a* cidade. Você pode ser uma pessoa múltipla lá: dez pessoas diferentes com dez grupos de amigos, sem que nenhum se encontre.

P: Prefere animais a pessoas?

R: Gosto dos dois, igualmente. Mas normalmente acho que existe uma certa crueldade secreta nas pessoas que sentem mais carinho por gatos, cachorros e cavalos do que por outras pessoas.

P: Você é cruel?

R: Ocasionalmente. Nas conversas. Vamos dizer o seguinte: eu preferiria ser meu amigo do que meu inimigo.

P: Você tem muitos amigos?

R: Uns sete em quem posso confiar inteiramente. E uns vinte em quem confio mais ou menos.

P: Que qualidades procura em seus amigos?

R: Primeiro, não podem ser estúpidos. Uma ou duas vezes apaixonei-me por pessoas muito estúpidas; mas há uma outra questão – a gente pode se apaixonar por alguém sem que ocorra qualquer comunicação com a outra pessoa. Sabe, é assim que as pessoas casam, e é por isso que temos tantos casamentos infelizes.

Normalmente, posso dizer logo no início se existe a possibilidade de uma pessoa e eu nos tornarmos amigos. A gente não precisa terminar as frases. Quero dizer, um começa a falar uma coisa e se dá conta no meio do caminho que ele ou ela já entendeu tudo. É uma forma de taquigrafia mental-emocional para conversas.

Deixando de lado a inteligência, a atenção é importante: presto atenção em meus amigos, preocupo-me com eles, e espero o mesmo em troca.

P: Você sofre desapontamentos freqüentes com seus amigos?

R: Não muito. Por vezes, crio vínculos dúbios (não fazemos todos isso?); sempre fiz isso de olhos abertos. A única dor que dói é a que pega a gente de surpresa. Raramente me surpreendo. Embora, por vezes, tenha sido afrontado.

P: Você é uma pessoa confiável?

R: Como escritor, sou, ou creio que sim. Na vida particular – bem, aí é uma questão de opinião; alguns amigos meus acreditam que tenho tendência ao exagero, quando relato um evento ou dou uma notícia. Mas eu chamo isso simplesmente de "dar um colorido" aos fatos. Em outras palavras, uma forma de arte. A arte e a verdade não são necessariamente compatíveis.

P: O que mais gosta de fazer em seu tempo livre?

R: Não é sexo, embora tenha tido meus períodos de entusiasmo. Contudo, se for mais do que um passatempo descontraído, mexe demais com o coração e sai muito caro, qualquer que seja a interpretação da última expressão.

A bem da verdade, gosto de ler. Sempre gostei. Mas não aprecio um grande número de autores contemporâneos. Embora admire, entre os norte-americanos, a falecida Flannery O'Connor, Norman Mailer, William Styron, Eudora Welty, Katherine Anne Porter e Salinger, no início. E, ah, claro, mais alguns. Nunca apreciei a ficção de Gore Vidal, mas seus ensaios são de primeira classe. O mesmo vale para James Baldwin. Mas, na última década, preferi ler autores já conhecidos. Vinhos aprovados. Proust. Flaubert. Jane Austen. Raymond Chandler (um dos *maiores* artistas norte-americanos). Dickens (eu havia lido toda a obra de Dickens antes dos dezesseis anos, e acabei de completar o ciclo todo, novamente).

Aprecio muito o cinema, também, embora saia no meio do filme muitas vezes. Mas só gosto de ir ao cinema sozinho, e durante o dia, quando as salas de exibição estão praticamente vazias. Assim posso me concentrar no que vejo e sair quando sinto vontade, sem precisar discutir os méritos da fita com alguém; no meu caso, as discussões sempre acabam em brigas e irritação.

Prefiro trabalhar de manhã, normalmente por quatro a cinco horas, e depois, se estiver sozinho numa cidade, qualquer cidade, saio para comer em um bom restaurante (em Nova York: Lafayette, La Côte Basque, Orsini's, The Oak Room no The Plaza, e, até seu lamentável fechamento, o Colony). Muitas pessoas dizem que odeiam almoçar; engorda, cansa, estraga o dia. Para mim, é o oposto. Aprecio a companhia de alguns homens no almoço, mas no geral, prefiro mulheres lindas, ou pelo menos extremamente atraentes, atentas e *au courant*. Enquadro nessa categoria várias moças muito jovens (Lally Weymouth, Amanda Burden, Penelope Tree, Louise Melhado – esta última casada com um corretor muito conservador). Mas não considero que uma mulher mereça a nota máxima até que ela conquiste e mantenha as qualidades de estilo, aparência e bom senso bem humorado para além do ponto da ilusória e fácil juventude; esta lista, parcial, precisa incluir também Barbara Paley, Gloria Guinness, Lee Radziwill, Oona Chaplin, Gloria Cooper, Slim Keith, Phyllis Cerf, Kay Meehan, Viola Loewy, D. D. Ryan, Evelyn Avedon, Pamela Harriman, Kay Graham - bem, poderia me estender mais, embora os nomes certamente não passem de cinqüenta. Note que as pessoas mencionadas não são celebridades, e sim cidadãs normais; afinal, certas personalidades públicas – Garbo (em última análise, uma mulher egoísta e cansativa), ou Elizabeth Taylor (uma dama sensível e educada com uma atitude dura, mas essencialmente inocente – se dormir com um homem, ora, isso quer dizer que precisa casar com ele!) – fazem do *encanto* sua profissão.

Embora eu saiba que deveria ser muito sociável, e embora minhas declarações pareçam confirmar isso, gosto de ficar sozinho. Gosto de carros velozes, bem feitos, gosto de motéis isolados com máquinas de gelo e anonimato apavorante; e por vezes pego no volante e, sem aviso nem destino definido, dirijo sozinho até mil e quinhentos quilômetros. Só uma vez consultei um psiquiatra; em vez disso, eu deveria ter saído para dar uma volta de capota abaixada, quando o vento soprasse e o sol brilhasse.

P: Do que sente mais medo?

R: Não é da morte. Bem, eu não quero *sofrer*. Mas, se uma noite eu for dormir e não acordar, a idéia não me incomoda muito. Pelo menos será algo diferente. Em 1966 quase morri num acidente automobilístico – fui atirado pelo pára-brisa, de cabeça, e apesar de seriamente ferido e certo de que o Evento Distinto (a morte), como dizia Henry James, estivesse por perto, fiquei plenamente consciente, deitado numa poça de sangue, recitando o telefone de diversos amigos. Desde então, sofri uma operação de câncer, e a única parte que me incomodou foi ter de esperar uma semana inteira sem fazer nada entre o dia do diagnóstico e a manhã em que entrei na faca.

De todo modo, considero absurda e obscena esta indústria baseada no apego à juventude, medo de envelhecer, terror da morte. Quem quer viver para sempre, afinal? A maioria de nós, pelo jeito; mas é idiotice. Afinal de contas, existe uma coisa chamada saturação da vida: o ponto em que tudo é puro esforço e repetição total.

Pobreza? Fanny Brice disse: "Já fui rica e já fui pobre. Creiam, ser rica é melhor". Bem, discordo; pelo menos não creio que o dinheiro faça uma diferença profunda em termos de ajustamento pessoal ou (palavra cretina) "felicidade". Conheço muito bem um número considerável de pessoas muito ricas (não considero alguém rico se não puder dispor rapidamente de cinqüenta milhões de dólares em dinheiro); algumas dizem, quando estão de mau humor, que não conheço outro tipo de gente (a melhor resposta é que pelo menos os ricos pagam a conta de vez em quando e nunca pedem dinheiro emprestado). Mas a questão é: não consigo me lembrar de um único rico que, em termos de contentamento, ou redução do nível geral de ansiedade humana, tenha um fardo mais leve que o do resto de nós. No meu caso, posso aceitar as duas situações: um quarto mobiliado numa rua estreita de Detroit ou o antigo apartamento de Cole Porter nas Waldorf Towers, que o decorador Billy Baldwin transformou numa ilha de luxo sublime e sutil. Só não consigo sobreviver ao meio-termo: o som do cortador de grama e do irrigador de aspersão no jardim de uma casa térrea com dois carros na garagem em Scarsdale ou Shaker Heights. Bem, nunca disse que não era esnobe. Só disse que não tinha medo da pobreza.

Fracasso? O fracasso é o condimento que dá sabor ao sucesso. Não, já tomei o suficiente dessa bebida amarga, desse veneno (especialmente trabalhando no teatro) para desprezá-lo. Honestamente, não dou a mínima ao que falam sobre mim, seja em particular ou na imprensa. Claro, isso não era verdade na minha juventude, quando comecei a publicar meus textos. E não vale no momento, por um motivo – uma traição afetiva pode me perturbar dramaticamente. No mais, derrotas e críticas são questões indiferentes, distantes como as montanhas da lua.

P: O que o assusta?

R: A idéia de que eu posso perder meu senso de humor. Tornar-me uma mente sem alma, percorrer a trilha da loucura e, portanto, como dizem os enigmas zen, passar o resto de uma vida arruinada ouvindo o som de uma mão batendo palmas.

P: O que o choca? Existe algo?

R: Crueldade deliberada. Crueldade por gosto, verbal ou física. Assassinato. Pena capital. Gente que espanca crianças e animais.

Certa vez, faz muito tempo, descobri que meu melhor amigo, de dezoito anos, estava tendo um caso amoroso intenso com a madrasta. Na época, fiquei chocado; desnecessário dizer, não me sinto mais chocado com isso, posso ver que provavelmente foi benéfico para os dois. Desde então, nunca mais me surpreendi, nem fiquei chocado, com qualquer arranjo moral-sexual. Se fizesse isso, comandaria o desfile dos milhões de hipócritas de nosso país.

P: Faz seis anos desde que publicou *A sangue-frio*. Em que tem trabalhado, desde então?

R: Publiquei um livro com um conto longo, *The Thanksgiving Visitor*. Colaborei num filme, *Trilogy*, baseado em três contos meus (*A Christmas Memory, Miriam e Among the Paths to Eden*); fiz um documentário sobre a pena de morte, *Death Row USA*, que foi encomendado pela ABC, mas nunca passou em nosso país (em outros sim; Canadá, por exemplo), por razões ainda misteriosas e inexplicáveis. Terminei recentemente um roteiro para *O Grande Gatsby*, de Fitzgerald – um romance curto quase perfeito (na verdade, um conto longo), mas difícil de transformar em drama, pois consiste quase inteiramente em uma narração de um fato passado há muito tempo, além de muitas cenas paralelas. Pessoalmente, gosto da minha adaptação, mas os produtores, da Paramount Pictures, têm opinião diferente; sinto pena de quem tentar reescrever o material.

Precisei de cinco anos para escrever *A sangue-frio* e um ano para me recuperar – se recuperar for a palavra certa; não se passa um dia sem algum aspecto da experiência escurecer minha mente.

Contudo, antes de começar *A sangue-frio*, ou melhor, logo depois de terminar *Bonequinha de luxo*, em 1957, comecei a preparar as anotações e a estrutura para um romance ambicioso, intitulado na época e até agora de *Answered Prayers*, nome que vem de um comentário de Santa Teresa: "Mais lágrimas são derramadas por causa de preces atendidas do que pelas que não o foram". Creio que é verdade: por mais que os desejos sejam satisfeitos, eles sempre são substituídos por outros. É como aquelas corridas de cães atrás do coelho mecânico – impossível alcançá-lo. Disso vem o melhor e o pior da vida. Lembro-me de um amigo no enterro de Robert Kennedy, uma pessoa muito próxima dele, que disse: "Foi um dia muito quente. Tórrido. E lá estava o túmulo a esperar, na grama, sob uma árvore enorme verdejante. De repente, eu o invejei. Invejei sua paz verdejante. E pensei, Deus o abençoe, Bob, não precisa mais lutar. Está seguro".

Answered Prayers é tecnicamente complicado e o maior livro que já escrevi. Na verdade, tem o triplo do tamanho de todos os meus livros reunidos. Durante o ano passado senti uma pressão enorme para terminá-lo; mas a literatura tem seu próprio ritmo, e insiste em dançar conforme sua própria música. *Answered Prayers* é como uma roda com doze raios; o combustível que a faz girar é uma moça extraordinária que tem cinqüenta casos, poderia casar com quem quisesse, mas que por doze anos foi apaixonada por um homem "mais velho" que não podia se casar com ela por já ser casado e que não aceitava se divorciar, pois esperava ser, por bons motivos, o próximo presidente dos Estados Unidos.

P: Se não fosse escritor nem levasse uma vida criativa, o que teria feito?

R: Seria advogado. Pensei muito nisso, e muitos advogados, inclusive o ministro da Justiça e juízes da Suprema Corte já me disseram que eu daria um advogado de primeira linha, para atuar nos tribunais, embora minha voz, freqüentemente chamada de "aguda e infantil" (entre *outras* coisas), pudesse me prejudicar.

Além disso, eu não me importaria em ser sustentado, mas ninguém nunca quis me sustentar mais do que uma ou duas semanas.

P: Você pratica algum tipo de exercício?

R: Sim. Massagem.

P: Sabe cozinhar?

R: Não para os outros. Só para mim, e sempre faço a mesma coisa. Biscoito *cream cracker* e creme de tomate. Ou batata assada recheada com caviar fresco.

P: Se o *Reader's Digest* encomendasse um perfil para *Meu tipo inesquecível*, sobre quem escreveria?

R: Que Deus não permita que uma tarefa tão degradante me seja imposta. Mas, se fosse, vamos ver... Robert Frost, o poeta laureado dos Estados Unidos, é digno de lembrança. Um velho sacana, dos piores. Eu o conheci quando tinha dezoito anos; pelo jeito, ele não me considerou um adorador suficientemente humilde no altar de seu ego. De todo modo, ao escrever uma carta vil para Harold Ross, o falecido editor da *The New Yorker*, quando eu trabalhava lá, ele conseguiu que eu fosse demitido de meu primeiro e único emprego fixo. Talvez me tenha feito um favor; pois eu logo passei a me dedicar a escrever meu primeiro livro, *Other Voices, Other Rooms*.

Morei até os dez anos com uma parente solteirona numa área rural remota do Alabama. Senhorita Sook Faulk. Sua idade mental não passava dos doze anos, o que explicava sua pureza, timidez e sabedoria estranha, inesperada. Escrevi dois contos a seu respeito, *A Christmas Memory* e *The Thanksgving Visitor* – os dois viraram filmes para televisão, com Geraldine Page no papel da srta. Faulk, com uma beleza e uma precisão admiráveis.

A srta. Page é também inesquecível, se pensarmos que é Jekyll e Hyde; no palco, o dr. Jekyll, fora dele, sr. Hyde. É apenas questão de aparência; ela tem pernas melhores que as de Dietrich, e como atriz consegue transmitir uma ilusão de encantamento infinito – mas em particular ela insiste, só Deus sabe por que, em se disfarçar com peruca de bruxa e trajes de rematada excentricidade.

Claro, não dou muita importância a atrizes *ou* atores. Um amigo, não me lembro quem no momento, disse: "Todas as atrizes são mais que mulheres, e todos os atores, menos que homens". Uma observação verdadeira pela metade; contudo, está na base das neuroses teatrais mais comuns, na minha opinião. O problema com a maioria dos atores (*e* atrizes) é que eles são burros. Em muitos casos, os mais burros são os mais talentosos. *Sir* John Gielgud, o homem mais gentil deste mundo, tem técnica incomparável e voz brilhante; mas seu cérebro é sua voz. Marlon Brando. Nenhum ator de minha geração possui tantos dotes naturais; mas nenhum outro levou a falsidade intelectual a níveis tão altos de pretensão risível. Exceto, talvez, Bob Dylan: um sofisticado (?) vigarista musical que finge ser um revolucionário sincero (?) e caipira piegas.

Chega desta pergunta. Foi idiota desde o começo.

P: Qual a palavra mais auspiciosa de qualquer idioma?

R: Amor.

P: E a mais perigosa?

R: Amor.

P: Já sentiu vontade de matar alguém?

R: E você, não? Jura por Deus? Bem, mesmo assim, não acredito. Todo mundo, uma vez ou outra, quis matar alguém. A verdadeira razão para as pessoas cometerem suicídio é serem covardes que preferem se matar a assassinar quem os atormenta. Quanto a mim, se o desejo se transformasse em ação, eu chegaria no nível de Jack, o Estripador. De todo modo, é interessante pensar a respeito: a trama, o plano, a surpresa e o arrependimento no rosto do vilão-transformado-em-vítima. Muito relaxante. Melhor do que contar carneirinhos.

Faz algum tempo meu médico sugeriu que eu adotasse hábitos mais saudáveis do que beber vinho e fornicar. Ele me perguntou se eu tinha alguma idéia. Respondi que sim: "Homicídio". Ele riu, nós dois rimos, só que eu não estava rindo. Pobre coitado, mal sabe que fim doloroso e perfeito eu planejara para ele quando, depois de oito dias de cama com algo semelhante à cólera, o sujeito ainda assim se recusou a me atender em casa.

P: Tem interesses políticos?

R: Conheci alguns poucos políticos dos quais gostei, e um grupo mais surrealista não pode ser imaginado. Adlai Stevenson era meu amigo, e muito generoso; estávamos hospedados na mesma casa quando ele morreu, e eu me lembro de ter observado um criado empacotar suas coisas, e depois, quando as malas estavam pateticamente cheias, mas ainda abertas, entrei no quarto e peguei uma gravata – uma espécie de furto sentimental, pois na noite anterior eu havia elogiado aquela gravata, e ele a prometera. Por outro lado, gosto também de Ronald Reagan. Muitos dos meus amigos pensam que zombo quando digo isso, mas não é verdade. Embora o governador Stevenson e o governador Reagan sejam espíritos muito diferentes, o último compartilha a modéstia com o primeiro, um modo direto do tipo "olho nos seus olhos e estou falando sério" que rareou entre nós, gente comum, e ainda mais nos políticos. Suponho que o senador por Nova York Jacob Javits e o governador Reagan, por puro reflexo, sintam antipatia um pelo outro. Na verdade, acho que eles poderiam se dar bem, formando uma interessante combinação política. (Claro, o verdadeiro motivo para eu sempre falar bem do governador Reagan e do senador Javits é eu gostar das esposas deles, embora sejam ainda menos parecidas do que os maridos, a sra. Javits é uma moleca urbana indomada, uma mulher-criança de voz carinhosa e olhos sensuais, com um vocabulário fresco e ferino tão típico do Brooklyn quanto as ondas que batem na praia em Coney Island. Quanto à sra. Reagan... não sei, há algo nela muito interiorano e nostálgico: a rainha da primavera passando num trono de rosas.)

Os dois políticos que conheci melhor foram o presidente Kennedy e seu irmão Robert. Os dois também eram muito diferentes, e não tão próximos como todo mundo pensa; de qualquer maneira, o mais novo sentia muito medo do mais velho...

P: Será que ainda temos de ouvir *mais coisas* a respeito de qualquer um dos Kennedys? Além disso, você está fugindo da questão, que não é sobre os políticos e sim sobre seu interesse pela política.

R: Não tenho nenhum interesse. Nunca votei. Mas, se me convidassem, eu poderia participar de uma passeata de protesto, acho: contra a guerra, a favor de Angela, pela liberação *gay*, feminista etc.

P: Se pudesse ser qualquer coisa, o que gostaria de ser?

R: Invisível. Ser visível ou invisível, quando quisesse. Pense nas possibilidades: poder, riqueza, diversão erótica constante.

P: Quais são seus maiores vícios? E virtudes?

R: Não tenho vícios. O conceito de vício não existe em meu vocabulário. Minha maior virtude é a gratidão. Até onde sei, nunca traí quem foi gentil comigo. Mas, como a arte é a compensação para as pecaminosas delícias da vida, reservo minha gratidão máxima aos poetas, pintores e compositores que me satisfazem mais. Uma obra de arte é o grande mistério, a mágica suprema; o resto é aritmética ou biologia. Creio que conheço bem o ato de escrever; mesmo assim, quando leio um texto bom, uma obra de arte, meus sentidos navegam por um universo de deslumbramento: Como ele conseguiu fazer isso? Como é possível?

P: Em retrospecto, parece que algumas de suas respostas são inconsistentes. Crueldade deliberada, segundo você, é um pecado imperdoável. Depois você confessa crueldade verbal deliberada, ocasionalmente, e mais tarde admite ter pensado em cometer homicídio premeditado.

R: Qualquer pessoa coerententemente coerente tem cabeça feita de biscoito. Minha cabeça, por dentro, pode ser feita de coisas estranhas, mas não de biscoito.

P: Suponhamos que você estivesse se afogando. Que imagens, na tradição clássica, veria passar pelos seus olhos?

R: Um dia quente no Alabama, em 1932, eu tinha uns oito anos, e estou na horta onde as abelhas zumbem e o calor forma ondas. Apanho e ponho nabos num cesto, além de tomates vermelhos suculentos. Depois estou correndo por um bosque de pinheiros e madressilvas, a caminho de um regato gelado e fundo, onde tomo banho e lavo os nabos e os tomates. Pássaros, canto de pássaros, luz refletida nas folhagens, o gosto adstringente do nabo cru na boca: prazeres duradouros, aleluia. Não muito longe dali, uma cobra, uma serpente mocassim d'água nada e faz ondinhas na água; não sinto medo dela.

Dez anos depois. Nova York. Bar de jazz no tempo da guerra, na Second West Street: The Famous Door. Apresentação da mais formidável cantora norte-americana – na época, hoje e sempre: Billie Holiday. *Lady Day*. Billie, com uma orquídea no cabelo, seus olhos semicerrados de drogas sob a luz lavanda ordinária, a boca mastigando as pala vras: *Good mornin' heartache – You're here again to stay...*

Junho de 1947. Paris. Tomando uma *fine l'eau* num café na calçada com Albert Camus, que me diz que preciso aprender a ter menos sensibilidade em relação às críticas. (Ah, se ele tivesse vivido para me ver agora.)

Parado à janela de uma *pension* numa ilha mediterrânea, observando o barco de passageiros da tarde chegar do continente. Subitamente, vejo no cais uma pessoa que conheço, carregando uma mala. Muito bem. Alguém que me disse adeus num tom que considerei definitivo, faz apenas alguns dias. Alguém que pelo jeito mudou de idéia. Então: isso é mesmo sopa de tartaruga? Ou só imitação? Ou é um amor duradouro? (Era.)

Um jovem com cabelo preto cheio de brilhantina. Usa arreios de couro que mantêm seus braços presos junto ao corpo. Ele treme; mas fala comigo, sorrindo. Só consigo ouvir o rugido do sangue em meus ouvidos. Vinte minutos depois ele está morto, pendurado na ponta de uma corda.

Dois anos depois. De carro, dirigindo após as nevascas de abril no Alpes, a caminho dos vales da primavera italiana.

Visitando, em Père-Lachaise, em Paris, o túmulo de Oscar Wilde – encimado pela versão meio estranha de um anjo, por Epstein; duvido que Oscar fosse dar importância a ele.

Paris, janeiro de 1966. O Ritz. Um amigo inusitado chega para visitar, trazendo como presente um buquê de lilases brancos e uma corujinha na gaiola. A coruja, pelo que dizem, precisa comer ratos vivos. Um garçom do Ritz, muito gentil, a despacha para viver com sua família numa fazenda na Provence.

Ah, agora os *slides* mentais passam muito depressa. As ondas se aproximam. Colhendo maçãs numa tarde de outono. Cuidando de um filhote de buldogue quase morto de cinomose. E ele sobrevive. Um jardim no deserto da Califórnia. O som do vento nas palmeiras. Um rosto próximo. Isso que estou vendo é o Taj Mahal? Ou apenas Asbury Park? Ou um amor duradouro? (Não era – Meu Deus, nunca será.)

De repente, tudo gira de volta novamente; minha amiga, a srta. Faulk, está fazendo uma colcha de retalhos, o motivo é rosas e uvas, e agora ela puxa a colcha até meu queixo. Há uma lamparina de querosene ao lado da cama; ela me deseja feliz aniversário e apaga a luz.

E à meia-noite, quando o sino da igreja toca, tenho oito anos.

Mais uma vez, o riacho. O gosto do nabo cru na língua, o fluir da água no verão a rodear minha nudez. E ali, *bem* ali, girando, nadando na superfície ensolarada, a curiosamente flexível e letal serpente mocassim d'água. Mas não sinto medo, sinto?

Coleção L&PM POCKET

310.**100 receitas de acompanhamentos** – C. Cabeda
311.**Honra ou vendetta** – S. Lancellotti
312.**A alma do homem sob o socialismo** – Oscar Wilde
313.**Tudo sobre Yôga** – Mestre De Rose
314.**Os varões assinalados** – Tabajara Ruas
315.**Édipo em Colono** – Sófocles
316.**Lisístrata** – Aristófanes/ trad. Millôr
317.**Sonhos de Bunker Hill** – John Fante
318.**Os deuses de Raquel** – Moacyr Scliar
319.**O colosso de Marússia** – Henry Miller
320.**As eruditas** – Molière/ trad. Millôr
321.**Radicci 1** – Iotti
322.**Os Sete contra Tebas** – Ésquilo
323.**Brasil Terra à Vista** – Eduardo Bueno
324.**Radicci 2** – Iotti
325.**Júlio César** – William Shakespeare
326.**A carta de Pero Vaz de Caminha**
327.**Cozinha Clássica** – Sílvio Lancellotti
328.**Madame Bovary** – Gustave Flaubert
329.**Dicionário do viajante insólito** – M. Scliar
330.**O capitão saiu para o almoço...** – Bukowski
331.**A carta roubada** – Edgar Allan Poe
332.**É tarde para saber** – Josué Guimarães
333.**O livro de bolso da Astrologia** – Maggy Harrissonx e Mellina Li
334.**1933 foi um ano ruim** – John Fante
335.**100 receitas de arroz** – Aninha Comas
336.**Guia prático do Português correto – vol. 1** – Cláudio Moreno
337.**Bartleby, o escriturário** – H. Melville
338.**Enterrem meu coração na curva do rio** – Dee Brown
339.**Um conto de Natal** – Charles Dickens
340.**Cozinha sem segredos** – J. A. P. Machado
341.**A dama das Camélias** – A. Dumas Filho
342.**Alimentação saudável** – H. e Â. Tonetto
343.**Continhos galantes** – Dalton Trevisan
344.**A Divina Comédia** – Dante Alighieri
345.**A Dupla Sertanojo** – Santiago
346.**Cavalos do amanhecer** – Mario Arregui
347.**Biografia de Vincent van Gogh por sua cunhada** – Jo van Gogh-Bonger
348.**Radicci 3** – Iotti
349.**Nada de novo no front** – E. M. Remarque
350.**A hora dos assassinos** – Henry Miller
351.**Flush - Memórias de um cão** – Virginia Woolf
352.**A guerra no Bom Fim** – M. Scliar
353(1).**O caso Saint-Fiacre** – Simenon
354(2).**Morte na alta sociedade** – Simenon
355(3).**O cão amarelo** – Simenon
356(4).**Maigret e o homem do banco** – Simenon
357.**As uvas e o vento** – Pablo Neruda
358.**On the road** – Jack Kerouac
359.**O coração amarelo** – Pablo Neruda
360.**Livro das perguntas** – Pablo Neruda
361.**Noite de Reis** – William Shakespeare
362.**Manual de Ecologia** – vol.1 – J. Lutzenberger
363.**O mais longo dos dias** – Cornelius Ryan
364.**Foi bom prá você?** – Nani
365.**Crepusculário** – Pablo Neruda
366.**A comédia dos erros** – Shakespeare
367(5).**A primeira investigação de Maigret** – Simenon
368(6).**As férias de Maigret** – Simenon
369.**Mate-me por favor (vol.1)** – L. McNeil
370.**Mate-me por favor (vol.2)** – L. McNeil
371.**Carta ao pai** – Kafka
372.**Os Vagabundos iluminados** – J. Kerouac
373(7).**O enforcado** – Simenon
374(8).**A fúria de Maigret** – Simenon
375.**Vargas, uma biografia política** – H. Silva
376.**Poesia reunida (vol.1)** – A. R. de Sant'Anna
377.**Poesia reunida (vol.2)** – A. R. de Sant'Anna
378.**Alice no país do espelho** – Lewis Carroll
379.**Residência na Terra 1** – Pablo Neruda
380.**Residência na Terra 2** – Pablo Neruda
381.**Terceira Residência** – Pablo Neruda
382.**O delírio amoroso** – Bocage
383.**Futebol ao sol e à sombra** – E. Galeano
384(9).**O porto das brumas** – Simenon
385(10).**Maigret e seu morto** – Simenon
386.**Radicci 4** – Iotti
387.**Boas maneiras & sucesso nos negócios** – Celi Ribeiro
388.**Uma história Farroupilha** – M. Scliar
389.**Na mesa ninguém envelhece** – J. A. P. Machad
390.**200 receitas inéditas do Anonymus Gourme** – J. A. Pinheiro Machado
391.**Guia prático do Português correto – vol.2** – Cláudio Moreno
392.**Breviário das terras do Brasil** – Luis A. de Assis Brasil
393.**Cantos Cerimoniais** – Pablo Neruda
394.**Jardim de Inverno** – Pablo Neruda
395.**Antonio e Cleópatra** – William Shakespea
396.**Tróia** – Cláudio Moreno
397.**Meu tio matou um cara** – Jorge Furtado
398.**O anatomista** – Federico Andahazi
399.**As viagens de Gulliver** – Jonathan Swift
400.**Dom Quixote – v.1** – Miguel de Cervantes
401.**Dom Quixote – v.2** – Miguel de Cervantes
402.**Sozinho no Pólo Norte** – Thomas Brandoli
403.**Matadouro Cinco** – Kurt Vonnegut
404.**Delta de Vênus** – Anaïs Nin
405.**Hagar 2** – Dick Browne
406.**É grave Doutor?** – Nani
407.**Orai pornô** – Nani
408(11).**Maigret em Nova York** – Simenon
409(12).**O assassino sem rosto** – Simenon
410(13).**O mistério das jóias roubadas** – Simenon
411.**A irmãzinha** – Raymond Chandler